DES

TRIBUNAUX DE SIMPLE POLICE.

C.

Paris. — Imprimerie Cosse et J. Dumaine, rue Christine, 2.

DES

TRIBUNAUX DE SIMPLE POLICE

DE LEUR PROCÉDURE

et des fonctions

DES OFFICIERS DU MINISTÈRE PUBLIC

QUI LEUR SONT ATTACHÉS

PAR

CH. BERRIAT SAINT PRIX

CONSEILLER A LA COUR IMPÉRIALE DE PARIS.

DEUXIÈME ÉDITION,

CORRIGÉE ET AUGMENTÉE.

PARIS,

IMPRIMERIE ET LIBRAIRIE GÉNÉRALE DE JURISPRUDENCE.

COSSE, MARCHAL ET Cie, IMPRIMEURS-ÉDITEURS,

LIBRAIRES DE LA COUR DE CASSATION,

Place Dauphine, 27.

1865

A LA CHAMBRE CRIMINELLE

DE LA COUR DE CASSATION

CET ESSAI

TIRÉ DE SA JURISPRUDENCE

EST RESPECTUEUSEMENT DÉDIÉ

PAR L'AUTEUR.

AVERTISSEMENT.

Nos tribunaux criminels ordinaires, par une division d'une remarquable et pratique simplicité, répondent chacun à l'une des classes d'infractions prévues par nos lois pénales. Leur organisation et leur procédure semblent avoir été, à la fois, proportionnées à l'importance de chaque juridiction.

Ainsi, après le tribunal de police, affecté aux CONTRAVENTIONS, et dont le personnel est réduit à l'unité, en même temps que l'instruction est bornée aux actes indispensables, le tribunal correctionnel, saisi des DÉLITS, voit, avec sa compétence, augmenter le nombre de ses membres et étendre sa procédure. Ces éléments et ces règles achèvent de se développer à la Cour d'assises, chargée des CRIMES, pour y entourer le jugement des garanties nécessaires dans un tribunal qui statue, sans appel, sur des affaires si graves.

Aussi, pour bien connaître la plus élevée de ces juridictions, il est à propos de s'occuper d'abord des deux autres, où l'on retrouve, sous un aspect différent, les principes fondamentaux communs à toutes les trois. Cette méthode présente encore un avantage : elle dispense, quand on arrive à la juridiction supérieure, de s'appesantir sur les règles générales déjà étudiées lors de l'examen des juridictions du premier degré.

J'ai donc pensé devoir ouvrir ce traité de la procédure des tribunaux criminels, par les tribunaux de simple police.

Ces tribunaux, bien qu'ils n'aient pas été investis de pouvoirs très-étendus, n'en ont pas moins une grande importance. Chargés de sanctionner l'observation des lois et règlements de police, ils ont à résoudre des difficultés souvent très-sérieuses, et à prononcer sur des infractions aussi diverses que multipliées.

Mais la procédure de cette juridiction n'est pas au niveau de son droit pénal. Les formes que le Code d'instruction criminelle lui avait tracées n'ont pas tardé à se trouver insuffisantes. Dès la création des tribunaux de simple police, cette institution avait paru inférieure à ce qu'elle est en réalité, et la règle y était demeurée au-dessous de l'application.

Après l'abolition (décret du 4 août 1789) des justices seigneuriales et des autres magistratures, en
possession, à cette époque, des délits de police, l'Assemblée constituante établit, dans chaque commune
de France, un tribunal de police municipale. Ces
tribunaux ne devaient s'occuper que d'infractions
légères, faciles à constater et dont les auteurs étaient
comme sous la main du juge. Toute procédure dut
paraître superflue dans une juridiction si simple, et
c'est à peine si quelques principes furent alors es-
quissés à cet égard (décret des 19-22 juillet 1791,
art. 35 à 45). Vint le Code de brumaire an IV, qui,
remplaçant les tribunaux de commune par ceux de
canton, ajoutait un trop petit nombre de dispositions
à celles du décret de 1791, et passait également sous
silence : la preuve des contraventions, la foi due aux
procès-verbaux, le serment, l'audition et les causes
de reproche des témoins, la sanction de leur appel
en justice, les questions préjudicielles, les formes extérieures et intrinsèques des jugements, les incidents
d'audience, l'exécution des condamnations, etc.

Le Code d'instruction criminelle s'est ressenti de
ces ébauches premières ; il n'a rempli qu'une partie
de leurs graves lacunes, et il l'a fait avec un laco-
nisme regrettable, surtout en vue d'une juridiction
où l'office du ministère public continuait d'être exercé
par des fonctionnaires peu stables, dépourvus, en

général, de traditions judiciaires : où celui du juge avait fini par être confié à un magistrat unique.

En effet, c'est aux officiers municipaux et aux commissaires de police que les fonctions de la partie publique près des tribunaux de simple police ont constamment appartenu. Quant au tribunal proprement dit, composé, en 1791 (décret du 19 juillet, art. 42, 43), pour la commune, de trois juges au moins, de cinq dans les grandes villes ; formé, au canton, en l'an iv (Code de brumaire, art. 151), du juge de paix et de deux assesseurs, il avait été réduit, en l'an ix (loi du 29 ventôse), au juge de paix, demeuré, depuis lors, seul chargé de l'instruction et du jugement des affaires.

Ces circonstances font apercevoir la tâche incessante de la Cour de cassation en cette matière ; sa chambre criminelle a dû, par d'innombrables décisions, suppléer les lacunes et dissiper les obscurités de la loi. Aujourd'hui que sa jurisprudence est établie, elle forme un véritable commentaire du Code d'instruction criminelle ; on ne rencontre guère de difficulté qui ne soit éclaircie, de question qui ne soit résolue ; les esprits les plus exigeants y trouvent de quoi se satisfaire.

Mais cette mine si riche demande un immense

labeur. Le Bulletin criminel de la Cour comprend soixante-quinze volumes, et il n'est pas complet. Ce n'est qu'en 1817 que l'on a commencé à y joindre, et d'abord avec parcimonie, des arrêts de rejet à ceux de cassation. Ce bulletin, même à présent, ne dispense pas d'avoir recours aux recueils des arrêtistes généraux : Sirey-Devilleneuve, Dalloz, le *Journal du Palais;* collections vastes et chères, et qui ne se trouvent pas dans les simples chefs-lieux de canton.

La première partie de ce Traité a pour but, sinon d'éviter, au moins de faciliter de pareilles recherches. J'ai étudié, depuis longtemps, avec tout le soin dont je suis capable, la jurisprudence criminelle de la Cour suprême. Il est peu de ses monuments relatifs à mon sujet que je n'aie tâché de mettre à profit. Non que j'aie cité tous ceux qui m'ont passé sous les yeux, la nomenclature en eût été souvent fort embarrassante, sans être plus utile pour le lecteur. Ainsi, il y a au Bulletin peut-être mille arrêts qui cassent des jugements de police, pour n'avoir pas constaté le serment des témoins entendus. Evidemment, sur une formalité aussi substantielle, il suffisait d'indiquer les décisions les plus récentes et de rappeler que la Cour n'avait jamais varié à cet égard. Malgré ce choix, le nombre des arrêts analysés est considérable (plus de 2,200). Ils sont augmentés des lois, ordonnances, décrets, des instructions ministérielles, des opinions

des auteurs, des précédents du Tribunal de simple police de Paris, et, enfin, des observations personnelles
que m'a suggérées une pratique des affaires criminelles, qui remonte à de longues années. Le classement de ces matériaux était un point bien essentiel :
pour un livre qui s'adresse à l'officier du ministère
public non moins qu'au juge, je n'ai pas trouvé
d'ordre meilleur ni plus simple que celui de la procédure elle-même.

Ainsi, le chapitre Ier est consacré à *l'Organisation
des tribunaux de simple police*, à l'institution et aux
droits et devoirs généraux de leurs membres ;

Le chapitre II, *Procédure et fonctions avant l'audience*, traite de la compétence du tribunal et de la
poursuite des contraventions ; ce sont les préliminaires de l'instruction des affaires, pour l'officier du
ministère public et le juge lui-même ;

Le chapitre III, *Procédure et fonctions à l'audience*, comprend la police de l'audience ; l'appel des
affaires, partie et témoins ; la preuve des contraventions : *littérale*, par les procès-verbaux ; *orale*, par
l'aveu du prévenu et les dépositions des témoins ; les
conclusions et défenses ; les questions préjudicielles ;
les conflits ; le jugement ; les incidents d'audience ;

Le chapitre IV, *Procédure et fonctions après l'audience*, renferme les règles qui concernent l'exécution des jugements ; les voies de recours contre ces décisions ; la liquidation et la taxe des frais.

On le voit, ce volume, comme mes précédents ouvrages, est essentiellement un livre *d'application :* je m'estimerai heureux s'il peut venir en aide à des fonctionnaires, à des magistrats, dont les services ne sont pas encore appréciés à leur valeur, et dont les maîtres de la science n'ont pas assez guidé et soutenu les efforts.

Je n'ai pas besoin de dire que j'ai apporté tous mes soins à revoir cette nouvelle édition, et à la mettre au courant des changements et des progrès de la législation, de la jurisprudence et de la doctrine. J'y ai joint un formulaire des actes et diligences usuels, et une table des lois, décrets et ordonnances.

EXPLICATION DES ABRÉVIATIONS.

Les arrêts de la Cour de cassation ne sont indiqués que par leur date ; j'ai ajouté le nom du siége à ceux de Cour Impériale et aux jugements de première instance.

Av. C. d'Et.	*Signifie* : Avis du Conseil d'Etat, du.
B. 3.	— Bulletin criminel de la Cour de cassation,—n° 3 de l'année citée.
C. ou Cass.	— Cour de cassation, chambre criminelle. J'ai ajouté le nom de la chambre aux arrêts de la chambre *civile* ou celle des *requêtes*.
Circ.	— Circulaire du.
C. Nap.	— Code Napoléon, article.
C. F. ou For.	— Code forestier, article.
C. I. ou Inst.	— Code d'instruction criminelle, article.
C. Imp.	— Cour impériale de.
C. P. ou Pén.	— Code pénal, article.
D. A., t. 11, p.	— Dalloz, Jurisprudence générale, t. 11, page.
D. P., 1.307.	— Dalloz, Recueil périodique, année de l'arrêt cité, 1re partie, page.
D. D. G., 3, p.	— Dalloz, Dictionnaire général de jurisprudence, t. 3, page.
D. ou Décr. ou DD.	— Décret ou Décrets du.
F. n°	— Formule, numéro.
Instr.	— Instruction du.
J. cr. ou J. crim., art.	— Journal du droit criminel, article.
L.	— Loi du.
M. ou Mon.	— Moniteur du.

No (renvois du texte). — Numéro ; c'est le numéro, non de la page, mais des principaux alinéa du volume, chiffrés 1 à 782. J'ai conservé les numéros de la ·1re édition (1 à 679) à cause des renvois de mon Traité des tribunaux correctionnels au présent traité qui en est le préliminaire.

O. ou Ord. ou OO.   — Ordonnance ou Ordonnances du.

T. ou Tarif.   — Tarif criminel ou Décret du 18 juin 1811, article.

Trib.   — Tribunal de 1re instance d.

DES
TRIBUNAUX DE SIMPLE POLICE

DE LEUR PROCÉDURE

ET DES FONCTIONS

DES OFFICIERS DU MINISTÈRE PUBLIC

QUI LEUR SONT ATTACHÉS.

CHAPITRE PREMIER.

DE L'ORGANISATION DES TRIBUNAUX DE SIMPLE POLICE (1).

1. Dans notre organisation judiciaire, les tribunaux de simple police tiennent, pour les matières criminelles, la place qu'occupent, pour les matières civiles, les tribunaux de paix proprement dits. C'est également des affaires les moins graves qu'ils sont chargés ; mais l'on peut dire que leur composition est meilleure et que leur procédure offre plus de garanties. En effet, les tribunaux de police comprennent un officier du ministère public dont les tribunaux de paix sont privés ; toutes leurs décisions peuvent être déférées à la Cour suprême (V. n°ˢ 546 et s.), à laquelle échappent, hors

---

(1). Historique de la juridiction de police sous l'Empire romain, et en France, jusqu'en 1810, voy. M. F. Hélie, *Instruction criminelle*, t. VII, p. 11 à 31 ; de 1790 à 1810, V. aussi mon *Traité des tribunaux correctionnels*, introduction.

les cas assez rares d'excès de pouvoir (1), les jugements des tribunaux de paix.

Quoi qu'il en soit, les tribunaux de simple police, tels qu'ils existent depuis (janvier 1811) la mise en vigueur du Code d'instruction criminelle, se divisent en tribunaux de canton, présidés par les juges de paix, et en tribunaux de communes présidés par les maires autres que ceux des chefs-lieux. *Code d'inst. crim.*, art. 138, 139.

SECTION PREMIÈRE.

DES TRIBUNAUX DE SIMPLE POLICE PRÉSIDÉS PAR LES JUGES DE PAIX.

2. Ces tribunaux se composent — du juge de paix du canton, — d'un officier du ministère public — et d'un greffier. *Id.*, art. 141 et 144 (2). — Des huissiers leur sont attachés pour le service de l'audience.

§ 1er. — *Du juge de paix.*

3. Dans les communes divisées en deux justices de

(1) Loi du 25 mai 1838, art. 15.
(2) Il y a, en France, 2,939 justices de paix, et 2,751 tribunaux de simple police seulement, à cause d'une centaine de villes qui comprennent deux ou plusieurs cantons.

Ces tribunaux ont statué, en 1862, sur 434,602 affaires et 571,174 prévenus. Sur ce dernier nombre ont été :

Acquittés.	31,754
Condamnés à l'amende	503,139
— à l'emprisonnement	35,455
Renvoyés devant une autre juridiction.	826
Total.	571,174

(*Statistique criminelle de* 1862.)

paix ou plus, le service du tribunal de police est fait successivement par chaque juge de paix pendant trois mois (1), en commençant par le plus ancien. Si des juges ont été nommés le même jour, le plus âgé doit commencer. *Id.*, art. 142. Dans quelques grandes villes qui comprennent 5 cantons ou davantage, ce service ne dure pas un trimestre entier, et les juges de paix se succèdent de manière à siéger chacun à leur tour, pendant la même année.

4. En cas de maladie, absence ou autre empêchement, le juge de paix de service est remplacé par le plus ancien de ses suppléants (2). La disposition de l'art. 141 portant : « Dans les communes où il n'y a qu'un juge de paix, il connaîtra *seul* des affaires attribuées à son tribunal », avait fait penser, d'abord, que le jugement des affaires de police était personnellement réservé au juge de paix, et, partant, interdit à ses suppléants ; mais on n'a pas tardé à reconnaître que cette disposition, empruntée, sans réflexion, à l'art. 2 de la loi du 29 ventôse an IX, ne pouvait être entendue de la sorte. Cette loi, en supprimant les *assesseurs* des justices de paix, institués en 1790 (3), ajouta surabondamment que le juge de paix remplirait *seul* les fonctions, soit judiciaires, soit de conciliation ou autres, qui étaient attribuées aux justices de paix. Puis elle disposa, art. 3, que le juge de paix serait remplacé par son suppléant. — Il ne saurait donc y avoir de doute sur ce point (4). L'article 141 du Code actuel signifie que le tribunal de police est tenu par un *seul* magistrat, savoir, le juge de paix d'abord, puis, en cas d'empêchement, l'un de ses sup-

(1) Décret du 18 août 1810, art. 39.
(2) Loi du 29 ventôse an IX, art. 3.
(3) Loi des 16-24 août 1790, tit. 10, art. 1er.
(4) 29 novembre 1821, B. 189.

pléants. Aussi a-t-il été jugé que le suppléant qui refuserait de siéger au tribunal de police en remplacement de son juge de paix, commettrait un déni de justice (1).

5. Ce remplacement doit s'opérer, bien entendu, de la même manière dans les communes où il y a plusieurs justices de paix, que dans celles où il n'y en a qu'une seule. Le juge titulaire empêché est remplacé, non par un de ses collègues, mais par un de ses suppléants (2).

6. Enfin, lorsque ce remplacement a lieu, la preuve de la légitimité de l'empêchement du titulaire n'a pas besoin d'être rapportée; et le suppléant qui siége est présumé, jusqu'à preuve du contraire, remplacer le juge de paix pour une cause légale (3). Quant aux affaires commencées par le juge de paix, le suppléant ne peut les juger sans avoir recommencé l'instruction à l'audience (4). Toutefois, le suppléant pourrait connaître d'une affaire dans laquelle le juge de paix aurait rendu un jugement simplement préparatoire (5). La règle serait différente, s'il s'agissait d'un jugement interlocutoire (6). V. n° 445.

7. Dans les communes où les justices de paix sont au nombre de deux ou plus, le juge de service a qualité pour connaître de toutes les affaires qui se présentent,

---

(1) 7 juillet 1809, B. 118.
(2) 2 frimaire an XIV, D. A., t. 11, p. 66.—Dans la pratique, à Paris, les juges de paix se remplacent les uns les autres; cet usage est favorable au maintien de la jurisprudence et à la fermeté de la répression.
(3) 6 avril 1819, D. ib., p. 67.
(4) Loi 20 avril 1810, art. 7; Cass. civ., 30 mars 1812; 2 janvier 1816, D. A., t. 11, p. 61; 1er décembre 1860, B. 272.
(5) Cass. civ., 19 novembre 1818, D. A., t. 9, p. 628.
(6) 17 février 1855, B. 51.

qu'elles soient déférées pour la première fois au tribunal, ou qu'elles lui reviennent en vertu d'une opposition à un jugement par défaut, rendu précédemment par un autre juge de paix (1). En effet, la compétence appartient au tribunal légalement composé, non à la personne du magistrat qui le préside.

8. On peut, dans les mêmes communes, diviser le tribunal de police en deux sections ; chaque section est tenue par un juge de paix. C. I., art. 143. Un décret (2) postérieur au Code d'instruction, portait même qu'à Bordeaux, Lyon, Marseille, Nantes et Rouen, le tribunal de police *serait* divisé en deux chambres, et celui de Paris en trois chambres. Mais il ne paraît pas que cette disposition ait jamais été exécutée. A Paris, où le tribunal de police juge un si grand nombre d'affaires (3), il n'est encore aujourd'hui formé que d'une seule section.

9. Les juges de paix sont soumis à la surveillance du tribunal de première instance, de la Cour impériale, du garde des sceaux et, dans certains cas, de la Cour de cassation (4).

Résidence, V. n° 618. — Costume, V. n° 146.

9 bis. *Vacances.* Les juges de paix n'ont point de vacances (5); ainsi que leurs greffiers, ils n'ont que des congés (6).

(1) 6 mars 1845, B. 83.
(2) Décret 18 août 1810, art. 38.
(3) En 1843, 37,345 prévenus, dont 9,543 condamnés à la prison; 41,168 procès-verbaux étaient entrés au parquet. Il est vrai que Paris, depuis l'annexion, comprend 20 cantons.
(4) Sénatus-consulte du 10 thermidor an x, art. 81, 83 ; Loi du 20 avril 1810, art. 49 à 52, 54 à 57, 59.
(5) Arg. du décret du 10 février 1806.
(6) Ordonn. du 5 novembre 1822, art. 1ᵉʳ.

§ 2. — *De l'officier du ministère public.*

10. Les fonctions du ministère public sont remplies, près du tribunal de simple police, par le commissaire de police du lieu où siége ce tribunal, c'est-à-dire de la commune chef-lieu du canton. Arg. C. I., art. 139, 166. En cas d'empêchement de ce fonctionnaire ou à son défaut (1), ces fonctions sont remplies par le maire, qui peut se faire remplacer par son adjoint. *Id.*, art. 144.

11. Cette faculté accordée au maire de se faire suppléer par son adjoint, n'étant pas limitée aux cas d'empêchement personnel, l'adjoint peut recevoir du maire une délégation générale qui l'investisse d'une manière permanente des fonctions du ministère public (2). La délégation reçue, il peut agir absolument comme le maire aurait fait lui-même, et sans exprimer que celui-ci était empêché (3). Enfin, cette délégation produit son effet tant qu'elle n'a pas été retirée et tant que la démission, donnée par l'adjoint, à cet égard, n'a pas été acceptée (4).

Toutefois, une délégation générale donnée à l'adjoint ne dépouille pas le maire de son droit, parce que la loi le lui confère personnellement, et que l'exercice de l'action publique lui appartient pleinement. Il peut donc, nonobstant sa délégation, faire donner une citation à sa requête ; siéger aux audiences, quand il le trouve à propos, seul ou avec l'assistance de son ad-

---

(1) Voy. aussi décret 27 ventôse an VIII, art. 1.
(2) Mangin, *de l'Action publique*, t. 1, n. 101.
(3) 20 août 1812, B. 189.
(4) 18 août 1828, B. 116.

joint ; il pourrait même (1) se pourvoir en cassation (V. n° 546) contre les jugements rendus conformément aux réquisitions de ce dernier.

12. Que, si le maire venait à être empêché, sans avoir délégué son adjoint, ce dernier, qui se trouverait alors investi de l'autorité municipale, pourrait siéger légalement. Je pense même que, dans tous les cas, la justification de la délégation n'est pas indispensable, et qu'à moins d'opposition de la part du maire, l'adjoint qui siége est légalement censé remplacer le chef de l'administration communale.

13. Provision est due à la qualité des fonctionnaires qui occupent une place dans un tribunal, soit comme juges, soit comme officiers du ministère public, soit comme greffiers, etc.; tous sont légalement présumés avoir caractère à cet effet ; les parties sont sans droit pour contester la validité des titres en vertu desquels les magistrats exercent leurs fonctions (2) : pour demander, par exemple, qu'un commissaire de police fût tenu de justifier de la prestation de son serment par l'acte constatant l'accomplissement de cette formalité (3). — A l'audience et ailleurs les commissaires de police sont considérés comme des magistrats de l'ordre administratif et judiciaire, protégés par les dispositions de l'art. 222 du C. pénal (4).

14. Lorsqu'il y a plusieurs commissaires de police dans la commune, le procureur général près la Cour impériale nomme (Form. n° 681) celui ou ceux d'entre

---

(1) 6 mars 1845, B. 78.
(2) 21 juillet 1832, *J. cr.*, art. 914; 26 juin 1851, B. 248.
(3) 21 mai 1840, B. 140.
(4) 2 mars 1838, chambres réunies, B. 55.

eux qui feront le service. C. I., art. 144. — La durée
des fonctions ainsi conférées par ce magistrat n'étant
pas déterminée par la loi, il en résulte que le procureur
général peut révoquer la nomination faite quand le
bien du service l'exige, et désigner un autre commissaire de police (1).

15. En cas d'empêchement du commissaire nommé
par le procureur général, il est, de droit, remplacé par
son collègue ou le plus ancien de ses collègues, lorsqu'il en a deux ou plusieurs (2). Le maire et ensuite les
adjoints ne peuvent siéger qu'en cas d'empêchement
de tous les commissaires de police. L'art. 144, en effet,
n'attribue les fonctions du ministère public de police
aux magistrats municipaux qu'à défaut ou en cas d'empêchement des commissaires de police (3).

16. Enfin, si le maire et l'adjoint sont eux-mêmes
empêchés, le procureur général choisit, parmi les
maires du canton, celui qui doit faire le service durant
cet empêchement (4).

17. Dans ces divers cas, comme le choix du procureur général, pour se fixer, exige une connaissance
particulière du personnel et de la localité, il est à propos
que le procureur impérial de l'arrondissement où se
trouve le tribunal de police à compléter, puisse l'éclairer
sur ce point : c'est donc par l'intermédiaire de ce
dernier magistrat que ces sortes de demandes doivent
parvenir au procureur général.

---

(1) Mangin, *ibid.*, n. 100.
(2) A Paris, un commissaire de police a pour service exclusif le
tribunal de simple police ; il a pour suppléants deux commissaires de
quartier.
(3) 9 août 1834, B. 270.
(4) 16 novembre 1844, B. 374.

18. Mais, au défaut de maire et d'adjoint, un conseiller municipal (1) qui serait désigné, soit par le maire (2), soit par le tribunal de police (3), soit par le procureur impérial lui-même (4), ne pourrait remplir légalement les fonctions du ministère public près du juge de paix. — Aucun texte ne confère ce droit de désignation au maire du chef-lieu, ni au tribunal de police. Quant au procureur impérial, si ce magistrat peut (C. I., art. 167; V. nº 39), en cas d'empêchement de l'adjoint, désigner pour une année entière, un conseiller municipal qui exercera les fonctions du ministère public près du tribunal du maire, c'est par une disposition exceptionnelle qui concerne un tribunal spécial et ne saurait être étendue au delà de ses limites (5) ; les compétences sont de droit strict et ne peuvent être réglées par analogie (6).

A la vérité, la loi du 21 mars 1831, art. 5, appelle les conseillers municipaux à remplacer, dans l'ordre du tableau, les maires et adjoints empêchés ; mais cette loi est étrangère aux attributions judiciaires de ces agents de l'administration, lesquelles sont exclusivement régies par le Code d'instruction criminelle (7). Quant à la loi du 18 juillet 1837, elle n'a pas, non plus, dérogé à ce Code sur les attributions des pouvoirs municipaux (8).

19. Bien moins encore le maire d'une commune, autre que le chef-lieu, pourrait-il, sans délégation (V. nº 16), siéger au tribunal de police du canton. Les jugements rendus par des tribunaux ainsi composés,

(1) 25 février 1830, B. 55.
(2) 3 décembre 1840, B. 343. — *Contrà*, 28 mai 1852, B. 172.
(3) 7 novembre 1844, B. 356.
(4) 10 septembre 1835, B. 352.
(5) 3 décembre 1840, B. 343. — *Contrà*, 28 mai 1852, B. 172.
(6, 7, 8) 13 novembre 1841, B. 326; 29 mars 1844, B. 126.

1.

ont été inévitablement annulés par la Cour suprême (1).

20. Enfin, lorsque, à défaut de ministère public, le
tribunal ne peut se constituer pour prononcer sur une
affaire, et qu'en ajournant le jugement, il n'y a pas
d'espoir de voir cesser l'empêchement, parce qu'il
provient, par exemple, de la parenté au degré prohibé
(V. n° 37) de l'une des parties avec l'officier du ministère
public disponible, il y a lieu de se pourvoir (V. n° 161)
auprès de la Cour de cassation (2), pour faire renvoyer
l'affaire à un autre tribunal.

Absence du ministère public, V. n° 311.

21. *Surveillance*. — La surveillance des officiers du
ministère public des tribunaux de simple police n'appartient qu'à leurs supérieurs dans l'ordre judiciaire,
savoir : le procureur impérial de l'arrondissement, le
procureur général à la Cour impériale et le garde des
sceaux. Quant aux tribunaux de police, ils n'ont aucun
droit de surveillance, encore moins de censure, sur leur
parquet. La magistrature debout est essentiellement
indépendante des juges dans les fonctions qu'elle a à
remplir ; elle ne peut aucunement être gênée dans l'exercice de son action d'abord, et ensuite dans les développements que cette action peut nécessiter à l'audience (3).
Voy. plus bas, n° 24. C'est un privilége qui est commun aux membres de tous les parquets de l'Empire.
Toutes les fois que des tribunaux, même des Cours
impériales, ont voulu s'arroger ce droit de censure et
surtout l'exercer à l'audience, la partie de leurs juge-

(1) 29 février 1828, B. 59 ; 16 novembre 1844, B. 374.
(2) 13 novembre 1841, B. 326.
(3) 1ᵉʳ juillet 1847, B. 341 ; 20 janvier 1848, B. 17, et Mangin,
Action publ., t. 1, n. 114 et 115, où l'on voit que ces principes
étaient déjà constants, il y a un siècle, sous les anciens Parlements,

ments ou arrêts qui renfermait un blâme ou même de simples observations concernant des officiers du ministère public, a été constamment annulée par la Cour de cassation.

C'est ainsi qu'il a été décidé :

22. Qu'une Cour royale avait commis une violation de la loi, en énonçant dans un arrêt qu'un procureur du Roi paraissait avoir méconnu ses droits et ses obligations (1) ;

Que des Cours d'assises avaient commis un excès de pouvoir en limitant le nombre des numéros d'un journal dont le ministère public croyait devoir donner lecture à l'audience dans un procès de presse, le ministère public ayant le droit de dire tout ce qu'il croit convenable et nécessaire au bien de la justice, comme de produire tous les documents et de donner toutes les explications qui lui paraissent utiles, sauf le droit des parties en cause de discuter et de débattre, en matière criminelle, correctionnelle et *de police*, les documents produits et les raisonnements présentés par la partie publique (2);

Qu'un tribunal de première instance n'avait pu, sans excès de pouvoir, inviter le substitut du procureur du Roi à ne pas oublier le respect dû à la chose jugée (3);

Qu'un autre tribunal n'avait pu aussi, sans excès de pouvoir, faire donner lecture, à l'audience, d'une délibération qui était une censure infligée au substitut (4);

Qu'un juge de paix avait méconnu ses devoirs et commis un excès de pouvoir en déclarant qu'il y avait partialité, haine ou passion dans le fait du maire de... qui avait lui-même rédigé procès-verbal contre un seul

(1) 8 décembre 1826, B. 250.
(2) Arrêts cités page 10, note 2.
(3) 7 août 1818, B. 99.
(4) 24 septembre 1824, B. 118.

de plusieurs riverains qui se trouvaient dans le même cas (1).

23. Et spécialement à l'égard des tribunaux de simple police, la Cour de cassation a jugé que ces tribunaux avaient excédé leurs pouvoirs à l'audience, notamment :

En consignant dans un jugement un blâme ou une censure de l'officier du ministère public qui avait poursuivi la répression de la contravention (2) ;

En déclarant que le commissaire de police, en faisant assigner des témoins qui ne devaient pas l'être, avait aggravé la condition des prévenus ou blessé les intérêts du Gouvernement (3) ;

En manifestant le regret, à propos de l'acquittement d'un prévenu, d'avoir à prononcer une seconde fois, dans moins de quinzaine, sur une recherche que tout citoyen paisible aurait fait en sorte d'éviter (4) ;

En exprimant un blâme sur la conduite du ministère public, qui aurait formé son action judiciairement, sans avoir auparavant invité les prévenus à comparaître volontairement (5) ;

En insinuant que le maire, à l'audience, aurait substitué à la qualité d'officier du ministère public, celle de défenseur officieux de la partie citée, et ce, en se refusant à prendre des réquisitions contre elle (6) ;

En exprimant le regret de voir embarrasser le cours de la justice par des poursuites que pourraient éviter de simples avertissements, et qui ne peuvent avoir pour résultat que de grever le Trésor de frais irrecouvrables (7) ;

(1) Requêtes, 23 février 1847, Dupin, *Réquisitoires*, t. 7, p. 364.
(2) 27 juin 1845, B. 213.
(3) 8 mars 1821, B. 31.
(4) 1ᵉʳ juin 1839, B. 172.
(5) 24 juin 1842 (2 arrêts), B. 160, 161.
(6) 30 décembre 1842, B. 343.
(7) 20 avril 1844, B. 146.

En déclarant que les frais insolites et tout à fait hors d'usage dans les poursuites exercées faisaient une loi au juge de n'appliquer aucune pénalité (1);

En reprochant au ministère public d'avoir, d'office, donné suite à des plaintes qu'il aurait dû laisser à la partie intéressée le soin de poursuivre elle-même (2);

En motivant un jugement de renvoi, entre autres considérations, sur l'incapacité du maire à remplir les fonctions du ministère public (3);

En déclarant ne pouvoir s'empêcher de reconnaître que la poursuite était non-seulement sévère, mais vexatoire (4);

En déclarant qu'en s'introduisant, la nuit, dans une chambre située au-dessus du débit de liqueurs du prévenu, et dans laquelle quatre jeunes gens attablés jouaient aux cartes, le commissaire de police, officier du ministère public, avait commis un abus de pouvoir sujet à répression (5);

En déclarant que le commissaire de police avait adressé aux prévenus des paroles grossières et déplacées, et les avait accompagnées d'une voie de fait sans aucun prétexte (6);

En ordonnant qu'il serait adressé au maire d'une commune qu'intéressait un jugement du tribunal, un extrait de ce jugement pour tenir la main à son exécution (7);

Enfin, 1° en exprimant l'opinion, dans une affaire, que le commissaire de police n'avait pas usé de toute

(1) 16 décembre 1859, B. 279.
(2) 14 février 1845, B. 50.
(3) 8 juillet 1843, B. 173.
(4) 13 novembre 1847, B. 277.
(5) 4 mai 1861, B. 100.
(6) 11 décembre 1863, B. 291.
(7) 23 août 1810, B. 105.

la modération et la prudence, et surtout, dans les débats, de toutes les convenances de langage que ne doit jamais abandonner un fonctionnaire public ; — 2° en donnant acte au prévenu, des divers passages du réquisitoire écrit du ministère public dont il s'était plaint, et en ordonnant le dépôt de ce réquisitoire au greffe (1). — Le jugement énonçait que c'était du consentement du ministère public qu'il aurait été, sur ces derniers points, fait droit à la demande du prévenu, mais ce motif n'a pas empêché la cassation. La Cour suprême a considéré que les discours prononcés, ou les réquisitions prises à l'audience, par les officiers du ministère public, ne pouvaient donner lieu contre eux, dans aucun cas, à une action (2) en diffamation ou en injures (Loi du 17 mai 1819, art. 23; V. n° 462), sauf l'intervention de leurs supérieurs, s'il y avait lieu de les rappeler à leur devoir ; et qu'il n'était pas au pouvoir des officiers de la vindicte publique de renoncer à la protection qu'ils reçoivent de ces principes, dans l'intérêt de l'ordre public, dont ils sont les organes (3).

24. Si, comme on le voit, les tribunaux de police n'ont aucun droit de censure sur les officiers du ministère public qui leur sont attachés, ils n'ont pas davantage celui de limiter les développements ou productions de documents à l'audience (V. n° 21), jugés utiles par ces fonctionnaires, ni de leur prescrire des poursuites à l'égard de telle contravention (4) ou de tel individu (5) non compris dans la citation. Les Cours

(1, 3) 20 octobre 1835, B. 401.
(2) 11 janvier 1851, B. 21.
(4) 10 septembre 1836, B. 295.
(5) 24 avril 1834, B. 120; 23 juillet 1836, B. 248; 20 décembre 1845, B. 368; 24 février 1854, B. 54; 31 juillet 1856, B. 271; 7 mars 1857, B. 103.

impériales elles-mêmes n'ont ce droit que dans certains cas, spécialement prévus par la loi (1). Les omissions de ce genre, lorsqu'il s'en découvre, sont officieusement signalées par le juge au ministère public, qui ne manque pas, lorsqu'il y a lieu, de compléter sa poursuite et de réclamer, si besoin est, la remise de l'affaire à un autre jour (V. n° 369).

Officiers de police judiciaire, censure; V. n°s 426, 427.

25. Mais les tribunaux de première instance peuvent instruire le premier président et le procureur général de la Cour impériale des reproches qu'ils se croient en droit de faire aux officiers du ministère public des tribunaux de police de leur arrondissement, toutes les fois que ces fonctionnaires s'écartent des devoirs de leur état, et en compromettent l'honneur, la délicatesse et la dignité (2). — Le juge de paix qui aurait des reproches graves à faire au magistrat de son parquet, pourrait les faire connaître au président du tribunal de première instance (3), et celui-ci les soumettrait à ce tribunal aux fins ci-dessus.

Toutefois cette voie extraordinaire sera bien rarement suivie. Il est probable, en effet, que l'autorité des supérieurs naturels, procureur impérial, procureur général, garde des sceaux, sera très-suffisante pour maintenir dans la ligne du devoir l'officier du ministère public tenté de s'en écarter, et c'est à ces supérieurs hiérarchiques qu'il convient que le juge de paix adresse d'abord ses observations et ses réclamations, s'il y a lieu.

_____

(1) C. inst. crim., art. 235; Loi du 20 avril 1810, art. 11; Cass., 6 août 1836, B. 269.

(2) Loi 20 avril 1810, art. 61; C. 27 mars 1841, B. 115.

(3) 20 octobre 1835, B. 401.

26. Ce qu'il y a de certain, c'est que le garde des sceaux est investi d'une grande autorité sur les officiers du ministère public de la France et qu'il peut ordonner aux procureurs généraux de poursuivre les délits dont il a connaissance. C. I., art. 274.

Cette expression *délits* n'étant modifiée par aucune autre, conserve son acception la plus large, c'est-à-dire qu'elle s'applique à toutes les infractions à la loi pénale, et, par conséquent, aux contraventions de simple police, tout aussi bien qu'aux crimes, et qu'aux délits correctionnels proprement dits.

L'autre expression de *poursuivre* est non moins générale, et comprend tous les actes qui peuvent constituer la poursuite ou s'y rattacher. Ainsi, sur les ordres du ministre, le procureur général peut être tenu, non-seulement de saisir ou de faire saisir un tribunal d'un délit, mais d'employer les voies de recours ouvertes par la loi contre les décisions judiciaires à intervenir : appel, pourvoi en cassation, etc.

27. Pour les procureurs généraux, ils exercent dans leur ressort à peu près l'autorité conférée au ministre de la justice, pour tout l'Empire ; et comme cette autorité a d'incessantes occasions de se manifester, le législateur les en a investis en des termes bien plus explicites encore.

Ainsi le procureur général, d'office, charge le procureur impérial de poursuivre les délits dont il a connaissance. C. I., art. 274.

Il exerce l'action de la justice criminelle dans toute l'étendue de son ressort... Il a la surveillance de tous les officiers de police judiciaire. C. I., art. 279 (1).

Il peut avertir ces officiers, en cas de négligence ; les

(1) Et loi 20 avril 1810, art. 45.

dénoncer, en cas de récidive, à la Cour (chambre d'accusation) qui autorise, s'il y a lieu, leur citation à la
chambre du conseil, où il peut leur être enjoint, par
arrêt, d'être plus exacts à l'avenir, avec condamnation
aux frais. *Id.*, art. 280, 281.

Le procureur général est informé par le procureur
impérial de tous les délits, même des contraventions de
police connus de ce dernier; il peut lui donner des
ordres relativement à tous actes de police judiciaire, et
ces ordres doivent être exécutés. *Id.*, art. 249, 27.

Il résulte de ces dispositions que les officiers du ministère public de simple police sont dans l'obligation de
déférer aux ordres et, à plus forte raison, aux invita-
tions et aux instructions du procureur général, soit directement, soit par l'intermédiaire du procureur impérial, qu'il s'agisse de poursuivre une contravention
négligée, d'exécuter un jugement, de se pourvoir en
cassation contre cette décision, etc.

28. Quant au procureur impérial, bien qu'il n'ait pas
le droit d'avertissement disciplinaire réservé au procureur général, je n'hésite pas à penser qu'il peut également adresser aux officiers du ministère public de simple police de son arrondissement, les instructions et
même les injonctions (1) que viendrait à nécessiter le
bien du service. Ce droit, quoi qu'il ne soit pas aussi
nettement défini par la loi, me paraît résulter logique-
ment de son texte et de son esprit.

D'abord un principe incontesté dans la pratique,
c'est que tous les officiers de police judiciaire de l'arrondissement (2), hors le juge d'instruction, sont sou-

---

(1) *Sic*, Morin, *Discipline judiciaire*, t. 1, p. 64. — *Contrà*, Mangin, *Actions*, t. 1, p. 102; F. Hélie, *Instruction criminelle*, t. 2,
p. 229.

(2) *Contrà*, F. Hélie, *ibidem*, t. 4, p. 68.

mis à la surveillance du procureur impérial. C. I., article 17 (1).

Ensuite, il ne faut pas perdre de vue l'objet de la police judiciaire, qui est « de rechercher les crimes, les délits et les contraventions ; d'en rassembler les preuves et d'en livrer les auteurs aux tribunaux chargés de les punir. » *Id.*, art. 8.

Or, le but proposé à cette police n'étant atteint que lorsque la juridiction compétente a prononcé sur l'infraction recherchée et constatée, il s'ensuit que les commissaires de police, maires et adjoints, agissent encore comme officiers de police judiciaire, lorsqu'ils siégent en qualité de ministère public près d'un tribunal de simple police, et qu'ils continuent ainsi d'être soumis à la surveillance du procureur impérial. Et il est presque superflu d'ajouter que cette surveillance, sous peine de devenir illusoire, ne peut se borner à connaître et à observer, et que, pour être efficace, elle doit pouvoir conseiller, instruire, enjoindre, sauf à en référer au procureur général, s'il y a résistance ou négligence grave.

Le caractère de cette action se confirme de diverses dispositions spéciales aux matières de simple police. Ainsi le procureur impérial (V. nº 39) désigne, dans certains cas, l'officier du ministère public pour le tribunal présidé par le maire. Code d'instruction, article 167.

Il doit compte au procureur général, une fois par semaine, de toutes les affaires... de police qui sont survenues à son parquet. C. I., art. 249.

_____

(1) Déjà le Code de brumaire an iv, art. 22 et 23 (l'art. 17 du Code d'instruction n'en est que le résumé) soumettait tous les officiers de police judiciaire (du département) à la surveillance de l'accusateur public, et tous ceux de l'arrondissement à celle du directeur du jury, le juge d'instruction du temps.

Il reçoit tous les trois mois, des juges de paix et des maires, un extrait des jugements de police qui ont prononcé l'emprisonnement, et il en rend un compte sommaire au procureur général. C. I., art. 178.

Il est chargé de faire parvenir au greffe du tribunal de simple police les procédures dans lesquelles les prévenus sont renvoyés devant ce tribunal, par une ordonnance du juge d'instruction (*Id.*, art. 129, 132), et, dans l'usage, il fait ce renvoi aux officiers du ministère public de simple police, qui doivent faire donner la citation (1).

De toutes ces obligations naissent des rapports incessants qui ont amené la Cour suprême à décider, à deux reprises (2), « que les officiers qui exerçaient le ministère public devant les tribunaux de simple police étaient les délégués ou les substituts du procureur du Roi du ressort, comme celui-ci était lui-même le substitut du procureur général. »

29. La doctrine que je viens d'exposer est encore fortifiée de l'opinion d'un grand magistrat. Henrion de Pansey (3), après avoir résolu d'une manière négative la question de savoir si le maire peut se refuser à l'exécution de l'ordre du procureur du Roi de dresser pro-

(1) Les procureurs impériaux criminels, qui résidaient au chef-lieu judiciaire du département, étaient obligés de rendre compte au procureur général, tous les trois mois et même plus souvent, de l'état de la justice du département « en matière... de simple police. » *Idem*, art. 290. Ces magistrats ont été supprimés par la loi du 25 décembre 1815, mais non leurs obligations; les procureurs impériaux d'arrondissement rendent compte au procureur général, toutes les fois qu'il le demande, et régulièrement chaque année au mois de janvier, pour l'année précédente tout entière. V. n. 680.

(2) 27 août 1825, B. 169; 19 septembre 1834, B. 310.

(3) *Des biens communaux et de la police rurale et forestière*, liv. II, chap. 4.

cès-verbal d'un délit commis dans sa commune, ajoute ce qui suit :

« Ces dispositions (celles des art. 27 et 274 du Code) sont conçues dans les termes les plus impératifs ; mais au-dessus des lois positives sont les lois éternelles de la morale, » et le maire répondra : « Ce que vous m'ordonnez, ma conscience me le défend, et je dois avant tout obéir à ma conscience. »

« Raisonner ainsi, ce serait mal comprendre la loi. Les procédures criminelles et de police se composent de trois actes bien distincts :

« 1° Constater les délits par des procès-verbaux; 2° les déférer au juge, et lui en exposer les circonstances aggravantes et atténuantes ; 3° requérir l'application de telle ou telle peine.

« De ces trois opérations, les deux premières, n'ayant pour objet que de constater un fait, que d'exposer la vérité, n'ont rien qui puisse alarmer la conscience la plus délicate, et ce sont les seules que la loi exige. En effet, les art. 27 et 274 que l'on vient de lire disent, et rien de plus : *il fera les actes de police judiciaire; il poursuivra les délits dont il aura connaissance.* Quant à la peine, la loi ne va pas jusqu'à imposer au magistrat l'obligation d'en requérir. Libre à cet égard d'obéir à sa conscience, il peut déclarer qu'il s'en rapporte à la prudence du tribunal. »

50. Lors donc que le procureur impérial réclame d'un officier du ministère public des tribunaux de police de son arrondissement des renseignements sur certaines affaires, ou lui adresse des instructions sur la suite à donner à certains procès-verbaux ou plaintes, ou certains jugements, ces renseignements doivent être fournis, ces instructions suivies sans retard. En ce qui concerne les actes de poursuite, une fois le tribunal de police saisi, l'officier du ministère public recouvre, à l'audience, sa liberté d'opinion (1); il peut, notamment, conclure au renvoi du prévenu, en gardant, bien entendu, la mesure d'expressions que commandent les convenances.

C'est l'ancienne maxime : « Si la plume doit obéir, la parole doit être libre. » M. le procureur général Dupin l'a, plusieurs fois, mise en pratique à la Cour suprême. Après avoir, pour se conformer aux ordres du ministre de la justice, présenté un réquisitoire écrit pour demander une cassation dans l'intérêt de la loi, il a verbalement exposé à l'audience les doutes qui s'élevaient dans son esprit sur la difficulté.

Ces rapports hiérarchiques (2) doivent d'autant plus être entretenus, que, comme j'aurai plus d'une fois l'occasion de le faire remarquer (V. n. 109, 497), loin d'entraver l'action des maires et des commissaires de police de chefs-lieux cantonaux, ils tendent, au contraire, à l'affermir et à la régulariser.

51. C'est, du reste, une des lacunes de notre Code ; à l'exemple des procureurs impériaux envers les procureurs généraux, les officiers du ministère public de simple police auraient dû être obligés de rendre compte périodiquement aux premiers de ces magistrats de leurs poursuites et des jugements qui les terminent. De 1796 à 1810 (3), les commissaires du directoire exécutif près des administrations cantonales étaient astreints à demander au commissaire près le tribunal correctionnel

---

(1) *Réquisitoires et plaidoyers*, t. 1, p. 13; t. 2, p. 224 et 273; t. 4, p. 184; t. 7, p. 199.

(2) V. M. F. Hélie, *Instruction crim.*; t. 2, p. 231.

(3) Arrêtés du 4 frimaire an v, art. 4, et 27 nivôse an v, art. 1er; circulaires du ministre de la justice du 27 floréal an v et 15 thermidor an VIII; M. Gillet, *Circulaires, Instructions et Décisions du ministre de la justice*, 1859, p. 31 et 50.

tous les éclaircissements dont ils avaient besoin pour se diriger dans la poursuite des délits de police. Ils devaient, toutes les décades, adresser à ce magistrat, 1° un état des délits et des poursuites intentées; 2° un autre état des jugements prononçant une amende ou un emprisonnement, avec mention des diligences faites pour l'exécution de ces décisions. — Ces états étaient ensuite transmis au commissaire près le tribunal criminel ou du département, etc.

Costume, V. n. 147.

§ 3. — *Du greffier.*

52. Dans les communes où il n'y a qu'un juge de paix, le greffier de ce magistrat tient la plume pour les affaires de simple police. C. I., art. 141. La présence de ce greffier ou celle de son commis assermenté à l'audience est non moins indispensable à la régularité de la composition du tribunal que celle de l'officier du ministère public (1). — Constatation de la présence, Voir n. 392.

53. Dans les communes (il y en a une centaine) divisées en deux justices de paix ou plus, il y a un greffier particulier pour le tribunal de police. *Id.*, article 142 (2). Dans les tribunaux divisés en deux sections (il n'y en a jamais eu), le greffier a un commis assermenté pour le suppléer. *Id.*, art. 143. V. n. 8.—A Paris le greffier en a trois. V. n. 651.

Le greffier a le droit de révoquer son commis greffier, sans l'agrément du tribunal (3).

_____

(1) 27 prairial an IX, D. A., t. 3, p. 448; 25 février 1819, B. 29; 11 août 1838, B. 276.
(2) Loi 28 floréal an X, art. 14.
(3) Délibération de la Cour d'Agen du 13 décembre 1848, journal *le Droit* du 9 février 1849.

En cas d'absence ou d'empêchement du greffier et de son commis, par exemple, lorsque cet officier ministériel vient à être appelé comme témoin, et à plus forte raison s'il était compris dans une affaire comme *prévenu* (1), le juge peut les remplacer momentanément par un citoyen français âgé de 25 ans, auquel il fait prêter le serment de « bien et fidèlement remplir les fonctions de greffier. » Cette formule, empruntée à la loi d'août 1790 (2), est consacrée par la pratique ; la Cour suprême l'a rappelée dans un de ses arrêts (3), elle me paraît donc suffisante pour donner qualité au greffier, même au titulaire. Les parties ne sont pas d'ailleurs recevables à contester la validité du serment professionnel des membres des tribunaux (4).

Traitement du greffier spécial, V. n. 651.

54. Ces greffiers sont sous la surveillance du juge de paix, du procureur impérial, du procureur général et du garde des sceaux. Ils sont avertis et réprimandés par le juge de paix et dénoncés, s'il y a lieu, au ministre (5).

55. Leurs greffes, minutes de jugements, registres, etc., sont vérifiés tous les mois, par le juge de paix ou par le procureur impérial (6).

56. Le greffier, soit de la justice de paix, soit du tribunal de police, doit, à peine de déchéance, résider dans la commune chef-lieu du canton où est établi le tribunal. Arg. de C. I., art. 139 (7).—Costume, V. n. 146.

---

(1) 26 mars 1863, B. 98.

(2) Arg. de la loi des 16-24 août 1790, tit. 9, art. 2 et 5.

(3, 4) 21 juin 1850, D.1850.5.274.

(5) Loi 20 avril 1810, art. 45, 62 ; Ordonn. 6 novembre 1822, art. 1er.

(6) Ordonn. 5 novembre 1823, art. 3 et 4.

(7) Décret 30 mars 1808, art. 100 ; Circulaire du grand juge du 30 octobre 1807 ; Gillet, p. 101.

§ 4. — *Parenté et alliance.*

57. Ne peuvent faire simultanément partie du même tribunal de police, comme juge, suppléants, greffier ou ministère public, des parents ou alliés jusqu'au degré d'oncle et de neveu inclusivement (1). Toutefois les jugements rendus par un tribunal de police où siégeraient des parents ou alliés à ce degré ne seraient pas nuls, parce qu'ils ne sont rendus que par un magistrat unique. La Cour de cassation a décidé, en effet, que l'alliance du ministère public avec un juge au degré de gendre et de beau-père n'entraînait pas la nullité de l'arrêt, parce qu'un officier du ministère public ne prend que des réquisitions et n'opine pas comme juge (2). Mais cette composition du tribunal de police ne doit pas moins être soigneusement évitée comme contraire à l'ordre public et à l'indépendance des membres du tribunal.

Impossibilité de composer le tribunal, V. n. 161.

§ 5. — *Des huissiers.*

58. Un ou plusieurs huissiers, qui portent le titre d'huissiers audienciers, sont chargés du service des audiences du tribunal. Le juge les désigne parmi ceux du canton (3).—Costume, Police, V. n. 148, 156.

(1) Décret des 6-27 mars 1791, art. 31; Loi 20 avril 1810, article 63. — Cette composition irrégulière se présentera bien rarement, sans doute; cependant j'ai connu un tribunal de police où, durant plusieurs années, les deux frères avaient siégé l'un comme juge, l'autre comme officier du ministère public.

(2) 16 janvier 1851, B. 23.

(3) Décrets, 30 mars 1808, art. 54; 14 juin 1813, art. 3 et 4; Loi 25 mai 1838, art. 16.

Ces fonctions ne peuvent être cumulées avec celles de membre du tribunal. Ainsi, l'huissier qui a donné une citation dans une affaire de police ne peut siéger dans l'affaire comme officier du ministère public; il y a nullité dans la citation et dans la composition du tribunal (1).

SECTION II.

DES TRIBUNAUX DE SIMPLE POLICE PRÉSIDÉS PAR LES MAIRES.

39. Ces tribunaux ne peuvent être établis que dans les communes non chefs-lieux de canton. Ils sont tenus par le maire, et, en cas d'empêchement de ce fonctionnaire, par l'adjoint. C. I., art. 166, 167.

Les fonctions du ministère public sont remplies, près du maire, par l'adjoint, et, en cas d'empêchement de celui-ci, par un membre du conseil municipal, désigné, à cet effet, par le procureur impérial (F. n. 682), pour une année entière. *Id., ibid.* — Il y a nullité lorsque c'est un commissaire de police qui occupe le siége du ministère public, au lieu de l'adjoint ou d'un conseiller municipal (2).

Celles de greffier sont exercées par un citoyen que le maire propose et qui prête serment en cette qualité au tribunal correctionnel. *Id.*, art. 168.—Emoluments, V. n. 655.

Le ministère des huissiers n'est pas nécessaire près de cette juridiction. *Id.*, 169. V. n. 474.

40. Du reste, je crois devoir avertir ici que je n'ai pas donné, dans ce traité, de détails sur cette juridiction des maires, parce qu'elle n'est exercée presque nulle part. Les maires se contentent de constater ou

(1) 20 février 1847, B. 39.
(2) 24 avril 1857, B. 167.

2

de faire constater les contraventions de police dont ils pourraient connaître comme juges, et laissent au ministère public du chef-lieu et au juge de paix le soin de les poursuivre et de les juger.

Le Code de brumaire an IV (art. 151 et 596) avait remplacé la juridiction des municipalités, jusque-là unique en matière de police (1), par celle des tribunaux de police cantonaux. Le Code d'instruction criminelle a établi celle des maires concurremment avec celle des juges de paix. Cette espèce de superfétation aurait, d'après Locré (2), une illustre origine. Le projet du Code (3) n'admettait, comme le précédent, que des tribunaux de canton présidés par les juges de paix. Dans la discussion au Conseil d'État (18 septembre 1808), l'empereur Napoléon Iᵉʳ fit observer qu'il était « indispensable de donner au maire le pouvoir de réprimer les petits délits, tels, par exemple, que les délits champêtres, et de ne pas envoyer la partie lésée chercher au loin un juge de paix. » Après une discussion assez longue sur ce point, le projet fut renvoyé à une nouvelle rédaction. Cette rédaction, où l'idée de l'Empereur était développée, et qui comprenait les art. 138, 139, 166-171 du Code actuel, fut présentée par Treilhard, et adoptée (27 septembre-4 octobre 1808) avec quelques changements de détail.—La commission du Corps législatif ne fut pas favorable à cette innovation : elle en demanda la suppression, fondée principalement sur la nécessité de séparer les fonctions administratives des fonctions judiciaires, et l'impossibilité d'organiser dignement cette juridiction dans un nombre si prodigieux de communes.—Mais le Conseil d'État n'accueillit pas ce vœu dans sa révision définitive; le

_____

(1) Décret des 19-22 juillet 1791, art. 42, 43.
(2, 3) *Législation de la France*, t. 25, p. 315, 319, 333, 336, 368.

projet fut maintenu, puis voté en son entier par le Corps législatif.

Quoi qu'il en soit, cette juridiction a été généralement désapprouvée (1), et en fait, elle n'a pas présenté une utilité véritable. Dans la plupart des cantons, les communes ne sont pas tellement éloignées du chef-lieu que les parties et les témoins soient obligés à un déplacement onéreux pour se rendre devant le juge de paix. Les communes non traversées d'une grande route fournissent, d'ailleurs, peu d'affaires aux tribunaux de simple police. Il n'y aurait donc d'avantage réel à ce que le maire jugeât lui-même, en simple police, que dans les communes très-distantes du chef-lieu, et dont la population agglomérée serait considérable. Or, il y a peu de cantons en France où il se trouve, à un certain éloignement de la commune chef-lieu, une commune d'une population agglomérée égale ou plus importante.

41. Il n'y a donc pas d'inconvénient à ce que les maires abandonnent le jugement des contraventions de police aux juges de paix ; ces magistrats, les officiers du ministère public, les greffiers qui leur sont attachés, ont infiniment plus d'habitude de ces sortes d'affaires (2) ; ils s'en occupent avec plus de solennité, et, enfin, cette abstention n'a rien de contraire à la loi, puisque les juges de paix ont compétence, sauf la concurrence des maires, en certains cas, sur toutes les contraventions de police commises dans leur canton. C. inst. crim., art. 140 ; V. n. 98.

---

(1) Legraverend, *Législation criminelle*, t. 2, p. 286 ; Boitard *Code d'instruction*, p. 231 ; M. F. Hélie, *Instruction*, t. 7, p. 143,
(2) On trouve rapporté dans un arrêt du 15 juillet 1820, B. 10 un jugement rendu en simple police par un maire, et qui présentai *neuf* causes de nullité.—Un arrêt du 24 décembre 1858, B. 319, est relatif à un autre jugement d'un maire dans lequel la *publicité* de l'audience avait été omise.

CHAPITRE II.

———

SECTION PREMIÈRE.

DE LA COMPÉTENCE DES TRIBUNAUX DE SIMPLE POLICE.

42. La première question qui, avant tout acte de poursuite ou d'instruction, doit préoccuper les magistrats qui remplissent l'office du ministère public ou de juge, dans un tribunal quelconque, est celle de savoir s'ils sont compétents à l'égard des affaires qui leur sont remises. C'est l'application de la maxime : *Prius de judice quam de re.* Or, il faut que la compétence existe sous le triple rapport de la *matière*, du *lieu* et de la *personne*. Ce principe est tellement absolu, qu'il concerne les simples actes d'instruction destinés à préparer le jugement de l'affaire. Ainsi, pour rendre un jugement interlocutoire (V. n. 445), ordonnant une vérification préalable, il faut que le tribunal soit compétent, tout comme s'il s'agissait du jugement définitif (1). Il en serait autrement pour une remise pure et simple de l'affaire, cet acte du juge ne touchant à aucune question du procès.

42 *bis*. Le juge de police doit être d'autant plus attentif dans l'examen de sa compétence, qu'il n'y a pas pour ce tribunal, comme pour le tribunal de paix proprement dit, de prorogation de juridiction par l'effet de

(1) 30 janvier, 20 août 1824, B. 19, 113; 6 octobre 1837, B. 304.

la volonté des parties (*C. de proc. civ.*, art. 7), et que le silence de ces dernières ne couvrirait pas, comme en matière civile (*Idem*, art. 169), la nullité qui résulterait de l'incompétence du juge. En matière criminelle, les juridictions sont d'ordre public, et il n'est pas au pouvoir des parties de se choisir des juges et de leur conférer une compétence et des attributions en dehors de la loi. Si, en matière civile, ce principe reçoit une application moins rigoureuse, et si, notamment, en ce qui touche la compétence à raison du *lieu*, il est permis aux parties de le faire fléchir, cela vient de ce que, dans cette matière, l'attribution de la juridiction concerne l'intérêt privé plutôt que l'intérêt public (1). Aussi, au criminel et au correctionnel, peut-on, en tout état de cause, en appel et jusqu'en cassation, exciper de l'incompétence du tribunal, non-seulement à raison de la *matière*, mais à raison du *lieu* (2).

Il en doit être de même en simple police. On ne doit pas, selon Merlin (3), suivre la doctrine d'un arrêt, déjà ancien, de la Cour suprême, d'après lequel l'incompétence d'un tribunal de police, autre que celui du *lieu* de la contravention, n'étant pas absolue, avait pu être couverte par le consentement des parties (4). « L'art. 456, n. 6, du Code de brumaire an IV ne soumettait pas moins à la cassation les jugements de police que les jugements correctionnels et criminels, contraires aux règles de la compétence, et cela sans aucune espèce de distinction entre les cas d'incompétence *ratione loci* et ceux d'incompétence *ratione materiæ*. » Et il résulte textuellement des art. 408 et 413 du Code d'instruction

(1, 2) 26 frimaire an X, B. 71; 13 mai 1826, D. P. 1.377; Merlin, *Questions*, v° *Incompétence*, § 1, n. 3; 4 mars 1836, B. 67; 14 décembre 1843, B. 315; 4 novembre 1853, B. 528.

(3) Merlin, *ibid.*, *in fine*.

(4) 3 mai 1811, D. A., t. 3, p. 438.

qu'en matière criminelle, correctionnelle ou de police, il y a lieu à annulation par la Cour de cassation, *dans les cas d'incompétence*, dit le premier article, sans distinguer aucunement à cet égard.

Jugements d'incompétence, V. n. 430 à 435.

Voyons maintenant les règles de la compétence, et, d'abord, en ce qui concerne la juridiction ordinaire de simple police, c'est-à-dire les tribunaux présidés par le juge de paix.

§ 1er. — *Tribunaux de police présidés par le juge de paix.*

N° 1.—Compétence à raison de la *matière.*

43. Comme préliminaire, il ne paraîtra pas inutile de réunir ici dans l'ordre chronologique, les principales lois qui prévoient des contraventions de simple police :

Edit de novembre 1554, art. 10.—Glanage.

Edit de décembre 1607, art. 4 et 5.—Démolition des constructions qui dépassent l'alignement.—Pénalité, C. pénal, art. 471, n. 5.

Loi des 4-11 août 1789, art. 2.—Fermeture des pigeons.

— des 28 septembre-6 octobre 1791 (dite *Code rural*), tit. 2, art. 3, 4, 7, 12, 13, 15, 16, 18, 22, 25, 33. — Contraventions rurales non prévues par le Code pénal.

Code du 3 brumaire an IV, art. 605, n. 8, 606. — Voies de fait et violences légères.

Loi du 26 ventôse an IV. — Echenillage. — Pénalité, C. pénal, 471, n. 8.

— du 22 germinal an IV.—Refus de travaux pour l'exécution des jugements.

— du 23 thermidor an IV, art. 2. — Pénalité des contraventions rurales, prévues et non réprimées par le Code rural.—V. loi du 23 juillet 1820.

— du 6 frimaire an VII, art. 51 à 61.—Police des bacs, bateaux et ponts à péage.

— du 2 vendémiaire an VIII ; 27 frimaire an VIII, art. 17 ; Ordonn. du 9 décembre 1814, art. 73. — Contraventions aux droits d'octroi.

Décret du 23 prairial an XII.—Sépultures.

Loi du 21 avril 1810, 81.—Police des carrières à ciel ouvert (1).

_____

(1) Cass., 19 septembre 1856, B. 321 ; 23 janvier 1857, B. 36.

Décret du 15 octobre 1810.—Etablissements insalubres, etc.

— du 18 juin 1811, art. 114. — Refus de logement à l'exécuteur des arrêts criminels.

Loi du 18 nov. 1814. — Dimanches et fêtes (inobservation des).

Décret du 14 janvier 1815.—Etablissements insalubres, etc.

Loi du 17 mai 1819, art. 20. — Injures et diffamations non publiques.—Pénalité, C. pénal, 471, n. 11.

— du 23 juillet 1820, art. 28.—Valeur de la journée de travail. V. 23 thermidor an IV.

— du 4 juillet 1837. — Poids et mesures. — Pénalité, C. pénal, 479, n. 6.

— du 22 mars 1841. — Travail des enfants dans les manufactures.

Ordonn. du 23 mai 1843.—Bateaux à vapeur des rivières.

— du 6 décembre 1843.—Police des cimetières.

Loi du 27 mars 1850. — Contraventions en matière de tissage et de bobinage.

— des 2-9 juillet 1850. — Mauvais traitements envers les animaux domestiques.

— des 27 mars-1ᵉʳ avril 1851. — Répression des fraudes sur la vente de certaines marchandises. — Cette loi a abrogé les art. 475, n. 14, et 479, n° 5, C. pénal.

— du 22 février 1851, art. 20, 21, 4, 5, 9 et 10.—Contraventions en matière de contrats d'apprentissage.

— du 30 mai 1851, art. 5, 7, 12 à 15, 17 à 22, 29, 30.—Police du roulage et des messageries publiques.

Décret du 25 mars 1852.—Bureaux de placement.

— du 10 août 1852. — Police du roulage, art. 9, 10, 13 à 16.

— du 30 décembre 1852. — Police des théâtres. Arr. cass., 17 avril 1856, B. 152.

Loi du 22 juin 1854.—Livrets d'ouvriers.

Décret du 30 avril 1855.—Mêmes livrets.

45 bis. Nous abordons les règles de la compétence et leurs nombreuses exceptions.

Les tribunaux de police, présidés par le juge de paix, ont une compétence générale et connaissent de toutes les contraventions de police, c'est-à-dire des faits qui, d'après les dispositions du quatrième livre du Code pénal (et des autres lois en vigueur), peuvent donner lieu soit à une amende de *quinze* fr. au plus, soit à un emprisonnement de *cinq* jours au plus; qu'il y ait ou non confiscation des choses saisies, et quelle que soit la valeur de ces objets (C. I., art. 137, 138); quel que soit le chiffre des dommages réclamés par la partie lésée ou l'importance des réparations civiles accessoires de la peine (p. ex., la suppression d'un établissement insalubre), V. n. 406 (1), à moins que, comme pour certaines contraventions rurales (V. n. 47), l'amende ne soit déterminée par le montant du dommage.

44. Pour apprécier la compétence, il ne faut prendre en considération que le chiffre de l'amende encourue par chaque contravention isolée; si le prévenu était traduit à raison de plusieurs infractions dont les amendes réunies excéderaient 15 fr., il n'en serait pas moins justiciable du tribunal de police; plusieurs contraventions ne peuvent, par leur réunion, quel que soit leur nombre, constituer un délit (2).

Le tribunal de police serait également compétent, à l'égard d'une contravention à un arrêté préfectoral, quand l'amende, édictée par l'arrêté, serait de plus de 15 fr. La raison en est que la sanction des arrêtés de police était, avant 1832, dans les art. 600 et 606 du Code de brumaire an IV, qu'elle est, depuis le 1er juin 1832, dans l'art. 471, n. 15, du Code pénal, et que l'autorité administrative, en établissant une amende supérieure à celle de ces textes, commet un excès de pouvoir qui ne lie nullement les tribunaux (3). — Règlements anciens, V. n. 60.

Malgré la règle posée par le Code d'instruction criminelle (art. 137, 138) la compétence des tribunaux de simple police n'est pas absolue et elle souffre d'assez nombreuses exceptions.

(1) Merlin, *Questions*, v° *Tribunal de police*, n. 1; C. 27 juillet 1827, B. 200.

(2) 17 août 1843, B. 207.

(3) 10 avril 1823, B. 52,

45. La première exception concerne les contraventions forestières commises dans les *bois* soumis au *régime forestier*, y compris ceux des particuliers indivis avec les communes ou l'État, et, à ce titre, poursuivies à la requête de l'Administration. Toutes ces infractions, quelque minime que soit l'amende, sont de la compétence exclusive des tribunaux correctionnels. *Code forestier*, art. 1, 159, 171. Pour les contraventions qui intéressent les *particuliers*, la règle générale reprend son empire. *Id.*, art. 190. Les tribunaux de simple police sont compétents pour celles de ces contraventions punies de 15 fr. d'amende au plus (1), qu'elles soient poursuivies à la requête du ministère public (2) ou des particuliers lésés. Le Code d'instr., art. 139, n. 4, semble ne donner juridiction à ces tribunaux que pour les contraventions *poursuivies à la requête des particuliers;* mais ces termes ne sont qu'indicatifs; ils s'appliquent évidemment aux contraventions forestières commises au préjudice des particuliers, quelle que soit la partie poursuivante (3). Lors de la mise en vigueur du Code d'instruction, c'est-à-dire bien avant celle du Code forestier, les délits, graves et légers, commis dans les bois de l'État, étaient de la compétence des tribunaux de district ou d'arrondissement (4); seulement, la compétence, en ce qui concernait les infractions commises dans les bois des particuliers, n'était pas nettement déterminée. Le Code d'instruction a dissipé l'obscurité en donnant aux tribunaux de police, présidés par les juges de paix, la connaissance de cette sorte de contraventions, et il l'a dit en des termes qu'il faut entendre dans leur sens le plus raisonnable.

(1) 16 août 1811, B. 116; 1ᵉʳ février 1856, B. 45.
(2) 25 janvier 1838, B. 23.
(3) 29 juillet 1853, B. 372; 20 juillet 1854, B. 230.
(4) Décret des 15-29 septembre 1791, tit. 9, art. 1 et 2.

46. La seconde exception concerne les infractions simples à la loi sur l'exercice de la *Médecine* et de la *Chirurgie ;* celles qui ont été commises sans que leurs auteurs eussent pris le titre d'officiers de santé ou de docteurs. Quoique punissables seulement d'une amende de police, ces contraventions sont réservées aux tribunaux correctionnels par une disposition formelle de la loi (1).

47. La troisième exception comprend les contraventions rurales, à l'égard desquelles l'amende est fixée d'après le chiffre du *dommage* (C. rural, tit. 2, art. 10, 12, 16, 25, 26, 28, 33), et lorsque ce dommage n'a pas été évalué dans le procès-verbal ou la plainte. En ce dernier cas, le maximum de l'amende se trouvant indéterminé, l'infraction est considérée comme un délit et se trouve ainsi de la compétence des tribunaux correctionnels. C. I., art. 179 (2). Il est de principe, en effet, que la compétence doit être réglée dès les premiers actes de poursuite, et sur le *maximum* de la peine applicable à l'infraction dénoncée, sans égard à la faculté d'en prononcer une moindre; la compétence des tribunaux ne peut pas être arbitraire et dépendre de leur volonté de restreindre les peines établies par la loi dans les limites des peines de simple police (3).

A plus forte raison le tribunal correctionnel est-il seul compétent, lorsque le dommage, régulièrement évalué, dépasse la somme de 15 fr. (4), ou que l'infraction à la

---

(1) Loi du 19 ventôse an XI, art. 35, 36; C. 28 août 1832, ch. réunies (n'est pas au *Bulletin*), D. P. 33, 1, p. 34; et autres depuis, notamment, 19 mars 1857, B. 111.

(2) 27 juin 1811, B. 93; 25 juin 1813, B. 138; 4 avril 1823, B. 50; 11 avril 1828, B. 105; 14 mai 1830, B. 134; 6 octobre 1837, B. 304; 8 février 1855, B. 37.

(3) 4 juin 1824, B. 76.

(4) 6 messidor an IX, B. 235; 20 août 1824, B. 103.

police rurale entraîne un emprisonnement de plus de 5 jours (1), telle que le fait de *pacage, garde à vue, garde à la corde*, dans des récoltes (2).

Les contraventions rurales commises en récidive dans l'espace d'une année, ou bien avant le lever ou après le coucher du soleil, entraînent des amendes doubles et même triples; mais, comme cette aggravation ne s'applique qu'aux amendes qui n'excèdent pas la valeur de cinq journées de travail (3), le total de l'amende doublée ou triplée dépassera rarement 15 fr., c'est-à-dire la compétence du tribunal de police.

Avant l'introduction dans le Code pénal du n° 15 de l'art. 471 (Loi du 28 avril 1832), la récidive des contraventions à des arrêtés de police pouvant (C. de brumaire an IV, art. 606, 607) être punie de six jours de prison, le tribunal correctionnel était seul compétent (4); il a cessé de l'être en 1832; cette récidive n'entraîne plus (C. pén., art. 474) qu'un emprisonnement de un à trois jours.

48. La quatrième exception concerne la *récidive* :

1° Des préposés à la perception des droits de *péage* des bacs, bateaux et ponts qui exigeraient des sommes plus fortes que celles portées aux tarifs. L'élévation de l'emprisonnement, dans ce cas, rend le tribunal correctionnel compétent (5);

2° Des jeux de loterie ou autres jeux de hasard, tenus dans les rues, places, ou autres lieux publics; *Code pénal*, art. 475, n° 5; 483, 478;

3° Des contraventions à la loi du 22 mars 1841, ar-

(1) 19 décembre 1822, B. 178.
(2) 16 février, 14 mars 1850, B. 66; 89; 1er février 1856, B. 45.
(3) Code rural, tit. 2, art. 4; Loi du 20 messidor an III, art. 8.
(4) 4 juin 1824, B. 76.
(5) Loi 6 frimaire an VII, art. 52; Code de brumaire an IV, article 607.

ticle 12, sur le travail des enfants dans les manufactures ;

4° De la réception des apprentis par des maîtres incapables ; *Loi du 22 février* 1851, art. 20, § dernier ;

5° Du refus d'un ouvrier de déférer aux réquisitions du ministère public pour l'exécution des jugements ; *Loi du 22 germinal an* IV ;

6° De la fraude simple, sur les sels ; *Loi du 17 décembre* 1814, art. 29, 30, 31.

49. La cinquième exception comprend les contraventions en matière de *grande voirie*, lesquelles sont de la compétence des conseils de préfecture ; notamment les anticipations, les constructions sans autorisation, les dépôts de matériaux sur les grandes routes (1) ; les contraventions aux art. 4 et 9 de la loi du 30 mai 1851, sur la police du roulage (2) ; les réparations d'une maison située dans une rue formant le prolongement d'une route départementale (3) ; si le chemin n'était que *rural*, la compétence appartiendrait au tribunal de police (4) ; les mêmes infractions touchant les canaux, les rivières navigables ou flottables et les canaux qui en sont une dérivation (5) ; le curage des cours d'eau non navigables (6).

« Toutefois, la compétence de la juridiction administrative est restreinte à l'application des peines pécuniaires ; dans le cas où la peine d'emprisonnement serait encourue, elle devrait être prononcée, suivant les

----

(1) Loi 29 floréal an x, art. 1 ; C. 7 octobre 1825, B. 198 ; 13 mars 1841, B. 65 ; 24 juin 1843, B. 160.

(2) 19 mars 1853, B. 101.

(3) 3 février 1854, B. 28.

(4) 14 février 1863, B. 50 et 51.

(5) Dite loi, *ibid.* ; C. 30 novembre 1833, B. 485 ; 18 mars 1853, B. 97 (Police des bateaux à vapeur).

(6) 18 juillet 1857, B. 278.

distinctions établies, par le tribunal de police ou par le tribunal correctionnel, et il devrait intervenir deux décisions (1). » — Les conseils de préfecture sont également compétents pour faire cesser les usurpations commises sur les chemins vicinaux, et pour ordonner le rétablissement des lieux dans leur état primitif; c'est au tribunal de police qu'il appartient de prononcer soit l'amende, soit la prison encourue pour infraction à l'art. 479, n° 11, du Code pénal (2).

50. Le tribunal de police est compétent pour statuer sur de simples dépôts de matériaux ou encombrements effectués sur une grande route, et à *fortiori* sur les dépôts (3), jets, écoulements de matières pouvant intéresser la sûreté ou la salubrité publique, lorsque la route en question longe ou traverse les rues, places, quais, d'une ville, bourg ou village. Dans ce cas, les règles relatives à la petite voirie et à la police urbaine sont applicables (4). D'abord, l'art. 471, n°s 4, 5 et 6 du Code pénal, embrasse à cet égard, par la généralité de ses dispositions, tout embarras de la voie publique et tout refus ou négligence d'exécuter les arrêtés concernant la petite voirie, sans distinguer quels sont les aboutissants des communications qui, à l'intérieur, servent à l'usage des habitants ; ensuite la loi sur la police du roulage (5) n'est point restrictive des règles générales sur la police de la voirie urbaine (6). Il suit de là que toutes les infractions à la petite voirie doivent être soumises à la juridiction ordinaire en cette matière, c'est-

(1) Décret, 2 février 1808, Devilleneuve, *Collect. nouv.*, 2.2.341, et M. de Royer, *Encyclopédie du droit*, v° Contravention, p. 465.
(2) Tribunal des conflits, 21 mars 1850, J. cr., 4706.
(3) 19 juin 1845, B. 158.
(4) 13 juin 1811, B. 91.
(5) Loi du 30 mai 1851.
(6) 8 avril 1839, ch. r'un., B. 116.

à-dire aux tribunaux de simple police (1). C'est ce qui a
été décidé même à l'égard d'un entrepreneur de travaux publics qui avait, contrairement à un arrêté municipal, éteint de la chaux sur la voie publique (2); et
à l'égard d'un particulier qui avait fait exhausser le pavé
d'une rue longée par une route nationale (3); à l'égard
d'un voiturier qui avait laissé une voiture non éclairée
sur la voie publique dans l'intérieur d'une ville (4).

51. Mais la juridiction des Conseils de préfecture reprend son empire sur la grande voirie, dans la traversée
des villes, bourgs et villages (5), et même à l'intérieur d'un lieu habité, lorsque la contravention aux règlements de grande voirie est de nature à opérer, soit
une anticipation, soit une détérioration sur une grande
route. La police de la conservation des routes, d'abord
attribuée aux tribunaux de district (aujourd'hui d'arrondissement), par la loi du 11 septembre 1790, art. 6,
a été transportée aux Conseils de préfecture par la loi
du 29 floréal an 10 (6). Les canaux, fleuves et rivières
navigables, leurs chemins de halage, francs-bords, etc.,
étant compris dans la grande voirie, tout ce qui intéresse la liberté et la sûreté de ces voies de communication est de la compétence des mêmes conseils (7);
telles sont les infractions aux arrêtés concernant la direction des bateaux à vapeur (8). Toutefois, les contraventions à la police des embarcations destinées au ser-

(1) 15 avril 1824, B. 49; 7 décembre 1826, B. 244; 7 juillet
1838, B. 199; 24 février 1842, B. 31.
(2) 23 janvier 1841, B. 24.
(3) 27 septembre 1851, B. 410.
(4) 13 mai 1854, B. 158.
(5) 15 février 1856, B. 76.
(6) 8 avril 1839, cité p. 37, note 6.
(7, 8) Dite loi de floréal an 10, art. 4; C. 5 janvier 1839, B. 12;
Ordonn. Cons. d'Etat, 9 nov. 1839, J. crim., art. 2502.

vice de ces bateaux, à y transporter les voyageurs, sont de la compétence du tribunal de police ; il ne s'agit pas là d'entraves aussi positives à la circulation sur les fleuves et rivières (1).

52. Des dispositions spéciales rendent encore les infractions à la police des ports maritimes de la compétence des Conseils de préfecture (2) ; tout comme celles qui concernent la conservation des fortifications. Ainsi, un pâturage de vaches sur le glacis d'un fort, sans l'autorisation du ministre de la guerre, est de la compétence de ces conseils, lors même que ce pâturage constituerait une contravention à un arrêté municipal (3).

53. Enfin, ces conseils sont seuls compétents pour connaître des réclamations des particuliers concernant leurs terrains ensemencés ou seulement préparés et qui ont été fouillés par les entrepreneurs de travaux publics pour en extraire les matériaux dont ils avaient besoin. Des lois spéciales autorisent ces voies de fait sur la propriété d'autrui, moyennant une indemnité préalable (4). Les entrepreneurs ne sont passibles de l'application de l'art. 471, n° 13, du C. pén., et partant, justiciables des tribunaux de simple police, que lorsqu'ils ont commencé leurs travaux sans s'être préalablement entendus avec les propriétaires des terrains à fouiller, sur l'indemnité du dommage, ou sans avoir fait régler administrativement cette indemnité (5).

---

(1) 14 novembre 1835, B. 428.

(2) Décrets 10 avril 1812 ; 16 décembre 1811 ; art. 114 ; C. 7 octobre 1842, B. 265.

(3) Loi des 8-10 juillet 1791, tit. Ier, art. 22 ; Cass., 16 juin 1848, B. 181.

(4) C. rural, tit. Ier, sect. 6, art. Ier ; Loi du 28 pluviôse an 8, tit. 2, art. 4 ; Cass., Ier et 21 octobre 1841, B. 297, 309 ; 18 août 1860, B. 208.

(5) Ier juillet 1843, B. 169.

54. La sixième exception concerne les contraventions de simple police commises entre les *ouvriers* et les apprentis, les manufacturiers, fabricants et artisans. D'après une loi de l'an XI, ces manquements peuvent être jugés sans appel, à Paris, par le préfet de police ; dans les autres lieux, par les maires (1).

Un décret de 1810 (2), a donné, pour des infractions de semblable nature, juridiction aux conseils des prud'hommes. Ces conseils sont autorisés à juger et à punir (de 3 jours au plus de prison), « tout délit tendant à troubler l'ordre et la discipline de l'atelier, tout manquement grave des apprentis envers leurs maîtres. » Sans préjudice de l'art. 19 de la loi du 22 germinal an 11, et de la concurrence des officiers de police et des tribunaux. » — Il me paraît résulter de cette disposition que le préfet de police à Paris, et le maire ailleurs, peuvent statuer sur la faute de l'ouvrier ou de l'apprenti nonobstant la décision du conseil des prud'hommes, si le manquement tombe sous l'application de la loi de germinal an 11 ; et que les tribunaux de police seront également compétents dans le même cas, si l'infraction n'emporte que des peines de simple police. Du reste, les maires et les juges de police seront bien rarement saisis. La décision des prud'hommes, quoique disciplinaire en soi, paraîtra, la plupart du temps, constituer une répression proportionnée à la faute. Quant à M. le préfet de police, je ne crois pas que sa juridiction, au moins depuis bien longtemps, se soit exercée en cette matière.

55. La septième exception concerne certaines contraventions des *Boulangers* aux décrets et ordonnances qui règlent, pour quelques villes de France, l'exercice

---

(1) Loi du 22 germinal an 11, art. 19.
(2) Décret du 3 août 1810, art. 4.

de leur profession, en ce qui concerne principalement la quantité et la qualité des farines dont ils doivent être approvisionnés. Ces règlements (1), que la loi des 2-17 mars 1791, art. 17, autorise, donnent le droit aux maires de statuer administrativement sur ces infractions spéciales, et de les réprimer par l'interdiction absolue ou momentanée de sa profession infligée au boulanger contrevenant, et, notamment, en lui ordonnant de fermer son four et de s'abstenir de vendre son pain (2). Le tribunal de simple police est donc incompétent à l'égard de ces contraventions administratives.

56. La huitième exception comprend les contraventions de simple police commises dans l'enceinte et les parloirs des *Lazarets* et autres lieux réservés en vertu de la loi sur la police sanitaire. Ces contraventions sont jugées par le président semainier de l'intendance ou de la commission sanitaire du lieu, assisté des deux plus âgés d'entre ses collègues, le ministère public étant rempli par le capitaine du lazaret, etc., sans appel ni recours en cassation (3).

57. La neuvième exception s'applique aux infractions, qui, en apparence, se présentent avec le caractère de simples contraventions, mais qui, examinées de plus près, se trouvent constituer de véritables *délits*, et quelquefois même jusqu'à un crime (V. plus bas : 12°).

Tels sont :

1° Les outrages par paroles adressés à raison de ses

---

(1) Il y en a un très-grand nombre au *Bulletin des lois*. Voy. notamment ceux du 22 décembre 1812, sur les boulangeries de Marseille et Bordeaux, qui ont servi de type aux règlements postérieurs.

(2) 16 juillet, ch. réun., 10 septembre 1840, B. 202, 258; 7 septembre 1846, *J. crim.*, art. 4062; 7 mars 1856, B. 101.

(3) Loi du 3 mars 1822, art. 18; Ordonn. du 7 août 1822, article 73 à 76; C. 27 septembre 1828, B. 286.

fonctions à une personne ayant un caractère public, et spécialement :

A un notaire, lequel est, tout à la fois, un fonctionnaire et un officier ministériel (1);

A un garde champêtre qui remplissait les fonctions d'agent de police et qui, en cette double qualité, était agent dépositaire de la force publique. — Dans l'un et l'autre cas, ces outrages sont prévus par l'art. 224 du Code pénal, et non par l'art. 471, nº 11 (2);

A un maire en fonctions (3) : ce sont les art. 222 et 223 du Code pénal;

A un commissaire de police en fonctions (4); ce sont les mêmes articles;

2º Les injures verbales envers des gardes de nuit faisant patrouille; ces employés sont aussi des agents de la force publique (5); envers des gardes nationaux sous les armes (6);

3º Les insultes, spécialement, le mot de *polissons,* adressées publiquement à des gendarmes de service : c'est la loi du 17 mai 1819, art. 13, 14, 16 et 19, qui est applicable, et non l'art. 471, nº 11, du Code (7);

4º Les injures et propos calomnieux proférés publiquement envers un simple particulier; c'est le délit prévu par les art. 16 et 19 de la loi précédente. Il faut bien prendre garde que les injures, pour excéder la compétence de simple police, doivent présenter le double caractère de la *gravité* et de la *publicité* (C. pén.,

(1) 13 mars 1812, B. 58.
(2) 2 octobre 1847, B. 246.
(3) 10 thermidor an x, B. 222; 7 octobre 1809, B. 160; 5 juin 1856, B. 204.
(4) 13 juin 1863, B. 164.
(5) 9 frimaire an xiii, B. 32.
(6) 26 fructidor an vii, B. 618.
(7) 13 mars 1823, B. 26; 19 janvier 1821, B. 14.

art. 376), c'est-à-dire renfermer l'imputation d'un vice
déterminé (dite loi de 1819, art. 13), et avoir été proférées publiquement. D'abord, on avait cru que l'une de
ces deux conditions suffisait pour constituer un délit (1),
aux termes de l'art. 20 de ladite loi qui porte : « Néanmoins l'injure qui ne renfermerait pas l'imputation d'un
vice déterminé ou qui ne serait pas publique continuera
d'être punie de peines de simple police. » Mais on n'a
pas tardé à reconnaître que cet article devait être entendu en ce sens que, sans la réunion de la *gravité* et
de la *publicité* exigée textuellement par l'art. 376 du
Code pénal, l'injure n'était punissable que par l'art. 471,
n° 11, du Code, et la jurisprudence s'est tout à fait fixée
sur ce point (2). — Ainsi, il a été décidé, notamment :
Que la diffamation verbale, c'est-à-dire l'imputation
d'un fait qui porte atteinte à l'honneur ou à la considération de la personne à laquelle ce fait est imputé (loi
17 mai 1819, art. 13), n'était qu'une contravention
de police, lorsqu'elle n'avait pas eu lieu publiquement (3) ;

5° Les lettres ou pièces qui renferment une dénonciation calomnieuse, délit prévu par l'art. 373 du Code
pénal (4);

6° Les écrits injurieux adressés à un magistrat ou à
un juré à l'occasion de l'exercice de leurs fonctions, dit
Code, art. 222 (5);

7° L'enlèvement par deux personnes, dans les champs,
de récoltes non détachées du sol (6); le même enlèvement, à plus forte raison, lorsqu'il a été effectué avec

---

(1) 24 avril 1828, B. 123.
(2) 11 septembre 1828, B. 258; 11 juin 1829, B. 118; 10 juillet 1840, B. 200; 11 novembre 1843, B. 282.
(3) 2 décembre 1819, B. 127; 23 août 1821, B. 135.
(4) 7 mars 1823, B. 33; 9 août 1844, B. 286.
(5) Révisé par la loi du 13 mai 1863.
(6) 25 avril 1834, B. 125; 22 janvier 1864, B. 18.

sacs ou tabliers (1). D'après les termes de l'art. 388 du Code pénal, l'enlèvement « avec panier, sac ou objet équivalent », par une seule personne, ou par deux personnes, sans autre circonstance, constitue un délit, et non la contravention prévue par l'art. 475, n° 15 (2);

8° La tenue *permanente* de jeux de hasard dans un établissement ouvert au public, tel qu'un café ou auberge ; c'est l'art 410 du Code pénal qui est applicable, et non l'art. 475, n° 5, qui n'atteint que les jeux prohibés tenus d'une manière *passagère* et accidentelle (3) ;

9° Le débit de boissons falsifiées (4);

10° L'*emploi*, à la vente de marchandises, de faux poids ou de fausses mesures, et spécialement de balances dont un plateau était plus lourd que l'autre, soit par une addition à demeure, soit par l'effet du placement d'un objet mobile ; c'est l'art. 423 du Code qui est applicable, non l'art. 479. La simple *possession*, sans usage, par des marchands, de faux poids ou mesures, constitue aujourd'hui un délit (5) ;

11° Les voies de fait accompagnées de coups de poing redoublés (6), de soufflets (7), de coups de fouet (8), ou ayant occasionné des blessures et effusion de sang (9); ce n'est pas l'art. 605 du Code de brumaire an IV, mais l'art. 311 du Code pénal, qui est applicable ;

12° La destruction partielle d'une machine placée par

(1) 21 avril 1826, B. 80.
(2) 22 janvier 1864, B. 18.
(3) Montpellier, 23 janvier 1843, D. P. 2.148; C. 12 mai 1843, B. 106.
(4) Loi du 5 mai 1855.
(5) Loi du 27 mars 1851, art. 3.
(6) 21 novembre 1863, B. 280.
(7) 24 janvier 1863, B. 30.
(8) 9 novembre 1810, B. 139.
(9) 12 pluviôse, 11 messidor, 1er fructidor an x, B. 107, 205, 231; 16 août 1810, B. 103; 12 août 1853, B. 398; 18 février 1854, B. 45,

le propriétaire d'un bâtiment ou usine pour son exploitation. Cet objet, quoique mobilier en lui-même, est devenu immeuble par l'effet de sa destination (Code Nap., art. 524); d'où il suit que c'est l'art. 437 du Code, et non l'art. 479, n° 1, qu'il faut appliquer (1);

13° L'ouverture d'une réunion publique, opérée sans l'autorisation du préfet; c'est une infraction à l'art. 2 du décret du 25 mars 1852, de la compétence des tribunaux correctionnels, et non une contravention de police.

Mais lorsque l'arrêté du préfet interdit seulement une réunion nombreuse et accidentelle dans un lieu public, l'infraction à cet arrêté ne constitue qu'une simple contravention de police (2).

14° La destruction partielle d'une barrière en planches, clôture rurale; c'est le délit prévu par l'art. 456 du Code pénal (3); le bris, par jet de pierres, d'une croisée ou des vitres d'une fenêtre, c'est le délit prévu par le même article et non la contravention de l'art. 475, n° 8 (4).

15° La conduite au pâturage d'un troupeau dont quelques bêtes paraissent atteintes d'une maladie contagieuse. C. pénal, art. 459 (5).

58. La dixième exception concerne les contraventions *connexes* à un délit, c'est-à-dire celles qui ont été la cause ou l'occasion de ce délit, ou qui en ont été le résultat. C. I., art. 227. Le principe de l'indivisibilité des procédures veut que les infractions punissables qui sont ainsi unies entre elles soient soumises à la même

---

(1) 6 février 1843, B. 23.
(2) 18 juin 1851, B. 227.
(3) 6 juin 1856, B. 208.
(4) 7 avril 1831, B. 76; 21 mars 1833, B. 105.
(5) 8 février 1855, B, 37,

juridiction, et c'est forcément le tribunal compétent pour connaître du délit le plus grave qui doit juger, en même temps, la simple contravention qui s'y rattache. Tels sont :

Les bruits et tapages troublant la tranquillité publique, occasionnés par des *coups* portés et des *violences* exercées sur autrui. C'est l'art. 311 du Code qui est applicable, sans préjudice de l'art. 479, n° 8 (1);

Le jet par la croisée : 1° d'un paquet de foin ; 2° d'une paillasse, qui, en tombant, *blessent* des passants. L'article 320 du Code est à appliquer, outre l'art. 471, n. 6 (2);

La négligence et l'impéritie de préposés au passage d'une rivière au moyen d'un bac, lesquelles avaient occasionné des *blessures* à des passagers. Ici encore l'article 320 ci-dessus était applicable, conjointement avec l'art. 51 de la loi du 6 frimaire an 7 (3);

L'*opposition* avec violence à des travaux ordonnés par le préfet pour l'élargissement d'un chemin vicinal et la destruction des travaux commencés. L'art. 438 doit être appliqué en même temps que l'art. 479, n. 11 (4). Des travaux autorisés par un préfet sont considérés comme autorisés par le Gouvernement lui-même (5).

59. La onzième exception concerne les contraventions aux *anciens règlements de police*, qui, antérieurs à la loi des 16-24 août 1790, portent, d'abord, sur des objets autres que ceux réglés par cette loi, mais qui sont énumérés dans les motifs de l'art. 484 du Code pénal,

---

(1) 19 brumaire an VIII, B. 108; 4 août 1827, B. 210; 13 mars 1862, B. 75.

(2) 20 juin 1812, B. 150; 3 novembre 1826, B. 221.

(3) 27 janvier 1838, B. 30.

(4) 2 février 1844, B. 30.

(5) 3 mai 1834, B. 131.

et ensuite prononcent des peines excédant la compétence des tribunaux de simple police (1). Pour justifier cette proposition complexe, et la faire mieux comprendre, en même temps, il me faut entrer dans quelques détails, et, d'autant plus, que de sérieuses controverses se sont élevées et sur l'autorité de ces règlements et sur les pénalités qui doivent en être la sanction, et que la jurisprudence ne paraît pas encore fixée sur ces deux points.

60. Les règlements anciens sur la police, quoique fort nombreux, sont loin de présenter un ensemble d'où l'on puisse déduire facilement des principes un peu certains. Ainsi les uns, émanant de l'autorité royale sous le titre d'ordonnances, édits, déclarations, étaient applicables dans toute la France ; d'autres, simples arrêts de règlement des Parlements ou même des présidiaux, n'avaient pas d'autorité hors du ressort de ces juridictions ; d'autres, enfin, ordonnances des lieutenants généraux de police ou des prévôts, n'étaient observés que dans les localités soumises à la surveillance de ces fonctionnaires (2).

Quant aux *matières* comprises dans ces règlements, la confusion est plus grande encore. Parmi les infractions qu'on y trouve, il y en a qui sont aujourd'hui classées au rang des délits, tels que le vagabondage et la mendicité (3) ; le plus grand nombre ne constitueraient plus, pour nous, malgré la sévérité de la peine, que de simples contraventions ; enfin, quelques-unes ne pourraient plus être l'objet d'une répression quelconque :

(1) Paris, 18 février 1846, D. 4.33 ; *id.*, 3 avril 1846, *le Droit* du 8 avril.
(2) 28 avril 1832, B. 149. Ainsi, d'après cet arrêt, les ordonnances du lieutenant général de police de Paris ne s'étendaient pas, pour leur exécution, hors du ressort du Châtelet de cette ville.
(3) Voy. Muyart de Vouglans, *Lois criminelles*, 1780, p. 362 et s.

tels l'exercice d'une religion autre que la catholique,
l'inobservation de l'abstinence, etc.

Pour les peines, elles étaient diverses et très-graves :
l'amende arbitraire, la prison, le fouet et même les galères (1).

La plupart de ces règlements ont été abrogés virtuellement par la législation qui a commencé en 1789. Ceux
qui ont survécu ne sont pas faciles à reconnaître. Voici,
à cet égard, les notions qui me paraissent présenter le
plus de certitude, d'après le dernier état de la jurisprudence.

61. On peut diviser en deux séries les objets sur lesquels les anciens règlements ont conservé de l'autorité.
La première résulte de la loi du 16-24 août 1790 : la seconde de l'art. 484 du Code pénal.

La loi d'août 1790, tit. XI, art. 1, 3 et 4, en char-
geant spécialement de la police les corps municipaux
(aujourd'hui les maires), établit sept catégories d'objets,
y compris les spectacles publics, sur lesquels leur autorité pouvait s'exercer d'une manière réglementaire.
Moins d'une année après, la loi du 19-22 juillet 1791
soumit à ces pouvoirs quelques objets de plus (art. 9 et
10), et notamment le prix (art. 30) du pain et de la
viande, puis, confirmant (art. 46) les pouvoirs conférés
par la loi de 1790, elle étendit ces pouvoirs aux lois et
règlements anciens que le corps municipal (le maire)
pouvait « publier de nouveau, et à l'observation desquels il pouvait rappeler les citoyens. »

Ces dispositions, quoique n'ayant jamais cessé d'être
observées, ont été consacrées de rechef par la loi du
18 juillet 1837 (art. 11), sur l'administration municipale.

Il résulte de ces textes que je n'ai pas transcrits,
parce qu'ils se trouvent dans tous les Codes réunis un

(1) V. Muyart de Vouglans, *Lois criminelles*, 1780, p. 362 et s.

peu complets, que les règlements de police, antérieurs
à 1790, sont encore obligatoires aujourd'hui quant à
celles de leurs dispositions qui comprennent quelques-
uns des objets énumérés par la loi de 1790 ci-dessus,
alors, surtout, que l'autorité municipale a pris soin de
rappeler les citoyens à leur observation (1).

62. La seconde série des objets anciennement régle-
mentés se trouve dans les motifs de l'art. 484 du Code
pénal, qui reproduisent quelques-unes des matières
énoncées dans la loi de 1790. Les auteurs du Code de
1810, introductif d'un droit nouveau en matière criminelle, mais non entièrement complet, avaient compris
qu'en abrogeant, sans distinction, toutes les lois criminelles antérieures, on s'exposait à dépouiller de toute
sanction une foule de règles protectrices de l'ordre et
de la sûreté publics. Ils pourvurent donc à cette nécessité par l'art. 484 du Code qui porte : « Dans toutes les
matières qui n'ont pas été réglées par le présent Code,
et qui sont régies par des lois et règlements particuliers, les Cours et les tribunaux continueront de les observer. »

Or, l'exposé des motifs du liv. IV du Code, présenté
au Corps législatif (2), énumère, ainsi qu'il suit, les matières annoncées par l'art. 484 :

« Cette disposition était d'absolue nécessité. Elle
maintient les dispositions pénales, sans lesquelles quelques lois, des Codes entiers, des règlements généraux
d'une utilité reconnue, resteraient sans exécution.—
Ainsi, cette dernière disposition maintient les lois et
règlements actuellement en vigueur, relatifs :

Aux dispositions du Code rural qui ne sont point entrées dans ce
Code ;

_____

(1) 12 novembre 1830, B. 248; 19 janvier 1837, B. 22; 17 décembre 1841, B. 360.
(2) Locré, *Législation de la France*, t. 31, p. 362.

Aux taxes, contributions directes ou indirectes, droits réunis, de douanes et d'octrois;

Aux *tarifs* pour le prix *de certaines denrées* (1) ou de certains salaires;

Aux *calamités publiques*, comme épidémies, épizooties, contagions, disettes, inondations;

Aux entreprises de services publics, comme coches, messageries, voitures publiques de terre et d'eau, voitures de place, numéros ou indications de noms sur voitures, postes aux lettres et postes aux chevaux ;

A la formation, entretien et *conservation* des *rues*, chemins, *voies publiques*, ponts et canaux ;

A la mer, à ses rades, rivages et ports, et aux pêcheries maritimes;

A la navigation intérieure, à la police des eaux et aux pêcheries ;

A la chasse, aux bois, aux forêts;

Aux matières générales de commerce, affaires et expéditions maritimes, *bourses* ou *rassemblements commerciaux*, *police* des *foires et marchés*;

Aux commerces particuliers d'orfévrerie, bijouterie, joaillerie; de serrurerie et des gens de marteau; de pharmacie et apothicairerie; de poudres et salpêtres; des arquebusiers et artificiers; des cafetiers, restaurateurs, *marchands* et *débitants* de boissons; des *cabaretiers* et *aubergistes*;

A la garantie des matières d'or et d'argent;

A la *police* des *maisons de débauche* et *de jeu*;

A la *police* des *fêtes, cérémonies* et *spectacles*;

A la construction, entretien, *solidité, alignement* des *édifices*, et aux *matières de voirie*;

Aux lieux d'inhumation et sépulture;

A l'administration, police et discipline des hospices, maisons sanitaires et lazarets; aux écoles, aux maisons de dépôt, d'arrêt, de justice et de peine, de détention correctionnelle et de police; aux maisons ou lieux de fabriques, manufactures ou ateliers, à l'exploitation des mines et des usines;

Au port d'armes; — au service des gardes nationales; — à l'état civil, etc.

« Si l'on désirait une explication plus précise sur la nature des lois et *règlements* d'exception qui sont l'objet de l'art. 484, disait le rapporteur (2) de la commission du Corps législatif, on la trouverait dans le grand

---

(1) Les passages en italique indiquent les objets soumis à l'autorité municipale par les lois d'août 1790 et de juillet 1791. V. n° 61.

(2) Locré, *Législ. de la France*, t. 31, p. 275.

nombre d'exemples que renferment les motifs présentés par l'orateur du Gouvernement... On jugera que, s'il était praticable de réprimer, dans le Code pénal, l'altération des écritures de banque et la banqueroute frauduleuse, il n'était pas possible d'y faire mention de tous les délits qui peuvent être commis dans les affaires de commerce, dans les bourses, les foires ou les marchés, et de descendre dans le détail de ces abus sans nombre qui sont particuliers à chaque genre de commerce. »

65. Maintenant, quelle sera la sanction pénale de ces règlements anciens, maintenus en 1790, en 1791, en 1810 et, enfin, en 1837 ?

Si les dispositions de ces règlements portent sur des objets compris dans quelqu'une des sept catégories du tit. XI de la loi de 1790 (*suprà*, n. 64), ou dans les art. 9, 10 et 30 de la loi de 1791, aux termes de l'art. 5 du tit. XI de la loi de 1790, des peines de police seront seules applicables aux infractions commises. Ces peines, jusqu'en 1832, étaient celles des art. 600 et 606 du Code de brumaire an 4, maintenues par la jurisprudence de la Cour de cassation ; depuis le 1er juin 1832, époque de la mise en vigueur du Code pénal révisé, ce sont les peines des art. 471, n. 15, et 474 de ce Code. Les tribunaux de police seront donc seuls compétents pour connaître des infractions à ces règlements anciens.

Il en sera de même pour ceux de ces règlements qui viendraient à être modifiés par l'autorité municipale, soit par des suppressions, soit par des additions ; ce ne seraient plus alors d'*anciens*, mais de *nouveaux* règlements, ne pouvant, dès lors, recevoir de sanction que des articles plus haut cités du Code (1).

_____

(1) Duvergier, *Lois*, etc., Commentaire de la loi du 18 juillet 1837, t. 37, p. 235, note 10 ; Cass., 19 janvier 1837, B. 22.

64. Mais il y a difficulté et très-sérieuse, lorsque le règlement, demeuré intact, porte sur des objets énumérés dans les motifs de l'art. 484, déjà transcrits, et qui sont autres que ceux des lois de 1790 et de 1791. La doctrine et la jurisprudence ne sont pas d'accord sur la pénalité à appliquer. *Certant doctores et curiæ.* Sur ce point, deux systèmes sont en présence.

D'après le premier, les infractions à tous ces règlements anciens n'entraîneraient que les peines des articles 471 et 474 du Code (1).

D'après le second, on devrait, au contraire (2), prononcer les peines édictées par les règlements eux-mêmes, à moins qu'elles ne fussent inconciliables avec la législation actuelle. Ainsi, l'amende arbitraire, le fouet, les galères, supprimés, d'ailleurs, depuis soixante-treize ans (3), seraient remplacés de droit par les peines de simple police, qui, alors, emporteraient la compétence des tribunaux chargés de les appliquer. Quant aux amendes déterminées, elles seraient applicables comme les règlements eux-mêmes, et, par leur chiffre habituellement assez élevé (4), elles rendraient les infractions de la compétence des tribunaux correctionnels.

65. Le principal argument sur lequel se fonde le premier système est tiré de l'art. 5, tit. XI, de la loi de

---

(1) De Molènes, *Traité pratique des fonctions de procureur du roi*, t. 1, p. 102-108 ; dit arrêt du 19 janvier 1837 ; 17 décembre 1841, B. 360.

(2) Carnot, *Instr. crim.*, 2e édit., art. 137, n° 8 ; Duvergier, *C. pén. annoté*, p. 86 ; *Lois*, etc., *loc. cit.*, note 1 ; M. Daviel, *Cours d'eau*, 3e édit., 1845, t. 1, n° 516 ; M. de Royer, *Encyclopédie du droit*, t. 6, p. 461 et suiv. ; C. 20 juin 1809, D. A., t. 3, p. 457 ; 2 juin 1835, B. 107 ; Arrêts de Paris cités, p. 47, note 1re.

(3) Code pénal de 1791, tit. 1er, art. 35.

(4) Des ordonnances de 1778, 1780 (V. n° 66), prononcent des amendes de 200 à 500 livres,

1790, qui porte : « Les contraventions à la police ne pourront être punies que de l'une de ces deux peines, ou de la condamnation à une amende pécuniaire, ou de l'emprisonnement par forme de correction, pour un temps qui ne pourra excéder trois jours dans les campagnes, et huit jours dans les villes, dans les cas les plus graves. »

Or, dit-on, cet article avait substitué à la pénalité des anciens règlements les deux peines qu'il énonce, remplacées elles-mêmes, en 1832, par celles des art. 471 et 474 du Code pénal révisé. Pour l'art. 484 de ce Code, quand il prescrit aux Cours et tribunaux de continuer d'observer les lois et règlements particuliers dans toutes les matières non régies par le Code, cet article n'a pu et voulu parler que des *défenses* (non des peines) qui se trouvent contenues dans ces anciens règlements (1).

66. A l'appui du second système, on répond ces raisons :

D'abord, l'art. 5 de la loi de 1790 précitée, interprété par les lois postérieures qui ont réduit ses dispositions répressives aux peines actuelles de simple police, paraît devoir être restreint aux règlements intervenus sur les objets de police confiés par la même loi à la vigilance des corps municipaux nouvellement organisés, et rien n'indique que cet article doive s'étendre aux ordonnances antérieures réglant spécialement d'autres objets, et les soumettant à des peines spéciales. Et quant à l'art. 484 du Code pénal, rien, non plus, n'indique dans ce texte la distinction créée par la Cour de cassation entre les *défenses* contenues dans les anciens règlements, en vigueur en 1810, et les *peines* qui en sont la sanction (2).

(1) Arrêts de 1837 et 1841, cités p. 52, note 1.
(2) M. de Royer, *Encycl. du droit*, p. 463; Arrêts de Paris de 1846, cités p. 47.

Or, l'on est d'autant plus fondé à rejeter cette distinction, que l'art. 484 n'a pas, le premier, fait revivre les lois et règlements particuliers qu'il maintient ; il n'a fait, sur ce point, que confirmer les dispositions déjà édictées à plusieurs reprises par l'Assemblée constituante, à cet égard, et notamment : — 1. L'art. 9 du décret des 19-20 avril 1790, qui porte : « La police administrative et contentieuse sera, par provision, et jusqu'à l'organisation de l'ordre judiciaire, exercée par les corps municipaux, à la charge de se conformer *en tout* aux règlements actuels tant qu'ils ne seront ni abrogés ni changés ; — 2. L'art. 29, tit. Ier, du décret des 19-22 juillet 1791, postérieur à la loi du 16-24 août 1790, et qui « confirme les règlements actuellement existants sur le titre des matières d'or et d'argent, la salubrité des comestibles, l'achat des poisons, les monts-de-piété, la voirie, etc. ; — 3. Enfin, l'art. 46 du même titre, dont il a été question plus haut.

Ajoutons que le tribunal de la Seine et la Cour impériale de Paris appliquent journellement, avec leur pénalité, d'anciennes ordonnances de police (1), et que la Cour de cassation elle-même a déclaré obligatoires, *défenses* et *peines* : 1° la déclaration du 30 mai 1731, sur la pêche du varech ou goëmon ; 2° des ordonnances portant règlement de police de 1722, 1727, 1784, touchant la composition des équipages des navires marchands ; 3° l'édit de février 1776, art. 6, concernant les bouchers et les boulangers ; 4° l'arrêt du parlement de Paris du 23 juillet 1748, sur les apothicaires ; et que ces

(1) Notamment l'ordonnance du lieutenant général de police, du 6 novembre 1778, concernant *les femmes de mauvaise vie*, qui prononce 200, 400 et même 500 liv. d'amende; l'ordonnance du même, du 8 novembre 1780, concernant *la sûreté publique* (les cabaretiers, les brocanteurs, etc.), qui porte des amendes de 100 à 400 livres ; Arrêts de 1846, cités p. 47 ; Isambert, t. 25, p. 448 ; t. 26, p. 391.

décisions (1) s'appuient principalement sur l'art. 484 du Code pénal, lequel est aussi la base du système que j'adopte.

67. La douzième exception comprend les infractions à certains règlements et lois qui ne prononcent aucune peine comme sanction de leurs dispositions, et qui, par conséquent, ne peuvent donner lieu qu'à une *action civile.*

C'est ce qui a été décidé concernant :

L'emploi par un maître d'un ouvrier qui ne justifie pas, par son livret, du certificat d'acquit de ses engagements délivré par son précédent patron (2) ;

Le fait d'un marchand forain de n'avoir pas payé le droit de *place* dû à la commune pour l'emplacement occupé sur un marché public ; ce manquement ne lèse que les intérêts privés de la commune ou des adjudicataires de ces droits de place (3) ;

Le fait d'un propriétaire forain de n'avoir pas payé la taxe fixée pour les bestiaux à conduire dans les pâturages communaux ; cette taxe est un revenu communal dont le recouvrement doit s'opérer par les voies civiles (4) ;

L'infraction à un arrêté municipal relatif à la conservation et à l'administration d'un bien communal ; les contrevenants peuvent être passibles d'indemnités, mais non de peines de police (5) ;

La demande d'un conducteur de diligence à un voyageur d'une certaine somme comme complément du

(1) 2 septembre 1842, B. 224 ; 19 décembre 1846, B. 327 ; 18 février 1848, B. 45 ; 7 février, 25 juillet 1851, B. 54, 310.

(2) Loi 22 germinal an XI, art. 12 ; C. 9 juillet 1829, B. 152 ; 9 janvier 1835, B. 17 ; 22 février 1840, B. 68.

(3) 30 juillet 1829, B. 165.

(4) 27 décembre 1851, B. 542.

(5) 25 juillet 1851, B. 309.

prix de sa place : c'est là une demande purement civile (1) ;

La contravention à un arrêté relatif à la perception d'un droit communal sur la vidange d'un camp (2) ;

Les annonces de dénominations de poids et mesures autres que celles établies par la loi. Ces infractions n'entraînent que des amendes *civiles*, lesquelles sont recouvrées par voie de contrainte par les préposés de l'enregistrement ; — en cas d'opposition à ces poursuites, c'est le tribunal de première instance de l'arrondissement qui doit statuer (3) ;

Les contraventions à des arrêtés municipaux prescrivant la suppression des jours établis sur un terrain communal, qui n'est pas voie publique : c'est là une servitude qui ne peut donner lieu qu'à une action civile (4) ; ou l'enlèvement de bornes placées sur un terrain semblable (5) ; d'une barrière établie par un propriétaire sur son pré (6) ;

L'opposition, sans injures ni voies de fait, à l'exercice des préposés des douanes; cette infraction est de la compétence du juge de paix, statuant en audience civile (7).

Sont de la compétence du même juge les saisies faites, dans les bureaux de douanes frontières, par suite de déclarations (8).

---

(1) 7 décembre 1854, B. 336.
(2) 12 mars 1857, B.110.
(3) Loi, 4 juillet 1837, art. 5; Ordonnance, 17 avril 1839, article 45; Loi, 22 frimaire an VII, art. 64; C. 1er avril 1839 (deux arrêts), B. 98, 99.
(4) 2 mars 1844, B. 77.
(5) 19 mars 1858, B. 99.
(6) 28 mars 1862, B. 106.
(7) Lois, 4 germinal an II, tit. 4, art. 2; 14 fructidor an III, art. 10; Cass., ch. réun., 10 janvier 1840, D. P. 1.89.
(8) Lois du 27 mars 1817, art. 14 et 15; 6-22 août 1791; 4

68. Il y a, toutefois, une condamnation civile que le tribunal de police serait, le cas y échéant, compétent pour prononcer en dehors de toute contravention proprement dite : c'est l'amende portée par l'art. 1030 du Code de procédure civile contre les huissiers dont les exploits ne seraient pas déclarés nuls, faute d'une disposition formelle de la loi, mais qui présenteraient des omissions ou contraventions jugées assez graves par le tribunal pour être réprimées (1).

69. Le juge de police doit encore se déclarer incompétent, lorsqu'on porte devant lui une action civile qui n'a pas exclusivement pour objet la réparation du dommage résultant pour le plaignant de la contravention commise à son préjudice. Ainsi, des boulangers, poursuivis pour avoir mis en vente du pain confectionné avec de la farine gâtée, appelèrent en garantie, devant le tribunal de police, le meunier qui leur avait vendu la farine avariée. Là, ce meunier fut condamné à des dommages envers les boulangers ; ce jugement, quoique équitable au fond, a été cassé (2). Le dommage en question ne concernait pas les plaignants, c'est-à-dire les acheteurs du *pain* gâté, mais les prévenus eux-mêmes ; il n'était pas le résultat de la contravention. Or, les articles 2 et 3 du Code d'instruction n'attribuent point aux tribunaux de répression le pouvoir de statuer sur un tel dommage ; la juridiction civile était donc seule compétente pour connaître de l'action en garantie ci-dessus.

Il en est de même, à plus forte raison, pour toute infraction poursuivie, qui ne peut donner lieu qu'à de simples dommages-intérêts. V. n. 399.

germinal an II, tit, 6, art. 12 ; Cass., 3 janvier 1829, B. 4 ; 20 avril 1854, B. 113.

(1) 5 décembre 1822, B. 171.

(2) 9 décembre 1843. B. 305..

70. Treizièmement, enfin, les tribunaux de simple police sont incompétents en ce qui concerne l'*exécution* de leurs jugements ; V. n. 478. Lorsqu'ils ont définitivement statué sur les contraventions qui leur sont soumises, leur juridiction est épuisée. Ainsi, que des difficultés viennent à s'élever sur le paiement de dommages alloués accessoirement à une condamnation pénale, cette contestation, portant sur des intérêts purement civils, ne peut être déférée qu'aux tribunaux civils (1).

N° 2.—Compétence à raison du *lieu*.

71. Lorsqu'il s'agit de crimes ou de délits, sont également compétents le procureur impérial, et, par conséquent, le tribunal du lieu où le fait s'est accompli, du lieu de la résidence du prévenu, du lieu où ce dernier peut être trouvé. C. I., art. 23, 63, 182.

Il n'en est pas de même pour les contraventions de simple police ; c'est uniquement le *lieu* où elles ont été commises qui règle la compétence. Code de brumaire an IV, art. 153 ; C. I., art. 139, 140, 166 (2). Et le juge de police, incompétent à raison du *lieu*, doit s'abstenir, quoique le prévenu ne propose pas le déclinatoire (3), à l'égard même de celui qui serait domicilié dans son canton (4). Les contrevenants doivent donc, quel que soit l'éloignement de leur résidence, être cités devant le tribunal de simple police du canton où l'infraction s'est accomplie. Cette règle est fondée en raison. Si le lieu du domicile pouvait déterminer la compétence,

(1) 23 frimaire an XIV, B. 272 ; 28 mars 1807, B. 67.
(2) 4 frimaire an XI, B. 40 ; 4 mars 1836, B. 67 ; 14 décembre 1843, B. 315 ; 4 novembre 1853, B. 528 ; 27 mars, 14 août 1857, B. 130, 305.
(3) 14 décembre 1843, B. 315.
(4) 4 novembre 1853, B. 528.

l'indemnité de voyage allouée aux témoins nécessaires occasionnerait des frais considérables et hors de proportion avec le principal des condamnations encourues, c'est-à-dire les amendes. Quant aux prévenus exposés à se déplacer, ils peuvent aisément éviter les inconvénients et la dépense qui en seraient le résultat, en se faisant représenter par un fondé de pouvoir (V. n. 164 et suiv.) : faculté accordée à tous les prévenus, sans distinction, de simples contraventions (C. I., art. 152), tandis que devant le tribunal correctionnel, les prévenus doivent comparaître en personne ; il n'y a d'exception que pour les délits peu nombreux, qui n'entraînent qu'une amende. C. I., art. 182.

72. Cette cause unique de compétence, le *lieu*, ne laisse pas naître devant les tribunaux de simple police ces questions de concurrence qui s'élèvent quelquefois devant les tribunaux correctionnels, compétents sous trois rapports différents. Les contraventions, en effet, se circonscrivent dans le même endroit ; de sorte qu'il suffit de connaître le canton duquel dépend cette localité pour être fixé sur le tribunal compétent. Je ne vois guère que « la course de chevaux, etc. (C. pén., art. 475, n. 4), dans un lieu habité », qui, commencée sur le territoire d'un canton rural et continuée sur un autre limitrophe, puisse tomber sous la juridiction de deux juges de police. Et, dans ce cas, la difficulté ne serait pas sérieuse ; la préférence devrait appartenir au juge le premier saisi. Quant aux cantons urbains, la concurrence, dans ce cas, n'est pas possible, puisqu'ils ressortissent tous au tribunal de police de la ville. V. n. 3.

Pour les contraventions à la police des bacs et bateaux, etc., quand le bac ou pont à péage aboutit à deux cantons du même département, le juge de police compétent est celui dans le canton duquel se trouve le bureau du péage ; lorsque le pont aboutit à deux départements différents, c'est le juge de la commune la plus voisine du passage, et, en cas d'égalité de distance, celui de la commune la plus peuplée (1).

Il y a un cas où les pouvoirs du tribunal ne sont pas limités à l'étendue de son canton : c'est celui du renvoi d'une affaire après la cassation du jugement; ce renvoi confère nécessairement au tribunal le droit de procéder hors de son territoire aux actes nécessités par l'instruction de l'affaire (2).

N° 3.—Compétence à raison de la *personne*.

75. Le peu d'importance des contraventions de police et le peu de sévérité de leur répression a déterminé le législateur à conférer aux tribunaux de police une juridiction à peu près absolue relativement aux personnes. Le Code de brumaire an IV, art. 153, portait textuellement : « *Toute* personne prévenue, etc., est citée devant le tribunal de police..... » Cette expression si positive *toute personne* n'a pas été reproduite par le Code d'instruction criminelle, mais les attributions des tribunaux de simple police n'en sont pas pour cela moins étendues que sous le Code de l'an IV.

74. D'abord, il n'est pas douteux que les étrangers, pendant qu'ils se trouvent en France, sont justiciables des tribunaux de police. La disposition de l'art. 3 du Code Napoléon, portant « que les lois de police et de sûreté obligent tous ceux qui habitent le territoire »,

---

(1) Loi du 6 frimaire an VII, art. 31, 32; C. 7 février 1851, B. 55; 13 février 1857, B. 65. — V. M. F. Hélie, *Instruction*, t. 7, p. 236.
(2) 25 janvier 1821, B. 17.

est générale et absolue, et s'applique aux étrangers résidant en France comme aux Français d'origine (1).

75. Il n'y a d'exception à cette règle que :

1° Pour les agents diplomatiques des gouvernements étrangers, quel que soit leur titre : ambassadeurs, ministres plénipotentiaires, envoyés extraordinaires, chargés d'affaires, résidents, etc., et les personnes de leur suite (2), à moins qu'il ne fût question d'un Français (3). —Quant aux consuls et à leurs représentants, l'immunité ne les couvre pas; ce ne sont pas des agents diplomatiques; leur mission se borne à protéger le commerce de leurs nationaux (4).

2° Pour les étrangers qui commettraient une contravention, les uns envers les autres, à bord de leurs bâtiments, dans une rade ou port de France, à moins que le secours de l'autorité locale ne fût réclamé, ou la tranquillité du port compromise (5).

76. Il n'y a point, pour les contraventions de police, de priviléges juridictionnels. Si les délits de certains hauts fonctionnaires, des magistrats, ceux des officiers de police judiciaire dans l'exercice de leurs fonctions, ne peuvent être jugés que par les Cours impériales, C. I., art. 479, 483 (6), cette exception ne s'étend pas aux contraventions de police commises par des fonctionnaires ou agents de ces catégories. Les textes où il en est question ne mentionnent nominativement que des infractions plus graves, les délits et même les crimes : or, les exceptions au droit commun ne pouvant, en principe,

---

(1) 22 juin 1826, D. P. 1.387.
(2, 3) Loi du 13 ventôse an II, Mangin, *Action publique*, n. 79, 81.
(4) Mangin, *ibid.*, n. 83; Aix, 14 août 1829, *J. crim.*, art. 326.
(5) Avis du Conseil d'Etat, 20 novembre 1806.
(6) Et loi du 20 avril 1810, art. 11.

être étendues, il suffit que les contraventions de simple
police aient été passées sous silence, pour que la règle
générale, à leur égard, conserve son empire. Ainsi, un
juge de simple police s'était déclaré incompétent à
l'égard d'un suppléant de justice de paix inculpé d'une
contravention ; son jugement a été cassé (1).

77. On avait même décidé, et juridiquement, que
ces contraventions n'étaient pas forcément comprises
dans les termes généraux de *matière criminelle*, employés par la Charte, concernant les pairs de France et
les députés.

Ainsi, il a été jugé (2) que les simples contraventions
reprochées à un pair étaient de la compétence des tribunaux de police, bien que l'art. 29 de la Charte réser-
vât à la Chambre des pairs le jugement de ses membres *en matière criminelle*. La Cour suprême a considéré
que ces mots ne présentaient pas un sens absolu et ne
pouvaient s'appliquer aux contraventions sans une extension évidente de la juridiction exceptionnelle fondée
par l'art. 29. Cet article, en effet, dans son esprit, n'a-
vait eu en vue que des infractions bien autrement graves
que les contraventions, puisqu'il commençait par établir qu'aucun pair ne pouvait être *arrêté* que de l'autorité de la chambre. Or, l'arrestation n'a jamais lieu
comme préliminaire du jugement des contraventions de
simple police. Que si l'on avait passé de la théorie à
l'application, l'on se serait encore plus convaincu de la
vérité de cette interprétation de la Charte. N'aurait-il
pas été singulier, en effet, que le Gouvernement eût
été obligé de faire rendre une ordonnance royale, et de
convoquer la Cour des pairs, parce que l'un des mem-

(1) 26 septembre 1851, B. 406.
(2) 25 mai 1833, B. 201.

bres de cette chambre avait oublié de faire allumer les
lanternes de sa voiture, ou balayer la voie publique devant sa demeure ? Les précédents de la Cour des pairs
étaient d'accord avec cette doctrine. On voit dans l'ou-
vrage spécial (1) où ils ont été recueillis, qu'en 1831,
lors du procès de M. de Montalembert, poursuivi pour
avoir tenu une école publique sans autorisation, plusieurs pairs annoncèrent l'intention de voter pour l'incompétence, dans la supposition que ce fait ne consti-
tuât qu'une contravention de police. Vérification faite,
la Cour reconnut qu'il s'agissait d'un délit correctionnel
prévu par l'art. 56 du décret du 15 novembre 1811, et
elle se déclara compétente. Il est très-probable que la
décision eût été différente, s'il ne se fût agi réellement
que d'une simple contravention.

78. Ces observations doivent, je crois, s'appliquer
aux sénateurs, aux membres du Corps législatif, aux
conseillers d'État, inculpés de contraventions de simple
police. Le sénatus-consulte (4-13 juin 1858), qui est
relatif à la compétence de la haute Cour de justice, ne
soumet à cette Cour que les crimes et délits de certains
personnages, tels que les sénateurs et les conseillers
d'État ; il ne fait pas mention des contraventions, hors
celles (art. 6) qui entraînent l'emprisonnement, et à
raison desquelles un sénateur ne peut être poursuivi
sans l'autorisation du Sénat.

79. Mais là ne se bornent pas les difficultés que fait

_____

(1) Cauchy, *Précédents de la Cour des pairs*, 1839, p. 15. — En
outre, Mangin, *Instruction écrite*, t. 2, p. 299, cite une résolution
de la Chambre des pairs du 8 mars 1816, aux termes de laquelle cette
Chambre se déclarait compétente pour prononcer sur les délits correctionnels de ses membres et reconnaissait que le jugement de leurs
simples contraventions appartenait aux tribunaux de police. — Voir
aussi M. F. Hélie, *Instruct. crim.*, t. 3, p. 336.

naître la compétence de simple police à l'égard des personnes.

Il y a d'abord un très-grand nombre de magistrats, fonctionnaires ou agents de l'ordre administratif, qui ne peuvent être traduits devant un tribunal quelconque, pour des faits relatifs à leurs fonctions, sans l'autorisation du Conseil d'État, ou du chef de l'administration spéciale de laquelle ils dépendent, et ce, aux termes de l'art. 75 de la Constitution de l'an VIII, qui porte : « Les agents du Gouvernement... ne peuvent être poursuivis pour des faits relatifs à leurs fonctions, qu'en vertu d'une décision du conseil d'État; en ce cas, la poursuite a lieu devant les tribunaux ordinaires. » Cet article est encore en vigueur (1); l'exception qui en résulte est d'ordre public et peut être proposée en tout état de cause, et même relevée d'office par les tribunaux (2).

Ces magistrats, fonctionnaires, préposés, je l'ai dit, sont nombreux; les décisions du Conseil d'État et de la Cour de cassation qui consacrent leur privilége le sont plus encore; je ne crois pas devoir donner ici l'immense nomenclature des uns et des autres, par la raison qu'il est difficile à la plupart de ces fonctionnaires, etc., de commettre des contraventions de police dans l'*exercice* proprement dit de leurs fonctions, et que, hors cet exercice, ils sont, comme les autres citoyens, soumis au droit commun.

80. Je ne vois guère (3) que les ingénieurs et les

---

(1) 29 avril 1848, B. 130.
(2) 11 mars 1837, B. 77.
(3) On trouve néanmoins au Bulletin quelques décisions concernant divers fonctionnaires irrégulièrement poursuivis en simple police, faute d'autorisation; tels qu'un directeur du scrutin, 3 nivôse an XI, B. 59; 9 février 1809, B. 24; un maire, 29 pluviôse an XI, B. 92; un inspecteur des douanes, 27 fructidor an XII, B. 211; 16 mai 1806, B. 72; des receveurs des droits réunis ou de l'octroi, 12

conducteurs des ponts et chaussées qui puissent, au cours de leurs travaux, ceux de voirie, par exemple, dans l'intérieur des villes, bourgs et villages, contrevenir à quelque arrêté de police locale, ou bien aux dispositions du Code pénal sur les encombrements de la voie publique. Ces ingénieurs et conducteurs étant des agents du Gouvernement, ne peuvent être poursuivis sans l'autorisation du Conseil d'Etat (1). Mais il n'est pas à présumer que l'on soit obligé d'en venir à cette procédure spéciale. Si ces fonctionnaires ou agents venaient à commettre une infraction de ce genre, il suffirait probablement d'un avertissement de l'officier de police du lieu pour la voir disparaître ; tout au plus devrait-on s'adresser au préfet (2), le supérieur des fonctionnaires administratifs du département, pour y voir promptement mettre un terme.

80 bis. Les entrepreneurs de travaux publics, ordinairement justiciables des conseils de préfecture pour les infractions commises au cours de leurs travaux, doivent être traduits devant le tribunal de police, lorsque le fait qui constitue la contravention n'est pas la conséquence du contrat administratif qui lie l'entrepreneur ou la suite nécessaire de l'exécution des travaux entrepris. — C'est ce qui a été décidé à l'égard de l'enpreneur de réparations d'une route qui avait passé avec une voiture attelée de chevaux dans une pièce de terre ensemencée (3); d'un entrepreneur de travaux d'un

décembre 1806, B. 240; 25 février 1808, B. 37; un garde-port de rivière, 1er juillet 1808, B. 140.

(1) 16 décembre 1843, B. 319.

(2) Il y a au Bulletin un arrêt du 13 novembre 1846, n. 291, concernant un directeur de prison centrale, poursuivi pour contravention à l'art. 471, n. 6, du Code pénal. L'intervention du préfet eût dû suffire pour faire cesser l'infraction.

(3) 3 août 1837, B. 219.

chemin de fer qui avait inondé des propriétés en interceptant le cours d'un ruisseau par le dépôt de matériaux (1) ; des entrepreneurs d'un pont dont l'état de dégradation avait causé un accident à un cheval (2).

81. Quant aux magistrats de l'ordre judiciaire, ils ne jouissent point du privilége de l'autorisation préalable ; c'est qu'ils ne sont pas les agents du pouvoir exécutif. Ils agissent bien plus en vertu des règles tracées par la loi que pour l'exécution des ordres de l'autorité supérieure ; leurs actes, enfin, n'engagent pas la responsabilité de cette autorité (3).

82: Il reste à examiner la compétence des tribunaux de police, à l'égard des militaires en activité de service et présents à leur corps.—Lorsque la contravention a été commise collectivement par des militaires et un ou plusieurs individus non militaires, il n'y a pas de difficulté ; le tribunal de police est compétent à l'égard de tous les inculpés ; la même infraction ne peut être déférée à deux juridictions différentes, à cause du principe de l'indivisibilité des procédures (4), et les individus non militaires n'étant justiciables que des tribunaux ordinaires, ils y entraînent avec eux les militaires même en activité de service (5).

Que si, au cours de la poursuite comprenant des civils et des militaires, les civils étaient tous renvoyés de la prévention, le jugement des militaires appartiendrait à l'autorité militaire, devant laquelle ces contrevenants devraient être renvoyés (6).

(1) 2 février 1856, B. 82.
(2) 16 février 1855, B. 45.
(3) *Sic*, M. F. Hélie, *Instruct, crim,*, t, 3, p. 355.
(4, 5) Code de justice militaire pour l'armée de terre, 1857, article 76; même Code pour l'armée de mer, 1858, art. 103.
(6) 30 avril 1863, B. 132.

83. Pour les militaires du corps de la gendarmerie, les règlements (1) de leur institution les soumettent aux tribunaux ordinaires pour les délits et contraventions commis dans l'exercice de leurs fonctions de police générale et judiciaire (2). C'est ainsi qu'il a été décidé que des gendarmes qui, en voulant arrêter un déserteur, étaient entrés à cheval dans une pièce de terre ensemencée, devaient être traduits devant le tribunal de simple police (3).

84. A l'égard des militaires proprement dits, ayant agi seuls, la difficulté qui a existé longtemps, sur la compétence des tribunaux de simple police, a été levée en 1857 et 1858. Les contraventions de simple police commises par des militaires (4) ou par des marins (5) sont laissées à la répression de l'autorité militaire ou maritime et punies d'un emprisonnement qui ne peut excéder deux mois. Les actions en dommages-intérêts auxquelles peuvent donner lieu ces contraventions sont portées devant les tribunaux civils (6). L'incompétence des tribunaux de simple police, concernant les contraventions des militaires et des marins, doit être relevée en tout état de cause ; c'est un principe qui touche à l'ordre public (7).

(1, 2) Loi, 28 germinal an 6, art. 97, 125 ; Ordonn., 29 octobre 1820, art. 251, 179 ; Décrets du 1er mars 1854, et 24 avril 1858, art. 576.

(3) 26 février 1825, B. 36.

(4) Dit Code pour l'armée de terre, art. 271 ; Cass., 23 août 1860, B. 213.

(5) *Idem* pour l'armée de mer, art. 369 ; Cass., 15 novembre 1860, B. 234.—Avant ces dispositions législatives la question faisait difficulté. Dans ma première édition (p. 61 à 69 et 416 à 420) j'avais soutenu la compétence des tribunaux de simple police. On peut voir aussi (*J. crim.*, art. 3523) un jugement, dans ce sens, du tribunal de simple police de Tours (13 mai 1843), où se trouvait, en substance, ma doctrine.

(6) Dits Codes, art. 273 et 370.

(7) 23 août 1860, B. 213.

§ 2. —|*De la compétence des tribunaux de simple police présidés par les maires.*

85-95. La compétence des tribunaux, des maires et des officiers du ministère public qui leur sont attachés est bien plus restreinte que celle des tribunaux de canton, sous le rapport de la *matière*, du *lieu* et des *personnes*.

Quant à la *matière*, les maires sont incompétents concernant :

Les contraventions à raison desquelles la partie lésée conclut, pour ses dommages-intérêts, à une somme indéterminée ou excédant 15 francs ;

Les contraventions forestières poursuivies à la requête des particuliers ;

Les injures verbales (1) ;

Les affiches, ventes, annonces, distributions ou débits d'ouvrages, écrits ou gravures contraires aux mœurs ;-

Les devins, pronostiqueurs ou interprètes de songes. C. inst. crim., 139 et 166 ;

Les contraventions à la loi du 22 mars 1841 (art. 12), sur le travail des enfants dans les manufactures ;

96. Quant au *lieu*, les maires des communes, chefs-lieux de canton, sont absolument incompétents. C. I., 139. Les autres maires sont limités par le territoire de la commune (2).

97. Quant aux *personnes*, les maires des communes sont incompétents lorsque les auteurs des contraventions ne sont pas domiciliés ou présents dans la commune, ou lorsque les témoins qui doivent déposer n'y

(1) 27 décembre 1811, B. 184 ; 18 décembre 1812, B. 272.
(2) 28 mars 1812, B. 75.

sont pas résidents ou présents, à moins que les·coupables n'aient été pris en flagrant délit. *Ibid*.

98. Enfin, il y a entre les maires et le juge de paix du canton, concurrence à l'égard de toutes les contraventions de la compétence des premiers, de telle sorte que si les maires ne se mettent pas en mesure de les juger, ces infractions sont portées de droit au tribunal du juge de paix. V. n. 40.

SECTION II.

DE LA POURSUITE.

99. La poursuite des contraventions appartient au ministère public, près du tribunal de police et à la partie lésée. C. inst., art. 145. Le ministère public peut poursuivre, sans condition préalable, toutes les contraventions, hors les diffamations non publiques (loi du 17 mai 1819, art. 20), et les injures simples (C. pén., art. 471, n. 11), à l'égard desquelles il faut une plainte de la partie qui se prétend lésée (1). Pour les autres contraventions, le défaut d'une provocation semblable (2), l'absence même de préjudice laisse au ministère public toute sa liberté d'action (3). Et la plupart de ces infractions intéressant l'ordre public, c'est à ce fonctionnaire de prendre l'initiative sous quelques exceptions que je mentionne plus bas.

100. Dans quelques cantons l'usage s'est établi de faire parvenir directement les procès-verbaux, rapports et plaintes au juge de paix qui les remet à l'huissier de

---

(1) 19 juin 1828, B. 178; 1er juillet 1830, *J. crim.*, art. 483; 17 février 1832, B. 66; 22 avril 1864, B. 113.

(2) 31 octobre 1822, B. 138; 12 juin 1828, B. 170; 22 février 1844, B. 58.

(3) 17 octobre, 20 décembre 1837, B. 314, 447.

service pour donner les assignations nécessaires, tant
aux parties qu'aux témoins. Cet usage, quoique n'entraînant rien de fâcheux, parce que ces magistrats s'acquittent généralement de ce soin avec beaucoup d'exactitude, n'en est pas moins irrégulier, même en ce qui
concerne les contraventions forestières qui intéressent
des particuliers (1), et celles en matière de poids et
mesures (2).

101. En effet, la poursuite n'appartient nullement
au juge de paix ; elle est exclusivement attribuée à
l'officier du ministère public. Il a fallu de l'inadvertance
pour que des jugements soient intervenus sur des citations données à la requête du *juge de paix* (3), puis à
celle du *garde champêtre* (4) qui avait constaté la contravention. Après avoir, art. 11 à 14, chargé les commissaires de police, maires et adjoints, de constater les
contraventions de police, même forestières et rurales,
le Code, art. 15, impose à ces fonctionnaires l'obligation de « remettre à l'officier du ministère public près
le tribunal de police toutes les pièces et renseignements,
dans les trois jours au plus tard, y compris celui où ils
ont reconnu le fait sur lequel ils ont procédé. » Son article 20 oblige de même, dans un pareil délai, les gardes
champêtres des communes et ceux des particuliers.
Enfin, l'art. 21 porte que si le procès-verbal a pour
objet une contravention de police, il sera procédé par
le commissaire de police, et, à son défaut, par le maire
ou l'adjoint de la commune, chef-lieu de la justice de
paix, ainsi qu'il est réglé au chapitre 1er, titre 1er, livre 2
du Code (art. 137 à 178).

Ces attributions ne sauraient être fixées d'une ma-

---

(1) C. forestier, art. 191.
(2) Ordonn., 17 avril 1839, art. 43.
(3) 26 prairial an XII, B. 155.
(4) 23 juillet 1807, B. 159; 15 décembre 1827, B. 310.

nière plus nette, ni plus conforme aux principes, et c'est par suite d'une erreur de plume que l'art. 191 du Code forestier a prescrit de remettre au juge de paix, suivant sa compétence, les procès-verbaux dressés par les gardes des bois des particuliers ; cette erreur est d'autant plus visible que le même article commande d'envoyer au procureur du Roi les procès-verbaux de la compétence de ce magistrat. C'est par suite d'un semblable *lapsus* que l'ordonnance du 17 avril 1839, art. 43, prescrit aux vérificateurs des poids et mesures de remettre leurs actes au juge de paix. C'est à l'officier du ministère public que les procès-verbaux de simple police doivent être adressés ; ceux que recevrait le juge seraient immédiatement transmis au commissaire de police ou au maire du chef-lieu du canton.

102. *Registre des procès-verbaux et plaintes.*—Le Code n'a pas astreint, comme les procureurs impériaux et les procureurs généraux (art. 250, 275), les officiers du ministère public de simple police à tenir registre des procès-verbaux, dénonciations et plaintes qui leur sont adressés, soit par des fonctionnaires publics, soit par de simples citoyens. Ce soin n'en doit pas moins être pris dans tous les cantons qui fournissent un certain nombre d'affaires au tribunal de police : c'est le moyen le plus sûr de se rendre un compte exact du mouvement et de la suite de ces affaires ; de bien connaître les délinquants d'habitude, et d'être toujours prêt à fournir à l'autorité supérieure les renseignements dont elle peut avoir besoin, principalement en ce qui concerne les contraventions demeurées sans poursuites.

Ce registre, pour répondre à ces diverses exigences, devrait être divisé en huit colonnes, ainsi disposées et intitulées :

NUMÉROS D'ORDRE.	QUALITÉS DU RÉDACTEUR du procès-verbal ou noms du plaignant.	NOMS, PROFESSION, demeure des contrevenants et des civilement-responsables.	NATURE de la CONTRAVENTION.	DATES du procès-verbal ou de la plainte.	DATES de l'entrée au parquet.	SUITE DONNÉE à L'AFFAIRE.	DATE et résultat du jugement et observations.
1	Garde champê-tre d	Pierre Marchand, propriétaire à	Anticipation sur un chemin vicinal.	2 janvier 1865.	10 janvier	En simple police.	20 janvier 11 fr. d'amende.
2	Maire ou adjoint d	Joseph Dupont, journalier à	Coups et blessures.	6 janvier.	11 janvier	Au procureur impérial.	Délit correctionnel.
3	Louis Durand, fermier à	Bernard Mouton, journalier à	Passage à pied sur un terrain préparé.	10 janvier	15 janvier	Classée.	La contravention était sans gravité.

Exactement tenu à mesure de l'arrivée des affaires, ce registre sera d'un grand secours à l'officier du ministère public, et mettra sa responsabilité à couvert dans les cas assez fréquents d'envoi tardif des procès-verbaux par les fonctionnaires où agents rédacteurs.

103. *Fins de non-recevoir*. — Avant d'intenter une poursuite, le premier soin de l'officier du ministère public doit être d'examiner si elle ne serait pas paralysée par une fin de non-recevoir. Les obstacles de cette nature sont rares, mais peuvent se présenter. Les principaux sont : le *décès du prévenu*, l'*amnistie*, la *prescription* et le *défaut de plainte* de la partie lésée.

104. *Décès du prévenu*.— « L'action publique pour l'application de la peine s'éteint par la mort du prévenu.—L'action civile pour la réparation du dommage peut être exercée contre le prévenu et contre ses représentants. » C. inst. crim., art. 2. Ces dispositions limitent nettement les pouvoirs du ministère public. L'auteur unique d'une contravention est-il décédé, il n'y a lieu à aucune poursuite de la part de la partie publique (1). L'action civile qui résulte de l'infraction subsiste bien contre les représentants du prévenu, mais, comme elle ne peut être intentée qu'accessoirement à l'action publique qui se trouve éteinte, les juridictions civiles sont seules compétentes pour en connaître, et le tribunal de simple police ne peut absolument en être saisi (2). Le décès du prévenu arrêtant la poursuite empêche forcément la condamnation. Si donc il en était seulement justifié à l'audience (V. n. 429 *bis*), l'officier du ministère public devrait requérir que le tribunal déclarât l'action publique éteinte; il y a plus, si le juge-

(1) 9 décembre 1845, B. 317.
(2) 23 mars 1839, B. 102.

ment était déjà rendu, le tribunal pourrait le rapporter sur la preuve que ce décès était antérieur au prononcé (1) : mais le décès du prévenu n'éteint l'action publique qu'en ce qui concerne ce prévenu, cette action peut et doit s'exercer contre ses coauteurs ou ses complices (2).

105. « L'*amnistie* est un acte du pouvoir souverain dont l'objet est d'effacer et de faire oublier un crime ou un délit » (3). Son effet est d'empêcher les poursuites non encore ouvertes, et d'anéantir celles qui sont commencées, et jusqu'aux jugements qui les ont suivies. Tellement que les infractions comprises dans l'amnistie sont, excepté l'action civile des tiers, comme si elles n'avaient jamais été commises (4). V. aussi n. 491.

Cette mesure d'intérêt public ne s'applique qu'à des catégories de délits ou de personnes, à la différence de la *grâce*, qui est essentiellement individuelle. V. n. 492.

L'*amnistie* comprend, et les décrets le portent, les infractions commises, ainsi que les condamnations prononcées ; si le décret ne portait remise que des condamnations, la remise ne s'appliquerait qu'aux condamnations devenues définitives (5).

Sous la Charte de 1814 et de 1830, les amnisties étaient accordées par une simple ordonnance. D'après le sénatus-consulte du 25 décembre 1852, art. 1er, elles le sont par un décret de l'Empereur.

C'est dans des circonstances politiques importantes

---

(1) Argument du 25 octobre 1821, D. A., t. 4, p. 268.
(2) 21 avril 1815, D. A., t. 3, p. 654, col. 2.
(3) M. Dupin, *Encyclopédie du droit*, v° *Amnistie*.
(4) 11 juin 1825, B. 114; Ordonn., 13 août 1817; 26 septembre 1830, art. 2; 30 mai 1837, art. 3; Cass., 19 juillet 1839, B. 235; 9 mai 1848, *Journ. du droit crim.*, art. 4384.
(5) Décret du 15 septembre 1860; Cass., 7 décembre 1860, B. 278.

que l'on prend ces sortes de mesures, qui s'appliquent plus habituellement aux crimes, aux délits forestiers, aux infractions à la discipline de la garde nationale, etc. Les amnisties qui concernent la simple police sont plus rares. Depuis 1830, je n'en connais que trois qui aient été relatives aux contraventions de police : celles des 26 septembre 1830, 6 janvier 1852, 17 mars 1856.

Prescription, V. n. 322-343.

Défaut de plainte, V. n. 99.

106. *Discernement dans la poursuite.*—Bien que le ministère public, une fois saisi d'un procès-verbal ou d'une plainte, soit libre dans son action, en ce sens qu'il peut traduire devant son tribunal les auteurs des contraventions, même les plus minimes, il doit néanmoins s'abstenir à l'égard de celles qui n'intéressent pas l'ordre public, de celles dont les auteurs ne sont pas suffisamment désignés ou dont la preuve n'en peut être administrée, et, à l'égard de quelques autres, parce que la poursuite en appartient plus spécialement à la partie lésée.

Il est inutile, en effet, de saisir le tribunal d'une affaire dans laquelle le délinquant serait demeuré inconnu ou n'aurait pas été suffisamment désigné pour pouvoir être retrouvé ; dans laquelle le procès-verbal ne contiendrait pas d'éléments de preuves, et qu'il ne serait pas possible de compléter par les dépositions des témoins (1).

D'un autre côté, certaines contraventions qui n'intéressent que faiblement l'ordre public doivent être lais-

(1) A Paris les affaires concernant des inconnus sont *classées*; on ne donne une citation (au parquet du procureur impérial, C. proc. civ., art. 69, n. 8), que s'il y a une confiscation à prononcer, des travaux à exécuter, etc., circonstances qui nécessitent un jugement pour pouvoir agir légalement.

sées à la poursuite de la partie plaignante ; tels sont le
passage à pied sur un terrain seulement préparé (C. pén.,
471, n. 13) ; les injures simples sans provocation (*id.*,
n. 11) ; les voies de fait et violences légères (C. brumaire an IV, art. 605, n. 8); les contraventions forestières dans les bois des particuliers (C. forest., art. 144,
194, 199, etc.). « Le législateur n'a pu vouloir astrein-
dre les officiers du ministère public à diriger des poursuites d'office, et sans l'intervention des parties civiles,
sur toutes les plaintes, même les plus légères et les
plus insignifiantes ; sur des plaintes qui n'intéressent
point directement l'ordre public, et qui souvent n'ont
d'autre but que la satisfaction d'intérêts de vanité
ou d'amour-propre, ou bien, aux dépens de l'Etat
et sans aucune espèce d'utilité pour l'ordre social, la
réparation de quelques torts légers éprouvés par des
particuliers » (1).

107. *Consignation des frais.*—Aussi ne doit-on donner
suite à ces sortes d'affaires qu'au préalable le plaignant
ne se constitue partie civile et ne dépose au greffe la
somme présumée nécessaire pour couvrir les frais du
procès (2). Cette constitution s'opère par une déclaration formelle du plaignant, constatée, soit dans le procès-verbal ou la plainte, soit dans un acte subséquent
(C. I., art. 66), et le plus ordinairement libellée (F. n. 683,
684) sur le registre du greffe destiné aux consignations
des parties civiles. Sur ce registre (F. n. 685) le greffier
mentionne d'abord la déclaration de la partie qu'elle
entend se porter partie civile dans telle affaire à suivre
contre telle personne, et ensuite il inscrit la somme dé-

---

(1) 8 décembre 1826, B. 250; Instruct. du garde des sceaux du
8 mars 1817, 8 février 1826, Gillet, p. 196, 358.
(2) Décret, 18 juin 1811, art. 160.

posée par le plaignant ou son fondé de pouvoir pour faire face aux frais du procès (1).

Le chiffre de la somme à consigner est fixé par le ministère public d'après le nombre présumé des témoins à entendre, le montant des indemnités à leur allouer, le coût des actes de l'instruction, etc. En cas de débat sur ce chiffre entre la partie et le ministère public, on en réfère au juge de paix qui prend connaissance des pièces et arbitre la somme à consigner (2). L'emploi de cette somme à l'acquit des frais à la charge de la partie civile est surveillé par le ministère public qui exige un supplément de consignation lorsque la première avance reçue par le greffier est devenue insuffisante (3).

La consignation préalable n'est pas nécessaire quand la partie lésée justifie de son état d'indigence (V. n. 565) ou lorsqu'elle poursuit directement à sa requête. Dans ce cas, c'est elle qui fait l'avance des frais, tandis que c'est l'enregistrement au nom de l'État, quand la poursuite émane du ministère public, même avec l'intervention d'une partie civile (4). D'où la conséquence, que, lorsque la partie civile *intervient* seulement au cours des débats, elle n'est point astreinte à consigner (5). En effet, l'initiative prise par la partie publique montre que l'ordre public a été trouvé intéressé à la répression de la contravention, dût le Trésor supporter les frais en cas de renvoi ou d'insolvabilité du prévenu.

Les plaignants qui se sont constitués parties civiles, peuvent se départir dans les vingt-quatre heures ; dans le cas de désistement (F. n° 686), ils ne sont pas tenus des frais depuis qu'il a été signifié, sans préjudice néan-

(1) Ordonn., 28 juin-5 juillet 1832.
(2) 14 juillet 1831, B. 162.
(3) Instruct. gén. sur les frais de justice, 1826, n. 132.
(4) 4 mai 1833, ch. réun., B. 179.
(5) 12 août 1831, *J. crim.*, art. 809.

moins des dommages-intérêts des prévenus, s'il y a lieu. C. inst., art. 66. V. n° 424.

108. Mais la constitution d'une partie civile, même accompagnée de consignation, ne lie pas le ministère public, et ne l'oblige point de poursuivre une contravention qui ne lui paraît pas de nature à mériter cette initiative ; il demeure libre dans l'exercice de son action (1) jusqu'à l'intervention de ses supérieurs hiérarchiques. V. n°s 26 et s. Il reste alors au plaignant la voie de la citation directe aux termes de l'art. 145 du Code d'instruction. Il peut encore, avant de l'employer, réclamer contre le refus du ministère public, d'abord auprès du procureur impérial, ensuite auprès du procureur général, et, s'il y a lieu, obtenir une injonction de ces magistrats.

109. L'*appréciation* des affaires, au point de vue de la poursuite, n'est pas sans difficultés ; il faut, en s'y livrant, éviter le double écueil de la rigueur et de la faiblesse, et ne jamais s'écarter des voies judiciaires (2). Ainsi qu'on l'a vu plus haut, le ministère public n'est pas institué pour poursuivre les infractions sans impor-

---

(1) Mangin, *Actions*, t. 1, p. 29 à 42.—V. aussi mon *Traité des tribunaux correctionnels*, t. 1er, p. 200 et suiv.—*Contrà*, F. Hélie, *de l'Instruction criminelle*, t. 2, p. 271.—Sur cette question, assez controversée, je dois me borner à énoncer que l'affirmative, enseignée par Mangin, avec sa supériorité accoutumée, est suivie dans tous les parquets de France.

(2) Des maires, pour éviter à leurs administrés le désagrément d'une comparution en justice, ont remplacé la poursuite de la contravention par une gratification au garde champêtre, ou une amende applicable aux pauvres ou à la réparation des chemins de la commune. « Quoique l'intention en soit louable, cet usage est contraire à la loi... Imposer une amende sans jugement, est une véritable forfaiture » (C. pén., art. 114, 174). — Jacquinot-Pampelune, *Instr. sur la police judiciaire*, 1831, p. 37.—V. aussi mon *Manuel de police judiciaire*, 4e édition, p. 188 et suiv.

tance, surtout quand elles ont été commises par des enfants, et que la partie lésée ne réclame pas de dommages-intérêts. S'abstenir, en ce cas, dans une juste mesure, c'est faire preuve de discernement. Les magistrats doivent réserver leur fermeté pour des circonstances plus sérieuses ; pour les infractions tout à fois graves et prouvées, que n'excuse pas la faiblesse de l'âge, et que des influences locales voudraient néanmoins faire exonérer de la poursuite (V. nº 114). Malgré le progrès de l'esprit public en France, sous ce rapport, les sollicitations contraires au principe de l'égalité devant la loi se produisent encore : y céder serait manquer gravement à son devoir ! Mais les officiers du ministère public de simple police, qui éprouveraient un embarras de ce genre, ont un moyen facile d'en sortir, c'est de consulter le procureur impérial : ils trouveront sûrement, dans la réponse de ce magistrat, lumière et appui.

110. *Poursuite forcée.*— Il y a plusieurs cas où la poursuite est forcée : où le ministère public n'a plus qu'à faire ses diligences pour saisir le tribunal ; c'est ce qui arrive :

Lorsque le procureur impérial ou le procureur général décide qu'il y a lieu de poursuivre ; leur simple invitation, qui peut (V. nºs 27-30) être convertie en une injonction, devant être immédiatement suivie ;

Lorsque l'affaire est renvoyée au tribunal par une ordonnance du juge d'instruction de l'arrondissement : C. I., art. 129 (1), ou par un arrêt de la chambre d'accusation de la Cour impériale. Id., art. 230 ;

Lorsque le tribunal correctionnel, saisi à tort d'une contravention de police, se déclare incompétent sur la

_____

(1) Article modifié par la loi du 17 juillet 1856.

demande de la partie publique ou de la partie civile. C. I., art. 192 (Autorité de ces actes, V. n° 435);

Lorsque la Cour de cassation renvoie l'affaire devant un tribunal de police :

1° Après avoir cassé le jugement d'un autre tribunal; *Id.*, art. 427, V. n° 575;

2° Par suite d'un règlement de juges; *Id.*, art. 526, 529, V. n° 578;

3° Par suite de l'impossibilité où s'est trouvé un tribunal de police de se composer; *Id.*, art. 542, V. n° 161.

Mais si dans tous ces cas la poursuite est forcée de la part du ministère public, le jugement ne l'est pas de la part du tribunal qui est toujours le maître de déclarer son incompétence. V. n° 435.

111. *Célérité.* On ne saurait apporter trop de diligence dans la poursuite : d'abord à cause de la prescription qui, pour certaines contraventions, s'accomplit par un laps de temps fort court (V. n°s 329. 330); ensuite, en vue de l'exemple et pour éviter le dépérissement des preuves.

En effet, si l'on tarde à saisir le tribunal de l'affaire, la répression ne produit plus, à cause de l'éloignement du fait, l'impression que l'on était en droit d'attendre; les souvenirs des témoins se sont affaiblis ou même effacés; ces témoins peuvent avoir quitté le pays et être difficilement retrouvés, etc.

112. *Défaut de procès-verbal.*—Dans les localités où la police est faite avec activité et exactitude, l'immense majorité des contraventions est constatée par des procès-verbaux ou, au moins, des rapports. Aussi ces actes servent-ils de point de départ à presque toutes les poursuites. Cependant il peut arriver qu'aucun procès-verbal n'ait été dressé, ou que celui qui sera produit soit irrégulier, et, dès lors, ne puisse faire foi en justice.

Dans l'un et l'autre cas (1), l'infraction, si elle intéresse l'ordre public, n'en doit pas moins être poursuivie, et ce, à charge d'en *justifier*, c'est-à-dire au moyen de la preuve testimoniale (V. n°ˢ 270 et s.), preuve aussi légale que celle qui résulte du procès-verbal le plus irréprochable. L'art. 154 du Code d'instr. crim. porte en effet : « Les contraventions seront prouvées, soit par procès-verbaux et rapports, soit par témoins, *à défaut* de rapports et procès-verbaux, ou *à leur appui.* » Cette règle domine toute la législation sur la matière, et elle n'a reçu aucune atteinte depuis le Code, notamment de la loi du 18 novembre 1814 sur la célébration des fêtes et dimanches, dont l'article 4 porte que « les contraventions à cette loi seront constatées par procès-verbaux des maires et adjoints ou commissaires de police »; il a été décidé que la preuve testimoniale étai admissible (n° 294) (2).

Enfin, cette règle est la même pour quelques matières spéciales. L'article 35 du décret du 19 juillet 1791, sur la police municipale et correctionnelle, portait : «Les personnes prévenues de contraventions aux lois et règlements de police, soit qu'il y ait procès-verbal ou non, seront citées, etc. » Le Code forestier, article 175, dispose : « Les délits ou contraventions en matière forestière seront prouvés, soit par procès-verbaux, soit par témoins, à défaut de procès-verbaux, ou en cas d'insuffisance de ces actes. »

Je ne vois guère d'exception à des principes si positifs que pour les contraventions à l'art. 479, n° 6 (3), du Code pénal, sur les poids et mesures. Il me paraît

---

(1) 7 avril 1809, B. 73; 3 avril 1830, B. 93; 13 juin 1834, B. 184; 4 septembre 1856, B. 308.
(2) 22 octobre 1829, B. 240.
(3) Le n° 5 de cet article a été abrogé par la loi du 27 mars 1851, art. 9.

résulter du texte et de l'esprit de l'ordonnance du
17 avril 1839, qu'un procès-verbal, en cette matière,
est une condition de la poursuite (1). En effet, la *saisie*
des poids ou mesures (id., art. 35), autres que ceux que
la loi autorise, est une partie substantielle de la constatation de la contravention. Une saisie sera-t-elle opérée
légalement, si un procès-verbal régulier ne la constate
pas? On peut dire que, hors la saisie des instruments de
la contravention, l'infraction n'est pas certaine et qu'a-
lors la poursuite ne saurait être intentée.

115. *Retrait de la plainte; suppression du procès-verbal.* — Il arrive assez fréquemment que des personnes
lésées par une contravention viennent, un peu plus
tard, retirer leur plainte ou s'en désister entre les mains
du ministère public, surtout lorsqu'elles ont obtenu satisfaction de la part du délinquant. Ce retrait, ce désistement, ne dessaisissent nullement ce fonctionnaire de
la poursuite, et il en reste maître, comme auparavant,
sous sa propre responsabilité. Le Code Napoléon dispose, art. 2046 : « On peut transiger sur l'action publique résultant d'un délit. — La transaction n'empêche
pas la poursuite du ministère public. » Et le Code d'instruction criminelle, art. 4 : « La renonciation à l'action
civile ne peut arrêter ni suspendre l'exercice de l'action
publique. »

Ainsi, le retrait de la plainte, le désistement de la
partie lésée, ne doivent pas, en règle générale, empêcher la poursuite de la contravention constatée, surtout si cette contravention touche à l'ordre public; si,
par exemple, il s'agit de tapages nocturnes ayant troublé la tranquillité des habitants ; de dépôts ou d'excavations sur la voie publique ; de courses de chevaux,

---

(1) *Sic*, M. F. Hélie, *Instruct. crim.*, t. 4, p. 451.

dans un lieu habité, etc. — Le retrait de la plainte ne
dispense le ministère public de poursuivre que lorsque
l'infraction ne concerne que l'intérêt privé. V. n° 99.

114. Quant à la suppression du procès-verbal de contravention, parfois obtenue, dans les circonstances
déjà indiquées, du laisser-aller du rédacteur ou de l'indulgence municipale, cette suppression ne met pas,
non plus, obstacle à la poursuite; et si l'infraction présente de la gravité, si la production du procès-verbal
peut venir en aide à la preuve, il est du devoir de l'officier du ministère public compétent de réclamer l'acte
qui a été retiré. Seulement, pour éviter toute difficulté,
il vaut mieux, en cas de silence ou de refus de la part
du fonctionnaire qui a conservé le procès-verbal, en référer au procureur impérial, dont l'intervention vaincra
la résistance qui pourrait venir à se manifester.

Défaut de procès-verbal, V. n° 112.

Enregistrement, omission, V. n° 198.

115. *Correspondance; franchises et contre-seings.*—Les
diligences des officiers du ministère public de simple
police, soit pour la poursuite des contraventions, soit
pour l'exécution des jugements, entraînent une correspondance assez étendue, principalement en ce qui concerne les infractions à la police du roulage, le domicile
des délinquants étant souvent fort éloigné du tribunal
compétent. Or, cette correspondance parviendra en
franchise sous bandes, et réciproquement,

1° Avec le contre-seing du *commissaire de police* (1):

> Au procureur impérial de l'arrondissement;
> Au procureur impérial de la Cour d'assises du département;
> Au procureur général près la Cour impériale du ressort;

---

(1) *Manuel des Franchises de l'administration des postes*, 1856,
p. 86, 223, 220.

Au préfet du département;
Au sous-préfet de l'arrondissement;
Au receveur de l'enregistrement du canton (1).

2° Avec le contre-seing du *maire* (2) :

A l'agent voyer en chef du département;
Aux commandants des brigades de gendarmerie de l'arrondissement;
Aux commissaires voyers de l'arrondissement;
Aux maires du canton;
Aux officiers de gendarmerie de toute la France;
Aux procureurs impériaux, procureurs généraux, préfets et sous-préfets, comme ci-dessus;
Aux receveurs de l'enregistrement et des domaines de l'arrondissement;
Aux vérificateurs des poids et mesures de l'arrondissement.

3° Avec le contre-seing du *juge de paix* (3) :

Aux juges de paix du ressort de la Cour impériale;
Aux procureurs impériaux de toute la France;
Aux receveurs de l'enregistrement dans le canton (4).

Ces divers contre-seings suffisent, et par delà, à l'accomplissement des devoirs des membres des tribunaux de simple police. Il est à propos, pour gagner du temps et simplifier la correspondance, d'écrire au fonctionnaire le plus voisin du lieu où la diligence nécessaire doit s'accomplir. Ainsi, dans le ressort de la même Cour impériale, il est plus expéditif, en général, de s'adresser aux juges de paix qu'au procureur impérial, parce que, à l'exception des cantons chefs-lieux d'arrondissement, ce magistrat ne peut habituellement que transmettre la dépêche au juge de paix compétent, ce qui entraîne un circuit parfaitement inutile.

116. Il est défendu de comprendre dans les dépêches

(1, 4) Décision des ministres de la justice et des finances du 19 août 1863.

(2, 3) *Manuel des Franchises de l'administration des postes,* 1856, p. 86, 223, 220.

expédiées en franchise des lettres, papiers et objets quelconques, étrangers au service de l'État (1). L'envoi par un fonctionnaire, au moyen de son contre-seing, d'une lettre étrangère au service qui lui est confié, constitue un délit punissable d'une amende de 16 à 150 fr. (2).

Les lettres et paquets à expédier en franchise doivent porter sur l'adresse la désignation des fonctions de l'expéditeur et sa signature (3).—Ces dépêches s'expédient ordinairement sous bandes ; ces bandes ne doivent pas excéder en largeur le tiers de la surface du paquet (4). — Lorsque la conservation des pièces à envoyer ou le secret l'exige, les dépêches peuvent être placées sous enveloppe fermée, si le fonctionnaire qui contre-signe est autorisé à correspondre de la sorte, et alors il inscrit au-dessus de la désignation de ses fonctions cette mention : *Nécessité de fermer* (5).

Les lettres et paquets contre-signés doivent être remis au directeur de la poste ; jetés à la boîte, ils seraient taxés (6).

117. En cas de suspicion de fraude ou d'omission d'une seule des formalités ci-dessus, les préposés des postes sont autorisés à taxer en totalité les dépêches, ou à exiger que le contenu en soit vérifié en leur présence, par les fonctionnaires auxquels elles sont adressées, ou par leurs fondés de pouvoirs (7).

Les dépêches non contre-signées, adressées à un fonctionnaire ayant droit à la franchise, et refusées pour cause de taxe, sont ouvertes sur la réquisition de ce fonctionnaire. Lorsque le contenu concerne directement

---

(1) Ordonn., 17 novembre 1844, art. 3.
(2) Décret du 24-30 août 1848, art. 6-8.
(3, 4, 5, 6) Ordonn. de 1844, art. 13, 23, 25, 28.
(7) Ordonn. de 1844, art. 4.

le service de l'État, il est délivré à ce fonctionnaire (1).
—Le directeur de la poste conserve, pour la justification
de la détaxe, les bandes ou l'enveloppe. Si l'adresse
fait corps avec la dépêche, on la remplace par un certificat du destinataire (2).

Lorsque le fonctionnaire ne requiert pas l'ouverture
de ces dépêches, elles sont renvoyées à l'administration
générale des postes pour y être ouvertes. Les pièces
relatives au service de l'État sont seules immédiatement
renvoyées en franchise au destinataire ; les autres sont
transmises à l'expéditeur sous charge de la taxe ordinaire (3).

117 bis. *Voie télégraphique.* — Les maires, dans les
villes où il n'y a pas de sous-préfet, sont autorisés à
correspondre pour des affaires très-graves et très-urgen-
tes, avec le préfet, le sous-préfet ou le procureur impérial (4).

SECTION III.

DILIGENCES ET ACTES POUR SAISIR LE TRIBUNAL.

117 ter. On a vu, dans la section précédente, que le
tribunal de police était saisi, soit par le ministère
public, soit par la partie lésée (n° 99), avec ou sans
l'intervention du procureur impérial ou du procureur
général, soit par une ordonnance du juge d'instruction,
par un arrêt de la chambre d'accusation ou de la Cour
de cassation ou par un jugement du tribunal correction-

---

(1) Ordonn., 27 novembre 1845, art. 1 et 2.
(2) Ordonn., 17 novembre 1844, art. 77.
(3) Décret des 11-23 novembre 1850, art. 1 et 2.
(4) Arrêté du ministre de l'intérieur du 19 avril 1859.

nel (n° 110). Voyons maintenant les actes et les diligences, au moyen desquels s'opère cette *saisine*.

118. Il n'est pas nécessaire, en matière de police, d'avoir recours au ministère d'un huissier pour appeler les parties et les témoins devant le tribunal. — Ces personnes peuvent y comparaître volontairement; on peut aussi les mander par un simple avertissement (1). C. I., art. 147 (F. n° 687).

Contravention découverte à l'audience, V. n° 448.

Ce mode de procéder est très-économique; il rentre complétement dans les vues du législateur. Le garde des sceaux en a formellement recommandé l'emploi, pour appeler soit les parties, soit les témoins, devant les tribunaux de simple police. « Suivant l'art. 147 du Code d'instruction criminelle, les parties peuvent comparaître devant ces tribunaux, sur un simple avertissement, sans qu'il soit besoin de citation. Il en est de même des témoins, d'après l'art. 153. Ce dernier article a toujours été ainsi entendu par l'administration et par la Cour des comptes, qui approuve les taxes faites au bas de l'avertissement écrit donné aux témoins. Les dispositions dont il s'agit ne sont pas moins favorables aux parties qu'au Trésor public. Pour donner une idée de l'importance de l'économie qui peut résulter de leur application, il suffit de dire qu'en 1843 il a été jugé par les tribunaux de simple police 251,329 inculpés (2) qui, tous, à l'exception d'un très-petit nombre, étaient poursuivis à la requête du ministère public. Je vous engage (MM. les procureurs généraux) à recommander aux magistrats des tribunaux de simple police d'user, le plus fréquemment qu'ils le pourront, du moyen autorisé par les articles précités, de faire comparaître sans frais de-

_____

(1) 4 octobre 1851, B. 436.
(2) En 1862, il en a été jugé 571,174. Voy. p. 2, note 2.

vant eux les inculpés et les témoins ; ils ne devront y renoncer que lorsqu'ils auront des motifs sérieux de penser que l'inculpé ou les témoins n'obtempéreraient pas à leur avertissement (1). »

119. Au reste, il y a des témoins à l'égard desquels il faut toujours employer la voie de l'avertissement (F. n° 688) ; ce sont les gendarmes, les gardes forestiers et les gardes champêtres. On n'a pas à craindre leur refus ou leur négligence, au besoin révélés à leurs supérieurs, et d'un autre côté, bien qu'ils soient salariés, ils reçoivent l'indemnité attribuée aux témoins non fonctionnaires (2). V. n° 631.

120. Les avertissements, par une simple lettre, sont remis sans frais par le piéton ou appariteur de la commune aux personnes résidant au chef-lieu du canton ; quant aux autres communes, le commissaire de police ou le maire n'a point à user de son contre-seing avec les autres maires, l'avertissement est mis à la poste, et la taxe est à la charge du destinataire (3).

121. Ce mode d'appel ne doit s'employer qu'à l'égard des prévenus et témoins dont la comparution est présumable ; quant à ceux qui sont disposés à la résistance, l'avertissement est inutile et doit être remplacé par la citation, sans laquelle le tribunal ne peut donner défaut contre les délinquants et les personnes civilement responsables, et prononcer soit une condamnation, soit un acquittement à leur égard (4), ni condamner les témoins défaillants à l'amende.

---

(1) Circul. du garde des sceaux du 26 décembre 1845, Dalmas, *Supplément*, p. 154.
(2) Décret du 7 avril 1813, art. 3.
(3) Circul. du garde des sceaux, 12 avril 1859.
(4) 15 juillet 1820, B. 101 ; 4 mars 1826, B. 42 ; 2 août 1828, B. 230 ; 8 août 1840, B. 223 ; 4 mars 1848, B. 58.

A Paris, les avertissements sont employés surtout pour les contraventions dites *permanentes*, dont les auteurs offrent des garanties de domicile et par suite des probabilités de comparution. Mais des citations sont données pour les contraventions dites *fugitives*, commises par les cochers, par des gens à demeure variable et qui, ne répondant que rarement à la citation, comparaîtraient bien moins encore sur un simple avertissement.

122. Du reste, il ne faut pas confondre les avertissements en matière de simple police donnés par le ministère public (1) avec ceux qui concernent les affaires civiles, et sont donnés à la requête des parties, conformément aux instructions du juge de paix (2). Les premiers sont facultatifs, et le ministère public seul en règle l'emploi, sous l'autorité de ses supérieurs; les avertissements en matière civile, au contraire, sont obligatoires (3), et les parties ni les huissiers ne peuvent s'en dispenser. En simple police, ce n'est que devant le tribunal présidé par le maire que les avertissements sont de rigueur. C. I., art. 169 (4). M. Bioche (5) décide, et je crois avec raison, qu'un juge de paix qui interdit aux huissiers de son canton de donner une citation devant le tribunal de police, avant l'avertissement amiable, commet un excès de pouvoir.

123. « Les citations sont notifiées par un huissier (F. n° 689) qui en laisse copie au prévenu ou à la personne civilement responsable. » C. I., 145. Les termes alternatifs de cet article, suite probable d'une erreur de rédaction, ne doivent pas être pris à la lettre. S'il s'a-

(1) 27 août 1825, B. 168.
(2) Loi du 25 mai 1838, art. 17.
(3) Loi du 2 mai 1855, art. 2.
(4) 5 mars 1842, B. 54.
(5) *Dictionnaire des juges de paix*, etc., tome 1er, p. 199, n° 3.

git d'une contravention commise par un fils ou par un domestique, et dont le père ou le maître puisse être déclaré civilement responsable, il ne suffit pas, à l'égard de l'un et de l'autre, de citer l'un des deux, soit le fils ou le père, le domestique ou le maître : le prévenu et le civilement responsable doivent chacun recevoir leur copie. Une seule, en effet, ne saisirait qu'incomplétement le tribunal. Si la copie était délivrée au père ou au maître seul, elle ne donnerait ouverture qu'à la réparation du dommage causé par le fils ou le domestique, et non à l'application de la peine encourue pour la contravention ; si la copie était donnée au fils ou au domestique seul, le père ou le maître ne pourrait être condamné comme civilement responsable. La jurisprudence est constante sur ce point (1) et on la suit exactement dans la pratique. (Omission d'une copie, sursis, V. n° 402.)— Si le mineur, auteur de la contravention, était un enfant très-jeune, dépourvu de discernement, il n'y aurait pas de copie à lui donner par la raison qu'il n'y aurait pas lieu de poursuivre (V. n° 109), à moins que la contravention ne vînt à se renouveler, et que l'on ne dût voir dans cet enfant un instrument passif du mauvais vouloir de ses parents ou de son maître.

Legraverend (t. 2, p. 316) pense qu'une personne civilement responsable peut être appelée seule devant le tribunal de police, et condamnée, s'il y a lieu, aux dommages-intérêts résultant de la contravention, sans que l'auteur de cette infraction soit en cause. Le savant auteur allègue, à l'appui de cette opinion, à mes yeux erronée, des contraventions pour lesquelles le responsable seul peut être atteint, telles que « les dégâts com-

---

(1) 11 septembre 1818, D. A., t. 10, p. 802 ; 24 décembre 1830, B. 254 ; 9 juin 1832, B. 208. — *Contrà*, Carnot, *Instruct. crim.*, t. 1, p. 603.

mis par des animaux laissés à l'abandon » (C. rural,
tit. 2, art. 12). Mais Legraverend n'a pas pris garde que,
dans ce cas même, il y a un auteur de la contravention,
lequel est le propriétaire, pour n'avoir pas veillé sur
ses bestiaux ou pour les avoir laissés sortir sans gardien.

124. Tous les huissiers du même canton peuvent
donner la citation (1).—Ceux qui résident dans une ville
divisée en plusieurs justices de paix ont qualité pour
toute l'étendue des cantons de cette ville (2). Avant 1838,
ce droit était réservé aux huissiers choisis par le juge
de paix pour faire le service de ses audiences (3). Mais
la citation, fût-elle donnée par un huissier du même arrondissement, quoique d'un autre canton, n'en serait
pas moins valable ; l'art. 1030 du Code de procédure
civile, qui prononce une amende contre l'huissier en
contravention, ne déclare point la nullité de son exploit (4). Du reste, le défaut de qualité de l'huissier serait couvert par la comparution du prévenu à l'audience (5). Il est de principe, en effet, qu'un acte du
prévenu, annonçant qu'il a connu l'avertissement que
lui donne la justice de comparaître, couvre les irrégularités que peut offrir cette citation. V. n° 169.

Cédule du juge, V. n° 134.

125. Ordinairement l'officier du ministère public
remet ses *mandements* (F. n°ˢ 693, 694) de citation aux
huissiers qui résident au chef-lieu et se trouvent de la
sorte comme sous sa main. Il doit, cependant, éviter de
les employer lorsqu'il s'agit de citer une partie ou un

(1) Loi du 25 mai 1838, art. 16.
(2) *Idem,* et C. 10 février 1843, B. 31 ; 16 janvier 1844, D.P.,
1.68.
(3) Décret, 14 juin 1813, art. 28.
(4) 23 mai 1817, B. 40 ; 8 août 1834, B. 266.
(5) 23 février 1815, B. 11.

témoin dont la demeure est plus voisine de la résidence d'un autre huissier. Dans ce cas, c'est à ce dernier officier ministériel qu'il faut adresser le mandement, en vue de l'économie à opérer sur le droit de transport. V. n°ˢ 597 et s.

Ce soin est inutile dans les tribunaux de police sis au chef-lieu d'un arrondissement, et les citations, quel que soit le lieu, dans cette circonscription, où elles doivent être posées, peuvent être confiées à un huissier du chef-lieu, si cet officier ministériel consent à exploiter dans toute l'étendue de l'arrondissement, en se contentant du salaire et des frais de transport alloués aux huissiers des cantons où les exploits doivent être signifiés (1).

126. Les agents de la force publique, gendarmes, gardes champêtres, peuvent aussi être chargés de la citation des témoins. C. I., art. 72. Mais il ne faut les employer, les gendarmes surtout, qu'en cas de nécessité urgente et absolue (2); par exemple, si tous les huissiers du canton étaient absents ou malades.

127. *Libellé de la citation.* — La citation au prévenu et aux personnes civilement responsables doit être rédigée de manière à leur faire connaître la contravention qui leur est reprochée et la loi pénale qui la réprime. L'indication du *jour* et du *lieu* de la contravention n'est pas indispensable (3), quoique fort utile. — Dans l'usage et fréquemment, on joint à l'ordre ou mandement de citation le procès-verbal de contravention dont copie est délivrée au prévenu en tête de l'exploit. Mais cette manière de procéder, qui entraîne des frais de copie de pièces, ne doit pas être suivie pour les con-

---

(1) Instruction générale sur les frais de justice criminelle, 1826, p. 87.

(2) Décret du 1ᵉʳ mars 1854, art. 99.

(3) 21 janvier 1836, B. 23; 28 février 1839, B. 39.

traventions ordinaires(1). Ce n'est que pour les contraventions forestières qu'il est nécessaire, et ce, à peine de nullité, de comprendre dans l'acte de citation la copie du procès-verbal et de l'acte d'affirmation. C. for., art. 189 et 172.

Si le procès-verbal qui a été délivré en copie comprend des faits non énoncés dans la citation, laquelle se réfère à ce procès-verbal, le juge pourra et devra même statuer sur tous les chefs de contravention constatés dans le procès-verbal à la charge du prévenu (2).

128. Quant aux procès-verbaux en matière d'octroi, la citation ne doit pas en contenir une copie, parce que cela ferait double emploi avec la copie du procès-verbal qui doit être remise au prévenu après la rédaction de cet acte (3).

129. Lorsque le tribunal est saisi par une ordonnance du juge d'instruction, ou par un arrêt de la Cour impériale ou de la Cour de cassation, copie de ces décisions ne doit pas être jointe à la citation (4), mais il est convenable d'en viser la date et l'objet dans cet acte.

130. En cas d'injures simples ou de diffamations non publiques (5), il n'est pas nécessaire de les *articuler* et *qualifier* dans la citation, ainsi que le prescrit l'art. 6 de la loi du 26 mai 1819, laquelle, même avant 1852, n'était point applicable en matière de simple police, où la

---

(1) 23 avril 1831, B. 95; 31 mars 1848, B. 92.—V. aussi 14 août 1829, B. 188.
(2) 7 août 1829, B. 180.
(3) Décret, 1er germinal an XIII, art. 28; Ordonn., 9 décembre 1814, art. 77; Cass., 19 juillet 1811, B. 104; 11 septembre 1812, *Mémorial de la régie*, t. 10, p. 314.
(4) De Dalmas, *des Frais de justice criminelle*, p. 178.
(5) C. pén., art. 471, n° 11; Loi, 17 mai 1819, art. 20.

procédure, pour ces sortes de contraventions, est restée soumise aux dispositions du droit commun (1).

Parlant à ou remise de la copie, V. n°ˢ 437 à 439.

151. *Délai de comparution.* — « La citation ne peut être donnée à un délai moindre que vingt-quatre heures, outre un jour par trois myriamètres, à peine de nullité, tant de la citation que du jugement qui serait rendu par défaut. Néanmoins, cette nullité ne pourra être proposée qu'à la première audience, avant toute exception et défense. » C. I., art. 146. Ce délai se compte d'heure à heure et non de jour à jour, de sorte qu'une citation donnée le 1ᵉʳ, à 9 heures, pour le 2, à 10 heures, est valable. Lorsque l'instant de la notification n'est pas indiqué dans l'exploit, le délai est présumé s'être écoulé, quand l'affaire est appelée le lendemain du jour de cette notification (2); ce qui n'ôte pas au défendeur le droit de prouver qu'il n'a reçu sa copie qu'à une heure qui ne lui laissait plus le délai de l'art. 146, avant l'ouverture de l'audience (3). Cette preuve peut être administrée, parce qu'elle ne va pas *outre* et *contre* le contenu en l'acte de citation (C. Nap., art. 1341), et n'a pour objet que de préciser une circonstance que cet acte renferme implicitement, c'est-à-dire l'heure à laquelle la citation a été donnée (4). V. aussi n° 524.

En calculant la distance, on ne doit pas tenir compte des fractions inférieures à trois myriamètres; c'est cette distance et non un moindre éloignement que la loi a considérée comme devant faire ajouter un jour au délai ordinaire. Ainsi, lorsque la distance n'atteint pas trois myriamètres, la partie n'a droit à aucune augmentation de délai; si la distance est de plus de trois et de

---

(1) 12 mai 1843, B. 107.—V. aussi 24 mai 1853, B. 181.
(2, 3, 4) 3 février 1833, D. P., 1.366; 14 février 1834, D. P.; 1.217.

moins de six myriamètres, il n'est dû qu'un jour d'augmentation, et ainsi de suite (1).

152. Les délais à observer se calculent, dans l'intérieur du même département, au moyen du tableau des
distances, qui est dressé par le préfet et déposé dans
tous les greffes des tribunaux et des justices de
paix (2). — Hors du département, il faut se servir du
livre de poste, ordinairement déposé dans chaque bureau de distribution, c'est-à-dire à peu près dans tous
les chefs-lieux de canton (3). Dans tous les cas, la distance se calcule en suivant les sinuosités des routes et
non à vol d'oiseau (4).

155. Il est bien entendu qu'au nombre de jours de
délai qu'entraîne la distance, il faut ajouter le temps
suffisant pour que le mandement de citation (F. nᵒˢ 694
et 695) parvienne au magistrat prié de le remettre à un
huissier, et pour que la citation puisse être donnée par
cet officier ministériel.

154. *Abréviation des délais.* — « Dans les cas urgents,
les délais peuvent être abrégés et les parties citées à
comparaître même dans le jour, et à heure indiquée, en
vertu d'une cédule (F. nᵒˢ 696 et 697) délivrée par le
juge de paix. » C. inst., art. 146.

Ces cas urgents se présentent fort rarement; ce n'est
guère qu'en cas de refus de secours durant une inondation, de travaux pour une exécution judiciaire, ou de
la reproduction obstinée d'une contravention qui trouble l'ordre, telle qu'un *charivari*, qu'il peut être utile,

(1) Limoges, 15 février 1837, D. P., 38.2.24; Cass., 11 mai
1843, B. 103, et plusieurs autres moins récents; D. D. G., vᵒ *Délai*,
nᵒ 61.
(2) Décret, 18 juin 1811, art. 93.
(3) Décision du garde des sceaux, 8 février 1820, Dalmas, p. 268.
(4) Carnot, *Instruct. crim.*, t. 1, p. 607.

pour l'intimidation et l'exemple, de faire juger instantanément les contrevenants.

Hors ces cas d'urgence, où il s'agit d'abréger les délais, une cédule du juge n'est aucunement nécessaire
au ministère public pour faire donner une citation (1).
Et dans ces cas on n'a point à donner à la partie copie
de la cédule délivrée par le juge de paix (2).

155. *Délais, témoins.*— Les délais accordés aux prévenus et aux personnes civilement responsables pour
préparer leur défense ne s'appliquent pas aux personnes appelées en témoignage. Celles-ci sont tenues
d'obéir à la citation (F. n° 690), pourvu qu'elles aient le
temps de franchir la distance, ordinairement très-peu
considérable, qui sépare leur demeure du lieu de l'audience. — Il faut avoir égard, sur ce point, à la condition des témoins ; une personne dans l'aisance, et qui
peut se transporter en voiture ou à cheval, aura besoin
de moins de temps qu'une autre obligée, par sa position, de faire le voyage à pied. Les délais fixés par
l'art. 260 du Code de procédure, pour l'appel des
témoins dans les enquêtes en matière civile, ne doivent
pas être observés en matière de police simple ou correctionnelle ; ces juridictions sont complétement distinctes,
et les règles de l'une ne peuvent s'appliquer à l'autre
que lorsqu'il y a à remplir une lacune, qui n'existe pas
ici.

156. *Témoins militaires.* — Lorsqu'il est nécessaire
d'appeler comme témoin un militaire présent à son
corps, il convient d'en informer par lettre (F. n° 698) le
chef de ce corps avant la notification de l'avertissement
ou de la citation, afin que ce chef puisse donner des

---

(1) 18 mars 1848, B. 75.
(2) 2 juillet 1859, B. 165 ; M. G. Dutruc, *Journ. du Minist. publ.*,
t. 2, p. 259.

ordres en conséquence, ou régler le service de manière que le témoin obéisse à la citation (1).

Transport du juge sur les lieux, V. n° 374.

157. *Communication des pièces ; 1° aux parties.* — Les pièces de l'affaire doivent être communiquées aux parties qui le requièrent, par le ministère public, au greffe et sans déplacement. Code inst., art. 302. Cette disposition du Code ne concerne littéralement que les accusés renvoyés aux assises; mais il a été décidé (2) que la communication des pièces sur lesquelles peut s'appuyer la prévention est nécessaire au prévenu pour que la défense soit libre et complète, et par conséquent est de droit naturel. — Le bénéfice de cette décision doit être étendu, je crois, aux personnes civilement responsables, qui ont aussi une défense à présenter, et à celles qui se sont constituées parties civiles, et qui ont des intérêts à faire valoir.

158. Quant aux expéditions que ces parties réclameraient, il ne peut leur en être délivré sur leur seule demande, et à leurs frais, par le greffier (V. n° 659), que de la plainte, de la dénonciation ou du procès-verbal qui en tient lieu, et des ordonnances et des jugements définitifs; expédition des autres pièces n'est délivrée que sur l'autorisation expresse du procureur général (3).

Les réquisitions prises par le ministère public à l'audience ne peuvent être assimilées à une plainte (4).

Le plaignant, s'il ne s'est pas constitué partie civile, n'étant point partie au procès, ne peut obtenir ni communication ni expédition des pièces (5).

(1) Circulaire du garde des sceaux, 15 septembre 1820; Gillet, p. 252.
(2) 14 mai 1855, B. 180.
(3, 4) Décret, 18 juin 1811, art. 56; Cass., 24 août 1833, B. 335.
(5) Décis. du garde des sceaux, 17 sept. 1818; Dalmas, p. 152.

6

159. 2° *Au ministère public.* — De son côté, l'officier
du ministère public a le droit de se faire communiquer,
avant l'audience, les procès-verbaux et exploits qui
concernent les affaires portées directement au tribunal
à la requête des parties civiles. Une contravention à la
loi pénale est une cause qui intéresse l'ordre public, et
il est de principe que la communication de ces affaires
doit toujours être faite au ministère public. C. de proc.,
art. 83. — D'un autre côté, l'officier qui en remplit les
fonctions doit être entendu dans toutes les affaires,
qu'elles soient introduites ou non à sa requête, et il
peut prendre des réquisitions tendant à faire compléter
l'instruction à l'audience : il doit donc pouvoir examiner
les pièces avant les débats.

140. 3° *Au juge de paix.* — Il est presque superflu
d'énoncer ici que toutes les affaires de simple police
doivent être communiquées au juge avant l'audience (1).
En effet, c'est à ce magistrat qu'appartient la direction
des débats ; c'est à lui de déterminer l'ordre dans
lequel les affaires seront appelées (2), etc. V. n°s 162
et 162 *bis.* — Cette communication et celle qui concerne
le ministère public ne sont point circonscrites dans les
limites du greffe, l'esprit de la loi et l'usage permettant
aux magistrats de se faire remettre et d'emporter chez
eux les dossiers qu'ils ont besoin de consulter.

Tribunaux de police des maires, V. n° 474.

_____

(1) Circulaire du ministre de l'intérieur du 21 juillet 1854.
(2) Arg. du décret du 30 mars 1808, art. 23, 28, 56, 63, etc.

SECTION IV.

DE QUELQUES AUTRES DILIGENCES QUI DOIVENT PRÉCÉDER
L'AUDIENCE.

141. *Estimation du dommage.* — Le Code d'instruction porte, art. 148 : « Avant le jour de l'audience, le juge de paix pourra, sur la réquisition du ministère public ou de la partie civile, estimer ou faire estimer les dommages, dresser ou faire dresser des procès-verbaux, faire ou ordonner tous actes requérant célérité. »

Quelquefois des procès-verbaux constatant une contravention de simple police, soit rurale, soit forestière, ne mentionnent pas la quotité du dommage qui en a été le résultat, ou bien la grosseur des arbres coupés ou enlevés, etc. Ces omissions, qui ne permettent pas au ministère public d'apprécier exactement sa compétence, doivent être réparées avant la citation, et une requête (F. n. 699), à cette fin, est présentée au juge de paix en vertu de l'article ci-dessus. Ce magistrat peut procéder (F. n. 700) en personne à l'estimation ou à la constatation nécessaire, mais il peut aussi se faire remplacer par des experts qu'il nomme, et qui prêtent, entre ses mains, avant de procéder, le serment « de faire leur rapport et de donner leur avis en leur honneur et conscience. » C. I., art. 44.

Nécessité du serment, V. plus bas, n. 275.

Tribunaux des maires, V. n. 476.

142. *Mise en fourrière et mainlevée.* — Lorsque, par suite d'une contravention, des bestiaux, des voitures, des animaux de charge ou de monture, ont été abandonnés par leur gardien, conducteur ou propriétaire, ils doivent être mis en fourrière ou séquestre, jusqu'à ce que le propriétaire ou son fondé de pouvoirs se présente pour les réclamer (1).

Il y a également lieu de mettre en fourrière les voitures des contrevenants à la police du roulage et des messageries publiques qui ne sont pas domiciliés en France et qui ne consignent pas le montant de l'amende et des frais de réparation, ou qui ne présentent pas une caution solvable au maire le plus voisin (2).

Les animaux et tous objets périssables, pour quelque cause qu'ils aient été saisis, ne peuvent rester en fourrière ou sous le séquestre plus de huit jours, si la saisie a pour cause une contravention ordinaire ou rurale ; plus de cinq jours, s'il s'agit d'une contravention forestière (3).

Après ces délais, la mainlevée provisoire peut être accordée (F. n. 701) par le juge de paix, moyennant caution et le paiement des frais de fourrière ou de séquestre (4). Il est bien entendu que, pour accorder la mainlevée de la fourrière, le juge n'a pas besoin d'attendre l'expiration de ces délais, et qu'il peut faire rendre les animaux ou objets saisis à leur propriétaire qui remplirait immédiatement les conditions qui précèdent.

Lorsqu'il n'y a pas eu de réclamation, et ces délais expirés, les animaux et les objets périssables doivent être vendus sur l'ordonnance (F. n. 702) du juge de paix.

143. La vente est faite à l'enchère au marché le plus voisin, à la diligence du receveur de l'enregistrement. Le jour de la vente est indiqué par affiche, vingt-quatre heures à l'avance, à moins que la modicité de l'objet ne

---

(1) Tarif crim., art. 39, 40; C. forest., art. 164, 169.
(2) Loi du 30 mai 1851, art. 20.
(3) Tarif crim., art. 35, 40; C. forest., art. 164, 169.
(4) *Idem, ibid.*

détermine le juge de paix à en ordonner la vente sans formalités ; ce qu'il exprime dans son ordonnance. Le produit de la vente, perçu par le receveur de l'enregistrement, est ensuite versé à la caisse des dépôts et consignations, pour en être disposé ainsi qu'il aura été ordonné par le jugement définitif (1).

144. *Des pièces de conviction.* — Il y a certains objets (V. n. 509, 510) dont la confiscation et même la destruction doit être prononcée par le tribunal de simple police. Leur dépôt au greffe doit suivre l'envoi du procès-verbal au ministère public. En cas de négligence ou de retard de la part de l'officier de police judiciaire qui a opéré la saisie, c'est à l'officier du ministère public de réclamer, et, au besoin, d'assurer ce dépôt, soit par les voitures publiques, soit par les messagers de la localité, auxquels il adresse un réquisitoire (F. n. 703) à cet effet (2).

Taxe, V. n. 704.

Restitution des objets saisis, V. n. 423.

---

(1) Tarif crim., art. 39, 40; Ordonnance du 3 juillet 1816, art. 2, n° 14.

(2) *Idem*, art. 9; Instruction générale de 1826, n° 9.

CHAPITRE III.

PROCÉDURE ET FONCTIONS A L'AUDIENCE.

SECTION PREMIÈRE.

PRÉLIMINAIRES ; OBSERVATIONS GÉNÉRALES.

145. *Local des audiences.* — Les juges de paix, statuant comme juges de police, ne peuvent donner leurs audiences que dans la commune chef-lieu de canton. Arg. du C. I., art. 139, 166 (1).

Ces audiences se tiennent à la mairie (C. I., art. 171) ou dans un local fourni et meublé par la commune, pour laquelle cette dépense est obligatoire (2). Cependant, lorsque le juge habite la commune chef-lieu, il peut, sans nullité, tenir l'audience de police en sa demeure, les portes ouvertes. C. pr. civ., art. 8 (3). — Dans certains cas le juge peut se transporter sur les lieux à visiter (V. n. 374) ; mais le jugement doit toujours être rendu à l'audience ; les dispositions de la loi du 18-26 octobre 1790 (et de l'art. 42 du C. de proc.), qui permettent de juger sur les lieux sans désemparer, ne concernent que les matières civiles, et ne sont pas applicables aux affaires de simple police (4).

(1, 2) Loi, 18 juillet 1837, art. 30, n° 10; Circulaire du garde des sceaux, 21 octobre 1855, Gillet, p. 770.

(3) 6 octobre 1837, D. P., 38.421. La publicité est la condition substantielle; 12 messidor an XI, B. 171.

(4) 1er prairial an VII, B. 408; 9 thermidor an IX, B. 283, et surtout, 25 juillet 1855, B. 265.

146. *Du costume.* — Le costume du juge et de son greffier ou du greffier spécial (V. n. 33) du tribunal de police est le même que celui qui a été prescrit pour les audiences civiles (1). Ce costume est non moins obligatoire aux audiences de police (2), par la raison que le public y est généralement plus nombreux; que des étrangers au canton peuvent y être appelés, et qu'il est utile de leur signaler, par des marques extérieures, la qualité du magistrat qui préside et celles des fonctionnaires qui l'assistent.

147. L'officier du ministère public n'a pas de costume spécial. Il doit porter celui de sa fonction ordinaire, suivant qu'il est maire ou adjoint, ou commissaire de police (3). Dans quelques grandes villes, le commissaire qui remplit les fonctions de ministère public porte, à l'audience, le costume complet de juge de paix, y compris le chaperon et la toque avec son galon d'argent. Cet usage, qui n'est fondé que sur une simple tolérance, ne doit pas être suivi. Aucun texte de loi ou de décret n'a, que je sache, dérogé aux règles spéciales sur l'uniforme des maires et commissaires de police; ces fonctionnaires ne sauraient donc s'en attribuer un différent, quoique la dignité de l'audience pût y gagner quelque chose.

Il paraît que, pour justifier ou excuser cette espèce d'usurpation de costume, on voudrait raisonner par analogie, et de ce que le commissaire de police ou le maire remplit près du juge de paix les mêmes fonctions que le procureur impérial près le tribunal de première

___

(1) Arrêté du 2 nivôse an xi, art. 4, 5, 7.

(2) Circul. du garde des sceaux, 7 juin 1826, 22 novembre 1830; Gillet, p. 363, 426.

(3) Arrêtés du 17 floréal et du 8 messidor an viii; Décision royale du 18 septembre 1830.

instance, tirer la conséquence que le costume du commissaire de police, etc., doit être semblable à celui du juge
de paix. Mais ce raisonnement pèche par les prémisses :
ce n'est pas là une matière où l'empire des règles générales puisse être admis, et où l'assimilation ait de l'autorité. Les uniformes, les distinctions extérieures sont
de droit étroit ; attribués textuellement par la loi, l'ordonnance ou le décret, on s'en doit revêtir, mais si le
règlement les omet, il faut s'en abstenir, l'oubli du
texte eût-il quelque chose de choquant. Je ferai remarquer, en outre, que les commissaires de police, les
maires , etc., ne sont pas , comme les juges de paix et
les greffiers, membres permanents des tribunaux de
simple police ; que leurs fonctions primitives sont essentiellement administratives, et qu'ils n'exercent des fonctions judiciaires que comme une sorte d'accessoire,
tellement que la volonté d'un magistrat supérieur (V.
n. 14) peut même les en priver dans certains cas (1).

148. *Les huissiers audienciers* au tribunal de police
n'ont pas un autre costume qu'à la justice de paix proprement dite : l'habit noir complet et le petit man-
teau (2). Dans quelques siéges, ils portent la robe et la
toque de greffier ; mais ils ne sont pas encore autorisés
légalement à se décorer ainsi.

149. *Publicité.* — Les audiences doivent être tenues
publiquement, à peine de nullité. C. I., art. 153 (3).

---

(1) Le 8 février 1840, la Chambre des députés était saisie d'une
pétition signalant l'usurpation de costume du commissaire de police
qui siégeait au tribunal de simple police de Lyon. Sans toucher au
fond de la question, la Chambre, considérant que ces détails de service rentraient plus particulièrement dans les attributions des procureurs généraux, passa à l'ordre du jour. *Moniteur*, 9 février 1840,
p. 269.
(2) Arrêté, 2 nivôse an XI, art. 8.
(3) 19 juin 1828, B. 178.

Cependant, si l'instruction d'une affaire paraissait devoir entraîner des détails dangereux pour l'ordre et les mœurs, le tribunal pourrait, sur les réquisitions du ministère public et même d'office, et à la charge de le déclarer par un jugement, ordonner que les débats de l'affaire auraient lieu à huis clos. Constitution de 1848, art. 81. Cet article est toujours en vigueur. — La Charte (art. 55) semblait, par son texte, n'imposer cette obligation que pour les *matières criminelles*, et il avait été décidé (2) que ces expressions étaient générales et s'appliquaient également aux débats des tribunaux correctionnels et de simple police. La difficulté a été levée par l'art. 81 cité qui, en disposant que les débats sont publics, permet le huis clos sans spécifier la matière ni la juridiction.

C'est dans les affaires de diffamation et d'injures que, suivant les circonstances, le huis clos peut être nécessaire. Lorsque le jugement qui le prescrit est rendu, on fait évacuer la salle, et on ne laisse dans l'enceinte que les parties et les témoins, outre les agents de la force publique et les fonctionnaires ou les autres personnes graves que le juge trouve à propos d'excepter de la mesure. Sitôt les débats terminés, les portes sont réouvertes pour le prononcé du jugement, lequel serait nul, s'il n'était rendu publiquement (3).

Constatation de la publicité, V. n°s 385, 386.

150. *Jours fériés ; temps légal.*—Quoique les audiences de police, comme celles des autres tribunaux criminels, se tiennent habituellement les jours ouvrables, il n'y aurait aucune nullité à ce que le tribunal siégeât un

---

(1) 22 janvier 1852, B. 24.
(2) 9 juillet 1825, B. 129.
(3) Loi du 20 avril 1810, art. 7; Cass.; 1er décembre 1827, B. 291.

dimanche ou un jour de fête légale. L'art. 2 de la loi du 17 thermidor an VI ne prescrit aux autorités consti-tuées, à leurs employés, et à ceux des bureaux au ser-vice public, de vaquer les jours fériés que sauf les cas de nécessité et *l'expédition des affaires criminelles.* Or, il a été reconnu, d'abord, que par ces expressions géné-rales des *affaires criminelles,* on devait entendre les af-faires correctionnelles, et même les affaires de simple police ; et ensuite , que cet article de la loi de l'an VI n'avait été abrogé ni par l'art. 57 de la loi du 18 ger-minal an X, qui n'a fait que rétablir les anciens jours de repos ; ni par l'art. 10 de la loi du 18 novem-bre 1814, laquelle n'est relative qu'aux travaux des particuliers (1).

Le tribunal de police, présidé, soit par le juge de paix, soit par le maire, siégerait donc régulièrement, même un dimanche ou un autre jour de fête ; cepen-dant il faut s'abstenir de juger ces jours consacrés, à moins qu'une sorte de nécessité n'y oblige ; par exem-ple, si des témoins venus de loin, et à qui une prolon-gation de séjour causerait un grave préjudice, deman-daient, pour pouvoir regagner leur demeure, à être entendus un jour de fête, et que leur témoignage n'eût pu être recueilli la veille.

Procès-verbaux, V. n° 182 *bis.*

151. *Jours et heures d'audience.*—Leur fixation appar-tient au juge de paix. C. de proc. civ., art. 8. Ce magis-trat proportionne le nombre des audiences à la moyenne des affaires à juger (2). Il choisit ordinairement les

_____

(1) Décision du grand juge du 6 juillet 1812; Gillet, p. 136; Cass. , 8 mars 1832, B. 90; 29 novembre 1838, B. 374; 28 sep-tembre 1850 (Rousseau), B. 339.

(2) Le Code de brumaire an IV portait, art. 164 : « Le juge de paix règle le nombre et les jours des audiences du tribunal de police

jours de marché qui appellent au chef-lieu la population des autres communes du canton ; cela évite des
déplacements aux parties et aux témoins.

Les affaires de police sont jugées à la même audience
que les affaires civiles, à moins que leur nombre n'engage le juge à leur consacrer un jour spécial.

152. *Durée.*—La durée des audiences doit permettre
d'expédier les affaires dont le tribunal est saisi. Pour
les Cours et pour les tribunaux de première instance,
le décret (1) en fixe le *minimum* à trois heures.

153. La *police de l'audience* appartient au juge de
paix. « Ceux qui assisteront aux audiences se tiendront
découverts, dans le respect et le silence. » Tout ce qu'il
ordonnera pour le maintien de l'ordre sera exécuté
ponctuellement et à l'instant. C. de proc. civ., art. 88.

« Si un ou plusieurs individus, quels qu'ils soient,
interrompent le silence..... Et si, après l'avertissement
des huissiers, ils ne rentrent pas dans l'ordre sur-le-
champ, il leur sera enjoint de se retirer, et les résis-
tants seront saisis et déposés à l'instant dans la maison
d'arrêt pour vingt-quatre heures : ils y seront reçus
sur l'exhibition de l'ordre (F. n° 705) du président, qui
sera mentionné au procès-verbal de l'audience. » *Id.*,
art. 89.

« Lorsque à l'audience... l'un ou plusieurs des assistants donneront des signes publics soit d'approbation,
soit d'improbation, ou exciteront du tumulte, de quelque manière que ce soit, le président ou le juge les fera
expulser ; s'ils résistent à ses ordres ou s'ils rentrent,
le juge ordonnera de les arrêter et conduire dans la

_____

d'après celui des affaires, en observant que toute affaire... doit être
jugée au plus tard dans les quinze jours qui suivent la remise des
pièces au commissaire du pouvoir exécutif. »

(1) Décret, 30 mars 1808, art. 10.

maison d'arrêt : il sera fait mention de cet ordre dans le procès-verbal; et sur l'exhibition qui en sera faite au gardien de la maison d'arrêt, les perturbateurs y sont reçus et retenus pendant vingt-quatre heures. » C. inst. crim., art. 504.

Sur l'application des art. 10, 11 et 12 du C. de proc. civ., V. plus bas, n° 461.

Injures et voies de fait constituant un délit ; V. *Incidents*, n°s 449, 457.

Ce pouvoir conféré au juge pour maintenir la police de l'audience étant discrétionnaire, c'est à ce magistrat qu'il appartient exclusivement d'apprécier si les faits qui motivent son ordre d'expulsion ou de dépôt à la maison d'arrêt constituent des murmures ou s'élèvent jusqu'au tumulte, et la contradiction n'est pas permise à cet égard (1).

154. Cependant il ne faudrait pas tirer de ce principe la conséquence que le ministère public ne pût jamais intervenir soit par des réquisitions, soit par des observations, dans les faits qui touchent à la police de l'audience; le pouvoir du juge de paix n'est discrétionnaire que lorsqu'il est exercé d'office et sans provocation aucune ; et, habituellement, les présidents et les juges de paix pourvoient au maintien de l'ordre et du silence à leurs audiences de manière que le ministère public n'a pas besoin d'intervenir. Mais si, par suite de négligence ou d'oubli, le bruit se changeait en désordre; s'il n'était pas assez diligemment réprimé, l'officier du ministère public pourrait prendre des réquisitions (2) à cet égard (F. n° 706), et le juge serait dans l'obligation d'y statuer. V. n° 452.

155. L'obligation du silence, etc., aux audiences,

(1) 14 juin 1833, B. 236.
(2) 3 novembre 1806, D. A., t. 11, p. 53.

existe pour tous ceux qui assistent à une audience, quelle que soit leur position ; *quels qu'ils soient*, dit le texte. A ceux qui s'en écartent, l'art. 89 du Code de procédure est applicable. Ses dispositions, sur ce point, n'ayant pas été reproduites par le Code d'instruction, art. 504, sont encore en vigueur (1), et dans toutes les juridictions. Quant aux signes d'approbation ou d'improbation, à la résistance aux ordres du juge, au tumulte excité, etc., que l'art. 89 prévoyait également dans un passage que je n'ai pas transcrit, ces infractions ayant été réprimées par l'art. 504 du Code d'instruction, postérieur à celui de procédure civile et spécial aux tribunaux de répression, c'est, en ces divers cas, cet article 504 qui est seul applicable. V. nᵒ 153.

156. Ordinairement les huissiers de service suffisent pour faire la police de l'audience et assurer le maintien de l'ordre dans la salle. Mais, lorsque la nature d'une affaire paraît devoir amener un public plus nombreux et plus turbulent, il est à propos de requérir le commandant de la gendarmerie du lieu de fournir le nombre d'hommes présumé nécessaire (2). Si la gendarmerie ne présente pas une force suffisante, on s'adresse au commandant de la place, qui met à la disposition du tribunal un piquet de troupes de ligne (3).

Ces demandes sont toujours faites par écrit, sous forme de lettres ou de réquisitions (4). Elles peuvent émaner de l'officier du ministère public (F. nᵒ 707) comme du juge de paix ; mais il est convenable de se concerter avant d'écrire.

157. *De la récusation des membres du tribunal.* — Le

---

(1) V. Chassan, *Délits de la presse*, t. 2, p. 504, 2ᵉ édit.
(2, 4) Décret du 1ᵉʳ mars 1854, art. 95, 96.
(3) Décret du 24 décembre 1811, art. 82.

juge de paix, siégeant comme juge de police, peut être récusé pour les cinq causes exprimées dans l'art. 44, C. de proc. civ.; les formes à observer sont tracées par les art. 45 à 47. Il a été décidé, en effet, que le silence du Code d'instruction criminelle, sur ce point, confirme, au lieu de les infirmer, les règles établies par le Code de procédure civile. — Le juge de police contre lequel il a été formé une récusation doit donc s'abstenir de connaître de l'affaire qui la motive, jusqu'à ce que le tribunal de première instance de l'arrondissement ait statué sur le mérite de la récusation (1).

Pour être recevable, une demande en récusation doit avoir été régulièrement formulée avant que la partie qui la présente ait accepté le débat et avant l'ouverture de ce débat, par l'audition d'un témoin ou par tout autre acte (2). Ces sortes de demandes doivent être signifiées au greffier (F. n° 708); les adresser au juge en personne, à plus forte raison à l'audience, serait manquer au respect dû à la justice (3).

158. De son côté, le juge ne peut s'abstenir, de son propre mouvement, et sans autre formalité, de connaître de certaines affaires qui lui sont soumises. Investi d'un mandat public, il n'est pas le maître de s'affranchir, à son gré, des obligations que la loi et ses fonctions lui imposent (4). Lors donc qu'il sait en sa personne une cause de récusation, il doit en informer ses supérieurs avant de se faire remplacer par un de ses suppléants. Toutefois, le déport d'un juge, non contesté par les parties, serait valable (5), pourvu qu'il fût motivé par une cause sérieuse et mentionnée dans l'arti-

---

(1) 30 novembre 1809, B. 181; 14 octobre 1824, B. 138.
(2) 13 février 1846, B. 48.
(3) 14 octobre 1843, B. 267.
(4) 17 août 1839, *J. crim.*, art. 2498.
(5) 21 mai 1840, B. 140.

cle 44, C. de procéd. civ.; telle serait l'annonce indirecte à un prévenu de sa condamnation (1). Mais le fait d'avoir signé comme habitant une pétition pour la conservation d'un chemin public n'autoriserait pas le juge à s'abstenir touchant une plantation d'arbres sur le même chemin (2); sa qualité de président d'un bureau de bienfaisance ne devrait pas non plus l'empêcher de connaître d'une demande formée par ce bureau (3).

159. Le *ministère public* n'est pas récusable en simple police par la raison qu'il y est toujours partie principale (4), soit qu'il poursuive une contravention à sa requête, soit qu'il n'ait qu'à conclure, à l'audience, concernant une contravention poursuivie par une partie civile.

Or, le ministère public ne peut être récusé que lorsqu'il est simplement partie *jointe :* chargé seulement d'exprimer son opinion sur une affaire, et il ne remplit ce rôle que près des tribunaux ou Cours qui statuent en matière civile. C. de proc. civ., art. 381 (5). De sorte que, si une récusation venait à être proposée contre un officier du ministère public de simple police, il y aurait lieu de passer outre... Mais, comme le juge de paix, l'officier du ministère public pourrait être *pris à partie*, s'il se trouvait dans un des cas de l'art. 505 du même Code (6).

160. Quant au *greffier*, la loi est muette et ne laisse pas supposer que la récusation puisse l'atteindre. Ce-

---

(1) 21 mai 1840, B. 140.
(2) 14 octobre 1843, B. 267.
(3) 21 avril 1812, D. A., t. 11, p. 533.
(4) 30 juillet 1848, *J. crimin.*, article 4390; 18 août 1860, B. 202.
(5) 14 février 1811, B. 17.
(6) Trib. de Caen, 12 juin 1849, S.-V., 50.2.22.

pendant, si, par un oubli difficile à admettre, cet officier ministériel, parent (V. n° 37), au troisième degré, de l'un des membres du tribunal, ne songeait pas à s'abstenir, je crois que les parties seraient fondées à le récuser (1).

Absence ou retard du ministère public. V. n° 311.

161. *Impossibilité de composer le tribunal.* — Si, par suite de récusations ou d'abstentions reconnues légitimes, le juge de paix et ses suppléants ne pouvaient ou ne voulaient pas connaître d'une affaire, ou s'il y avait vacance ou empêchement concernant le maire et ses adjoints (2), il y aurait lieu de la part du ministère public de se pourvoir auprès de la Cour de cassation, en renvoi de l'affaire à un autre tribunal de même qualité. Il est de jurisprudence pour cette juridiction (3), comme pour toutes les autres (4), que l'impossibilité de composer un tribunal est une cause légale de renvoi, pour suspicion légitime, aux termes de l'art. 542 du Code d'instruction criminelle. Une loi du 16-26 ventôse an XII charge le tribunal de première instance de renvoyer les parties devant le juge de paix du canton le plus voisin, en cas d'empêchement légitime d'un juge de paix et de ses suppléants ; mais cette loi ne parait applicable qu'en matière civile (5). La désignation d'un tribunal, autre que celui qui a d'abord été saisi, est, en matière criminelle, réservée à la Cour de cassation (6).

(1) Loi, 20 avril 1810, art. 63.
(2, 3) 2 octobre 1828, B. 292; 24 novembre 1842, B. 305; 11 juillet 1850, B. 214; 27 avril 1855, B. 145; 11 février 1858, B. 46.
(4) 4 juillet, 5 septembre 1828, B. 201, 250; 22 avril 1841, B. 108.
(5) Carnot, *Instruct. crim.*, t. 3, p. 465.
(6) 11 novembre 1806, ch. req., D. A., t. 11, p. 591; 23 juin 1814, *id., ibid.*, p. 72.

Ces demandes en renvoi se forment par une requête (Observ. n° 709) où l'on expose les faits, et à laquelle on joint les pièces. C. I., art. 545. Le dossier est ensuite envoyé au procureur impérial. V. n° 573.

162. *Rôle ; appel des affaires.* — Dans les tribunaux de police où les affaires sont très-nombreuses un rôle (F. n°s 710, 711) en est dressé pour régler l'ordre de leur appel et servir, en même temps, au juge et au greffier à prendre note de la décision.

C'est le juge (1), d'accord avec le ministère public, qui détermine l'ordre de ce rôle. On y porte d'abord les causes remises d'une précédente audience. Si quelque affaire paraît devoir amener une affluence inaccoutumée, elle est portée la première ; les spectateurs de surcroît, une fois leur curiosité satisfaite, ne tardent pas à quitter la salle.

Lorsqu'une affaire paraît donner lieu à une discussion étendue, on la place la dernière pour ne pas retarder le jugement des autres contraventions qui ne présentent pas de difficulté.

A Paris, les affaires sont classées sur le rôle (F. n° 711) dans l'ordre des articles 471, 475 et 479 du Code pénal. Cette méthode abrége et facilite l'instruction à l'audience.

163. L'*appel* des affaires est fait par un des huissiers de service, en suivant le rôle. Les affaires qui ont le tour de faveur viennent d'abord ; s'il n'y en a pas, on juge celles qui sont introduites par le ministère public, puis celles qui concernent les parties civiles. Il arrive quelquefois, relativement à ces dernières, qu'un arrangement intervenu depuis la citation ayant satisfait le plaignant, on demande la radiation de la cause.

_____

(1) Arg. du décret du 30 mars 1808, art. 56.

Le ministère public y consent habituellement, ces contraventions étant presque toujours dépourvues de gravité. Cependant son assentiment ne saurait être un acte de pure forme. Lorsque la contravention intéresse véritablement l'ordre public, il doit faire retenir l'affaire et requérir qu'elle soit instruite, la transaction des parties, comme on l'a déjà vu (n° 113), n'éteignant point l'action publique.

Compétence, V. chap. 1er, section 1re.

163 *bis.* La question s'est présentée de savoir à qui, en cas de dissentiment, sur l'ordre d'appel des affaires à l'audience, devait appartenir le dernier mot, du juge ou de l'officier du ministère public : je n'hésite pas à dire que c'est au juge de paix.

Dans la pratique, comme il est presque toujours indifférent aux juges de connaître de telle affaire à l'audience avant ou après telle autre, ces magistrats s'en remettent habituellement à la désignation des officiers du ministère public. Cette abstention des uns a donné lieu à l'empiétement des autres. Les commissaires de police n'ont pas pris garde que le défaut d'exercice d'un droit n'implique nullement l'inexistence de ce droit ; et spécialement, malgré leur abstention habituelle, de celui des juges de paix de déterminer l'ordre d'appel des affaires portées devant eux. En effet, tout magistrat qui préside une audience trouve, dans cette position, l'autorité de direction et de classement des affaires qui lui sont présentées à juger. Pour les présidents de Cours impériales, ce droit résulte des art. 28, 30 et 43 du décret du 30 mars 1808 ; pour les présidents de première instance, de l'art. 56 du même décret; pour les présidents d'assises, de l'art. 306 du Code d'instruction criminelle, interprété par la Cour suprême (1). La

____

(1) 17 octobre 1837, D. P. 40, p. 349; 26 avril 1844, B. 155.

conséquence n'est-elle pas que, malgré le silence du Code d'instruction, à leur égard, les juges de simple police sont également investis de cette autorité essentielle ? Cela me paraît hors de toute controverse. Le juge de paix, qui a la police de l'audience ; qui préside et dirige l'instruction des affaires ; qui détermine l'ordre entre ceux qui demandent à parler, ce juge a aussi et forcément le droit de régler l'ordre dans lequel les affaires portées à son audience y seront instruites et jugées.

Maintenant je suppose, quoique cela me semble impossible, que l'officier du ministère public résiste à l'opinion du juge, sur le classement d'une affaire à telle place, et prenne des conclusions à cette fin, qu'arrivera-t-il de ce conflit ? Que le juge de paix ordonnera que l'affaire en litige sera maintenue ou classée à tel rang, et cela par un jugement qui sera exécutoire par *provision* et séance tenante. Ce jugement, en effet, ne pourrait être attaqué qu'avec le jugement définitif, en supposant, ce qui me paraît extrêmement douteux (1), qu'il pût être l'objet d'un recours. Ainsi, la résistance de l'officier du ministère public, si elle venait à se produire, n'aboutirait qu'à un jugement contraire aux prétentions de ce fonctionnaire, et qui devrait être exécuté sur l'heure.

163 *ter. Plumitif.* — Pour tenir note, à l'audience, des réquisitions et observations qui doivent être conservées et surtout des jugements rendus, le greffier a un cahier appelé ordinairement *plumitif.* Dans les tribunaux très-occupés, à Paris, notamment, ce cahier, espèce de rôle, contenant les noms des parties dans l'ordre de l'appel des affaires, permet de recueillir ces notes avec promptitude et clarté (F. n° 712).

(1) 3 juillet 1841, B. 203.

164. *Comparution des parties ; fondé de pouvoir.*—Les personnes citées doivent comparaître par elles-mêmes ou par un fondé de procuration (F. n° 713) spéciale. C. I., art. 152. Lorsque ce fondé de pouvoir se présente, n'eût-il été appelé que par un simple avertissement, l'instance est liée et le jugement est contradictoire si le débat est ainsi accepté par le ministère public (1).

165. Les femmes mariées, poursuivies comme prévenues ou civilement responsables, peuvent donner cette procuration sans l'autorisation de leur mari. C. Nap., art. 216 (2).

166. *Forme et teneur du pouvoir.*— Pour que le mandataire représente valablement la partie défaillante, il suffit que la procuration le charge de défendre la cause, et de faire valoir les moyens du mandant; il n'est pas besoin qu'elle contienne, en outre, le pouvoir d'avouer ou de désavouer les faits (3). Quant à la forme, il n'est pas nécessaire que le pouvoir soit donné par acte authentique, il suffit qu'il soit sur timbre et enregistré (4). V. n° 622.

Cette procuration peut être donnée, pour l'affaire en instance comme pour celles qui, à l'avenir, concerneraient le mandant, tant à la requête du ministère public que de la partie civile, soit comme inculpé, soit comme civilement responsable. En effet, l'art. 1987 du Code Napoléon, au titre du mandat, porte : « Il (le mandat) est *spécial*, et, pour une affaire, ou certaines affaires seulement, ou général, » etc. (5).

Le pouvoir doit être *écrit*; s'il était seulement *verbal*,

(1) 7 février 1856, B. 52 ; 22 août 1857, B. 320.
(2, 3) 24 février 1809, B. 40.
(4) Carnot, *Instruct. crim.*, t. 1, p. 624.
(5) 3 janvier 1840, B. 5, et un autre du même jour (Milon), vu au greffe de la Cour.

le juge ne pourrait en apprécier le caractère, et l'admission du mandataire en ce cas emporterait nullité (1), à moins que ce mandataire verbal n'eût été accepté par le ministère public (2).

167. Mais sans mandat légal un particulier, fût-il le maître du prévenu, ne pourrait présenter la défense de ce dernier défaillant. Devant un tribunal de police le maître d'un charretier poursuivi s'était présenté seul, comme civilement responsable et comme mandataire *verbal* de son employé. Le tribunal donna défaut contre le charretier et ne statua contradictoirement qu'avec le maître civilement responsable, et son jugement fut maintenu par la Cour de cassation (3).

167 *bis.* Une femme, un mineur émancipé peuvent être choisis pour mandataires. Code Napoléon, article 1990.

168. Le fondé de pouvoir peut être un avoué, et, dans tous les cas, il doit être entendu même s'il lui convient de plaider. Le Code de brumaire an IV, art. 161, « interdisait à la personne citée la faculté d'être assistée d'un défenseur officieux ou conseil ; » mais cette prohibition n'a pas été reproduite par le Code d'instruction criminelle, qui a ainsi rendu à la défense toute sa latitude (4).

Quoique le mandataire ne représente pas sa procuration, il n'y a pas de nullité que ce fondé de pouvoir soit ou non avocat, si le ministère public ou la partie civile ne s'est point opposé à son audition. Code d'inst. crim.,

---

(1) 2 juillet 1859, B. 164.
(2) 22 août 1857, B. 320, et M. Dutruc, *Journ. du Min. publ.*, t. 2, p. 237.
(3) 27 avril 1843 (Marin), vu au greffe de la Cour.
(4) 20 novembre 1823, B. 154.

art. 152 (1). Si le mandataire de la partie est un avoué, il n'a pas besoin de pouvoir spécial, sa qualité lui en tient lieu.

Un huissier de la justice de paix peut-il être conseil ou fondé de pouvoir devant le tribunal de police? M. Bioche (2) se décide pour la négative. Je crois que sur cette difficulté il faut distinguer. Si l'huissier a fait acte de sa fonction dans l'affaire, il ne doit pas figurer aux débats comme fondé de pouvoirs ; il serait fâcheux de le voir ou critiquer, au nom de la partie civile, les déclarations de témoins qu'il aurait appelés à l'audience, ou combattre, au nom du prévenu, une citation qu'il lui aurait signifiée à la requête du demandeur. A plus forte raison, si l'huissier est attaché au tribunal comme audiencier, ne pourra-t-il représenter une partie (3). Mais si l'huissier était demeuré étranger à l'affaire et au tribunal, je ne vois pas pourquoi on lui interdirait de plaider soit pour le prévenu , soit pour la partie civile. Au petit comme au grand criminel, la défense est de droit naturel; elle doit être librement exercée. L'article 18 de la loi du 25 mai 1838, qu'oppose M. Bioche, ne concerne que la justice de paix, c'est-à-dire le juge de paix statuant en *matière civile*, et, on le sait, les incompatibilités sont de droit étroit et ne s'étendent pas.

Défaut absolu de comparution, V. Jugements par défaut, n° 436.

169. *Irrégularités couvertes.* — Quelquefois le prévenu, tout en déférant à la citation qui lui a été donnée, élève des difficultés sur la teneur de cet acte et se prévaut de ses omissions ou irrégularités. Ces imperfec-

---

(1) 4 juillet 1851, B. 265. Jugé de même dans une affaire où le mari s'était fait représenter par sa femme. 7 février 1856, B. 52.
(2) *Dictionnaire des Juges de paix*, etc., t. 2, p. 114, n° 116.
(3) 15 mars 1862, B. 82.

tions ne sont la plupart du temps qu'apparentes ; on s'en convainc par une lecture attentive de la pièce critiquée. Que si l'irrégularité est réelle, il faut demander au prévenu s'il consent à accepter le débat ; en cas de réponse affirmative les vices de la citation sont couverts. Cet acte, en effet, n'a d'autre objet que de faire connaître au prévenu l'infraction qu'on lui impute, et que de l'avertir du lieu, du jour et de l'heure où cette infraction sera jugée. Lors donc que le prévenu comparaît en personne ou par un fondé de pouvoir, il est censé suffisamment averti (1) malgré les imperfections de l'assignation, et d'autant plus qu'aux termes de l'art. 147 du Code, les parties peuvent comparaître sur un simple avertissement. Ainsi, il a été décidé que la comparution du prévenu couvrait les irrégularités de la citation, notamment en ce qui concerne :

L'insuffisance de la désignation de la contravention(2) ;

L'omission dans la copie de quelques-unes des formalités exigées par l'art. 61 du Code de procédure (3), et spécialement, le défaut de qualité de l'huissier qui avait assigné (4) ; l'omission de la mention du domicile de l'agent qui avait donné la citation (5) ; l'omission de l'indication dans la copie (Code de proc. civ., art. 68) de la personne à laquelle cette copie avait été remise (6). Enfin le Code de procédure porte, art. 173 : « Toute nullité d'exploit ou d'acte de procédure est couverte, si elle n'est proposée avant toute défense ou exception autre que les exceptions d'incompétence, » et la Cour suprême a déclaré cette disposition de droit

(1) 21 septembre 1833, B. 396.
(2) 29 août 1806, B. 143 ; 11 février 1808, B. 25.
(3) 2 avril 1819, B. 40.
(4) 23 février 1815, B. 11.
(5) 5 mai 1809, B. 85.
(6) 18 novembre 1813, B. 249.

commun et applicable, dès lors, aux matières criminelles (1).

170. *Interprètes ; étrangers.* — Lorsque les parties,
les témoins ou l'un d'eux ne parlent pas la même langue ou le même idiome, le juge de paix nomme (F.
n° 714) d'office, à peine de nullité, un interprète âgé de
vingt et un ans au moins, et lui fait, sous la même sanction, prêter serment de traduire fidèlement les discours
à transmettre entre ceux qui parlent des langages différents. C. I., art. 332.

Une femme, un étranger non naturalisé, peuvent
être appelés à remplir le ministère d'interprète, pourvu
qu'ils aient vingt et un ans accomplis (2). Un témoin
de l'affaire ne peut être interprète, même du consentement du prévenu et du ministère public. Cette prohibition, qui a pour but d'assurer la complète impartialité
de l'interprète, est prononcée à peine de nullité. C. I.,
ibid. (3). S'il ne s'agissait que d'un *patois* ou jargon populaire, compris du juge ou de l'officier du ministère
public, on pourrait se passer d'interprète (4).

Traducteurs, V. n° 625.

171. *Idem ; sourds-muets.*—Si la partie ou le témoin
est sourd-muet, et ne sait pas écrire, le juge de paix
nomme (F. n° 715) pour son interprète la personne qui
a le plus d'habitude de converser avec lui. Il lui fait
prêter le serment dont il vient d'être question, et sous
la même sanction. C. I., art. 333. Il n'est pas nécessaire que cette personne soit âgée de plus de vingt et
un ans, et, en fait, comme elle pourrait n'avoir pas

(1) 12 avril 1839, B. 122.
(2) 16 avril 1818, B. 52 ; 2 mars 1827, D. P., t. 1, p. 159.
(3) 16 janvier 1851, B. 22.
(4) Décision du grand-juge du 17 mars 1812, Dalmas, p. 56 ; C.
30 janvier 1851, B. 39.

atteint cet âge, si l'on ne pouvait l'employer en qualité d'interprète, l'action de la justice serait paralysée (1).

Si le sourd-muet sait écrire, le greffier écrit les questions et observations qui lui sont faites ; elles sont mises sous les yeux du sourd-muet, qui donne par écrit ses réponses et déclarations. Il est fait lecture du tout par le greffier. Code, *ibid*. Le jugement doit faire mention de l'accomplissement de ces diverses formalités (F. n° 716).

172. *Appel des témoins.* — Après l'appel des parties vient celui des témoins produits par le ministère public, le prévenu, ou la partie civile ; que ces témoins aient été cités ou simplement amenés (C. I., art. 153 ; C. brum. an IV, art. 162), ils n'en doivent pas moins être entendus (2).

173. *Témoins défaillants.* — « Les témoins qui ne satisferont pas à la citation, pourront y être contraints par le tribunal, qui, à cet effet et sur la réquisition du ministère public (F. n° 717), prononcera dans la même audience, sur le premier défaut, l'amende (F. n° 718), et, en cas d'un second défaut, la contrainte par corps (F. n° 719). » C. I., art. 157. — Cet article ne fixe pas la quotité de l'amende à prononcer, et ne renvoie pas, comme les n°s 304 et 354, à l'art. 80. Mais la doctrine (3) et la pratique sont d'accord sur ce point : c'est l'amende du dernier article, de 100 francs au maximum, qui doit être prononcée. Peu importe que son chiffre excède la limite ordinaire de la compétence des tribu-

---

(1) 23 décembre 1824, B. 196.
(2) 15 février 1811, B. 19.
(3) Carnot, *Instruct. crim.*, 2e édit., t. 1er, p. 676 ; Legraverend, *Législ. crim.*, 3e édit., t. 2, p. 331 ; Boitard, *Code d'instr. crim.*, p. 261 ; F. Hélie, *Instruction*, t. 7, p. 288.

naux de simple police ; la désobéissance des témoins défaillants ne constitue pas une contravention proprement dite ; c'est un manquement envers la justice. Le législateur a donné au juge d'instruction, qui statue secrètement, le droit de la prononcer ; ce n'est pas forcer l'analogie que d'étendre ce droit au juge de police qui statue à l'audience sur les conclusions orales du ministère public. La Cour suprême a décidé que les art. 80 et 157 du Code étaient de droit commun en matière pénale et devaient être appliqués au témoin cité devant un conseil de discipline de la garde nationale (1).

La condamnation des témoins défaillants ne peut concerner que ceux qui ont été cités régulièrement et en temps utile (V. n° 135); elle n'est pas obligatoire (2) pour le juge ; le mot *pourront* de l'art. 157 indique suffisamment qu'il ne s'agit que d'une faculté ; cependant ces condamnations doivent être fréquemment prononcées et maintenues (V. n° 175) pour l'exemple ; l'obligation de paraître comme témoin devant la justice est une de celles dont on cherche le plus à s'affranchir. — Si l'officier du ministère public négligeait, ce qui peut n'être qu'un oubli, de s'expliquer sur le *défaut* du témoin, le juge appellerait son attention sur ce point, et pourrait ensuite valablement prononcer l'amende encourue ; il est de principe qu'un jugement est régulièrement rendu lorsque le ministère public a été mis en demeure de s'expliquer (V. n° 308).

Les témoins qui produisent des excuses reconnues légitimes sont dispensés de l'amende (F. n° 721), sauf à être réassignés suivant les nécessités de l'instruction (V. n° 174). L'excuse la plus ordinaire est la maladie ; elle s'établit par la production d'un certificat de méde-

---

(1) 15 novembre 1844, B. 368.
(2) 11 août 1827, D. P., t. 27, p. 465.

cin (V. nº 627), dont il appartient au juge d'apprécier la sincérité. Quelque légèreté dans la délivrance de ces certificats n'est pas une chose infiniment rare. Si l'excuse alléguée était reconnue fausse, il y aurait délit, de la part du témoin, prévu par l'art. 236 du Code pénal, et, de la part du médecin, chirurgien ou officier de santé, auteur du certificat de maladie, prévu par l'article 160. Il faudrait donc dresser procès-verbal (F. nº 720) de l'incident, et l'envoyer avec les pièces au procureur impérial. C. I., art. 29.

174. Quand la déposition du témoin défaillant est nécessaire à l'instruction de l'affaire, il est cité de nouveau pour l'audience indiquée par le juge de paix. Arg. de C. I., art. 158. — S'il fait encore défaut sur cette seconde citation, le tribunal peut user de la faculté exprimée en l'art. 157, et ordonner qu'il sera contraint par corps à venir donner son témoignage. Cette contrainte s'exécute par les agents de la force publique au moyen d'une ordonnance (F. nº 719) motivée, signée du juge et du greffier, et à laquelle on peut donner la forme du mandat d'amener. C. I., art. 92, 95. Je n'ai pas besoin d'ajouter que ce moyen coercitif rigoureux ne doit être employé que lorsque le témoignage à recueillir est d'absolue nécessité, et que la résistance du témoin est réellement opiniâtre, et fait, en quelque sorte, scandale.

175. « Le témoin condamné à l'amende, et qui, sur la seconde citation, produira devant le tribunal des excuses légitimes, pourra, sur les conclusions du ministère public, être déchargé de l'amende.

« Si ce témoin n'est pas cité de nouveau, il pourra volontairement comparaître, par lui ou par un fondé de procuration spéciale, à l'audience suivante, pour pré-

senter ses excuses et obtenir, s'il y a lieu (F. n° 721),
décharge de l'amende. » C. I., art. 158, V. n° 173.

176. Lorsqu'un témoin important est dans l'impossibilité de comparaître, et que sa demeure se trouve à
portée, le tribunal (tout entier) peut se rendre auprès
de lui accompagné des parties, pour recueillir sa déposition. Si l'une de ces personnes, quoique avertie, n'est
pas présente à cette formalité, on fait donner lecture de
la déposition à l'audience par le greffier (F. n° 722).
Arg. de C. I., art. 83 (1).

Refus de prêter serment ou de déposer, V. n° 281.

177. *Témoins privilégiés.* — Il y a certains hauts
fonctionnaires, tels que les ministres, les ambassadeurs,
les conseillers d'Etat, les préfets, les généraux en activité de service, qui sont dispensés ou peuvent se dispenser de paraître devant les tribunaux en qualité de
témoins. Leurs dépositions, lorsqu'elles sont essentielles, sont recueillies par écrit en leur demeure, et il en
est ensuite donné lecture à l'audience. C. I., art. 512,
516. Cette matière est réglée par un décret spécial (2)
qui devra trouver bien rarement son application devant
la juridiction de simple police.

178. *Lecture des pièces.* — L'appel des parties et des
témoins terminé, ainsi que les incidents auxquels il
peut donner lieu, les procès-verbaux, s'il y en a, sont
lus par le greffier. C. I., art. 153. Cette lecture doit être
faite avant que les témoins se retirent dans leur chambre (3). Son omission emportait nullité sous le Code de
brumaire an IV (4).

(1) 12 novembre 1835, B. 413.
(2) Décret du 4 mai 1812, *Bulletin des lois*, 7981.
(3) 5 mars 1849, B. 31.
(4) 23 germinal an VII, B. 364.

Il en serait de même aujourd'hui si, malgré les réquisitions du prévenu, les procès-verbaux ou rapports n'avaient pas été lus à l'audience ; il y aurait, dans cette omission, un excès de pouvoir et une violation des droits de la défense, ces actes faisant foi jusqu'à preuve contraire (1).

Le juge de paix doit aussi, au même instant, faire donner lecture de l'ordonnance du juge d'instruction, de l'arrêt de la Cour impériale ou de la Cour de cassation, ou du jugement du tribunal correctionnel qui lui renvoie l'affaire, lorsque (V. n° 110) c'est par une de ces décisions que le tribunal a été saisi.

179. Enfin, si l'affaire est introduite sans procès-verbal, et à charge d'en *justifier*, soit par le ministère public, soit par la partie civile, il convient de faire donner lecture, devant les parties et les témoins, de l'exploit qui saisit le tribunal et précise les faits ; le ministère public peut aussi, en quelques mots, rappeler les circonstances qui constituent la contravention.

180. Les témoins se retirent ensuite dans la chambre qui leur est destinée, et le juge de paix prend des précautions, s'il en est besoin, pour les empêcher de conférer entre eux de la contravention et du délinquant, avant leur déposition. Arg. de C. I., art. 316.

SECTION II.

DE LA PREUVE DES CONTRAVENTIONS.

§ 1ᵉʳ.—*De la preuve littérale ou des procès-verbaux.*

181. « Les contraventions seront prouvées, soit par

(1) 13 juin 1835, B. 236.

procès-verbaux ou rapports, soit par témoins, à défaut de rapports et de procès-verbaux, ou à leur appui. »

« Nul ne sera admis, à peine de nullité, à faire preuve par témoins, outre ou contre le contenu aux procès-verbaux ou rapports des officiers de police ayant reçu de la loi le pouvoir de constater les délits ou les contraventions jusqu'à inscription de faux. Quant aux procès-verbaux et rapports faits par des agents, préposés ou officiers auxquels la loi n'a pas accordé le droit d'en être crus jusqu'à inscription de faux, ils pourront être débattus par des preuves contraires, soit écrites, soit testimoniales, si le tribunal juge à propos de les admettre. » C. I., art. 154.

D'après ce texte, qui contient le résumé des principes en matière de preuve des contraventions de police, j'ai à m'occuper :

1° Des règles communes à tous les procès-verbaux ;

2° Des procès-verbaux qui font foi jusqu'à inscription de faux;

3° Des procès-verbaux ou rapports qui ne font foi que jusqu'à preuve contraire;

4° Des procès-verbaux ou rapports qui ne valent que comme simples renseignements.

Art. 1er. — Des règles communes à tous les procès-verbaux.

182. *Compétence du rédacteur.* — La première condition requise pour la validité d'un procès-verbal et pour qu'il ait une force probante, c'est qu'il ait été dressé par un officier public compétent. Je toucherai à cette compétence, sous le rapport du *territoire* et de la *matière,* en parlant des fonctionnaires ou agents (Voyez nos 212 à 262), dont les actes peuvent être produits devant les tribunaux de simple police.

182 *bis. Jours fériés.* — En matière de police judiciaire, il n'y a point de jours fériés à observer; les opérations, les procès-verbaux ou rapports qui dépendent de cette police sont aussi légalement faits un dimanche ou jour de fête qu'un autre jour (1). L'article 1037 du Code de procédure ne s'applique pas aux actes de la justice répressive. Le motif de la loi (2), à cet égard, se tire de la célérité que nécessite la procédure criminelle; souvent le moindre retard peut faire disparaître les preuves (3).

Audience, Jugement, Voyez n° 150; Vérificateurs, Voyez n° 262.

183. *Parenté, alliance avec les délinquants.*—Les liens de la parenté ou de l'alliance qui unissent les rédacteurs des procès-verbaux aux prévenus n'empêchent pas que ces fonctionnaires ne puissent constater les contraventions de ces derniers. Ainsi il a été décidé :

Qu'un commissaire de police (4) avait pu dresser un procès-verbal valable, quoique parent de l'auteur de la contravention;

Qu'un garde champêtre (5) avait pu légalement constater un délit de chasse commis par son propre frère;

Qu'un garde forestier (6) avait régulièrement verbalisé d'un délit forestier commis par son beau-frère, et cela, par le motif que les articles 156 et 189 du Code d'instruction criminelle, qui défendent d'entendre en témoignage devant les tribunaux de police simple ou correctionnelle les parents et alliés à un certain degré du prévenu, n'avaient aucune application aux gardes

(1, 2) Loi, 17 thermidor an VI, art. 2; Cass., 29 novembre 1838, B. 374; 28 septembre 1850 (Rousseau), B. 339.

(3) V. mon *Manuel de police judiciaire*, 4ᵉ édit., n° 38.

(4) 4 novembre 1808, D. A., t. 11, p. 394, note 2.

(5) 7 novembre 1817, B. 109.

(6) 18 octobre 1822, B. 151.

champêtres et forestiers, qui agissent en qualité d'officiers de police judiciaire, et dont les pouvoirs sont déterminés par les articles 16 et 154 du même Code; sauf
aux tribunaux d'apprécier, dans ce cas, la foi due à
leurs rapports.—Fonctionnaire assistant, V. n° 225.

184. *Costume, insignes*. — Il n'est point nécessaire,
pour la validité des procès-verbaux, que les officiers publics rédacteurs soient, au moment de la constatation
de l'infraction, revêtus du costume ou des insignes de
leur fonction. La Cour suprême a toujours cassé les jugements des tribunaux qui avaient annulé des procès-
verbaux par le motif qu'ils ne constataient pas la décoration des rédacteurs au moment dont je viens de parler. C'est, notamment, ce qui a été jugé à l'égard des commissaires de police (1),—des gardes champêtres (2),—
des maires et adjoints (3),—et des officiers de police judiciaire en général (4). En effet, un costume, des insignes, n'attribuent nul pouvoir au fonctionnaire qui en
est revêtu; ce n'est pas en eux que gît son caractère
d'officier public, et cet officier n'est obligé de s'en revêtir qu'autant qu'il s'agit, soit de contraindre la volonté d'un citoyen (5), soit de s'introduire dans son domicile, soit, enfin, de faire un acte quelconque et, tout
ensemble, de rendre la rébellion inexcusable; mais,
quand il s'agit seulement de constater un fait, il ne faut
qu'une chose, c'est que l'officier public ait caractère (6).

185. Enfin, il n'est pas non plus nécessaire que le
rédacteur du procès-verbal, spécialement un garde

(1) 9 nivôse an XI, B. 62; 10 mars 1815, B. 16.
(2) 18 février 1820, B. 30; 11 octobre 1821, B. 161; 20 septembre 1833, B. 392; 27 janvier 1860, B. 24.
(3) 6 juin 1807, B. 124; 11 novembre 1826, B. 228.
(4) 14 février 1840, B. 58.
(5) 8 avril 1854, B. 104.
(6) 20 septembre 1833, cité note 2.

champêtre, fasse mention de la date de sa réception ou de sa prestation de serment (1).

186. *Déclaration du procès-verbal.* — Les contraventions de police étant le plus souvent constatées en présence de leur auteur, le rédacteur du procès-verbal énonce habituellement, après avoir établi la contravention, qu'il a déclaré procès-verbal à *un tel.* Cet usage, qui est utile en ce qu'il a pour résultat de mettre en demeure le délinquant de s'expliquer sur l'infraction qu'on lui reproche, a fait naître l'opinion trop répandue, même parmi des fonctionnaires, qu'un procès-verbal n'est pas régulier s'il n'a pas été ainsi *déclaré.* C'est une erreur complète : la loi ne prescrit rien à cet égard aux officiers de police judiciaire (2). L'article 11 du Code d'instruction, qui sert de règle en cette matière, porte seulement : « Les commissaires de police...., les maires..., les adjoints de maire..., consigneront, dans leurs procès-verbaux, la nature et les circonstances des contraventions, le temps et les lieux où elles auront été commises, les preuves ou indices à la charge de ceux qui en seront reconnus coupables. »

187. *Présence, assistance des prévenus.* — Quant à la présence et à l'assistance des prévenus à la rédaction du procès-verbal et à la sommation qui leur serait faite d'y assister, ces formalités ne sont point nécessaires à la validité des procès-verbaux concernant les délits et les contraventions communs (3), c'est-à-dire de l'immense majorité de ces actes produits devant les tribu-

---

(1) 18 février 1820, B. 30.
(2) 5 octobre 1820, B. 132; 14 février 1840, B. 58; 1ᵉʳ septembre 1855, B. 312.
(3) 18 décembre 1820, B. 152; 14 août, 15 octobre 1829, B. 188, 235; 1ᵉʳ septembre 1855, B. 312.—V. aussi mon *Manuel de police judiciaire,* 4ᵉ édit., n° 252.

naux de police ; la loi ne les a exigées que pour les procès-verbaux des employés des contributions indirectes (1), des octrois (2) et des douanes (3).

188. *Écriture.*— « Il n'est pas de l'essence d'un procès-verbal d'être entièrement écrit de la main de l'officier public qui l'a dressé. Cette formalité est, à la vérité, requise pour quelques procès-verbaux, par exemple ceux des vérificateurs des poids et mesures (V. n° 262); et prévoyant le cas où elle ne pourrait être remplie, les lois qui l'exigent déterminent les personnes qui sont appelées à écrire un procès-verbal, en remplacement de l'officier public. Mais, hors ces cas (gardes champêtres, gardes particuliers, V. n°s 221 et 238), un procès-verbal peut être écrit par toutes personnes indifféremment; il suffit qu'il soit signé par le fonctionnaire ou préposé dont il émane ; car il n'est pas permis d'imposer aux procès-verbaux d'autres formalités que celles prescrites par la loi qui les concerne spécialement » (4).

Gendarmes, signatures, V. n° 247.

189. *Ratures, renvois, surcharges, interlignes.* — Tous les changements faits dans un procès-verbal, à l'aide de l'un de ces moyens, doivent être approuvés. La disposition de l'article 78 du Code d'instruction à cet égard, s'applique à tous les actes de la procédure criminelle (5). Il suffit, pour que cette approbation soit régulière, du simple paraphe du rédacteur. La disposition de l'article 78, sur la signature entière, est spéciale à l'information écrite, et ne s'étend pas aux procès-verbaux, ni à leurs affirmations (6).

(1, 2, 3) Mangin, *des Procès-verbaux*, p. 349, 367, 435, et Cass., 5 octobre 1820, cité p. 129.

(4) Mangin, *ibid.*, p. 57; Cass., 19 mars 1830, B. 68.

(5) 4 janvier 1821, B. 1 ; 15 mars 1834, B. 92.

(6) 23 juillet 1824, B. 97; 30 juillet 1829, D. P., 1.316.

Faute d'approbation, les ratures, renvois, surcharges, interlignes, sont réputés non avenus. C. I., art. 78. Cependant ces défectuosités n'entraînent pas la nullité du procès-verbal, si elles ne portent que sur des mots insignifiants, et si elles sont absolument étrangères aux parties substantielles de cet acte (1). On peut, je crois, considérer comme parties substantielles, les noms et qualités du rédacteur, la date du procès-verbal, les circonstances constitutives de la contravention, le nom du délinquant.

190. *Date.*—Une des conditions les plus essentielles à la validité des procès-verbaux, c'est la date de leur rédaction. Cette date doit indiquer le quantième du mois; mention surtout indispensable aux procès-verbaux soumis à l'affirmation ou à l'enregistrement, pour pouvoir vérifier si ces formalités ont été remplies dans les délais (2).

191. L'indication du moment auquel la contravention a été commise n'est pas moins utile; principalement lorsque le prévenu vient à invoquer un *alibi*. Cependant le défaut de désignation de l'heure à laquelle ont été, soit le procès-verbal rapporté, soit le délit commis, n'entraîne point la nullité de l'acte (3), la loi n'exigeant cette formalité que pour quelques procès-verbaux en matière spéciale, tels que ceux des contributions indirectes (4).

191 *bis. Rédaction tardive.* — Les procès-verbaux doivent être et sont, en général, rédigés dans le moment le plus rapproché possible de celui de la recon-

(1) 9 février 1811, B. 12.
(2) V. mon *Manuel* de police judiciaire, n° 241.
(3) 9 février 1821, D. A., t. 2, p. 172; 9 janvier 1835, B. 13.
(4) Mangin; *des Procès-verbaux;* p. 353.

naissance des faits à constater ; cependant un intervalle laissé depuis le délit n'entraîne pas la nullité du procès-verbal, la loi n'ayant pas attaché cette sanction au plus grand nombre de ces actes. C'est ainsi que la Cour suprême a maintenu l'autorité des procès-verbaux rédigés par un commissaire de police plus de trois jours après le fait constaté (1) — par des gardes champêtres — le premier *deux* jours après la reconnaissance de la contravention (2) ; un autre *sept* jours après (3) ; un troisième *dix-neuf* jours après (4) ; par un garde forestier *trente-six* jours après le délit (5).

192. *Affirmation.* — Tous les procès-verbaux de contravention ne sont pas soumis à l'affirmation ; cette formalité n'est essentielle que pour ceux que la loi a spécifiés, et ne doit pas être étendue à ceux de ces actes sur lesquels le législateur a gardé le silence (6). En m'occupant plus bas des agents dont les procès-verbaux peuvent être produits en simple police, j'aurai soin d'indiquer ceux dont les actes étaient ou n'étaient pas soumis à l'affirmation, ainsi que les fonctionnaires chargés de constater cette formalité.

L'affirmation est définie par Mangin (7) : « Le serment prêté par le rédacteur d'un procès-verbal que les énonciations contenues dans cet acte sont sincères. Ce serment n'est assujetti par la loi à aucune formule, et les expressions *affirmation, affirmer,* ne sont pas tellement sacramentelles qu'on ne puisse leur donner des

(1) 23 novembre 1860, B. 253.
(2) 27 avril 1860, B. 115.
(3) 20 juin 1861, B. 127.
(4) 17 mai 1861, B. 109.
(5) 11 janvier 1850, B. 8.
(6) 24 mai 1821, B. 82.
(7) *Procès-verbaux*, p. 64.—V. aussi Cassation, 20 et 29 février, 20 mars 1812, D. A., t. 11, p. 404.

équivalents ; mais il faut absolument qu'il résulte de l'acte dressé par l'officier public qui reçoit l'affirmation, que la déclaration à lui faite par le rédacteur que le procès-verbal est sincère, a été confirmée par son serment. Ainsi, le vœu de la loi ne serait pas rempli et le procès-verbal serait nul, si le rédacteur déclarait simplement *qu'il persiste* dans son procès-verbal, qu'il en *confirme* le contenu, qu'il le déclare *sincère et véritable.* »

« Le mot *affirmer* signifie déclarer avec serment ; il est synonyme du mot *jurer ;* ainsi, un procès-verbal qui constaterait qu'il a été *affirmé*, remplirait le vœu de la loi. Mais si le sens du mot *affirmer* était modifié par des déclarations de nature à l'altérer ; si, par exemple , les rédacteurs, tout en affirmant le procès-verbal, refusaient de déclarer que cette affirmation était faite sous la foi du serment , l'affirmation serait nulle, et, par suite, le procès-verbal qui en serait l'objet (1).

193. Quant à la teneur de l'acte d'affirmation, il suffit qu'on y énonce que l'affirmation porte sur le contenu du procès-verbal ; la loi n'exige point que l'on y rappelle en détail les faits ou les délits énoncés dans cet acte (2).

Mais l'affirmation serait nulle , si elle consistait uniquement dans l'attestation du fonctionnaire , apte à la recevoir , par exemple d'un adjoint, mise à la suite du procès-verbal ou rapport, et portant seulement que cet acte est conforme à la vérité (3).

194. L'acte destiné à constater la formalité de l'affirmation est, pour la régularité, soumis à toutes les règles du droit commun ; rédigé par l'officier public qui

---

(1) 19 janvier 1810, Merlin, *Questions,* v° *Serment,* § 9.
(2) 19 février 1808, B. 33.
(3) 4 février 1841, B. 32.

a qualité pour recevoir l'affirmation, il doit, après lecture, être signé par ce fonctionnaire et par l'auteur du procès-verbal ; l'absence de l'une de ces signatures entraînerait la nullité de l'affirmation et de l'acte affirmé (1). — Toutefois, il n'est pas nécessaire que la signature du fonctionnaire qui reçoit l'affirmation soit accompagnée de l'indication de sa qualité (de maire, par exemple), lorsque, d'ailleurs, cette qualité est constante (2).

195. Par suite du même principe, l'acte d'affirmation doit être *daté* par la mention de l'année, du mois et du quantième (3). Cependant quelqu'une de ces énonciations aurait été omise, que l'affirmation n'en serait pas moins valable, si les autres énonciations du procès-verbal ou de son enregistrement ne laissaient pas de doute sur la date véritable.

Ainsi un procès-verbal de délit de chasse était daté : *L'an 1811, le 16 du mois d'avril, heure de huit du matin.* — L'affirmation l'était seulement ainsi : *A Dijon, le 17 avril, heure de six du matin.* — L'enregistrement était daté : *Le 19 avril 1811* (4) ;

Un procès-verbal de contravention aux droits d'octroi était daté du 8 *octobre* 1811. Après les signatures des commis venait immédiatement l'acte d'affirmation daté du 7 *octobre* 1811, suivi lui-même de la relation de l'enregistrement, sous la date du 9 *octobre* 1811 (5) ;

Un procès-verbal de garde champêtre était daté : le 25 *octobre* 1859, à 9 heures du matin ; l'enregistrement y était constaté à la date du 26 *octobre* 1859. L'affirma-

(1) 8 mai 1818, B. 60; 1ᵉʳ avril 1830, B. 85; 20 novembre 1863, B. 274.
(2) 17 janvier 1845, B. 18.
(3) 24 août 1820, cité par Mangin, *ibid.*, p. 229.
(4, 5) 30 novembre 1811, B. 167; 28 août 1812, B. 198.

tion portait : *dix-huit cent cinquante*, à sept heures du matin, le 26 octobre (1).

Toutes ces affirmations, malgré leurs irrégularités, ont été déclarées valables, par le motif que l'ensemble des énonciations ci-dessus rapportées ne pouvait laisser de doute sur la date véritable de ces actes (2).

196. *Timbre.* —Les procès-verbaux produits devant les tribunaux de simple police par le ministère public, peuvent être rédigés sur papier libre ; ils sont seulement visés pour timbre (3), formalité qui s'accomplit au besoin en même temps que celle de l'enregistrement. A la rigueur, la feuille destinée à recevoir le procès-verbal devrait préalablement être visée pour timbre ; mais, par une tolérance assez générale, les receveurs *visent* en même temps qu'ils les *enregistrent* les procès-verbaux qui leur sont présentés. Pour ceux qui sont dressés à la requête et dans l'intérêt des simples particuliers, le timbre est obligatoire (4). Il en est de même pour des procès-verbaux rédigés dans l'intérêt d'une commune, tels que ceux des employés de son octroi (5).

197. L'emploi du papier libre à la rédaction des procès-verbaux qui doivent être portés sur du papier timbré, n'entraîne point la nullité de ces actes (6) ; il donne seulement lieu : 1° à des amendes dont la régie est chargée de poursuivre le recouvrement (7); 2° à une abstention de la part des officiers publics, tels que les huissiers et les greffiers, requis d'agir en vertu de ces

(1) 11 février 1860, B. 36.
(2) 30 novembre 1811, B. 167 ; 28 août 1812, B. 198.
(3) Loi du 13 brumaire an VII, art. 7, n° 1 ; du 25 mars 1817, art. 74.
(4, 5) Loi de l'an VII, art. 12, n° 1.
(6) 31 mars 1848, B. 92.
(7) Dite loi, art. 12, 32, 24.

actes, abstention qui devra se prolonger tant que le papier n'en sera pas timbré ou visé pour timbre ; 3° à un sursis des jugements qu'un tribunal serait appelé à rendre sur les mêmes actes (1).

198. Lors donc qu'un procès-verbal écrit sur papier libre, quoique soumis au timbre, sera produit devant un tribunal de simple police, le juge de paix devra surseoir à statuer ; l'officier du ministère public prendra, au besoin, des réquisitions à cette fin, jusqu'à ce que l'irrégularité ait été réparée à la diligence de la partie requérante par un visa pour timbre. Ce sursis est d'autant plus nécessaire que les actes soumis au timbre l'étant presque toujours aussi à l'enregistrement, il y aurait également lieu de surseoir jusqu'à l'accomplissement de cette dernière formalité. V. plus bas, n° 200.

199. *Enregistrement.* — Tous actes et procès-verbaux concernant la police ordinaire, et qui ont pour objet la poursuite et la répression des délits et contraventions aux règlements généraux de police et d'impositions, seront visés pour timbre et enregistrés en débet, lorsqu'il n'y aura pas de partie civile poursuivante, sauf à suivre le recouvrement des droits contre les condamnés (2). V. n° 588. Pour les simples rapports, ne faisant pas foi en justice, ils sont dispensés de l'enregistrement. V. *ibid.*

Un très-petit nombre des procès-verbaux, produits devant les tribunaux de simple police, sont soumis, à peine de nullité, à la formalité de l'enregistrement ; ce sont d'abord ceux de ces actes qui font foi jusqu'à inscription de faux (3) ; ce sont ensuite les procès-ver-

_____

(1) Dite loi, art. 12, 32, 24.
(2) Lois du 22 frimaire an VII, art. 70, § 1, n°s 3 et 4; du 17 mars 1825, art. 74; Cass., 24 juin 1842, B. 158.
(3) 10 mai 1810, D. A., t. 11, p. 395, n° 12.

baux des gardes forestiers, que ces agents soient commissionnés par l'Etat, par une commune, par un
établissement public ou par un simple particulier.
C. forestier, art. 170, 189.

200. Quant aux autres, le défaut d'enregistrement
ne donne lieu, comme je l'ai expliqué plus haut à propos du timbre (n° 197), qu'à des amendes et au sursis
du jugement à rendre sur ces procès-verbaux, jusqu'à
ce que l'irrégularité ait été réparée (1). La loi du 22 frimaire an VII dispose, en effet, art. 47 : « Il est défendu
aux juges et arbitres de rendre aucun jugement, et aux
administrations centrales et municipales de prendre aucun arrêté, en faveur des particuliers, sur des actes non
enregistrés, à peine d'être personnellement responsables des droits. »

Toutefois un autre article, mal interprété, de la
même loi, a donné lieu, de la part des tribunaux correctionnels ou de simple police, à de nombreuses an-
nulations de procès-verbaux prononcées pour défaut ou
tardiveté d'enregistrement de ces actes. C'est l'art. 34,
qui porte : « La peine contre un huissier ou autre
ayant pouvoir de faire des exploits ou procès-verbaux,
est, pour un exploit ou procès-verbal non présenté à
l'enregistrement dans le délai, d'une somme de
25 francs (2), et, de plus, une somme équivalente au
montant du droit de l'acte non enregistré. L'exploit ou
procès-verbal non enregistré dans le délai, est déclaré
nul, et le contrevenant responsable de cette nullité *envers la partie*. »

La jurisprudence et la doctrine ont fixé le sens de
cette disposition et démontré qu'elle n'avait eu en vue
que les procès-verbaux qui concernent des intérêts pri-

_____

(1) 1ᵉʳ mai 1818, B. 57; 5 mars 1819, B. 34 et autres.
(2) Réduite à 5 fr.; Loi du 16 juin 1824, art. 19.

8.

vés, et non ceux qui touchent à la vindicte publique. Comment le rédacteur du procès-verbal non soumis à l'enregistrement dans les délais, deviendrait-il responsable de la nullité qui en résulterait envers le ministère public poursuivant ? Evidemment le tort que cette faute apporterait à la vindicte publique n'est pas de nature à être réparé par des dommages-intérêts. Causé à un simple particulier, le tort est parfaitement réparable de cette manière, et l'art. 34 trouve alors son application. Mais l'art. 47, que je viens de transcrire, achève de lever les doutes, car il défend aux juges de rendre aucun jugement sur des actes non enregistrés, *en faveur des particuliers*, et ne fait nulle mention de la partie publique.

Aussi la Cour suprême n'a-t-elle jamais varié sur ce point. Elle a constamment décidé que les procès-verbaux non enregistrés (1) ou enregistrés hors des délais étaient valables et pouvaient servir de base à une condamnation, et, notamment, ceux des agents forestiers avant le Code forestier (2); des commissaires de police (3); des gardes champêtres (4); des gendarmes(5); d'un maire ou d'un adjoint (6).

Le défaut d'enregistrement n'est une cause de nul-

---

(1) 9 mars 1861, B. 51 (jurisprudence constante).

(2) 27 juillet 1827, B. 198.

(3) 3 septembre 1808, D. A., t. 11, p. 395; 1er mai 1818, B. 57; 5 mars 1819, B. 31; 20 mai 1848, B. 157; 15 octobre 1852, B. 353.

(4) 18 février 1820, B. 30; 16 janvier 1824, B. 8.

(5) 8 décembre 1820, B. 152; 23 février 1827, B. 38; 2 août 1828, B. 229.

(6) 4 janvier 1834, B. 10; 31 mars 1848, B. 92; 15 octobre 1852, B. 352.—Un arrêt de Bourges du 12 mai 1837 (D. P., 38.2. 89), décide qu'un procès-verbal de garde-champêtre, enregistré hors des délais, ne peut faire foi; mais cet arrêt, quoique motivé avec soin, ne saurait prévaloir sur la jurisprudence constante de la Cour suprême.

lité que pour les procès-verbaux en matière de roulage (L. du 30 mai 1851, art. 18, 19) ; mais on peut suppléer à l'irrégularité des procès-verbaux par les autres preuves légales, et, notamment, par l'aveu du prévenu (1). V. n° 268.

201. *Idem, Délai.* — Le délai pour l'enregistrement des actes des huissiers ou autres ayant pouvoir de faire des exploits et *procès-verbaux* est de quatre jours. Le jour de la date de l'acte ne compte pas dans ce délai ; si le dernier jour du délai est un dimanche ou un jour de fête nationale, il ne compte pas non plus (2).

202. Quant aux *lettres missives*, et, notamment, celles d'un maire, elles n'ont pas besoin d'être enregistrées pour être produites en justice (3).

Art. 2. — Des procès-verbaux qui font foi jusqu'à inscription de faux.

205. Il n'y a guère de procès-verbaux, faisant foi jusqu'à inscription de faux, qui puissent être produits devant les tribunaux de simple police, par la raison que les infractions que ces actes constatent appartiennent, pour la plupart, à la juridiction correctionnelle. Telles sont, entre autres, les contraventions forestières poursuivies par l'administration.

Je ne vois, parmi les actes faisant foi jusqu'à inscription, que les procès-verbaux des employés de l'octroi et des gardes du génie qui soient du ressort des tribunaux de simple police.

(1) 15 octobre 1852, B. 351.
(2) Loi du 22 frimaire an VII, art. 20 et 25 ; Cass., 18 février 1820, B. 30.
(3) 26 mars 1825, B. 57.

204. La forme des procès-verbaux des *employés de l'octroi* et la foi due à ces actes sont fixées par des lois spéciales (1).

Ces procès-verbaux, régulièrement dressés et dûment affirmés devant le juge de paix, font pleine foi en justice, non-seulement pour tous les faits matériels qui constituent une contravention aux lois sur les octrois (2), mais des aveux et déclarations que les employés recueillent de la bouche des parties (3), et cela tant qu'une inscription de faux n'est pas formée contre le procès-verbal.

205. Faute de dispositions spéciales à cette matière, l'inscription de faux est soumise aux règles générales du Code de procédure civile, art. 214 et suivants, et du Code d'instruction criminelle, art. 448 et suivants (4), avec cette différence qu'il n'y a pas lieu de constituer avoué, parce que le ministère de ces officiers n'est pas nécessaire en matière correctionnelle, et ne peut être admis devant les tribunaux de police. Le demandeur en faux qui succombe est passible d'une amende de 300 fr. au moins, sans préjudice des dommages-intérêts. Code proc. civ., art. 246.

Le prévenu doit avoir formulé son inscription de faux contre tel procès-verbal, telle pièce, par écrit et avant l'audience, et les moyens présentés à l'appui de cette inscription doivent être admissibles, pour que le juge de police puisse surseoir à statuer sur la contravention dont il est saisi ; sur une simple déclaration *orale* du prévenu, il devrait passer outre au jugement (5).

(1) Loi du 27 frimaire an VIII, art. 8; Ordonn. du 9 décembre 1814, art. 60, 75-77.
(2) 28 nivôse an XIII, B. 70; 5 septembre 1834, B. 297.
(3) 22 février 1811, D. A., t. 4, p. 137.
(4) 29 août 1811, Girard, *Manuel des contrib. indir.*, p. 267.
(5) 22 août 1850, B. 268.

206. Les *gardes du génie* sont chargés de constater les délits commis sur les fortifications et établissements militaires des places de guerre. Au nombre des infractions à la fois de leur compétence, et de celle des tribunaux de simple police, on peut citer les dégâts de bestiaux laissés à l'abandon et les maraudages de bois (1). Les procès-verbaux de ces gardes, dûment assermentés, font foi jusqu'à inscription de faux (2).

Art. 3.—Des procès-verbaux qui ne font foi que jusqu'à preuve contraire.

N° 1. — *Observations générales.*

207. En thèse générale, les procès-verbaux dressés par des fonctionnaires ou agents assermentés ayant reçu de la loi le pouvoir de constater certaines infractions, font foi jusqu'à preuve contraire, sous certaines conditions :

La première, c'est que l'agent ait *qualité* pour constater le délit ou la contravention (3);

La seconde, c'est que les faits constatés soient *matériels*.

Les fonctionnaires et agents ayant *qualité* sont mentionnés plus bas, n°ˢ 212 à 262, dans l'ordre alphabétique.

208. Les *faits matériels* relatifs aux délits et contraventions constatés par des procès-verbaux (4) ont dû,

(1) Code rural, tit. 2, art. 12 et 36.
(2) Loi, 29 mars 1806, art. 3; Ordonn., 1ᵉʳ août 1821, art. 31 à 35.
(3) 18 octobre 1827, D. P., 28.1.6.
(4) Arg. du Code forestier, art. 176, et de la loi du 15 avril 1829, art. 53.

pour être admis comme prouvés, être tombés sous les
sens de l'agent rédacteur. Si, au lieu de rapporter le
fait tel qu'il lui est apparu, ce rédacteur raisonne sur
les conséquences à tirer de ce fait, il énonce une opinion qui devient discutable par le prévenu, et que les
juges ont toute latitude pour apprécier. La jurisprudence a rendu cette distinction sensible. Ainsi, il a été
décidé :

Que le procès-verbal d'un garde faisait bien foi qu'un
filet prohibé et mouillé avait été trouvé dans le domicile du prévenu, mais non que le prévenu s'en fût servi
pour pêcher, parce que ce n'était là qu'une simple in-
duction, et non un fait matériel ayant frappé les sens
du garde (1) ;

Que si un commissaire de police a caractère pour
constater que des eaux ont été répandues sur la voie
publique, il ne lui appartient pas de décider que ces
eaux sont insalubres, question dont la solution suppose
un examen et des connaissances spéciales, tandis qu'un
procès-verbal n'est destiné, par sa nature, qu'à constater un fait actuel (2) ;

Que, néanmoins, un procès-verbal du même fonctionnaire faisait foi que des eaux ayant coulé sur la
voie publique répandaient une *exhalaison infecte* (3) ;

Qu'un procès-verbal du même fonctionnaire ne faisait
pas foi que des sacs de grains exposés sur un marché
ne contenaient pas la quantité exacte de grains prescrite par les règlements; cette déclaration du commissaire n'étant fondée que sur la seule inspection oculaire,
et non sur le mesurage des sacs (4).

209. Mais les procès-verbaux ne font foi que des faits

(1) 1er mars 1822, B. 34.
(2) 7 août 1825, Mangin, *Procès-verbaux*, p. 82 et 178.
(3) 16 juin 1832, B. 218.
(4) 29 janvier 1825, B. 13.

que les rédacteurs ont reconnus eux-mêmes et qu'ils
ont constatés 'par l'usage de leurs propres organes.
Ainsi, un acte qu'ils auraient dressé sur la simple notoriété (1) ou sur des déclarations faites par des tiers,
serait absolument dépourvu d'autorité (2). Même décision pour un procès-verbal qui n'avait eu pour objet
que de retenir la plainte de la partie lésée (3);—pour un
autre, dressé sur la simple déclaration d'un témoin (4);
—pour un autre qui exprimait une opinion du rédacteur (5);—pour un autre qui s'en référait au rapport de
l'ingénieur voyer, sans qualité lui-même pour fournir
une constatation judiciaire (6).

Lorsque l'opinion de l'officier de police est contestée
par le délinquant, il est à propos, lorsque cela est possible, de la confirmer par l'examen, à l'audience, de
l'objet même de la contravention, dont la saisie est alors
opérée, au moins provisoirement. Ainsi, un commissaire de police trouve, chez un boulanger, des pains
qui lui paraissent *incuits;* de son côté, le boulanger affirme que la cuisson en est suffisante. Dans ce cas, le
pain, qui est le *corps* de la contravention, doit être saisi,
pour pouvoir être examiné par le juge ; ce magistrat,
son jugement prononcé, en ordonne la restitution immédiate.

Toutefois, l'art. 154 du Code d'instruction criminelle
n'exige pas que les rédacteurs des procès-verbaux
aient verbalisé *de visu;* une contravention serait légalement constatée, si les agents en avaient eu une suffisante connaissance par la simple audition. Ainsi, des

(1) 18 août 1854, B. 259.
(2) 11 février 1820, *Mémorial de la régie des contrib. indirect.*,
t. 10, p. 333; 2 janvier 1830, D. P., 1.48; 13 avril 1861, B. 83.
(3) 8 octobre 1852, B. 345.
(4) 28 mai 1853, B. 194.
(5) 26 janvier 1855, B. 23.
(6) 1er février 1856, B. 44.

gendarmes faisant leur tournée pour s'assurer de la fermeture à l'heure fixée, des lieux publics d'une commune, un limonadier leur refusa l'entrée de son café,
par le motif (V. n° 211) que l'heure de la clôture était
passée. Les gendarmes, prêtant l'oreille, entendirent
le bruit du jeu de billard dans l'intérieur du café et
mentionnèrent ce fait dans leur procès-verbal. Cité, pour
avoir conservé, dans son établissement, des joueurs ou
des consommateurs après l'heure, le limonadier fut condamné, et le jugement a été maintenu par la Cour de
cassation (1).

210. Maintenant, doit-on comprendre parmi les *faits
matériels* dont les procès-verbaux peuvent faire foi, les
aveux (V. n° 268) et déclarations des prévenus que les
rédacteurs y ont consignés? Mangin n'hésite pas à se
prononcer pour l'affirmative : « Il est reconnu, dit-
il (2), que les procès-verbaux font foi des faits matériels
qu'ils constatent, et l'on doit entendre par *faits matériels*
tous ceux qui frappent les organes : or, comment établir une distinction entre les faits qui frappent tel organe
des employés, plutôt que tel autre, et ne pas ajouter foi
à ce qu'ils disent avoir *entendu*, aussi bien qu'à ce qu'ils
disent avoir *vu?* » Le profond criminaliste établit ensuite
que l'aveu du prévenu, pour être légalement constaté,
doit être accompagné de la reconnaissance du délit lui-
même, par les rédacteurs du procès-verbal. La jurisprudence avait déjà consacré ce principe, en décidant,
à plusieurs reprises, qu'un procès-verbal faisait foi des
aveux qui s'y trouvaient consignés (3), mais que des

---

(1) 5 juin 1841, B. 168.
(2) *Procès-verbaux*, p. 89.
(3) 20 juin 1806, B. 98; 29 octobre 1811, B. 144; 6 août 1834,
chambres réunies, B. 258; 16 avril et 30 juillet 1835, B. 140 et
307.

aveux, non appuyés par le fait matériel de la contravention, ne donnaient pas une autorité suffisante au
procès-verbal qui les avait recueillis (1).

211. Il est encore de principe que les constatations
d'un procès-verbal, pour être protégées par la force
probante de ces actes, doivent avoir été légalement
opérées. Si les agents ne les avaient obtenues qu'à
l'aide d'un procédé illégal, cette partie de leur procès-
verbal ne ferait pas foi pour les tribunaux. — Ainsi, des
agents de la force publique, un commissaire de police,
se seraient, contre la volonté du maître, après l'heure
de la retraite, introduits dans un café ou cabaret, dans
le magasin d'un marchand après sa fermeture, que leur
acte ne ferait pas foi de la contravention constatée. Il y
aurait dans cette introduction illégale fausse application
de la loi des 19-22 juillet 1791, qui porte tit. 1er, art. 9 :
« A l'égard des lieux où tout le monde est admis indistinctement, tels que les cafés, cabarets, boutiques et
autres, les officiers de police peuvent *toujours* y entrer,
soit pour prendre connaissance des désordres ou contraventions aux règlements, etc. » Ce mot *toujours* ne
signifie point que la visite est permise pendant la nuit,
lors même que la boutique est fermée. Il ne doit s'entendre que du cas où les simples particuliers sont admis eux-mêmes, et alors l'introduction des officiers de
police est assurément licite, quelle que soit l'heure (2),
et du cas où le désordre intérieur équivaut, par le fra-
cas qu'il cause, à une réclamation à l'adresse de la
force armée (3).

Passons maintenant en revue les fonctionnaires et

(1) 31 janvier 1817, Mangin, *Procès-verbaux*, p. 87.
(2) 17 novembre 1860, B. 241.
(3) 19 novembre 1829, B. 263; 12 novembre 1840, D. P., 41.
1.146; 13 novembre 1841, B. 313.

agents qui ont *qualité* pour verbaliser jusqu'à preuve contraire.

N° 2. — *Fonctionnaires et agents dont les procès-verbaux font foi jusqu'à preuve contraire.*

Adjoints, V. Maires.

214 *bis.* Les *Agents forestiers* sont *chargés* de constater les contraventions à la police du roulage et des messageries publiques (1).

Les procès-verbaux de tous les agents ou préposés *chargés* de constater ces infractions doivent, à peine de nullité, 1° être affirmés, dans les trois jours, devant le juge de paix du canton ou le maire de la commune, soit du domicile de l'agent qui a verbalisé, soit du lieu où la contravention a été constatée ; 2° être enregistrés en débet, dans les trois jours de leur date ou de leur affirmation (2). — Ne paraissent pas soumis à cette double formalité les procès-verbaux sur la même matière des fonctionnaires et agents qui ont seulement la *faculté* de constater ces contraventions, tels que les commissaires et agents assermentés de police, ingénieurs des ponts et chaussées, maires et adjoints, officiers et sous-officiers de gendarmerie, et les personnes commissionnées par l'autorité départementale, pour la surveillance et l'entretien des voies de communication (3).

Tous ces procès-verbaux font foi jusqu'à preuve contraire (4).

Ils sont adressés, dans les deux jours de l'enregistrement, au sous-préfet de l'arrondissement, lequel, dans

---

(1) Loi du 30 mai 1851, art. 18 et 19.
(2, 3) Dite loi, art. 15.
(4) Dite loi, art. 22.

les deux jours de la réception, transmet au préfet les procès-verbaux de la compétence du conseil de préfecture, et au procureur impérial ceux de la compétence des tribunaux (1).

Agents des douanes, V. n° 259 *bis*, Préposés des douanes.

212. Les *Agents voyers* ont le droit de constater les contraventions et les délits relatifs aux chemins vicinaux, et d'en dresser procès-verbal. Ils sont nommés par le préfet du département et prêtent serment (devant le tribunal de première instance)(2). Leurs procès-verbaux n'ont pas besoin d'être préalablement affirmés pour faire foi en justice jusqu'à preuve contraire. Le décret du 18 août 1810, art. 2, qui exige la formalité de l'affirmation, à peine de nullité, en matière de grande voirie, ne leur est pas applicable (3), les contraventions à la police des chemins vicinaux concernant la petite voirie (4).

Ces agents, chargés seulement de la surveillance de la voirie vicinale, n'ont qualité pour constater légalement que les infractions qui s'y rapportent; ils ne peuvent verbaliser ni de celles qui sont commises sur les chemins ruraux (5) (V. n° 223), ni de celles qui touchent aux rues ou places, spécialement des constructions qui sont élevées sans autorisation (6).

212 bis. Pour la compétence territoriale de ces agents il n'y a pas de règles bien positives à présenter. Le personnel surveillant de la voirie vicinale n'est pas

(1) Loi du 30 mai 1851, art. 22.
(2) Loi du 21 mai 1836, art. 11.
(3) 5 janvier 1838, B. 3; 29 novembre 1851, B. 501, 502.
(4) 22 février 1838, B. 48.
(5) 13 décembre 1843, B. 307.
(6) 23 janvier 1841, B. 21.

encore organisé en France d'une manière tout à fait uniforme. La loi de 1836 n'ayant rien déterminé en ce qui concerne le nombre, le rang, le placement des agents voyers, il en est résulté d'assez grandes variations entre les départements pour ce personnel, parce que les préfets ont eu à l'établir d'après les allocations du conseil général sur le budget du département, accrues parfois des centimes de certains budgets communaux. Dans quelques départements, il n'y a pas d'agents voyers proprement dits, c'est le personnel des ponts et chaussées qui est chargé du service.

Ainsi, en 1862 (1), dans soixante-dix-sept départements, il y avait un agent voyer en chef, assisté d'agents d'arrondissement, et d'agents cantonaux de différentes classes. Dans cinq départements (2), l'agent en chef et ceux d'arrondissement étaient remplacés par l'ingénieur en chef et les ingénieurs ordinaires des ponts et chaussées. Dans trois autres (3), il n'y avait, pour diriger les voyers, qu'un ingénieur en chef; enfin, dans quatre départements (4), le service était confié tout entier au personnel des ponts et chaussées, ingénieurs en chef et ordinaires, conducteurs et piqueurs placés sous leurs ordres (5).

La compétence territoriale, pour la surveillance de la voirie vicinale, soit de grande, soit de petite communication, tient donc à des circonstances de localité que les tribunaux de police auront à apprécier. Pourtant, celle des fonctionnaires des ponts et chaussées et même des agents voyers proprement dits, me paraît, en prin-

---

(1) *Annales des chemins vicinaux*, 1862, in-8°, 1re partie, p. 1 à 27.

(2) Côtes-du-Nord, Eure-et-Loir, Mayenne, Oise, Seine-et-Marne.

(3) Nièvre, Savoie, Vaucluse.

(4) Gers, Hautes-Pyrénées, Bas-Rhin, Seine.

(5) V. Lois du 29 floréal an x, et 23 mars 1842.

cipe, avoir un caractère départemental. Il faudrait, pour la restreindre à l'arrondissement, ou au canton, que la commission de l'agent désignât une circonscription tout à fait limitée ; et encore suffirait-il, ce me semble, d'un ordre du préfet, appelant cet agent sur un autre point du département, pour lui donner compétence sur la localité visitée en exécutant cet ordre.

Les agents voyers, les cantonniers chefs, conducteurs et piqueurs des ponts et chaussées, sont encore *chargés* de constater les contraventions à la police du roulage et des messageries publiques (1). Les ingénieurs *peuvent* constater les mêmes contraventions (2).

Bayles, V. Gardes-chaussées.

213. Les *Capitaines, lieutenants* et *maîtres* des ports maritimes ont qualité pour dresser procès-verbal des contraventions à la police des ports, rades, bassins de commerce, et des quais et chantiers. Ils sont assermentés devant le tribunal de 1re instance du lieu de leur résidence. Leurs procès-verbaux constatant des contraventions de simple police sont transmis à l'officier du ministère public près du tribunal de police (3).

214. « Les *Commissaires de police* recherchent les contraventions de police, même celles qui sont sous la surveillance spéciale des gardes forestiers et champêtres, à l'égard desquels ils ont concurrence et même prévention. — Ils reçoivent les rapports, dénonciations et plaintes qui sont relatifs aux contraventions de police. — Ils consignent, dans les rapports qu'ils rédigent à cet effet, la nature et les circonstances des contraventions, le temps et le lieu où elles ont été commises,

---

(1, 2) Loi du 30 mai 1851, art. 22, 15.
(3) Ordonn. d'août 1681, liv. 4, tit. 2, art. 2; Décrets 9-13 août 1791, tit. 3, art. 1, 10, 15; 15 juill. 1854-26 mars 1855, art. 12, 18, 21; C. 8 juin 1844, B. 204.

les preuves ou indices à la charge de ceux qui en sont présumés coupables. » C. I., art. 11. Leur compétence, à raison de la matière, s'étend à toute espèce de contravention, quelle que soit la loi qui l'ait prévue et punie (1), à moins que la constatation n'en soit spécialement réservée à d'autres fonctionnaires.

Travail des enfants dans les manufactures, V. n° 252.

215. Indépendamment de cette attribution générale, des textes particuliers investissent les commissaires de police du droit de constater certaines contraventions : telles sont les infractions concernant les poids et mesures (2), et la police du roulage et des messageries publiques (3).

216. La compétence territoriale des commissaires de police embrasse toute l'étendue de la commune ou du canton où ils sont établis. C. I., art. 12 (4). Lorsqu'ils sont au nombre de deux ou plus, le préfet, par un arrêté, assigne à chacun d'eux un arrondissement particulier (5). Mais ces arrondissements ne bornent ni ne circonscrivent leurs pouvoirs respectifs, ils indiquent seulement les limites dans lesquelles chacun des commissaires est plus spécialement astreint à un exercice constant et régulier de ses fonctions. C. I., art. 12 et 13. — Il y a, en France, nombre de commissariats de police dont la surveillance s'étend légalement sur plusieurs communes limitrophes, en vertu d'ordonnances

---

(1) 12 septembre 1817, B. 83.
(2) Ordonn., 17 avril 1839, art. 28 à 31 ; C. 12 septembre 1817, B. 83.
(3) Loi du 30 mai 1851, art. 15.
(4) Décret du 17 janvier 1853, art. 1er.
(5) Décret du 17 janvier 1853, qui déroge à la disposition jusque-là observée du Code de brumaire an IV (art. 31), sur ce point important.

royales ou de décrets impériaux qui les ont institués à cette fin (1).

Les commissaires de police ne peuvent légalement (C. inst. crim., art. 11; décret du 28 mars 1852, art. 1er) rechercher et constater les contraventions de police que dans la circonscription territoriale qui leur est assignée; cependant, lorsqu'ils reçoivent une plainte concernant une contravention commise sur un autre territoire, ces fonctionnaires ne commettent point un excès de pouvoirs de nature à rendre nulle la poursuite par eux intentée (2).

217. Les commissaires de police prêtent le serment politique et le serment professionnel devant le préfet du département, ou, en cas d'empêchement, devant le sous-préfet de l'arrondissement délégué par le préfet (3).

218. Les procès-verbaux des commissaires de police ne sont soumis à aucune forme spéciale. Le Code, art. 11 (V. n° 214), se borne à énumérer les circonstances que ces fonctionnaires doivent consigner dans leurs actes; et, comme ces énonciations ne sont pas prescrites à peine de nullité, si le commissaire de police s'est contenté de constater l'existence de la contravention, sans entrer dans les détails que rappelle l'article 11, son procès-verbal n'en est pas moins valable (4). Cet acte ferait également foi quand il n'aurait pas été achevé dans le délai de trois jours fixé par l'art. 11 du Code (V. n° 101) pour la remise des procès-verbaux de contravention aux magistrats compétents (5).

(1) Avis du Conseil d'Etat du 20 août 1828, non imprimé.
(2) 4 novembre 1853, B. 523.
(3) Circulaire du ministre de l'intérieur, du 14 décembre 1834.
(4) 9 février 1821, B. 20.
(5) 23 novembre 1860, B. 258.

219. Les commissaires de police ne sont plus astreints à constater leurs contraventions en présence des deux plus proches voisins du prévenu (1), et à faire signer leurs procès-verbaux à ces témoins. Cette disposition de la loi du 19-22 juillet 1791, tit. 1, art. 12, avait déjà cessé d'être en vigueur dès le Code du 3 brumaire an IV, qui (art. 28 et suiv.) ne l'avait point rappelée (2).

220. Enfin, leurs procès-verbaux, comme ceux des maires, sont dispensés de la formalité de l'affirmation, par la raison que la loi ne les y a pas soumis, et ils font foi jusqu'à ce qu'ils aient été détruits par une preuve contraire (3).

Conducteurs des ponts et chaussées, V. Agents voyers.

Conseillers municipaux, V. Maires.

220 *bis*. Les employés des *Contributions indirectes* et des *Octrois* sont *chargés* de constater les contraventions de la police du roulage et des messageries publiques (4). Affirmation, etc., V. plus haut, n. 211 *bis*.

221. « Les *Gardes champêtres* sont des agents chargés de rechercher, chacun dans le territoire pour lequel ils sont assermentés, les délits et contraventions (V. n° 224) de police ayant porté atteinte aux propriétés rurales et forestières. » C. I., art. 16.—Le même individu peut être à la fois garde champêtre et garde forestier de la même commune ou des mêmes communes (5). Ces gardes sont nommés par le maire, sauf l'agrément

---

(1) 6 juin et 28 août 1807, B. 124 et 188.
(2) 12 juillet 1822, B. 99; 1er février 1829, B. 39; 15 novembre 1839, B. 349.
(3) 10 mars 1815, B. 16; 27 avril 1827, B. 101; 3 juin 1848, B. 171.
(4) Loi du 30 mai 1851, art. 15.
(5) Code rural, tit. 1er, sect. 7, art. 2.

du conseil municipal. Ils doivent être agréés et commissionnés par le sous-préfet; ils peuvent être suspendus par le maire, mais le préfet seul peut les révoquer (1).

222. *Serment.* —Ces gardes doivent prêter, devant le juge de paix du canton, le serment « de veiller à la conservation de toutes les propriétés qui sont sous la foi publique, et de toutes celles dont la garde leur aura été confiée par l'acte de leur nomination » (2), et, en outre, le serment d'obéissance à la Constitution et de fidélité à l'Empereur (3).

222 *bis. Vices de l'institution.* Malgré les limites assez restreintes de leur compétence et de leurs pouvoirs, les gardes champêtres rendraient de grands services à l'ordre public, si leur organisation n'était foncièrement mauvaise et ne paralysait le bon vouloir des meilleurs de ces agents. Le Code rural et la loi du 20 messidor an III l'avaient établie sur des bases chancelantes, que la loi du 18 juillet 1837 n'a pas raffermies. Déjà, en l'an IX, le tribunal d'appel de Montpellier consignait à la suite de ses observations sur le projet de Code civil (4), une remarquable critique de l'institution des gardes champêtres et un exposé des principaux moyens de la réformer. Parmi ces moyens se trouve l'*embrigadement* de ces gardes, si généralement sollicité depuis dans les vœux des conseils généraux (5) et les comptes criminels des parquets (6).

(1) Loi du 18 juillet 1837, art. 13.
(2) Code rural, tit. 1er, sect. 7, art. 5.
(3) Décret des 5-7 avril 1852, art. 5; Sénatus-consulte du 25 décembre 1852, art. 16.
(4) Fenet, *Travaux du Code civil*, t. 4, p. 578.
(5) Entre autres, dans une délibération du Conseil général de l'Isère prise, à mon rapport, le 29 août 1863.
(6) Le Conseil général de l'agriculture et du commerce (1845,

225. *Compétence.*—Les contraventions de la compétence des gardes champêtres sont celles que prévoient :

Le Code rural (V. n° 42 *bis*); le Code forestier, pour les contraventions commises dans les bois non soumis

1850, 1851), s'est plusieurs fois sérieusement occupé de la question. Deux honorables députés, M. de Saint-Priest, en 1843 (*Moniteur* du 23 mai), M. de Girard, en 1851 (*Moniteur* du 28 février), avaient saisi le Corps législatif de propositions (auxquelles j'avais eu l'honneur de concourir) tendant à l'*embrigadement* des gardes. Ces propositions n'ont pas été accueillies à cause de la dépense. En l'état actuel, les 35,000 gardes champêtres de France coûtent aux communes près de sept millions; il faudrait tripler ce chiffre pour donner des traitements convenables.

Mais la nécessité d'une réforme subsiste, et chaque année la constate avec une nouvelle évidence. Entre autres faits irrécusables, en voici un tiré des statistiques criminelles. La gendarmerie envoie, en moyenne, par an et par homme, 6 procès-verbaux aux parquets. Or, il faut plus de trois gardes champêtres pour fournir un procès-verbal, durant la même période. Ainsi, les actes de ces gardes sont à ceux de la gendarmerie comme 1 est à 18 ! Et comment en serait-il autrement? Les gardes champêtres sont très-mal payés et dépendent presque de tout le monde. La moyenne de leur traitement est de 194 fr., lorsqu'un gendarme à pied a 550 fr. (et le logement), un garde forestier, 500 fr. (et du bois), un douanier, 650 fr. (et une part dans les prises). Il y a nombre de localités où le traitement du garde est inférieur à 100 fr.; où il descend même à 40 fr., et, si je suis bien informé, une commune d'un département de l'Est n'avait inscrit à son budget que DIX francs pour rétribuer ses DEUX gardes ! Encore, de pareils salaires ne sont-ils point assurés à ces agents. Chaque année, le Conseil municipal, réuni souvent aux plus imposés de la commune, en délibère, et s'il ne peut pas supprimer le traitement du garde, parce que c'est une dépense obligatoire, il lui est permis de l'amoindrir, on le voit, au point de le rendre illusoire.

« Aussi, disait M. de Vauxonne, en 1850 (*Moniteur* du 3 mai), au Conseil général de l'agriculture, à moins d'une vertu héroïque, le garde champêtre ne peut sévir ni contre les membres du Conseil municipal, ni contre les plus imposés, et leurs familles, leurs fermiers, domestiques et protégés; et lorsque, après tant d'exceptions, il rencontre quelques malheureux en délit, un sentiment de pudeur paralyse en lui une sévérité qui ne trouverait plus à frapper que le faible ou l'indigent. »

La question financière retardera encore longtemps la réforme de l'institution. Mais il y a une amélioration qui ne coûterait rien au Trésor. Elle consisterait à transporter aux préfets la nomination des gardes champêtres et à leur donner le droit d'inscrire d'office au au régime forestier. — V. même n° (1), le Code pénal, art. 471, n°ˢ 8, 9, 10, 13, 14; 475, n°ˢ 1, 9, 10, 15; 179, n°ˢ 10 à 12.

Ces officiers peuvent notamment constater les embarras qui empêchent ou diminuent la liberté du passage sur les chemins publics dans la campagne et hors des villages et bourgs, surtout quand ces chemins sont des chemins *ruraux* (2).

Ils sont encore *chargés* de constater les contraventions à la police du roulage et des messageries publiques (3). Formalités, V. n° 211 *bis*.

224. Mais ils ne sont pas compétents pour constater les contraventions à la police *urbaine* (4), et cela lors même que le maire de la commune aurait, comme cela se pratique assez fréquemment, pris un arrêté pour les charger de ce soin, ou leur conférer le titre d'appariteur municipal. Les pouvoirs du garde champêtre sont bornés à la police rurale et forestière, et il n'appartient pas à un fonctionnaire de les étendre; d'un autre côté, la qualité d'*appariteur*, d'*agent* de police, que le maire est bien le maître de leur conférer, n'emporte point avec elle le droit de verbaliser valablement, ainsi qu'on le verra plus bas (n° 266). C'est ainsi qu'il a été décidé que les procès-verbaux d'un garde champêtre ne pouvaient faire foi :

budget des communes le traitement de ces agents : ce serait déjà un immense bienfait.—Note de 1851.

Maintenant ce sont les préfets qui nomment les gardes champêtres. Décret du 25 mars 1852, art. 5, n° 21.

(1) Jusqu'en 1859, ces gardes ne pouvaient verbaliser des contraventions forestières; ils en ont reçu le droit de l'art. 188 du Code forestier, modifié par la loi du 18 juin 1859 (j'ai eu l'honneur de faire partie de la commission qui avait préparé ce projet de loi).

(2) 1ᵉʳ décembre 1829, B. 295; 24 avril 1829, B. 85.

(3) Loi du 30 mai 1851, art. 15.

(4) 7 mai 1840, B. 127; 2 déc. 1848, B. 306; 13 janv. 1865.

Des contraventions concernant le *balayage* et les *embarras* des rues d'une commune (1);

De celles à un règlement sur la petite voirie (2);

De celles à la loi du 18 novembre 1814, sur la célébration des dimanches et fêtes (3);

De celles à un arrêté concernant la police des cabarêts et lieux publics (4);

De celles aux règlements sur les poids et mesures (5); les gardes champêtres n'ont pas même qualité pour assister les vérificateurs dans leurs visites (6);

De celles aux arrêtés concernant le poids du pain (7).

225. *Constatations, visites.* — « Les gardes champêtres et les gardes forestiers... dressent des procès-verbaux à l'effet de constater la nature, les circonstances, le temps, le lieu des délits et des contraventions, ainsi que les preuves et les indices qu'ils auront pu en recueillir;

« Ils suivent les choses enlevées dans les lieux où elles ont été transportées, et les mettent en séquestre; ils ne peuvent néanmoins s'introduire dans les maisons, ateliers, bâtiments, cours adjacentes et enclos, si ce n'est en présence, soit du juge de paix, soit de son suppléant, soit du commissaire de police, soit du maire du lieu, soit de son adjoint; et le procès-verbal

---

(1) 7 mai 1840, B. 127; 2 décembre 1848, B. 306; 6 novembre 1857, B. 369.

(2) 30 octobre 1823 (en partie non imprimé); Mangin, *ibid.*, p. 200.

(3) 13 février 1819, B. 22; 22 avril 1820, B. 55.

(4) 2 mai 1839, B. 142; 12 avril 1850, B. 125; 17 février 1859, B. 57. Le garde peut seulement accompagner l'officier de police judiciaire compétent, un adjoint, par exemple ; il est alors considéré comme un citoyen remplissant un ministère de service public, et se trouve ainsi protégé par l'art. 230 du Code pénal.

(5, 6) 4 décembre 1835, B. 447.

(7) 15 mai 1851, B. 183.

qui doit en être dressé est signé par le fonctionnaire en présence duquel il a été fait. » C. I., art. 16.

Lorsqu'un garde doit procéder à une visite domiciliaire, il peut requérir indistinctement l'un de ces fonctionnaires, ce qui lui permet de s'adresser au plus voisin, afin de ne pas retarder la perquisition, habituellement urgente. La loi, en effet, a conféré également qualité à ces fonctionnaires, et, notamment, aux maires et à leurs adjoints (1). Mais le garde ne pourrait requérir l'assistance d'un simple conseiller municipal qu'autant que celui-ci remplacerait le maire empêché (2), et il faudrait mentionner cette circonstance dans le procès-verbal (3). Quant aux commissaires de police, aucune loi ou règlement n'autorise leur remplacement par des agents de police subalternes (4).

Peu importe que le fonctionnaire, un maire (5), par exemple, soit parent ou allié du possesseur de l'habitation à visiter ; l'assistance, dans ce cas, n'en est pas moins légale, et le procès-verbal moins régulier. Gardes, V. nº 183.

Quand le garde n'est pas accompagné de l'un des fonctionnaires ci-dessus, la perquisition est néanmoins légale, pourvu que le possesseur du domicile visité ne se soit opposé ni à l'entrée ni aux recherches du garde (6). Il suit de là que si l'habitation à visiter était privée de son chef, le garde ne pourrait y pénétrer qu'avec l'assistance d'un fonctionnaire, parce qu'il ne s'y trouverait personne pour consentir valablement à son intro-

(1) 1er septembre 1809, B. 149; 31 janvier 1823, B. 19.
(2, 3) Loi, 21 mars 1831, art. 5, et F. Hélie, *Instruct. crim.*, t. 4, p. 356.
(4) 2 octobre 1818, D. A., t. 11, p. 416, nº 27.
(5) 27 septembre 1828, B. 289.
(6) 1er février 1822, B. 19; 12 juin 1829, B. 127. — *Contrà*, Mangin, *des Procès-verbaux*, p. 52; F. Hélie, *Instruct. crim.*, t. 4, p. 361.

duction. Et une perquisition ainsi illégalement opérée entacherait d'un vice radical non-seulement le procès-verbal dressé en conséquence, mais le témoignage du garde reçu à l'audience (1).

« Si les gardes... avaient requis, avant de procéder à une visite domiciliaire, l'assistance de l'officier public compétent, et que celui-ci l'eût refusée, la visite à laquelle ils auraient procédé sans lui serait régulière, eût-elle eu lieu contre le gré de celui chez qui elle a été faite. Ce principe résulte de divers textes (2). La raison indique suffisamment que l'officier public ne peut pas, par son refus, mettre les gardes... dans l'impossibilité de constater les délits et les contraventions dont ils soupçonnent et ont reconnu l'existence : cet officier est coupable envers les citoyens dont il a refusé de protéger le domicile, mais les gardes ont fait ce qui était en eux pour leur assurer cette protection, et c'est tout ce que la loi leur a demandé (3). »

Si les objets suivis par le garde avaient été transportés dans une commune voisine, cet agent en informerait le maire de cette comune qui commettrait ses propres gardes pour faire, en sa présence et en celle du garde étranger, la perquisition requise (4).

Il y a des fours à chaux ou à plâtre, des usines à scier le bois, etc., où le garde peut s'introduire sans l'assistance d'un fonctionnaire, pourvu qu'il soit accompagné d'un second garde ou de deux témoins domiciliés dans la commune. Code forest., art. 151 à 157.

Enfin, les perquisitions des gardes, pour être légales, doivent être faites pendant *le jour*, c'est-à-dire, du

(1) 21 avril 1864, B. 108.
(2) Avis du Conseil d'Etat du 20 novembre 1819; Ordonn., 1er août 1827, art. 182; Loi, 28 avril 1816, art. 237.
(3) Mangin, *des Procès-verbaux*, p. 56.
(4) V. mon *Manuel de police judiciaire*, 4e édit., n° 296.

1er octobre au 31 mars, de 6 heures du matin à 6 heures du soir, et du 1er avril au 30 septembre, de 4 heures du matin à 9 heures du soir. Code de proc. civ., art. 1037.

226. *Ecriture, rédaction des procès-verbaux.* — Les gardes champêtres ne sont pas obligés d'écrire eux-mêmes leurs procès-verbaux, lorsqu'ils ne sont pas assez lettrés pour prendre ce soin, mais il ne leur est pas permis de s'adresser au premier venu; ils ne peuvent, à peine de nullité, faire écrire leurs actes que par les fonctionnaires que la loi a désignés et qu'elle a seuls revêtus, à cet effet, d'un caractère public (1).

Ces fonctionnaires sont : 1° le *juge de paix* du canton; à son défaut, ses *suppléants* (2); 2° le *maire* ou l'*adjoint* de la commune (3); 3° le *commissaire de police* (C. l., art. 9 et 11) (4); 4° le *greffier du juge de paix* (5).

L'instituteur communal est sans caractère pour écrire ces procès-verbaux; rédigés avec son concours, ces actes seraient nuls (6).

227. Le procès-verbal ainsi rédigé, sous la dictée du garde, par l'un de ces fonctionnaires, est lu au garde (7) et signé de cet agent, s'il peut signer, et du fonctionnaire rédacteur. Affirmation, n° 229.

Les maires peuvent employer leurs secrétaires pour écrire, en leur présence, ces procès-verbaux, qu'ils authentiquent ensuite de leur signature (8).

---

(1) 1er juillet 1813, D. A., t. 11, p. 402; 26 juillet 1821, B. 120; 27 décembre 1832, B. 512.

(2) 10 février 1843, B. 30.

(3) 20 août 1825, B. 160.

(4) Et Code rural, tit. 1er, sect. 7, art. 6; Loi du 28 floréal an x, art. 11.—*Contrà*, 20 février 1862, B. 56.

(5) Décret, 27 décembre 1790, et arg. de C. 27 décembre 1832, et 10 février 1843, déjà cités.

(6) 24 janvier 1861, B. 19.

(7) 12 février 1829, B. 37.

(8) 19 mars 1830, B. 68.

228. Les procès-verbaux des gardes champêtres ne sont pas soumis à une forme spéciale et ne sont pas astreints à certaines énonciations réservées aux procès-verbaux qui concernent les matières fiscales ; ainsi, ils ne peuvent être annulés :

Parce qu'ils ne mentionneraient pas la *demeure* du garde, lorsque, d'ailleurs, ils énoncent la qualité du garde champêtre du lieu de la contravention (1) ;

Parce qu'ils ne portent pas la *date* de la prestation de serment du garde (2);

Parce que cet agent n'a pas *déclaré* procès-verbal aux délinquants (3); V. n° 186 ;

Parce que son procès-verbal ne contiendrait pas l'*abornement* du lieu où la contravention a été commise (4), ni toutes les circonstances qui l'ont accompagnée (5).

229. L'*affirmation* des procès-verbaux des gardes champêtres est une formalité substantielle qui tient lieu du serment, sous la sanction duquel les lois placent la déclaration de tous les témoins entendus devant les tribunaux; à défaut de son accomplissement, ces actes ne sauraient fournir une preuve légale des faits qu'ils énoncent (6). La loi du 3 mai 1844, art. 24, prononce la peine de nullité en ce qui concerne la constatation des délits de chasse; cette disposition achève de confirmer le principe.

230. Cette affirmation est reçue :

1° Par le juge de paix du canton; à son défaut, par ses suppléants, dans les communes où ils résident (7).

----

(1) 27 juin 1812, B. 159.
(2, 3) V. les arrêts cités, p. 129, notes 1 et 2.
(4) 18 février 1820, B. 30.
(5) 13 février 1824, B. 30.
(6) 10 décembre 1824, B. 181.
(7) Loi du 28 floréal an x, art. 11.

Si les suppléants, ou l'un d'eux, résident dans la même commune que le juge de paix, ils peuvent aussi, en cas d'absence ou d'empêchement de ce magistrat, recevoir l'affirmation, mais à la charge de mentionner l'absence ou l'empêchement dans leur acte (1);

2° Par les maires, et, à défaut de ceux-ci, par les adjoints, pour les délits commis dans leur commune (2), lorsque le juge de paix ni ses suppléants n'y résident pas, et, lorsqu'ils y résident, en cas d'absence ou d'empêchement (3). L'affirmation est même valablement reçue par le maire de la commune où le délit n'a pas été commis, mais où le délinquant a été arrêté et le bois de délit saisi (4).

Quant aux adjoints, lorsqu'ils reçoivent l'affirmation, la loi ne les oblige pas de déclarer, dans cet acte, qu'ils agissent pour l'absence ou l'empêchement du maire; quand ils procèdent en leur qualité, la présomption légale est qu'ils agissent en vertu du pouvoir que la loi leur a conféré et dans l'un des cas qu'elle a déterminés (5).

231. Il est bien entendu que le fonctionnaire qui a rédigé le procès-verbal d'un garde en reçoit en même temps l'affirmation, s'il est du nombre de ceux (par exemple, un maire) à qui elle peut être faite (6). Il y a plus : le rapport et l'affirmation sont régulièrement constatés par le même acte (7).

---

(1) Loi du 29 ventôse an IX, art. 3; Cass., 25 octobre 1824, B. 151.

(2) Loi du 3 mai 1844, art. 24.

(3) Loi du 28 floréal an X, art. 11; Cass., 26 décembre 1816, B. 88.

(4) 17 mars 1810, B. 42.

(5) 1er septembre 1809, B. 149; 31 janvier 1823, B. 19.

(6) 29 août 1825, B. 160.

(7) 5 février 1825, B. 22.

252. Un conseiller municipal peut-il recevoir l'affirmation, en l'absence ou pour l'empêchement du maire et de l'adjoint? La négative a été décidée par un arrêt déjà ancien (1), rendu sous l'empire de la loi du 28 pluviôse an VIII, art. 15, et dont la doctrine ne me paraît plus admissible depuis la loi du 21 mars 1831, qui a introduit, à cet égard, un droit nouveau amené par la nécessité. Cette loi dispose, art. 5, « qu'en cas d'empêchement du maire et des adjoints, le maire est *remplacé* par le conseiller municipal, le premier dans l'ordre du tableau, etc. »

Dans ce cas, le conseiller appelé ne fonctionne plus comme conseiller municipal, mais comme maire, puisqu'il est investi de l'autorité de ce magistrat. Il doit donc avoir qualité pour recevoir l'affirmation d'un procès-verbal dans le cas où le maire l'aurait eue lui-même.

A la vérité, il a été décidé, plus récemment (V. n° 19), que ce droit de remplacement conféré aux conseillers municipaux ne leur permettait pas de siéger comme officiers du ministère public, à la place du maire, dans les tribunaux de simple police présidés par les juges de paix; mais il faut prendre garde qu'il s'agit ici de fonctions judiciaires et spéciales, étrangères à l'administration, et pour lesquelles les prescriptions de la loi ne peuvent être étendues.

L'acte d'affirmation, simple dans son objet, concis dans sa rédaction, n'est destiné qu'à constater la persistance du garde touchant les délits qu'il a reconnus; je ne vois pas pourquoi un conseiller municipal, qui, très-légalement, en l'absence du maire et de l'adjoint, célèbre un mariage et dresse l'acte destiné à l'authentiquer, ne pourrait pas aussi régulièrement recevoir l'affirmation d'un procès-verbal et dresser l'acte qui doit

(1) 18 novembre 1808, Merlin, *Répertoire*, 5° éd., t. 13, p. 330.

la constater; cette fonction est assurément bien moins solennelle que l'autre.

Les *commissaires de police* n'ont pas qualité pour recevoir l'affirmation des procès-verbaux des gardes champêtres (1).

253. *Idem, Délai.* — L'affirmation doit être faite dans les 24 heures du délit (2).

Comme la loi de 1790, dont elle a reproduit les termes, celle de 1844 a fixé le délai de l'affirmation des procès-verbaux des gardes champêtres à 24 heures *du délit*. Il est présumable que la Cour suprême ne modifiera pas, à cet égard, sa jurisprudence antérieure, d'après laquelle ce délai avait été un peu étendu.

Ainsi, elle avait décidé :

Que ce délai ne courait pas du moment où le délit avait été reconnu par le garde, mais de celui de l'achèvement de la constatation, c'est-à-dire de la clôture du procès-verbal (3), les gardes devant avoir, pour dresser leur acte, tout le reste de la journée durant laquelle ils ont reconnu la contravention ;

Que lorsque cet acte était daté du jour, sans indication d'heure, l'affirmation faite le lendemain était considérée comme ayant eu lieu dans le délai légal (4);

Que lorsque l'heure de la clôture du procès-verbal étant indiquée, l'affirmation avait eu lieu le jour suivant, sans que l'heure fût précisée, il appartenait au tribunal saisi de la cause de décider, d'après les circonstances de fait, si l'affirmation avait été ou non effectuée dans les 24 heures (5).

(1) 20 février 1862, B. 56.
(2) Lois du 30 avril 1790, art. 10; du 3 mai 1844, art. 24.
(3) 7 mars 1823, B. 35; 21 avril 1827, B. 95.
(4) 24 août 1820, Mangin, *des Procès-verbaux*, p. 229.
(5) 31 juillet 1818, non imprimé; 30 janvier 1823, *idem*, Mangin, *ib.*, p. 230.

Règles générales sur l'affirmation, *Signatures*, V. n°ˢ 192 à 195.

253 bis. *Date du procès-verbal.* — De ce qui précède, il résulte que les contraventions et délits doivent être constatés aussitôt que reconnus par les gardes ; cependant leurs procès-verbaux ne sont point nuls pour avoir été dressés plus de 24 heures après le fait. V. Rédaction tardive, n° 191 *bis*.

254. *Foi due à ces actes.* — Le Code rural (tit. 1ᵉʳ, sect. 7, art. 6) n'accordait la foi jusqu'à preuve contraire aux procès-verbaux des gardes champêtres que lorsque les faits constatés ne donnaient lieu qu'à des réparations pécuniaires. Le Code d'instruction criminelle, par la généralité des termes de son art. 154, a étendu son autorité à toutes les infractions de la compétence de ces gardes (1).

255. *Gardes-chaussées*, gardes-*digues*, inspecteurs des *chaussées*, *bayles*, *sous-bayles* (pour les chaussées du Rhône). — Ce sont des agents locaux, placés sous l'autorité des ponts et chaussées, et chargés de la police des chaussées et digues de certains fleuves et rivières. Ils sont assermentés en justice et affirment leurs procès-verbaux devant le juge de paix (2). Plusieurs des contraventions que ces agents sont appelés à constater sont de la compétence des tribunaux de simple police (3).

Gardes forestiers, V. Gardes particuliers.

256. *Gardes-messiers ; gardes-vignes.* — Outre les

(1) 9 février 1815, B. 10 ; 22 novembre 1850, B. 392 ; 29 mars 1855, B. 114.
(2) V. le décret du 14 novembre 1807, pour les gardes-digues du Rhin, et celui du 15 mai 1813, pour les gardes du Rhône.
(3) Décret de 1813, art. 38, 40, 43.

gardes titulaires des communes, on trouve, dans certaines localités, des gardes adjoints, sous le nom de gardes-*messiers*, gardes-*vignes*. Ce sont des citoyens nommés et assermentés pour aider les gardes ordinaires en temps de *moisson* ou de *vendange*. Leurs pouvoirs sont semblables, mais finissent avec l'enlèvement des récoltes qu'ils sont chargés de protéger (1). Ces pouvoirs sont limités aux récoltes pour lesquelles ces gardes ont été nommés; ainsi un garde-*vigne* n'est pas compétent pour verbaliser d'une soustraction de châtaignes dans les *champs* (2).

237. Les *Gardes-mines* assermentés devant les tribunaux. — Parmi les infractions à la police des mines et carrières qu'ils peuvent constater, sont (et de la compétence des tribunaux de simple police) les contraventions aux arrêtés des préfets concernant la police des carrières, à ciel ouvert, dans les départements de la Seine et Seine-et-Oise (3).

238. Les *Gardes municipaux de Paris* (et leurs officiers), qui ont remplacé les gardes républicains, sont investis, en matière de police judiciaire, des mêmes attributions que les gendarmes auxquels, sous ce rapport, ils sont, de tout point, assimilés (4). V. n° 242, Gendarmes.

239. *Gardes particuliers.* — Tout propriétaire ou fermier (5) a le droit d'avoir un ou plusieurs gardes particuliers pour la surveillance des propriétés rurales

(1) Code rural, tit. 1er, sect. 7, art. 2; Loi du 18 juillet 1837, art. 13.
(2) 26 mars 1857, B. 125.
(3) Décrets, 22 mars, 4 juillet 1813; Cass., 29 août 1845, B. 274.
(4) Ordonn., 16 mars 1838, art. 386; 24 août 1838, art. 1; Arrêtés, 9-22 juin 1848, 1-16 février 1849, art. 1; arg. C. 12 juillet 1838, B. 205; Décret du 1er mars 1854, art. 14.
(5) 27 brumaire an XI, B. 37.

et forestières qu'il possède ou cultive (1). — La forme
de la nomination et le serment de ces gardes, à la fois
champêtres et forestiers, sont réglés par le Code forestier, art. 117. Ils n'ont pas besoin d'être agréés par les
conseils municipaux ou les maires des communes sur
lesquelles s'étendent les propriétés confiées à leur surveillance, l'agrément du sous-préfet suffit (2). C'est en
l'an III d'abord, et ensuite en l'an IV, que l'on avait
exigé pour la nomination des gardes particuliers l'agrément des administrations municipales alors placées au
canton (3); en l'an VIII, les attributions de ces administrations cantonales furent transportées au sous-préfet (4), à qui appartient, depuis cette époque, le droit
de donner son agrément au choix des gardes particuliers. La compétence territoriale de ces gardes ne dépasse pas, bien entendu, les limites des propriétés
mentionnées dans leur commission (5).

Les fonctions d'un garde particulier ne prennent pas
fin, comme celles d'un simple mandataire, à la mort du
propriétaire qui a délivré la commission de cet agent,
lequel peut continuer valablement, sans commission
nouvelle, du consentement du nouveau propriétaire (6).

Tout ce qui a été dit plus haut relativement à l'*écriture*, la *rédaction*, l'*affirmation* des procès-verbaux des
gardes champêtres, et la *compétence* de ces gardes, est
applicable aux gardes particuliers. Toutefois, ces gardes
forestiers ne sont pas astreints à dresser, le jour même,
procès-verbal de la contravention par eux reconnue :

---

(1) Code rural, tit. 1er, sect. 7, art. 1 et 2; Décret du 20 messidor an III, art. 4.
(2, 3, 4) 8 avril 1826, B. 66; Décret du 20 messidor an III, art. 4;
Code de brumaire an IV, art. 40; Loi du 28 pluviôse an VIII, art. 9.
(5) 4 mars 1828, ch. civ., D. P., 1.159.
(6) 14 mars 1862, B. 77.

leur acte, régulièrement rédigé et affirmé, plusieurs jours après, est valable (1).

Enregistrement, nullité, V. n° 199.

240. Les *Gardes-ports* sur les voies navigables ou flottables du bassin de la Seine, assermentés devant un tribunal de première instance, surveillent la police de ces ports, écrivent leurs procès-verbaux, les signent et les affirment, au plus tard le lendemain de leur clôture, devant le juge de paix, ses suppléants, le maire ou l'adjoint de la commune de leur résidence ou du délit. Ces actes sont enregistrés dans les quatre jours qui suivent l'affirmation (2).

241. Les *Gardes-rivières* constatent les contraventions à la police des cours d'eau et des rivières non navigables, et en dressent procès-verbal (3). Ils sont placés sous l'autorité des préfets, comme agents de la police générale des rivières, et non sous celle des maires; leurs procès-verbaux ne sont pas soumis à l'affirmation (4).

242. *Gendarmes, brigadiers, sous-officiers, officiers de gendarmerie.* — On a été quelque temps indécis sur la compétence de la gendarmerie en matière de contraventions de police. Il avait paru (5) que les gendarmes n'étant pas officiers de police judiciaire, n'avaient pas qualité pour constater ces infractions par des procès-verbaux ayant autorité en justice (6). Mais on a décidé, plus tard, que l'art. 1er de la loi du 28 germinal an VI les autorisait virtuellement à constater les contraven-

(1) 11 janvier 1850, B. 8.
(2) Décret du 21 août 1852, art. 1, 2, 51, 52. — V. aussi l'édit de décembre 1672, Isambert, t. 19, p. 25, et Cass., 27 mai 1854, B. 175.
(3) Lois 12-20 août 1790, ch. 6, alinéa 3; 14 floréal an XI.
(4) 23 mars 1838, B. 75.
(5, 6) 6 juillet 1821, B. 112; Mangin, *des Procès-verbaux*, p. 185.

tions, soit au Code pénal, soit aux règlements locaux de police, et que leurs procès-verbaux, à cet égard, faisaient foi jusqu'à preuve contraire. Cette jurisprudence résulte de nombre d'arrêts (1); puis la difficulté a été levée par le décret du 1er mars 1854, qui porte, art. 498 : « Les procès-verbaux de la gendarmerie font foi jusqu'à preuve contraire. »

243. Outre cette compétence générale en matière de simple police, les gendarmes tiennent principalement de leur décret d'organisation le pouvoir de constater certaines contraventions, savoir :

Les contraventions forestières. C. for., art. 188 (2);

Celles à la police des grandes routes et du roulage (3);

Celles à la police des fleuves et rivières navigables et flottables, des bacs et bateaux de passage (4);

Celles à la police des ports maritimes du commerce (5);

Celles à la police des plantations des chemins (6);

Celles à la police de la petite voirie et des plantations des dunes (7);

Les maraudages de récoltes ou de fruits (8);

Les contraventions en matière d'échenillage (9);

L'abandon dans les champs d'instruments dangereux (10);

Les jeux de hasard tenus dans les lieux publics (11);

---

(1) 8 novembre 1838, B. 351; 10 mai 1839, B. 151; 8 août 1840, B. 222; 22 février 1844, B. 60 ; 22 mars 1855, B. 103.— *Contrà*, F. Hélie, *Instruct. crim.*, t. 4, p. 277 et suiv.

(2) Modifié par la loi du 18 juin 1859.

(3) C. 1er mars 1844, B. 76; Décret du 1er mars 1854, art. 313, 317, 318.

(4 à 7) Décret, art. 314, 315, 322.

(8) *Idem*, art. 316, 314.

(9) C. 19 juillet 1838, B. 231, et Décret, art. 327.

(10, 11) Décret, art. 323, 332.

Les contraventions à la police des hôtelleries et cabarets (entrée *la nuit*, V. n° 211, à la fin) (1), et spécialement celles relatives aux registres des logeurs (2);

Les contraventions à la police des voitures publiques (3) et du roulage (4);

Les mauvais traitements exercés publiquement et abusivement envers les animaux domestiques (5).

244. Les gendarmes, leurs brigadiers et sous-officiers, sont compétents dans la circonscription ordinaire de leur brigade (laquelle est établie par les commandants des compagnies), indépendamment des lieux où les appelle leur service, comme celui des correspondances (6). Il a même été décidé que des gendarmes, qui se rendaient d'une résidence dans une autre, en uniforme et en vertu d'ordres réguliers, avaient qualité pour verbaliser, la gendarmerie, quelle que soit la destination de son mouvement, étant dans un état permanent de répression, de surveillance et d'action de police (7).

245. Un gendarme seul peut verbaliser légalement; c'est la disposition du décret de 1854 (8); la jurisprudence, sous l'empire de l'ordonnance de 1820, avait consacré la même règle (9).

246. Les officiers de gendarmerie qui sont, de plus que les gendarmes, revêtus de l'autorité d'officiers de police judiciaire, auxiliaires du procureur impérial (C. I., art. 9, 48), peuvent faire tous les actes de la compé-

---

(1) Loi du 28 germinal an VI, art. 129, 130; C. 8 août 1840, B. 222.
(2) C. 22 octobre 1831, B. 272; Décret, 1er mars 1854, art. 290.
(3) C. 8 avril 1825, B. 69; Décret, art. 317, 318.
(4) Loi du 30 mai 1851, art. 25.
(5) Dit décret, art. 320.
(6) Décret, art. 271, 383.
(7) 4 mars 1808, B. 44; 8 mars 1851, B. 95.
(8) Décret du 1er mars 1854, art. 489.
(9) 30 novembre 1827, B. 290; 25 mars 1830, B. 79; 10 mai 1839, B. 151.

tence de leurs subordonnés. Quoique institués plus spécialement pour diriger ces derniers dans l'accomplissement de leurs devoirs, ils peuvent agir personnellement
lorsqu'ils le jugent utile (1), et leurs procès-verbaux
ont la même autorité (2). Ils sont compétents dans la
circonscription de leurs commandements, sans préjudice des cas de transport extraordinaire.

247. Les procès-verbaux de la gendarmerie ne sont
soumis à aucune forme spéciale, telle que celle de l'affirmation (3). La signature de tous les gendarmes qui
ont concouru à la constatation de l'infraction n'est pas
nécessaire; celle du rédacteur de l'acte est seule indispensable (4). Enfin, ces actes ne sont point nuls, faute
d'indication de l'heure de la contravention, ni faute de
déclaration du procès-verbal au prévenu ou d'appel de
celui-ci à sa rédaction. V. n° 187.

Tous les procès-verbaux de la gendarmerie sont établis en deux expéditions, dont l'une est remise dans les
vingt-quatre heures à l'autorité compétente, et l'autre
est adressée au commandant de l'arrondissement (5).

Le 1er et le 15 de chaque mois, ce commandant
adresse, au procureur impérial, un état sommaire des
contraventions constatées, avec les noms des contrevenants et ceux des fonctionnaires qui ont reçu les procès-verbaux (6).

248. Les officiers, sous-officiers, brigadiers et simples gendarmes, prêtent serment devant le tribunal de
première instance dans le ressort duquel ils sont em-

(1, 2) Mangin, *des Procès-verbaux*, p. 180; 31 juillet 1818, B.
113.
(3) 4 septembre 1813, B. 201; 24 mai 1821, B. 82; 11 mars
et 30 juillet 1825, B. 46 et 139; Loi du 17 juillet 1856.
(4) 24 mai 1821, ci-dessus.
(5, 6) Décret du 1er mars 1854, art. 495, 497.

ployés. Ce serment ne doit être renouvelé qu'en cas de changement de grade, non de résidence (1).

Ingénieurs des ponts et chaussées, V. Agents voyers.

249. Les *Inspecteurs de l'instruction primaire*, créés pour l'inspection des écoles primaires, étaient appelés, avant la dernière loi sur l'enseignement, à constater certaines infractions aux règlements concernant les écoles de filles et les écoles d'adultes, qui constituaient des contraventions de simple police ; mais, depuis la loi de 1850, ces infractions, plus sévèrement réprimées, ou sont punissables disciplinairement, ou sont de la compétence des tribunaux correctionnels (2).

250. Les *Inspecteurs* de la *salubrité*, des *comestibles* et des *médicaments*, sont les agents institués, à cet effet, par l'administration municipale d'une commune. Ils sont assermentés et remplissent, à cet égard seulement, les fonctions de commissaire de police (3).

251. Les *Inspecteurs de police*, nommés par la même administration, ne peuvent faire que des rapports. V. n° 266. Toutefois, ceux d'entre eux qui sont assermentés peuvent valablement constater les contraventions en matière de poids et mesures (4).

252. Les *Inspecteurs du travail des enfants* dans les manufactures sont nommés par le Gouvernement, et chargés de surveiller et assurer l'exécution de la loi du 22 mars 1841 (5). Ils peuvent, dans chaque établissement, se faire représenter les registres relatifs à cette exécution, les règlements intérieurs, les livrets des en-

(1) Loi, 21 juin 1836.
(2) Ordonn., 28 février 1835 ; Loi, 15 mars 1850, art. 20.
(3) Loi des 19-22 juillet 1791, tit. 1, art. 13.
(4) Loi du 4 juillet 1837, art. 8 ; Ordonn., 17 avril 1839, articles 28 et suiv.
(5) Loi très-insuffisamment appliquée, même à Paris.

fants, les enfants eux-mêmes, et se faire assister d'un médecin. Leurs procès-verbaux font foi jusqu'à preuve contraire. *Dite loi*, art. 10 et 11.—Du reste, les attributions de ces inspecteurs spéciaux ne dépouillent point de leur droit les officiers de police judiciaire compétents pour constater les contraventions de police, c'est-à-dire les commissaires de police et les maires, qui peuvent également pénétrer dans les ateliers pour vérifier si la loi y reçoit son exécution ; c'est un droit que la Cour suprême leur a formellement reconnu (1).

253. Les *Juges de paix* et leurs suppléants n'ont pas qualité pour constater les contraventions de police (2). Le Code d'instruction, qui, art. 48, 49, leur confère le droit, comme auxiliaires du procureur impérial, de constater les crimes et les délits, dans les cas où ce magistrat peut exercer ce droit lui-même, a gardé le silence à l'égard des contraventions de police. C'est probablement parce que les juges de paix, appelés à connaître comme juges de ces infractions, ne pouvaient être chargés de les constater comme officiers de police (3).

Lieutenants de port, V. Capitaines.

254. *Maires, adjoints, conseillers municipaux.* — La compétence des maires pour la constatation des contraventions de police est la même que celle des commissaires de police ; tout ce qui a été dit plus haut concernant ces derniers est exactement applicable aux premiers, y compris les contraventions à la police du roulage, etc. (4).

Le maire ne remplace le commissaire de police que

---

(1) 16 novembre 1860, B. 239.

(2, 3) *Sic*, Mangin, *des Procès-verbaux*, p. 194; M. Duverger, *Man. crim. des juges de paix*, 3° édit., 1850, n° 45; M. F. Hélie, *Instruct. crim.*, t. 4, p. 109.

(4) Loi du 30 mai 1851, art. 15.

dans les communes où ce fonctionnaire est seul de sa qualité ; dans celles où il y a deux commissaires ou un plus grand nombre, ils se remplacent les uns les autres; ce qui ne prive nullement le maire du droit de s'occuper des infractions concernant la police municipale, soit par lui-même, soit par ses adjoints, toutes les fois qu'il le juge convenable ; en cette matière, les commissaires de police ne sont que ses délégués, et il importe à l'ordre public que les contraventions soient constatées aussitôt qu'elles sont commises (1).

Dans les communes dépourvues de commissaires de police, et où le maire siége comme juge de police, je pense que ce magistrat doit s'abstenir de constater les contraventions, et laisser ce soin à son adjoint; il y aurait, quoique la loi ne le défende pas, quelque chose de choquant à le voir statuer sur la régularité et l'autorité de ses propres rapports.

255. Quant aux adjoints, tenant nominativement leurs pouvoirs de la loi (C. I., art. 11), ils peuvent procéder sans délégation du maire, et verbaliser comme un autre lui-même ; c'est là ce qui distingue les actes de la police judiciaire de ceux de l'administration municipale proprement dite, pour lesquels, hors les cas d'absence et de maladie, les adjoints ne peuvent agir sans une délégation du maire (2).

Ainsi, le procès-verbal d'un adjoint est valable, quoique ce fonctionnaire n'y ait point énoncé qu'il a agi à défaut du maire (3).

256. Les procès-verbaux des maires et adjoints sont

---

(1) 6 septembre et 15 décembre 1838, B. 302 et 386.—*Contrà*, F. Hélie, *Instruct. crim.*, t. 4, p. 129.

(2) Loi du 18 juillet 1837, art. 14; V. aussi mon *Manuel de police judiciaire*, 4° édit., n° 7.

(3) 6 janvier 1844, B. 6.

soumis aux mêmes règles que ceux des commissaires de police, et il leur est dû la même foi (1); je ne puis que renvoyer à ce que j'ai déjà dit des actes de ces derniers; j'y ai cité un certain nombre de décisions applicables textuellement aux maires. V. n° 218.

257. Les conseillers municipaux, en cas d'empêchement et d'absence du maire et des adjoints, ont qualité pour verbaliser, du moins le conseiller présent le premier dans l'ordre du tableau (2).

Maîtres de port, V. Capitaines.

Octroi, V. plus haut, Contributions indirectes.

257 *bis.* Toute *Personne* commissionnée par l'autorité départementale pour la surveillance et l'entretien des voies de communication *peut* constater les contraventions à la police du roulage et des messageries publiques (3).

Piqueurs des ponts et chaussées, V. Agents voyers.

258. Le *Préfet de police* à Paris, et ailleurs les *préfets*, peuvent faire personnellement dans leurs départements respectifs, ou requérir les officiers de police judiciaire, chacun en ce qui le concerne, de faire tous actes nécessaires à l'effet de constater... les contraventions et d'en livrer les auteurs aux tribunaux (C. I., art. 10). Leurs procès-verbaux, pas plus que ceux des maires, ne sont soumis à l'affirmation.

Leurs pouvoirs ne peuvent être délégués; ils ne passent en d'autres mains qu'avec l'administration elle-même, par exemple, en celles des secrétaires généraux ou des conseillers de préfecture qui remplacent les préfets (4).

(1) 5 mars 1818, B. 28; 15 juillet 1820, B. 102; 25 avril 1834, B. 123.
(2) Loi du 21 mars 1831, art. 5.
(3) Loi du 30 mai 1851, art. 15.
(4) Ordonn. du 29 mars 1821; Mangin, *des Procès-verbaux*, p. 155.

259. Les *Préposés aux ponts à bascule*, assermentés, étaient chargés de constater non-seulement les contraventions aux ordonnances qui règlent la police du roulage et celle des voitures publiques, mais celles concernant le chargement de ces dernières voitures; ils ont été supprimés avec les ponts à bascule (1).

259 bis. Les *Préposés des douanes* sont *chargés* de constater les contraventions à la police du roulage et des voitures publiques (2). Affirmation, Enregistrement, Foi due aux procès-verbaux, V. nº 211 *bis*.

Procureurs généraux, V. nº 261.

260. Les *Procureurs impériaux*, leurs *substituts*, les *juges suppléants* qui les remplacent, le cas y échéant, ne me paraissent pas avoir qualité pour constater les contraventions de simple police. Les articles 22, 49, 50, 51, 53, 54 du Code, relatifs à la compétence de ces magistrats en ce qui touche les crimes et les délits, gardent un silence absolu à l'égard des contraventions. On comprend difficilement que si le législateur avait eu l'intention d'étendre cette compétence à la dernière classe d'infractions punissables (3), il n'en eût fait aucune mention dans ces six articles.

261. Quant aux *procureurs généraux*, malgré leur position élevée, ils me paraissent avoir encore moins de droit, à l'égard des contraventions, que les procureurs impériaux. En effet, ils ne sont pas même officiers de police judiciaire, tout investis qu'ils sont de la suprême direction de l'action publique dans leur ressort (4).

(1, 2) Loi du 30 mai 1851, art. 1er et 15.
(3) V. Dalloz, *Dictionn. gén.*, vº *Instruct. crim.*, nº 72.
(4) V. ma dissertation sur les *Officiers de police judiciaire*, journal du *Droit criminel*, 1842, p. 309, et M. F. Hélie, *Instruct. crim.*, 1851, t. 4, p. 190.

Sous-bayles, V. Gardes-chaussées.

Substituts, V. Procureurs impériaux.

262. Les *Vérificateurs des poids et mesures* constatent les contraventions au système métrique des poids et mesures dans l'arrondissement ; ils sont assermentés devant le tribunal de première instance , et placés sous la surveillance du procureur impérial ; leurs procès-verbaux font foi jusqu'à preuve contraire (1). Ces actes doivent être dressés dans les vingt-quatre heures de la contravention ; il y aurait nullité s'ils n'étaient rédigés que le troisième jour, lors même que le lendemain de la contravention serait un jour férié (2). V. n° 182. Ils doivent être écrits et signés par les vérificateurs et affirmés, au plus tard, le lendemain de leur clôture, devant le maire ou l'adjoint soit de la commune de la résidence du vérificateur, soit du lieu de la contraven-tion (3) ; ils sont visés pour timbre et enregistrés en débet dans les quinze jours de l'affirmation (4). La formalité de l'affirmation est substantielle ; si elle a été omise, le procès-verbal est nul (5).

Les procès-verbaux des vérificateurs n'ont pas besoin, pour être valables, d'avoir été rédigés avec l'assistance du maire, de l'adjoint ou du commissaire de police (6). L'ordonnance du 18 décembre 1825 , art. 19, qui exigeait cette assistance pour les vérifications pério-diques, a été rapportée, à cet égard, par l'ordonnance du 17 avril 1839. Cette formalité n'est plus prescrite que dans les cas de refus d'exercice et de visite, avant le lever ou après le coucher du soleil, et ce pour l'inté-

---

(1, 3, 4) Loi 4 juillet 1837, art. 7 ; Ordonn., 17 avril 1839, art. 2, 34, 41, 42, 44.

(2) 28 septembre 1850 (Rousseau), B. 339.

(5) 26 janvier 1861, B. 25.

(6) 7 juin 1839, B. 184.

rieur des maisons, bâtiments ou magasins. *Dite ordon-nance*, art. 39.

Les vérificateurs sont encore *chargés* de constater les contraventions à la police du roulage (1), etc.

Formalités, V. n° 211 *bis*.

Remise des procès-verbaux, V. n° 101.

N° 3. — *Autorité des procès-verbaux faisant foi jusqu'à preuve contraire.*

263. Lorsque la contravention poursuivie est établie par un procès-verbal régulier, dressé par un des fonctionnaires ou agents que je viens de passer en revue, la foi qui est due à cet acte ne peut être détruite que par une preuve légale administrée à l'audience ou publiquement, telle que les dépositions de témoins (2) ou rapports d'experts, entendus sous la foi du serment; une visite des lieux par le juge, en présence des parties ou elles dûment appelées, etc. Il n'y a point lieu à une inscription de faux, et si les prévenus la déclaraient, le tribunal devrait passer outre (3).

Faute de preuves contraires semblables, la condamnation du prévenu doit s'ensuivre; l'acquittement entraînerait la cassation du jugement qui la prononcerait; ce principe résulte de la jurisprudence la plus constante. C'est ainsi que la Cour suprême a annulé, entre autres, des jugements de renvoi du prévenu, motivés:

264. 1° Sur de simples allégations du prévenu, contraires aux énonciations du procès-verbal (4);

(1) Loi du 30 mai 1851, art. 15.
(2) 26 juillet 1860, B. 314; 2 juin 1864, B. 136.
(3) 18 juillet 1861, B. 154.
(4) 27 juin 1812, B. 156; 9 octobre 1824, B. 134; 18 septem-

2° Sur le serment du prévenu, à lui déféré par le tribunal, que la contravention n'existait pas (1) ;

3° Sur la bonne foi évidente du prévenu (2) ;

3° *bis.* Sur l'âge, le défaut de discernement et l'intention des prévenus ; en matière de contravention, ces circonstances sont indifférentes et ne peuvent empêcher la condamnation, si les faits sont prouvés (3);

3° *ter.* Sur le motif que le contrevenant avait obtenu du maire la permission de ne pas se conformer au règlement municipal (4); ou que le maire aurait toléré l'inexécution de l'arrêté (5) ou de la loi (jeu de loterie tenu en public) (6). Un maire ou son adjoint ne peut aucunement dispenser un citoyen de l'exécution d'un arrêté de police pris dans l'intérêt général (7);

3° *quater.* Sur le motif que les contrevenants à un arrêté municipal n'avaient agi que par les ordres de leur chef, lequel ordre était illégal et contraire à l'obéissance due à un arrêté (8);

3° *quinquies.* Sur le motif que l'arrêté municipal invoqué n'était pas produit et que s'il avait existé, il devait être tombé en désuétude (9);

4° Sur ce que le procès-verbal ne faisait pas foi en

bre 1828, B. 264; 22 janvier 1831, B. 12; 25 septembre 1834, B. 319; 16 avril 1835, B. 140; 23 septembre 1836, B. 318; 2 septembre 1837, B. 259; 22 juin 1844, B. 234; 10 février et 28 décembre 1848, B. 36, 330; 14 mars 1850, B. 91; 8 août, 19 septembre, 2 octobre 1856, B. 285, 317, 328; 13 juillet 1861, B. 153.

(1) 25 mars 1836, B. 94.
(2) 13 juillet 1838, B. 213; 19 juillet 1845, B. 236; 30 novembre 1860, B. 267; 5 novembre 1863, B. 251.
(3) 12 février 1863, B. 46.
(4) 8 novembre 1851, B. 470; 22 janvier 1852, B. 27.
(5) 14 novembre 1851, B. 478.
(6) 27 août 1852, B. 299.
(7) 3 août 1855, B. 278.
(8) 17 février 1855, B. 52.
(9) 1er décembre 1860, B. 271.

justice, ou ne faisait qu'une foi insuffisante (1), ou était au moins inexact dans les circonstances de la contravention qu'il constatait (2) ;

5° Sur ce que la contravention n'était pas suffisamment justifiée (3) ; ou même n'était pas établie (4) ;

6° Sur ce que la contravention qui avait eu lieu ne devait pas être imputée au prévenu (5) ;

7° Sur des renseignements officieusement fournis à l'audience (6) ;

8° Sur des renseignements recueillis par le juge, en dehors de l'audience, ou sur la connaissance personnelle des faits qu'aurait eue ce magistrat (7) ;

9° Sur l'examen que le juge aurait fait des lieux, mais sans en donner connaissance aux parties (8) ;

10° Sur des certificats extrajudiciaires contraires au procès-verbal (9) ; les déclarations ou certificats d'indi-

(1) 5 mars 1818, B. 28 ; 22 décembre 1831, B. 323 ; 30 mai 1835, B. 215 ; 27 mars 1840, B. 90.
(2) 15 juin 1842, B. 163.
(3) 1er avril 1826, B. 160 ; 27, 28 avril 1827, B. 101 et 109 ; 1er août, 12 novembre 1829, B. 170, 258 ; 3 juin 1830, B. 151 ; 26 septembre 1833, B. 402 ; 25 septembre 1834, B. 316 ; 15 juin 1844, B. 213 ; 7 juillet 1854, B. 219 ; 15 mai 1856, B. 180 ; 6 novembre 1863, B. 258 ; 5 mars 1864, B. 63.
(4) 22 novembre 1860, B. 248.
(5) 15 juillet 1820, B. 102.
(6) 21 novembre 1823, B. 156 ; 25 septembre 1834, B. 317 ; 13 juin 1835, B. 239 ; 31 décembre 1859, B. 299.
(7) 21 mars 1833, B. 106 ; 25 septembre 1834, B. 317 ; 9 août, 19 octobre 1838, B. 270, 342 ; 14 février 1839, B. 48 ; 30 avril et 30 mai 1840, B. 122, 154 ; 19 août 1841, B. 246 ; 8 octobre 1842, B. 268 ; 2 mars 1843, B. 49 ; 4 mai, 15 novembre 1844, B. 162, 372 ; 2, 3 août 1849, B. 187, 191 ; 22 juin 1854, B. 202 ; 28 mars 1862, B. 99.
(8) 27 septembre 1833, B. 411 ; 13 novembre, 6 décembre 1834, B. 371, 392 ; 25 mars 1843, B. 69 ; 29 mars 1855, B. 114 ; 27 février 1863, B. 75.
(9) 23 décembre 1845, B. 373 ; 19 juillet 1851, B. 293 ; 21 janvier 1853, B. 26 ; 30 décembre 1864, vu au greffe.

vidus n'ayant pas foi en justice, non entendus à l'audience, et n'ayant point prêté serment, étant sans force et sans autorité aux yeux de la loi (1) ;

10° *bis.* Sur des lettres missives et toutes privées (2) ;

11° Sur le rapport d'un expert qui n'avait pas prêté serment (3) ;

12° Sur les dépositions de témoins qui n'avaient pas rempli la même formalité (4) ;

12° *bis.* Sur la déclaration favorable d'un maire ou d'un adjoint qui, à l'audience, n'avait pas prêté serment comme témoin (5);

13° Sur la notoriété publique (6) ;

14° Sur un certificat du garde champêtre rédacteur des procès-verbaux, certificat contenant des déclarations contraires aux énonciations de ces actes. Ce certificat ne pouvait avoir aucune force probante, ni comme preuve écrite, puisqu'il n'était pas dans la forme des actes que les gardes champêtres ont qualité pour dresser, ni comme preuve testimoniale, à cause de l'absence des garanties auxquelles sont soumises les déclarations des témoins (7) ;

15° Sur le motif qu'un instrument (un galactomètre) à l'aide duquel un commissaire de police avait constaté

---

(1) 20 juin 1828, B. 184; 9 novembre 1855, B. 353; 10 novembre 1864, vu au greffe.

(2) 7 décembre 1855, B. 393.

(3) 9 octobre 1834, B. 338.

(4) 21 février 1822, B. 30; 3 mars 1838, B. 56; 8 juin 1854, B. 185; 26 mai 1855, B. 181. V. aussi les arrêts cités p. 179, note 6.

(5) 6 juin, 4 juillet 1851, B. 210, 266 ; 24 juillet 1852, B. 245; 22 juin 1854, B. 202; 5 novembre 1863, B. 254.

(6) 24 juillet 1835, B. 303; 22 juin 1844, B. 234; 20 décembre 1860, B. 293.

(7) 5 février 1846, B. 38.

le mélange d'un tiers d'eau avec du lait, n'était point un instrument infaillible (1).

16° Sur une tolérance d'usage concernant les faits de la prévention (2).

Si le procès-verbal, base première de la poursuite, est irrégulier, il peut y être suppléé par un autre procès-verbal régulier, constatant la même contravention, et ce second acte, quoique produit à une audience ultérieure, doit nécessairement être examiné par le juge (3).

265. Mais contre tous ces actes on peut administrer la preuve contraire, combattre leurs énonciations par la déposition de témoins entendus sous la foi du serment. V. nᵒˢ 267, 368.

Lorsque cette preuve contraire a été faite, le juge doit constater les faits établis qui détruisent les constatations du procès-verbal ; il ne peut, dans ce cas, se borner à dire que ce procès-verbal a été débattu par la preuve contraire (4).

Par une suite inverse du même principe la preuve testimoniale peut être administrée à l'appui d'un procès-verbal insuffisant ou irrégulier, soit à l'audience même, soit à une prochaine, au moyen d'une remise de l'affaire. V. n° 368.

ART. 4. — Procès-verbaux ou rapports qui ne valent que comme simples renseignements.

266. Des procès-verbaux et rapports, très-fréquemment produits devant les tribunaux de simple police, sont ceux des agents ou préposés subalternes de la

(1) 11 septembre 1847, B. 224.
(2) 19 juin 1851, B. 230 ; 24 février 1860, B. 57.
(3) 27 janvier 1854, B. 21.
(4) 9 février 1856, B. 62 ; 26 mars 1858, B. 110.

police municipale, connus tantôt sous les noms d'*agents
de police*, de *sergents de ville*, tantôt sous ceux d'*appariteurs de mairie* ou de police, d'*inspecteurs de police* (pour
ces derniers, il y a une exception, V. n°251), d'agents du
balayage public (1), et même de *gardes* ou *veilleurs* de
nuit. — Tous ces actes ne valent que comme dénonciations ou renseignements. — A une époque antérieure,
les appariteurs de police et autres agents assermentés
avaient qualité pour constater les contraventions par
des procès-verbaux, avec l'assistance et la signature de
deux proches voisins (2). Mais ces dispositions n'ont été
reproduites ni par le Code du 3 brumaire an iv, titre 2,
ni par le Code d'instruction criminelle, et doivent être
considérées comme abrogées ; de sorte que les agents
et appariteurs de police n'ont plus aujourd'hui qualité
pour verbaliser légalement (3). Ces rapports ne font
pas foi, qu'ils soient écrits par ces agents ou rédigés
par le commissaire de police auquel les agents ont
rendu compte des faits reconnus (4). Il en serait de
même pour les officiers de paix, à Paris, suivant M. A.
Dalloz (5).

267. Lors donc que la contravention ne repose que
sur le rapport d'un de ces agents, et que l'aveu du
prévenu (V. n° 268) ne vient pas suppléer à l'insuffi-

---

(1) 13 mars 1862, B. 73.
(2) Décret du 19 juillet 1791, tit. 1, art. 12.
(3) 7 août 1829 (agents de police), J. cr., art. 176 ; 28 août
(appariteurs), 28 septembre 1829 (agents), B. 197, 229 ; 30 juin
(2 arr.) 1838 (agents), B. 185, 186 ; 30 mars 1839 (sergents de
ville, inspecteurs de ronde), B. 109 ; 15 octobre 1842 (sergents), D.
P., 1.422 ; 17 mai 1845 (inspecteurs de police), D. P., 4.427 ; 11
décembre 1851 (gardes de nuit), B. 515.
(4) 24 février 1855, B. 65.
(5) *Dict. gén.*, Supplément, p. 721, n. 11. Il faut remarquer,
toutefois, que les arrêts cités sous ce numéro ne font pas une expresse mention des officiers de paix.

sance de ce document, il faut faire entendre le rédacteur du rapport comme témoin à son appui, soit à la première audience, soit à une audience de remise indiquée par le juge de paix. V n°s 368, 369.

Il en est de même lorsque la contravention n'est établie que par un procès-verbal dressé par un agent incompétent ; spécialement lorsqu'il s'agit de l'exposition en vente, par un boulanger, de pains n'ayant pas le poids, et que cette infraction n'a été constatée que par un garde champêtre (V. p. 156); la preuve testimoniale offerte sur la contravention, par le ministère public, ne peut être repoussée par le tribunal (1).

En effet, on l'a vu (n° 181), aux termes de l'art. 154 du Code, les contraventions de police peuvent toutes être prouvées par témoins (2). Et sont à entendre, en cette qualité, les rédacteurs des procès-verbaux, ou rapports irréguliers ou non probants, à *l'appui* ou au défaut de ces actes (3), et sauf au tribunal d'avoir tel égard que de raison à leurs dépositions (4).

§ 2. — *De la Preuve orale.*

Art. 1er.—Aveu du prévenu.

268. L'art. 154, C. Inst. cr., ne met au nombre des preuves des contraventions de police que les procès-verbaux ou rapports réguliers, et les dépositions des témoins entendus sous la foi du serment.

(1) 15 mai 1851, B. 183.
(2) 26 janvier 1816, B. 5 ; 22 avril 1820, B. 55; 24 mai 1821, B. 82; 1er mai, 27 décembre 1823, B. 59, 167.
(3) 12 juillet 1810, B. 89 ; 3 et 24 février 1820, B. 21, 32; 6 juillet 1821, B. 112; 1er mars 1822, B. 35; 5 mars 1835, B. 78; 4 août 1837, B. 223.
(4) 3 février 1820, B. 21 ; 13 juin 1834, B. 184.

La jurisprudence a ajouté l'aveu du prévenu à ces deux sortes de preuves. Lorsque cet aveu est formel et nettement formulé à l'audience, il établit la contravention, et la peine encourue doit être prononcée (1), nonobstant le défaut d'un procès-verbal constatant le corps du délit (2) ou malgré l'irrégularité du procès-verbal (3). L'aveu peut même faire foi en matière correctionnelle (4); et l'ancienne maxime de droit : *Non auditur perire volens,* n'empêche pas que cet aveu ne doive être recueilli par le juge comme une preuve légale; une maxime, en effet, n'est obligatoire que lorsque, ce qui n'existe pas pour celle-ci, elle a été sanctionnée par une loi (5).

269. Si le prévenu, tout en confessant la contravention, alléguait, en même temps, un motif de justification et d'excuse, son aveu n'en ferait pas moins preuve contre lui pour la contravention matérielle, sauf à lui d'établir sa justification par une voie légale. Les principes du Code Napoléon, art. 1356, sur l'indivisibilité de l'aveu, ne sont pas applicables en matière de police; ils ont été destinés à régler la preuve en matière de conventions, et nullement en matière de délits (6).

Mais il faut que l'aveu soit formel; si le prévenu, et il en a le droit, venait à le rétracter, cet aveu ne ferait

---

(1) 11 juin 1813, B. 128; 5 février 1825, B. 21; 26 janvier et 4 mars 1826, B. 18 et 42; 3 avril 1830, B. 93; 13 mai 1831, B. 109; 17 février 1837, B. 56; 13 septembre 1839, B. 296; 13 décembre 1843, B. 307; 7 août 1851, B. 328; 15 novembre 1856, B. 359.

(2) 29 juin 1848, B. 193; 4 septembre 1856, B. 308; 20 novembre 1863, B. 277.

(3) 29 novembre 1851, B. 501; 15 octobre 1852, B. 351.

(4) 26 novembre 1829, B. 265; 23 septembre 1837, B. 293.

(5) 23 septembre 1837.

(6) 5 février 1825, cité note 1; 19 août 1841, B. 248.

plus preuve contre lui (1). Le juge doit donc, si l'aveu a été recueilli, ne pas prononcer le renvoi du prévenu, sans avoir établi, dans ses motifs, si cet aveu était ou non explicite (2).

Constatation de l'aveu; procès-verbal, V. n° 210; Jugement, V. n° 398; Contravention découverte ou prévenu signalé à l'audience, V. n° 448.

ART. 2. — Dépositions des témoins.

270. Après la lecture des procès-verbaux ou des assignations, les témoins, lorsqu'il y en a, déposent dans l'ordre établi par le ministère public, la partie civile, le prévenu, suivant qu'ils ont été appelés ou cités par ces différentes parties. Arg. de C. I., art. 317 et 321.—Il n'est aucunement nécessaire de faire notifier leurs noms, avant l'audience, au prévenu ou au ministère public; l'art. 315 n'est pas applicable en simple police (3).

271. Ces témoins sont appelés en vertu de la faculté qui résulte, pour toutes les parties, de l'art. 154 du Code; V. n° 181. Les déclarations produites par le ministère public ou la partie civile peuvent être combattues par celles des témoins du prévenu ou des personnes civilement responsables, et réciproquement. On a peine à comprendre qu'un principe aussi clair ait pu faire difficulté dans l'application (4).

271 bis. Il va sans dire que les témoins doivent déposer réellement à l'audience et non dans un autre local (5); que leurs déclarations orales ne pourraient

(1) 19 août 1841.
(2) 19 novembre 1864; deux arrêts, vus au greffe de la Cour.
(3) 4 août 1837, D. 38.1.410.
(4) 14 novembre 1840, B. 326.
(5) 22 vendémiaire an VIII, B. 39.

être suppléées, à peine de nullité, par la lecture de l'information du juge d'instruction où leurs dépositions auraient été recueillies (1), non plus que par les notes tenues par le greffier de leurs déclarations à une précédente audience et devant un autre juge (2).

272. *Du serment.*—« Les témoins feront à l'audience, sous peine de nullité, le serment de dire toute la vérité, rien que la vérité, et le greffier en tiendra note, ainsi que de leurs noms, prénoms, âge, profession et demeure, et de leurs principales déclarations. » C. I., art. 155.

La première conséquence à tirer de cette disposition, c'est que *tous* les témoins produits devant le tribunal de police doivent, à peine de nullité, prêter serment (3). Il n'y a aucune distinction à faire, à cet égard, entre ceux qui déposent à charge ou à décharge (4). Le consentement donné par les parties et le ministère public à ce que le témoin (ou l'expert, V. n° 275) fût dispensé du serment, n'empêcherait pas qu'il n'y eût nullité (5).

Le serment est également obligatoire pour les rédacteurs des procès-verbaux ou rapports qui viennent à l'audience donner des explications sur les faits qu'ils ont constatés (6); pour un maire, comme pour un

---

(1) 8 janvier 1807, B. 6; 24 mai 1811, B. 81; 22 décembre 1815, B. 69.

(2) 2 prairial an VII, B. 412.

(3) V. entre autres, 4 mars 1838, B. 56; 23 août, 22 novembre, 5 décembre 1839, B. 273, 361, 370; 24 janvier 1840, B. 34; 20 septembre 1845, B. 298; 3 septembre 1846, B. 231; 4 mars 1848, B. 56; 12 août 1852, B. 270; 28 novembre 1856, B. 382; 8 janvier 1857, B. 11.

(4) 8 août 1817, B. 71; 16 décembre 1826, B. 261; 10 juin 1836, B. 185; 8 février et 16 octobre 1841, B. 40, 350; 19 septembre 1851, B. 393.

(5) 27 novembre, 27 décembre 1828, B. 311, 338; 13 juin 1835, B. 238.

(6) 16 mars 1844, B. 103; 31 janvier, 19 juin, 12 décembre 1846, B. 35, 157, 314; 28 septembre, 28 décembre 1849, B. 263, J. cr., 4716; 4 septembre 1856, B. 310.

simple particulier (1) ; pour le plaignant qui ne s'est pas constitué partie civile (2) ; pour les témoins amenés simplement aux débats, comme pour ceux qui comparaissent en vertu d'une citation.

272 bis. Le Code, art. 269, autorise le président des assises à recevoir, en vertu de son pouvoir discrétionnaire, les déclarations de certains témoins à titre de simples renseignements et sans prestation de serment ; mais cette disposition exceptionnelle, nécessaire au grand criminel, où les débats, une fois commencés, ne peuvent être interrompus, ne s'étend pas au juge de police, ni au président du tribunal correctionnel, qui n'ont pas de pouvoir discrétionnaire (3) et n'en ont pas besoin, puisque les affaires peuvent être remises à un autre jour, si cela est nécessaire, pour compléter l'instruction.

273. Cette règle impérative sur l'obligation du serment ne souffre que deux exceptions : la première concerne les condamnés, non réhabilités, à une peine afflictive ou infamante, à qui le serment est interdit (C. pén., art. 28 et 34 ; C. Nap., art. 25) ; la seconde, qui n'est pas absolue, concerne les témoins âgés de moins de quinze ans, qui « peuvent, dit l'art. 79, être entendus par forme de déclaration et sans prestation de serment » (4). Mais le juge peut légalement faire prêter

(1) 6 juin, 4 juillet, 20 décembre 1851, B. 210, 266, 534.

(2) 2 mai 1840, B. 126.

(3) 23 septembre 1836, B. 230 ; 13 mai 1837, B. 151 ; 21 septembre, 5 octobre 1836, B. 315, 327 ; 13 mai (deux arrêts) 1841, B. 139, 140 ; 15 mai 1845, B. 172 ; 19 juin 1846, B. 159 ; 12 mai, 4 novembre 1848, B. 144, 263 ; 7 juin 1849, B. 125 ; 20 mars, 4 avril (Aribaud) 1851, B. 103, 130 ; 30 avril, 30 décembre 1852, B. 141, 449 ; 20 janvier, 8 juin 1854, B. 14, 185 ; 27 avril 1855, B. 146 ; 1er mars, 2 août, 22 novembre 1856, B. 89, 278, 368.

(4) 3 décembre 1812, ch. réun., D. A., t. 11, 959 ; 2 mars 1855, B. 81.

serment aux jeunes témoins qui lui paraissent en état de comprendre toute l'importance de cet acte (1). Il n'y a pas nullité, toutefois, lorsque les témoins condamnés ont été entendus sous la foi du serment, si aucune des parties n'a élevé de réclamation à ce sujet (2).

274. La seconde conséquence à tirer de l'art. 155, c'est que la formule du serment qui s'y trouve, de « dire toute la vérité, rien que la vérité », doit être *textuellement* suivie, et qu'il n'est pas permis au juge, en recevant le serment des témoins, de lui faire subir *la plus légère modification*, sous peine de voir annuler son jugement. Ainsi, il a été décidé qu'il y avait nullité lorsque les témoins avaient prêté le serment,

1° De *dire vérité* (3);

2° De *dire la vérité* (4);

3° De *dire et déposer vérité* (5);

4° De *dire toute la vérité* (6);

5° De *dire vérité et toute vérité* (7);

6° De *dire la vérité, toute la vérité* (8);

---

(1) 25 avril 1834, J. crim., art. 1392; 8 mars 1838, *idem*, article 2125; 15 avril 1841, B. 97.

(2) 18 novembre 1819, B. 120.

(3) 10 novembre 1820, B. 144; 18 août 1832, B. 313; 5 novembre 1835, B. 408; 6 mars, 10 et 24 mai, 13 novembre 1845, B. 84, 168, 177, 339; 5 février 1846, B. 37; 12 mars 1858, B. 90.

(4) 7 novembre 1822, B. 164; 15 avril 1837, B. 117; 25 juillet 1846, B. 198; 21 février, 29 août 1856, B. 77, 305; 6 mai 1859, B. 120; 21 août 1862, B. 215.

(5) 19 mai 1832, B. 183; 26 février 1846, B. 56; 22 mars 1855, B. 104.

(6) 27 août 1818, B. 109; 26 septembre 1845, B. 308; 13 novembre 1847, B. 271; 2 mars 1854, B. 58.

(7) 23 avril 1835, B. 153; 8 août 1850, B. 249; 10 août 1855, B. 287.

(8) 15 mars 1816, B. 13; 19 août 1826, B. 161; 18 août 1832, B. 313; 15 mai 1845, B. 172; 26 février 1846, B. 55; 22 novembre 1856, B. 371; 2 mai 1861, B. 96; 8 août 1862, B. 204.

7° De *dire rien que la vérité* (1) ;

8° De *dire vérité, rien que vérité* (2) ;

9° De *dire vérité, rien que la vérité* (3) ;

10° Ou *la vérité, rien que la vérité* (4).

A plus forte raison a-t-on décidé qu'il y avait nullité :

Lorsqu'un témoin, au lieu de prêter le serment prescrit, « avait affirmé par serment la vérité du fait par lui déclaré » (5) ;

Lorsque d'autres témoins avaient seulement été, par le juge de paix, interpellés *à la perte de leur âme*, sur les faits imputés au prévenu (6) ;

Lorsque les témoins n'avaient prêté que le serment de l'art. 35 du Code de procédure civile, infraction formelle aux règles de l'instruction criminelle (7).

Le nombre des arrêts (et je ne les ai pas tous cités) d'où résultent ces principes montre l'importance que la Cour suprême attache à la stricte observation de la formule du serment contenue dans le Code, et l'attention que doivent apporter les tribunaux de police à ce que cette formule soit littéralement prononcée à l'audience, et ensuite constatée de même soit dans le jugement, soit dans les notes du greffier. V. n° 296.

Cependant il n'y aurait pas nullité si les témoins avaient prêté serment suivant une formule plus éten-

---

(1) 23 juillet 1843, B. 159.

(2) 13 juillet 1850, B. 221.

(3) 15 juin, 26 octobre 1821, B. 97, 167 ; 8 avril 1824, B. 48 ; 9 juillet 1825, B. 129 ; 28 juin 1832, B. 232 ; 7 décembre 1837, B. 422 ; 15 septembre 1843, B. 244 ; 13 septembre 1845, B. 288.

(4) 18 février 1847, B. 35 ; 13 avril 1849, B. 80 ; 2 octobre 1851, B. 420 ; 12 mai, 27 juillet 1854, B. 147, 237 ; 24 février 1855, B. 66 ; 1er février 1856, B. 46 ; 12 mars 1858, B. 93 ; 14 novembre 1861, B. 231 ; 11 avril 1863, B. 115 ; 30 décembre 1864, vu au greffe.

(5) 8 août 1840, B. 228.

(6) 25 avril 1840, B. 119.

(7) 21 avril 1860, B. 108.

due, où celle de l'art. 155 se serait trouvée textuellement comprise (1). Ainsi, les témoins qui déposent devant la Cour d'assises doivent prêter le serment de
« parler sans haine et sans crainte, de dire toute la vérité et rien que la vérité. » C. I., art. 317.—Si cette formule avait été suivie en simple police, son emploi ne
donnerait pas ouverture à cassation, malgré ses termes
surabondants, parce que le serment de l'art. 155 s'y
trouve renfermé (2).

275. Quant aux experts, lorsque le tribunal trouve
à propos d'en commettre, ils sont également astreints
au serment avant de déposer leur rapport ou de le présenter de vive voix (3). Ils ne pourraient, même du consentement des parties et du ministère public, être dispensés de cette obligation, parce que c'est une règle de
droit public, établie dans l'intérêt de la société et d'une
bonne administration de la justice, que les conventions
des particuliers ne peuvent altérer ou modifier (4).—
En matière civile, il n'en est pas de même ; il résulte
de la jurisprudence que les parties peuvent dispenser
l'expert du serment, parce qu'il s'agit d'une formalité
qui tient à leur intérêt privé, et pour laquelle, par conséquent, leurs conventions doivent servir de règle (5).

La formule du serment diffère suivant la position
dans laquelle se trouvent les experts. Si l'expertise a
été accomplie avant l'audience, et qu'il n'y ait plus qu'à
en rendre compte aux débats, les experts sont assimilés à des témoins et doivent prêter le serment de

(1) 27 mars 1856, B. 123.
(2) 23 novembre 1815, J. *Palais*, 3° édit.; 12 novembre 1835,
B. 413.
(3) 7 décembre 1833, B. 502; 9 mai 1844, B. 165.
(4) Arrêts cités p. 186, note 5, et 23 janvier 1841, B. 22 ; 14 août
1856, B. 290.
(5) Cour imp. de Florence, 23 juin 1810, D. A., t. 7, p. 661.

l'art. 155 (1). Si, à l'audience même, les experts reçoivent du juge leur mission, ils doivent, avant de la
commencer, prêter le « serment de faire leur rapport
et de donner leur avis en leur honneur et conscience ».
C. I., art. 44. Les formules légales de serment sont in-
violables comme le serment lui-même, et l'on ne peut
substituer celle du serment des témoins à celle des experts et réciproquement (2).

Constatation du serment, V. n. 296.

276. *Attitude des témoins au moment du serment.* —
Les témoins et les experts, pour prêter serment,
doivent être placés au pied de l'estrade où siége le
tribunal, sans armes ni bâtons, debout, la tête découverte, la main droite nue. Pendant que le juge prononce
la formule, ils tiennent la main droite levée, ou la
gauche, s'ils sont privés de la droite (3), à la hauteur
du visage, et disent ensuite, à intelligible voix : *je le
jure.*

277. Les témoins que l'âge ou la maladie empêche
de se tenir debout sans fatigue prêtent serment assis.

278. Le respect dû à la justice ne permet pas, lorsque l'on s'explique devant elle, de conserver une arme
quelconque ; cependant si, par oubli, le témoin avait
gardé son épée (ou sa canne), il n'y aurait pas nullité (4).

279. *La main droite levée.* — L'obligation de lever la
main, en prêtant serment, ne résulte pour les témoins
d'aucune loi (5). Elle est imposée aux jurés seuls, par

(1) 27 avril 1827, B. 133 ; 8 janvier 1846, B. 12.
(2) 19 janvier, 14 avril 1827, B. 12, 80.
(3) 8 octobre 1840, B. 299.
(4) 16 juin 1836, B. 195.
(5) Cour imp. de Turin, 22 février 1809, *J. Palais*, et Merlin,
Rép., t. 16, p. 105.

l'art. 312, C. instr., qui les astreint aussi à se tenir
« debout et découverts » pendant que le président de
la Cour d'assises lit la formule. C'est, à ma connaissance, l'unique texte en vigueur où se trouve une
énonciation semblable. Cependant cet usage de lever la
main, suivi dans toute la France, à l'égal d'une disposition législative, avait été établi par divers édits dès la
fin du XVI⁰ siècle. Mon père est, je crois, le premier
juriste (1) qui ait fait connaître comment cette forme de
prestation de serment, introduite dans l'intérêt des
protestants, avait fini par être généralement adoptée en
France.

Avant les guerres de religion, on prêtait serment en
plaçant la main sur divers emblèmes, qui variaient
suivant la localité : le bois de la vraie croix, les corps de
saint Denis, de saint Martin, de saint Germain ; le bras
de saint Antoine ; ce dernier emblème était en grande
vénération à Bordeaux.

Ces usages blessant leur croyance, les réformés
demandèrent à en être dispensés, ce qui leur fut accordé
par les édits de pacification de mai 1576, de septembre
1577 et d'avril 1598 (2). Le dernier, ou le célèbre édit
de Nantes, portait, art. 24 : « Pareillement ceux de
ladite religion (prétendue réformée)... estant appelés
par serment, ne seront tenus d'en faire d'autre que de
lever la main, jurer et promettre à Dieu qu'ils diront la
vérité... »

Cette forme se répandit plus tard parmi les catholi-
ques ; des ouvrages publiés sous Louis XIV (3) en font
mention, et elle était devenue presque générale en

---

(1) Jacques Berriat-Saint-Prix, *Recherches sur le serment judiciaire*, 1838, p. 9, 23 et suiv.

(2) Isambert, *Lois anciennes*, t. 14, p. 284, 330, et t. 15, p. 178.

(3) *Le Parfait praticien*, in-4⁰, 1675, p. 730, 2⁰ part.; *le Praticien françois*, 1697, in-12, t. 2, p. 661.

1789 ; seulement les ecclésiastiques prêtaient serment en plaçant la main sur le *pict* (*pectus*) ou la poitrine, et des laïques sur l'Evangile. Ainsi faisaient les membres du barreau qui prêtaient serment devant les Parlements (notamment celui de Grenoble) ; ils mettaient la main sur l'Evangile que tenait le premier président (1). La révolution ayant fait disparaître ces dernières formes, celle des protestants a continué seule de subsister.

Quant à la préférence donnée à la main droite, elle n'a, pour ainsi dire, pas besoin d'explication. La main droite a, de tout temps, été employée pour les actes solennels ; c'est celle qui tient l'épée, le bâton de commandement, le sceptre ; en l'élevant vers le ciel, celui qui promet, jure ou affirme, est censé prendre la divinité à témoin de sa bonne foi (2).

280. Le serment doit être prêté individuellement par chaque témoin, au moment de faire sa déposition. Il paraît que, dans quelques siéges, l'usage était de recevoir collectivement le serment de tous les témoins de la même affaire, et avant de les faire retirer de l'audience. Cette forme de procéder est contraire à l'esprit de la loi qui ne permet pas de séparer le serment d'un témoin de sa déposition. Arg. de C. I., art. 317 (3).

281. *Refus de prêter serment ou de déposer.* — Le témoin qui refuse, soit de prêter serment, soit de faire sa déposition, doit être condamné (F. n° 763) à l'amende portée par l'art. 80. C. I., art. 304, 355. Cette disposition est placée dans le chap. 6 du titre 2 du Code, intitulé : « des affaires qui doivent être soumises au jury, » mais elle me paraît, sans aucun doute, applicable en

(1, 2) Jacques Berriat-Saint-Prix, *loc. cit.*, p. 8, note 2, et p. 23 et suiv.

(3) C. cass., 15 décembre 1832, B. 501.

matière de simple police. Il est de toute nécessité que ces tribunaux puissent vaincre la résistance que leur opposerait un témoin en refusant, soit de prêter serment, soit de déposer. La Cour de cassation juge constamment « qu'en matière de procédure criminelle (1), lorsqu'il s'agit d'une règle qui, par sa nature même, est généralement applicable à tous les genres de procédure, et non pas spéciale à un seul, il est permis de raisonner par analogie et de transporter l'application d'une règle d'un cas à un autre : autrement il y aurait souvent lacune dans la loi sur l'instruction criminelle. » C'est par suite de ce principe que la Cour a déclaré applicables devant les conseils de discipline de la garde nationale les art. 80 et 157 du Code, malgré le silence de la loi du 22 mars 1831 à cet égard (2).

D'ailleurs on peut très-logiquement soutenir, aux termes de l'art. 157, que les témoins qui refusent de prêter serment ou de déposer « ne satisfont pas à la citation », puisque le but de cet acte n'est pas seulement de les amener devant le tribunal, mais d'obtenir d'eux la révélation des faits parvenus à leur connaissance (3).

L'amende encourue pour refus de déposition doit être prononcée contre le condamné à une peine infamante à qui le serment serait interdit, mais qui, appelé devant le tribunal de simple police, refuserait d'y déposer, à titre de renseignements (4).

Témoins défaillants, V. n° 173.

282. *Témoins qui, en général, ne doivent pas être*

---

(1) 19 septembre 1834, B. 311.
(2) 15 novembre 1844, B. 368.
(3) V. Legraverend, *Législ. crim.*, t. 1, p. 251, 252 ; Bourguignon, *Jurispr. Codes crim.*, t. 1, p. 189 et suiv.
(4) Arg. de C. 13 janvier 1838, B. 15.

entendus. — On ne doit pas appeler en témoignage les ascendants ou descendants (1) de la personne prévenue, les frères et sœurs ou alliés en pareils degrés (2), la femme ou le mari, même après le divorce prononcé. Néanmoins, l'audition de ces personnes ne pourra opérer nullité, lorsque le ministère public, la partie civile, ou le prévenu, ne se seront pas opposés à ce qu'elles soient entendues (3). C. I., art. 156.

Ces prohibitions s'appliquent : — au bâtard adultérin de la femme légitime du prévenu, par la raison que le vice de la naissance d'un enfant ne peut effacer le lien naturel qui existe entre la mère et cet enfant (4); — à la fille naturelle du prévenu (5);—à la belle-mère ou à la belle-sœur du prévenu, alors même que le conjoint de celui qui produisait l'alliance est décédé sans enfants; c'est la disposition formelle de l'art. 283 du Code de procédure applicable en matière criminelle, à cause du silence du Code d'instruction sur ce point (6).

283. Mais les dispositions de l'art. 156 de ce Code, de droit étroit, comme toutes prohibitions, ne peuvent être étendues au delà de leurs termes, de sorte que les oncles ou neveux, etc., du prévenu, doivent être entendus comme témoins (7). De même le conjoint du beau-frère ou de la belle-sœur du prévenu n'étant pas l'allié de ce dernier peut déposer contre lui ou en sa faveur (8).

(1) 28 mai 1841, D. P., 1.403.
(2) 8 janvier 1859, B. 12.
(3) 24 frimaire an XIII, B. 48.
(4) 6 avril 1809, B. 66.
(5) 19 septembre 1822, J. crim., art. 1201.
(6) 10 octobre 1839, D. P., 40.1.377 ; 10 mai 1843, B. 100.
— Avant le Code de procédure, on jugeait que le décès sans enfants du conjoint faisait cesser l'alliance ; 27 vendémiaire an IX, B. 22.
(7) 13 janvier 1820, B. 6.
(8) 6 frimaire an IX, B. 61 ; 5 prairial an XIII, B. 142; 16 mars 1821, B. 50.

On ne peut pas davantage reprocher un témoin, su
le motif qu'il aurait personnellement commis la contravention imputée aux prévenus (1).

284. La partie civile, une fois qu'elle a pris nettement cette qualité, ne peut être entendue comme t-
moin (2); cependant, si aucune opposition à son audition ne s'était élevée soit de la part du ministère public,
soit de celle du prévenu, il n'y aurait pas nullité à recevoir sa déposition (3).

Quoi qu'il en soit, la prohibition ne s'étend pas aux
parents de la partie civile, et, dans l'affaire qui intéresse celle-ci, peuvent être valablement entendus,
comme témoins, ses frères et sœurs. D'une part, l'art.
268 du Code de procédure n'est pas ici applicable (4);
et de l'autre, l'art. 322 du Code d'instruction ne comprend pas, dans ses prohibitions, les parents ou alliés
de la partie civile (5).

285. Quant à l'officier du ministère public qui fait
partie du tribunal, la fonction qu'il remplit est incompatible avec la qualité de témoin, et aucune des parties ne s'opposât-elle à la production de son témoignage, il y aurait une évidente nullité à le recueillir (6).

Il en est de même pour le greffier qui tient la plume
à l'audience; élément nécessaire du tribunal de police,
il ne peut absolument être appelé à y déposer comme
témoin (7). Mais il n'y a pas incompatibilité entre les

(1) 6 mai 1858, B. 146.
(2) 5 janvier 1838, B. 2; 18 août 1854, B. 259; 14 octobre
1856, B. 339.
(3) 28 novembre 1844, B. 383.
(4) 27 mai 1837, B. 164.
(5) 8 août 1851, B. 332.
(6) 27 mai 1841, B. 156; 19 avril 1851, B. 149.
(7) M. F. Hélie, *Instruct. crimin.*, t. 7, p. 289.

obligations de témoin et les fonctions d'huissier audiencier (1).

286. *Témoins qui ne sont pas obligés de déclarer tout ce qu'ils savent.* — Il y a des fonctionnaires ou personnes obligés par les devoirs de leur état au secret sur les faits qui leur sont confiés à cause de leur qualité et que, dès lors, ils ne sont pas obligés de révéler à la justice. Tels sont les confesseurs, médecins, chirurgiens, sages-femmes, pharmaciens, avocats, avoués. Je ne crois pas devoir reproduire les détails dans lesquels sont entrés à cet égard divers criminalistes, par la raison que les contraventions de police sont des infractions matérielles la plupart commises publiquement et sur lesquelles il n'est pas présumable que des confidences soient portées au confessionnal du prêtre, au cabinet du médecin ou de l'avocat, etc. Si donc quelqu'un de ces personnages en avait connaissance, ce ne serait qu'en dehors des fonctions de son ministère et, alors, son témoignage pourrait et devrait même être reçu, sans restriction, par le tribunal de police. Il a été décidé, en effet, et solennellement, que, hors la nécessité de fonctions civiles ou religieuses, le serment volontairement prêté de ne pas révéler telle confidence ne pouvait être un motif légitime de refuser à la justice les révélations qu'elle requérait dans l'intérêt de la société (2).

287. *Reproches.* — C'est avant l'audition des témoins et, le plus ordinairement, après que leurs noms et qualités ont été déclinés que se proposent et se jugent *les reproches* élevés contre eux. Le Code, au chapitre des tribunaux de simple police, ne fait aucune mention de

(1) 18 mars 1864, B. 73.
(2) 30 novembre 1820, chamb. réun., D. A., t. 11, p. 47; 8 mai 1828, B. 139.

cet incident. On ne le trouve énoncé qu'au chapitre des tribunaux correctionnels, dans l'article 190, en ces termes : « Les témoins pour et contre seront entendus, et *les reproches proposés et jugés.* » Mais il est évident que cette disposition est d'une portée générale et s'applique à la procédure de simple police. Lors donc qu'un témoin s'est suffisamment désigné en faisant connaître son nom, sa profession, etc., la partie qui veut s'opposer à son audition doit articuler les griefs qu'elle a à présenter à cet égard. Ces griefs ou causes de reproche ne sont autres que ceux qu'énonce l'article 156 du Code d'instruction ; on ne peut y joindre ceux qui concernent les témoins appelés dans les enquêtes civiles et qu'énumère l'article 283 de Code de procédure. Ainsi le fait d'avoir bu et mangé avec les auteurs de la contravention ; celui d'avoir donné des certificats sur des circonstances relatives au procès, ne sont pas des causes légales de reproche des témoins en matière de simple police ; le tribunal peut seulement avoir égard à ces particularités (1).

288. *Déposition orale.*—Les témoins doivent déposer oralement (C. I., art. 317), c'est-à-dire sans s'aider d'aucun projet écrit. Cette règle doit d'autant plus être observée en simple police, que les faits à rappeler sont des plus simples et ne se trouvent point mêlés de chiffres et de dates pour lesquels, comme en matière criminelle ou correctionnelle, la mémoire du témoin a besoin d'être aidée au moins par des notes.—Si, avant les débats, la déclaration du témoin a été recueillie par écrit, lecture peut en être donnée après qu'il a fait sa déposition oralement, mais on ne saurait suppléer la déposition orale d'un témoin absent par la lecture de sa

---

(1) 25 avril 1834, B. 124 ; 18 juillet 1846, B. 188.

déclaration écrite (1) qu'en cas d'absolue nécessité (2).

289. *Audition séparée.*—Il faut, en général, entendre les témoins séparément, afin qu'ils ne puissent pas modeler leurs dépositions les uns sur les autres. Cette précaution, indiquée par l'article 317 du Code, n'est pas tellement obligatoire pour les tribunaux de police que le juge puisse refuser d'entendre un témoin qui serait resté dans l'auditoire pendant la déposition d'un autre (3).

290. *Questions aux témoins, experts, etc.* — Les questions aux témoins, aux experts, etc., ne peuvent être adressées par le prévenu, la partie civile, ou leurs conseils, que par l'organe du juge de paix. C. I., art. 319. L'officier du ministère public peut les faire lui-même en demandant, pour l'ordre de l'audience, la parole au juge, *Ibid.* (4).

291. Les témoins ne peuvent être interrompus (*Ibid.*), quelle que soit la partie qui les a produits, et ils ne doivent jamais s'interpeller entre eux. *Ibid.*, art. 325. Toutefois, l'observation de ces formalités n'est pas prescrite à peine de nullité (5).

Faux témoignage à l'audience, V. Incidents, n° 470.

292. *Confrontation des témoins.* — Le prévenu peut demander, après que les témoins auront déposé, que ceux qu'il désignera se retirent de l'auditoire, et qu'un ou plusieurs d'entre eux soient introduits et entendus de nouveau, soit séparément, soit en présence les uns des autres. — L'officier du ministère public a la même

(1) 27 frimaire, 8 nivôse an x, B. 72, 83 ; 10 avril 1807, B. 70.
(2) 4 août 1832, D. P., 33.1.347.
(3) 4 juin 1847, B. 121.
(4) 19 septembre 1834, B. 311.
(5) 11 avril 1817, B. de 1818, n. 1.

faculté.—Le juge de paix peut aussi l'ordonner d'office.
C. I., art. 326. Il n'est pas nécessaire, pour cette seconde audition, que les témoins prêtent un nouveau
serment (1); lors même que la confrontation n'aurait
lieu qu'à une audience ultérieure (2).

Les dispositions qui précèdent (nos 288 à 292) ont été,
pour la plupart, empruntées à la procédure d'assises;
c'est que ce sont des règles généralement applicables, par leur objet, à tous les genres de procédure et
non spéciales à un seul. Favorables à la manifestation
de la vérité, ces règles doivent être observées dans les
juridictions dont la procédure ne les a pas textuellement reproduites (3).

293. *Témoins inutiles ou superflus.*—Si la partie civile,
le prévenu, ou même le ministère public, ont appelé
ou fait citer des témoins inutiles, parce qu'ils n'ont pas
connaissance des faits du procès, ou superflus, parce
que ces faits sont suffisamment établis ou détruits par
les déclarations des témoins déjà ouïs, le juge de paix
peut ordonner que ces témoins ne seront pas entendus;
il entre dans ses attributions et ses pouvoirs « de rejeter
des débats tout ce qui tendrait à les prolonger sans
donner lieu d'espérer plus de certitude dans les résultats. » C. I., art. 270. Cette disposition ne concerne
littéralement que les présidents d'assises, mais la Cour
suprême a décidé « que le devoir établi par l'art. 270
était commun, par une parité de raison, à tous les magistrats qui dirigent un débat public en matière correctionnelle ou de simple police, pour prévenir les divagations des témoins, les ramener, sans gêner leur liberté,

---

(1) 23 juillet 1812, D. A., t. 11, p. 956, n. 11.
(2) 28 septembre 1855, B. 338.
(3) 19 septembre 1834, B. 341, et M. F. Hélie, *Instr. crim.,*
t. 7, p. 315.

au point de la question, et assurer la manifestation de la vérité (1) ».

D'un autre côté, l'art. 153 du Code, spécialement relatif à l'instruction devant les tribunaux de police, porte que les témoins appelés par le ministère public et la partie civile seront entendus, *s'il y a lieu*. Ces mots, *s'il y a lieu*, s'appliquent au cas où tel témoignage paraîtrait inutile au juge pour établir un fait suffisamment prouvé par d'autres témoins ou par d'autres éléments du débat, tel qu'un procès-verbal régulier (2), en un mot, au cas où l'audition du témoin produit n'aurait plus pour effet que d'entraver le cours de la justice (3).

294. Toutefois, si le juge de police a un pouvoir discrétionnaire pour déclarer que tel témoignage devient superflu, sa conviction se trouvant formée, ce pouvoir ne va pas jusqu'à lui permettre de refuser l'audition d'un témoin assigné, soit par le ministère public (4), soit par la partie civile (5), lorsque la preuve du fait n'est pas acquise. La règle à observer, c'est l'utilité des témoins à entendre. Lorsqu'il y a utilité pour la partie requérante, l'audition des témoins ne peut être refusée par le tribunal, que ces témoins aient été cités ou simplement *amenés* (C. I., art. 152) à l'audience (6). C'est ainsi qu'il a été décidé :

Qu'un témoin unique doit être ouï ; la maxime ancienne : *testis unus, testis nullus*, n'est plus admise par notre procédure criminelle ; un seul témoin peut suffire à la conviction du juge ; V. n° 395 (7) ;

(1) 1er juillet 1825, B. 125.
(2) 2 juin 1844, B. 205; 11 septembre 1847, B. 219.
(3) 4 août 1837, B. 223; 18 mars 1854, B. 77.
(4) 4 août 1837, B. 223; 4 juin 1847, B. 121; 9 décembre 1848, B. 318; 23 mai 1863, B. 152.
(5) 10 floréal an x, B. 171.
(6) 15 février 1811, B. 19.
(7) 13 novembre 1834, B. 362; 7 février 1835, B. 50.

Que le plaignant peut appeler à l'audience des témoins autres que ceux qui ont déposé devant le juge d'instruction (1);

Que le ministère public peut produire un témoin à l'appui d'un procès-verbal constatant une contravention à la loi du 18 novembre 1814 sur les fêtes et dimanches, bien que cette loi porte (art. 4) que les contraventions à ses prescriptions seront constatées par des procès-verbaux (2); V. n° 112;

Que le même fonctionnaire peut appeler des témoins dans une affaire qui revient sur l'opposition du prévenu, bien que ces témoins eussent déjà déposé lors du jugement par défaut (3);

Que le même peut faire entendre des témoins à une audience de remise de la cause, surtout si le prévenu ne s'était pas présenté au jour d'abord indiqué (4). Mais, si la personne dont le ministère public requiert l'audition se constitue immédiatement partie civile, le juge peut se dispenser de l'entendre comme témoin (5).

295. Quant à l'arrivée tardive d'un témoin, cette circonstance ne saurait empêcher son audition, s'il se présentait avant le prononcé du jugement, ou mieux encore, avant les conclusions du ministère public (6).

Témoins nouveaux du ministère public; V. n° 368.

Témoins indiqués par le tribunal; V. n° 371.

296. *Constatation du serment.*—Le greffier, on l'a vu (n° 272), est chargé de constater l'accomplissement des formalités prescrites par l'art. 155, en ce qui concerne surtout le serment des témoins. Il doit, pour plus de

(1) 31 octobre 1806, B. 174.
(2) 6 juillet 1826, B. 131.
(3) 25 septembre 1841, B. 289.
(4) 16 mars 1844, B. 107.
(5) 18 août 1854, B. 259.
(6) 15 vendémiaire an vii, B. 32.

régularité, en mentionnant que ces témoins ont prêté serment, rapporter textuellement la formule de l'article 155. Cependant, il satisfera suffisamment au vœu de la loi en énonçant, par exemple, « qu'à l'égard des témoins produits les formalités prescrites par l'art. 155 du C. d'instr. crim. ont été observées pour leur audition » (1); mais le mot unique *serment*, placé avant les noms et déclarations des témoins entendus, serait tout à fait insuffisant pour constater, soit que le serment a été prêté, soit qu'il l'a été dans les termes formulés par l'art. 155 (2). Il en serait de même si les notes d'audience portaient simplement que les témoins ont, *serment prêté*, été admis à déposer (3); que le tribunal a reçu le serment du témoin (4); que les témoins « ont été entendus conformément à la loi » (5), ou « selon les dispositions de la loi » (6), ou « dans les formes voulues par la loi » (7), ou « après serment » (8); enfin la mention que « les témoins ont prêté le serment prescrit ou *voulu* par la loi » serait imparfaite (9).

Pour le serment des experts, il peut être régulièrement constaté par cette énonciation que « l'expert a prêté le serment *voulu par la loi*. » Aucune incertitude ne peut résulter de cette mention, la loi ne prescrivant pas d'autre formule de serment, en matière d'expertise

---

(1) 5 mai 1820, B. 71; 11 mars 1825, D. P.; 1. 197; 17 octobre 1832, B. 421.
(2) 3 juillet 1846, B. 172.
(3) 2 mai 1850, B. 141; 1er juin 1855, B. 191; 16 juillet 1858, B. 200.
(4) 15 janvier 1848, B. 11.
(5) 9 décembre 1848, B. 319.
(6) 4 octobre 1851, B. 439.
(7) 16 septembre 1853, B. 466.
(8) 27 avril 1855, B. 141.
(9) 27 juin, 1er août 1850, B. 204, 242; 14 novembre 1851, B. 480; 13 mars 1852, B. 93; 19 avril 1855, B. 131; 25 juin 1857, B. 242; 11 février 1859, B. 55.

(au grand et au petit criminel), que celle de l'art. 44 du Code d'instruction criminelle (1).

297. La constatation du serment résulte suffisamment des notes (F., n° 724) du greffier (2), pourvu que ces notes soient en forme probante, c'est-à-dire signées de cet officier public (3). La signature du juge de paix, en outre, n'est pas nécessaire ; celle du greffier suffit pour donner aux actes de son ministère, dans les fonctions qui lui sont attribuées par la loi, le caractère de l'authenticité ; d'autant plus que, lorsque le législateur a voulu que les procès-verbaux dressés par un greffier fussent aussi revêtus de la signature du juge, il a eu soin de l'exprimer comme il l'a fait, par exemple, pour les enquêtes civiles (C. proc., art. 39) ; pour la constatation des débats en Cour d'assises (C. instr. crim., art. 372 (4). — Bien moins encore, ces notes doivent-elles être revêtues de la signature des témoins dont elles constatent l'audition et le serment (5).

Mais c'est le greffier qui a assisté à l'audience et concouru au jugement qui doit signer. La signature d'un commis assistant ne pourrait être suppléée par celle du greffier qui n'aurait pas siégé ; les notes, dans ce cas, seraient sans valeur juridique (6).

298. Le jugement, lui-même, peut constater l'accomplissement des formalités prescrites par l'art. 155. Ce n'est qu'en cas de silence ou d'irrégularités du jugement et des notes sur ce point que ces importantes formalités sont censées avoir été omises, et que cette omission entraîne la nullité du jugement (7).

(1) 20 décembre 1855, B. 405.
(2) 22 février 1828, B. 47; 15 novembre 1860, B. 237.
(3) 8 janvier 1842, B. 5; 26 août 1853, B. 36.
(4) 30 avril 1842, B. 106.
(5) 10 décembre 1841, B. 350.
(6) 8 juillet 1852, B. 228.
(7) 4 février 1826, B. 28; 23 mars et 19 avril 1832, B. 108,

299. *Taxe des témoins.*—Les témoins reçoivent, lorsqu'ils le demandent, une indemnité en vertu d'une ordonnance du juge de paix (F., n° 691), libellée au pied de leur copie d'assignation (1) ou de leur avertissement. V. pour la taxe, le chap. 4, n°ˢ 626 à 644.

SECTION III.

CONCLUSIONS DE LA PARTIE CIVILE; RÉSUMÉ DU MINISTÈRE PUBLIC; DÉFENSE DU PRÉVENU.

§ 1ᵉʳ. — *Conclusions, résumé ; défense en général.*

300. Après la lecture des procès-verbaux ou rapports et l'audition des témoins, s'il y en a, la partie civile, qu'elle poursuive à sa requête, ou qu'elle intervienne sur la poursuite du ministère public, prend ses conclusions (F. n° 725) à fins de dommages-intérêts. C. instr. crim., art. 153.

301. C'est aussi à ce moment des débats que le plaignant, qui n'a pas encore pris qualité, se constitue partie civile et prend ses conclusions en conséquence. Il peut user de cette faculté jusqu'à la clôture des débats (C. instr. crim., art. 67), c'est-à-dire tant que le jugement n'est pas prononcé (2) et sans consignation des frais. V. n° 107.

Il peut se constituer partie civile, même après avoir été entendu dans les débats en qualité de témoin ; la

---

140 ; 4 août 1837, B. 223 ; 3 juillet 1847, B. 146 ; 2 mars, 14 juin 1849, B. 48, 133 ; 18 janvier 1856, B. 26 ; 15 novembre 1860, B. 236.

(1) Tarif criminel, art. 26 et 36.
(2) 11 novembre 1843, B. 284.

disposition de l'art. 67 est générale et n'a été restreinte pour ce cas par aucune loi (1).

502. Toute personne, maîtresse de ses droits, peut se constituer partie civile. Les étrangers ont le même droit, mais en fournissant la caution *judicatum solvi*. Le Code Napoléon, art. 16, ne contient d'exception en leur faveur qu'à l'égard des matières commerciales (2).

Mais le mineur, sans l'assistance de son tuteur (Arg. de C. Nap., art. 464); la femme (3), même marchande publique ou séparée de biens, sans l'autorisation de son mari (*Id.*, art. 215), ne peuvent prendre qualité comme parties civiles.

Le mineur émancipé jouit de cette faculté, parce qu'une demande à fins de dommages-intérêts n'est pas une action immobilière. *Id.*, art. 482.

503. Il n'en est pas de même lorsque le mineur, en qualité de prévenu, doit défendre soit à l'action du ministère public, soit à celle d'une partie civile. Ni le ministère public, ni la partie civile, ne sont dans l'obligation d'appeler en cause le tuteur du prévenu, malgré les prescriptions de l'art. 450, C. Nap. Il résulte de l'ensemble des dispositions du Code d'instruction criminelle, et notamment des art. 145, 147, 159 et 162, 189 et 192, 358, 359 et 366, que la loi ne fait aucune distinction entre l'accusé ou le prévenu majeur, et l'accusé ou le prévenu mineur, soit quant aux pouvoirs des juges, soit quant aux formes de la poursuite, et spécialement quant à l'exercice de l'action publique et de l'action civile. L'accusé et le prévenu mineurs trouvent

(1) 27 novembre 1807, 30 janvier 1808, 27 décembre 1811, D. A., t. 11, p. 219; 12 janvier 1828, B. 8; 17 novembre 1836, D. P., 37.1.188; 27 novembre 1840, B. 340.

(2) 3 février 1814, D. A., t. 7, p. 583, et arg. de 18 février 1846, J. crim., art. 3879.

(3) 30 juin 1808, B. 138.

des garanties suffisantes dans les formes établies par le Code dans l'intérêt de la défense (1).

304. *Défense.* — Après la partie civile, les prévenus et les personnes civilement responsables sont entendus en leurs moyens de défense. C. I., art. 153. — Sont également entendus leurs fondés de pouvoirs chargés de les représenter. V. n°s 166 à 168.

Incompétence du tribunal, V. plus haut, n° 42.

Mise en cause à la requête du prévenu, V. n° 369.

C'est à ce moment que le prévenu fait ordinairement valoir ses moyens justificatifs, pour prouver, soit que la contravention n'a pas été commise, soit qu'elle était légitimée par la circonstance (V. *Moyens de défense spéciaux*, n°s 314 et suiv.). L'exercice de cette faculté n'est pas limité ; je ne vois guère qu'une nature de faits à la preuve desquels le prévenu ne puisse absolument être admis : ceux qui se traduisent en injures simples et en diffamations non publiques. Ces injures et diffamations ne sont de la compétence des tribunaux de police que lorsqu'elles ont été adressées à de simples particuliers ; dirigées contre des agents ou fonctionnaires dans l'exercice ou à l'occasion de l'exercice de leurs fonctions, ces injures, etc., s'élèveraient à la classe des délits (V. n° 57). Or, à l'égard des simples particuliers, la preuve des faits diffamatoires est formellement interdite, suivant la maxime, devenue célèbre, de M. Royer-Collard : « La vie privée doit être murée (2). » Le Code pénal de 1810, art. 370, autorisait « la preuve des faits calomnieux, à l'aide d'un jugement ou de tout autre acte authentique » ; la loi du 17 mai 1819, art. 20, avait abrogé cette disposition, et la preuve que la loi du 26 mai 1819 autorisait, « à l'égard des dépositaires ou

(1) 15 janvier 1846, B. 21 ; 29 mars 1849, B. 67.
(2) Chassan, *Délits de la presse*, 1846, t. 2, p. 474, 390.

agents de l'autorité, pour des faits relatifs à leurs fonctions », n'est plus admise depuis le décret organique du 17 février 1852.

Outrages à l'audience, V. n° 453.

504 bis. — *Défenseur d'office.* — La loi du 22 janvier 1851, sur *l'assistance judiciaire*, a pourvu (art. 29, 30) à la défense des prévenus indigents, poursuivis par le ministère public devant les tribunaux correctionnels. Elle ne s'étend pas aux tribunaux de simple police, parce que la grande simplicité des infractions qui s'y jugent permet aux prévenus de s'y défendre eux-mêmes, et qu'il leur est d'ailleurs facile d'amener un parent ou un ami pour y présenter les observations nécessaires dans leur intérêt.

505. *Interrogatoire.* — Le Code ne dit point si le prévenu doit être interrogé ; il n'est question de cette formalité qu'en police correctionnelle (art. 190). « Le prévenu de contravention, dit M. F. Hélie (1), qui n'est pas obligé de comparaître et peut se faire représenter, n'est pas soumis à un interrogatoire. » Cependant, on n'en doit pas conclure que le juge ne pourra pas adresser au prévenu présent au moins les questions indispensables sur les faits constitutifs de la prévention. C'est un droit qui résulte de la force des choses (2), et qui peut même faciliter la défense en précisant l'objet de la poursuite.

506. *Résumé.* — Enfin, le ministère public résume l'affaire et donne ses conclusions. C. Instr., art. 153. Ces conclusions peuvent être prises verbalement à l'audience et n'ont pas besoin d'être écrites (3). Il a la faculté, comme le prévenu ou son défenseur, de faire insérer dans le jugement, non son résumé ou plaidoyer,

---

(1) *Instruction*, t. 7, 331.
(2) Carnot, *Instr. crim.*, t. 1, p. 634.
(3) 14 août 1823, *J. Palais*, t. 18, p. 123.

mais ses conclusions. A cet effet, il les remet écrites et signées au greffier (F. n⁰ˢ 726, 727). Tar. crim., art. 58; C. I., art. 277. —Il est à propos d'user de cette faculté lorsque l'on prévoit un jugement contraire à ses réquisitions. Le juge est alors obligé de statuer, avec motifs (V. n⁰ 310), sur les conclusions, lesquelles, s'il n'y est pas fait droit ou qu'il y ait omission de statuer, peuvent fournir une ouverture à cassation. V. n⁰ 577.—Dans la pratique et malgré l'ordre établi par l'art. 153, lorsqu'il y a une partie civile, le ministère public prend ses conclusions après les observations de la partie civile et avant la défense du prévenu; cette marche évite des répliques.

507. L'officier du ministère public est une partie intégrante du tribunal de police; en son absence, aucun acte d'instruction ne peut être fait, aucun témoin entendu (1), aucun jugement prononcé (2). V. n⁰ 311.

508. Et il y a nullité si le jugement ne constate pas, non-seulement que l'officier du ministère public était présent, mais qu'il a résumé l'affaire et donné ses conclusions (3), même sur une question d'incompétence (4), ou qu'il s'en est rapporté à la prudence du tribunal (5),

---

(1) 23 thermidor an XIII, 12 mars 1809, D. A., t. 11, p. 28; 7 mars 1817, *id.*, p. 29; 18 avril 1828, B. 116; 22 octobre 1829, B. 239; 10 novembre 1860, B. 233.

(2) 21 avril 1808, B. 80; 8 juillet 1813, D. A., t. 11, p. 28; 7 mars 1817, B. 19; 15 octobre 1818, B. 129; 11 mai 1832, B. 168; 26 mars 1841, B. 76; 4 juin 1852, B. 183; 22 avril 1854, B. 121; 6 mai 1858, B. 143.

(3) 3 janvier 1806, D., *ib.*, p. 29; 13 septembre 1811, B. 133; 1ᵉʳ avril 1813, B. 65; 9 juillet 1825, B. 129; 11 août, 16 décembre 1826, B. 155, 261; 29 février 1828, B. 59; 11 mai 1832, B. 168; 26 mars 1841, B. 76; 16 septembre 1853, B. 465; 17 février 1855, B. 47; 18 août 1860, B. 202; 13 novembre 1863, B. 269.

(4) 16 mars 1809, B. 57.

(5) 6 mai 1808, D. A., t. 11, p. 40, n. 4.

ou enfin qu'il a refusé de conclure (1). La mention que cet officier a « insisté pour la condamnation » est suffisante (2). — En tout cas, le juge doit l'avoir mis en demeure de s'expliquer (3). Si, après le résumé, de nouveaux témoins ont été entendus, le ministère public doit conclure de nouveau ou être appelé à conclure (4).

509. L'audition du ministère public est de rigueur, même pour un jugement préparatoire (5), ou lorsqu'il s'agit de statuer sur une opposition à l'audition de certains témoins (6). Mais cet officier n'aurait conclu que sur la compétence, que le tribunal n'en statuerait pas moins valablement sur le fond (7).

510. Le juge de paix doit statuer sur *toutes* les réquisitions du ministère public, qui tendent à user d'un droit accordé par la loi. C. I., art. 408, 413. Les omissions ou les refus, à cet égard, emportent nullité (8). Il en est de même pour les conclusions prises par les autres parties (9). V. aussi n° 382. Il est superflu d'ajouter que les réquisitions du ministère public ne peuvent avoir sur l'opinion et la conscience du juge, tant pour l'appréciation des faits que pour l'application de la peine, d'autre influence que celle de la raison et de la vérité.

---

(1) 10 juin 1836, B. 185.
(2) 11 décembre 1863, B. 291.
(3) 18 décembre 1846, B. 322.
(4) 15 germinal an VIII, B. 319.
(5) 16 pluviôse an X, B. 109.
(6) 30 septembre 1843, B. 256.
(7) 12 mai 1820, *J. du Palais.*
(8) 14 mai 1812, B. 120; 13 juin 1813, B. 118; 26 novembre 1829, B. 264; 13 novembre 1834, B. 369; 5, 7, 13 juillet, 17 novembre 1838, B. 189, 197, 216, 360; 26 juin 1841, B. 186; 13 décembre 1843, B. 310; 19 juin 1846, B. 156; 26 février 1847, B. 44; 27 décembre 1851, B. 541; 3 et 12 mars 1853, B. 72, 90; 28 novembre 1856, B. 381.
(9) 9, 10 février 1849, B. 32, 34.

511. Comme l'on ne peut, à peine de nullité, donner défaut (1) contre le ministère public, si le fonctionnaire, appelé à siéger en cette qualité, était absent ou se faisait attendre, le juge ne pourrait passer outre, l'eût-il fait avertir de se présenter; il aurait à le faire remplacer (2) en s'adressant au fonctionnaire devant siéger à son défaut. Que si le titulaire venait à être légalement suppléé, le juge ne pourrait pas surseoir pour l'attendre, et devrait se livrer incontinent à l'instruction des affaires avec l'assistance du suppléant (3).

Mais les tribunaux de simple police n'ont point caractère pour procéder au remplacement des officiers de police judiciaire, qui sont commis par la loi à l'effet de remplir, près d'eux, les fonctions du ministère public, lorsque ces officiers se trouvent absents ou empêchés. Ainsi, un tribunal ne pourrait, sans excès de pouvoir, appeler un membre du conseil municipal de la commune pour siéger à la place de l'adjoint qui se serait retiré de l'audience (4). Dans ce cas, après avoir attendu le temps nécessaire pour permettre au maire de venir siéger en personne, le juge remettrait à huitaine les affaires, toutes choses demeurant en l'état, et il informerait le procureur impérial de ce qui vient de se passer.

512. *Physionomie du résumé.* — Il est assez rare, en simple police, que les conclusions du ministère public aient besoin d'être développées. Les contraventions se constituent, en général, de faits matériels très-simples et fréquemment reconnus. En présence d'un procès-verbal positif et régulier ou de l'aveu du prévenu, on

(1) 17 décembre 1807, B. 264; 5 août 1809, B. 138; 17 décembre 1813, D. A., t. 11, p. 28; 25 janvier 1850, B. 35.
(2) 8 octobre 1808, B. 200; 7 décembre 1810, B. 157.
(3) 15 avril 1841, B. 95.
(4) 7 novembre 1844, B. 356.

n'a pas même à résumer des circonstances qui tombent
sous les sens. Le nombre des affaires, à certains siéges,
commande, d'ailleurs, une extrême concision. L'officier
du ministère public remplira donc suffisamment son
devoir en indiquant l'objet de la prévention ; souvent
même en se bornant à indiquer, par sa date ou son numéro, le texte de loi applicable.

Ce n'est que dans les affaires où l'infraction est niée
par le prévenu, où la preuve contraire a été mise en
œuvre, que la discussion peut devenir utile ou nécessaire. Je n'ai pas besoin de dire que, dans cette discussion, il faut, avant tout, apporter une grande bonne foi
et une entière loyauté. Les officiers du ministère public ne doivent jamais oublier qu'ils ne sont pas chargés,
comme les défenseurs, des intérêts d'une partie privée ;
que la société, dont ils sont les organes, ne peut provoquer que des condamnations méritées, et qu'ainsi ils
ne doivent requérir l'application de la peine que lorsqu'ils se sentent convaincus. A cette appréciation hon-
nête des faits doivent se joindre la simplicité du langage,
la convenance des expressions, la dignité de l'attitude,
le calme de la voix.

Mais la modération n'est pas exclusive de la fermeté ;
pour être réellement impartial, un officier du ministère
public n'a pas à descendre jusqu'au laisser-aller et à
l'oubli ; son devoir lui commande de faire ressortir, au
besoin, la gravité des circonstances ; de signaler les
récidivistes, les contrevenants obstinés ; de contribuer,
enfin, par son concours, à raffermir la répression quelquefois devenue inefficace par suite d'une indulgence
exagérée.

L'officier du ministère public, dans les affaires qui
ont de l'importance, peut aller plus loin ; il peut, en
terminant son résumé, indiquer la quotité de l'amende
ou de l'emprisonnement que lui paraissent mériter la

gravité de la contravention et les antécédents judiciaires du prévenu. Mais ce détail ne me semble pas devoir, comme cela se pratique dans quelques siéges, s'appliquer indistinctement à toutes les affaires. Il pourrait donner lieu, de la part des justiciables, à des remarques au moins inutiles à provoquer. Si la condamnation était habituellement conforme aux réquisitions de la partie publique, on en tirerait une conséquence fâcheuse pour l'indépendance du juge, et si ce magistrat se montrait souvent plus indulgent que l'officier du ministère public, on pourrait trouver un zèle exagéré à ce dernier.

La loi, d'ailleurs, n'a pas tracé sur ce point des règles positives. L'art. 153, C. I., porte : « Le ministère public résumera l'affaire et donnera ses conclusions... » et l'art. 362, spécialement applicable aux Cours d'assises : « Le procureur général fera sa réquisition à la Cour pour l'application de la loi. » Le ministère public est donc parfaitement libre de se contenter de viser le texte pénal, comme de s'expliquer sur la nature et la quotité de la peine à prononcer.

Indépendance du ministère public, V. n°s 21-23.

313. *Répliques.* — Après le résumé et les conclusions du ministère public, le prévenu et les personnes civilement responsables pourront proposer leurs observations. C. I., art. 153. — Au grand criminel, l'accusé ou son conseil doivent toujours avoir la parole les derniers. *Id.*, art. 335. En simple police, où la nature des infractions n'entraîne pas la même solennité d'instruction, la réplique n'est que facultative. La partie citée *pourra*, dit le Code; de sorte qu'il n'y aurait pas nullité si le prévenu n'avait pas eu la parole après le ministère public, pourvu que le jugement constatât que ce prévenu a été entendu en ses moyens de défense (1); et qu'il n'a

(1) 9 juin 1832, D. P., 1.367.

pas réclamé l'exercice de son droit de réplique (1). Le juge, pour éviter des divagations contraires à la bonne et prompte administration de la justice, peut indiquer la forme dans laquelle les observations seront présentées, d'après la nature et la gravité de la cause portée devant lui; même limiter à une demi-heure le temps accordé au défenseur, sauf à celui-ci, après le résumé du ministère public, de pouvoir présenter de nouvelles observations (2).

Quant au ministère public et à la partie civile, la réplique ne leur est point interdite, bien qu'elle ne soit pas usitée (3); seulement cette réplique donne le droit au prévenu de prendre de nouveau la parole, qu'il doit toujours avoir le dernier.

§ II. — *Des moyens spéciaux de défense des prévenus.*

314. Les contraventions de police étant, pour la plupart, de peu d'importance et matériellement commises, sont, je l'ai dit, assez ordinairement avouées par les prévenus; et lorsque ces derniers, contraires en fait au ministère public, dénient la contravention et ont recours à la preuve contraire pour la faire disparaître, ou établir leur innocence, il ne s'élève alors que de simples questions de fait à apprécier, suivant les circonstances, et sur lesquelles je ne vois pas qu'il y ait des règles spéciales à poser.

Les difficultés à résoudre par des principes de droit ne se manifestent que lorsque les prévenus, tout en confessant les faits matériels, allèguent, pour leur dé-

(1) 7 novembre 1840, B. 319.
(2) 18 novembre 1852, B. 375.
(3) 23 mai 1835, B. 209.

fense, quelque exception péremptoire de nature à justifier ou bien à innocenter les actes poursuivis. Telles
sont les exceptions tirées de la *démence*, de la *force majeure*, de l'*autorité de la chose jugée*, de la *prescription*, du
droit de *propriété*, de l'illégalité du *règlement*. Ce qui est
relatif aux deux premières exceptions appartenant aux
principes posés par l'art. 64 du Code pénal (1), je dois
y renvoyer, et n'ai à m'occuper ici que de l'autorité de
la *chose jugée*, de la *prescription*, du droit *de propriété*,
ainsi que des questions, dites *préjudicielles*, aussi diverses
que difficiles, qui se rattachent à cette exception, et,
enfin, de l'*examen* des arrêtés ou règlements de police.

ART. 1er. — Autorité de la chose jugée.

315. L'autorité de la chose jugée est bien rarement
invoquée en matière de simple police. Les contraventions ne pouvant être portées que devant les tribunaux
des cantons (V. n° 71) où elles ont été commises, et la
poursuite suivant ordinairement de très-près l'infraction, il n'arrivera presque jamais qu'un prévenu, déjà
jugé définitivement, vienne à être traduit de nouveau
pour le même fait, et soit obligé, pour se justifier, de
produire la décision qui l'a renvoyé de la poursuite, ou
bien qui l'a condamné à raison de cette infraction.

Il est très-probable que les jugements dont on vou-
dra se prévaloir n'auront qu'en apparence, à l'égard de
la contravention ou du prévenu, l'autorité de la chose
jugée, et ne devront pas empêcher le tribunal de police
de statuer : il est donc nécessaire, pour aider à faire
cette distinction, de rappeler ici les principes de la
matière.

(1) V. *la Théorie du C. pénal* de M. F. Hélie, 4ᵉ édit., t. 1,
p. 524 et 569.

516. « C'est une maxime incontestable de notre droit criminel, dit Mangin (1), qu'un individu, qui a été souverainement et légalement jugé, ne peut plus être poursuivi à raison de la même accusation : qu'il ait été condamné, qu'il ait été absous, peu importe ; la société est réputée avoir obtenu la réparation qui lui était due. La chose jugée est une égide qui protége désormais la vie, l'honneur, le repos des accusés ; les droits du ministère public sont épuisés, son action est éteinte. »

« Ce principe a été proclamé dans l'art. 360 du Code d'instr. crim. : « Toute *personne* acquittée légalement ne pourra plus être reprise, ni accusée à raison du *même fait.* » « Cet article est placé sous le titre : *des affaires qui doivent être soumises au jury ;* et, textuellement, il ne s'applique qu'aux matières criminelles proprement dites ; cependant il est hors de doute que la règle qu'il pose s'étend aux arrêts et aux jugements rendus par les Cours et tribunaux en matière de police correctionnelle et *de simple police* (2). »

La jurisprudence a fixé le sens et la portée de l'article 360. D'abord, il est évident que la *personne* même, objet du jugement, peut seule se prévaloir de la décision qui l'aurait acquittée (ou condamnée) antérieurement pour la contravention, objet de la poursuite pendante. Les liens de la parenté la plus proche ne sauraient suppléer l'identité de l'individu. C'est ainsi qu'il a été décidé (3) qu'un jugement de police, qui avait déclaré un individu non coupable d'une contravention, ne pouvait acquérir l'autorité de la chose jugée qu'au profit de ce même individu, et ne faisait point obstacle à ce que sa femme et son fils, comme toute autre personne, pussent être ultérieurement poursuivis à raison de la même contravention.

(1, 2) *Actions*, etc., t. 2, p. 252, 307 ; C. 1er avril 1843, B. 65.
(3) 7 mars 1839, B. 83.

Une contravention, même indivisible, commise par
deux individus, doit entraîner la condamnation de
chacun des deux, soit ensemble, soit séparément (1).

Il faut ensuite que le jugement invoqué ait statué sur
la même contravention de tout point (2). L'infraction
poursuivie aurait beau être reprochée au même prévenu, et se présenter avec un semblable caractère, si
elle avait été commise à une autre époque, elle devrait
être jugée, nonobstant une décision toute récente, qui
aurait renvoyé des poursuites le même prévenu à
raison d'une contravention pareille, mais antérieure ;
la poursuite nouvelle, dans ce cas, ne porterait plus
sur un fait identique (3).

517. Spécialement, le propriétaire d'un établissement insalubre ou incommode, non autorisé administrativement, ne pourrait, pour continuer son exploitation, se prévaloir d'un jugement de police qui l'aurait
acquitté d'une contravention à l'arrêté préfectoral, lui
refusant l'autorisation nécessaire. La continuation de
cette exploitation, surtout si elle était présentée comme
dommageable à la salubrité publique, constituerait,
chaque fois, une contravention nouvelle devant donner
lieu à un nouveau jugement (4). Ainsi, une contravention réprimée une première fois, et qui viendrait à se
renouveler après un avertissement administratif, devrait
être réprimée de nouveau ; il n'y aurait pas là *bis in
idem* (5).

(1) 4 février 1864, B. 30.
(2) 5 mars 1857, B. 93 ; 8 février 1861, B. 38 ; 22 janvier 1864,
B. 20.
(3) 23 fructidor an x, B. 246 ; 26 mars 1819, B. 37 ; 11 octobre
1827, B. 260 ; 14 décembre 1833, B. 507 ; 29 novembre 1838, B.
371 ; 4 mars 1848, B. 53 ; 22 avril 1864, B. 112.
(4) 28 janvier 1832, B. 31 ; 19 août 1836, B. 281.
(5) 17 août 1843, B. 209. V. aussi 4 octobre 1843, B. 315.

De même, poursuivi pour avoir fait élever un mur sur la voie publique, en dehors de l'alignement, un prévenu ne peut invoquer la règle *non bis in idem*, en se prévalant d'un jugement qui l'avait condamné à l'amende pour les fondations dudit mur (1).

Dommages résultant d'une contravention appréciés par une autre juridiction, V. nº 397.

518. Pour que l'on puisse se prévaloir, comme emportant force de chose jugée, d'un jugement qui a statué sur une contravention, il est indispensable que cette décision ait porté sur le *fond* de l'affaire. Un juge-ment, qui n'aurait décidé qu'une question de forme ou de procédure, n'empêcherait pas d'être poursuivie, de nouveau, la contravention à l'occasion de laquelle il aurait été rendu. Ainsi qu'un tribunal de police annule comme irrégulier un procès-verbal produit devant lui au soutien de la prévention, et renvoie le ministère public à se pourvoir, il est clair que cette décision laisse entier le fond de la prévention, et que le minis-tère public peut saisir de nouveau le tribunal, à charge d'en justifier (V. nºˢ 112, 270), c'est-à-dire en appelant des témoins, s'il est en mesure d'en produire (2).

519. La chose jugée résulte des décisions rendues sur la même affaire par une autre juridiction. Une circonstance de la contravention écartée par un juge-ment correctionnel déclaratif d'incompétence (3); un chef de la demande jugé par un autre tribunal de police (4) ne pourrait plus être compris dans la pour-suite (5).

(1) 14 mars 1861, B. 56.
(2) 11 août 1831, B. 178.
(3) 13 juillet 1833, B. 270.
(4) 16 mars 1839, B. 92.
(5) La Cour suprême a décidé qu'un individu acquitté, en police

520. Il est presque superflu de faire remarquer qu'un jugement, pour que l'on puisse s'en prévaloir, ne doit plus être attaquable par aucune voie ordinaire. Les délais fixés une fois expirés, son autorité est absolue, et vainement serait-il annulé par la Cour de cassation dans l'intérêt de la loi (V. n° 550), il n'en profiterait pas moins au prévenu acquitté (1).

521. La chose jugée concerne la partie publique comme le prévenu, etc. Ainsi, un jugement définitif rendu sur une affaire est un obstacle invincible à la présentation de la même affaire au juge, le premier jugement lui eût-il été surpris (2).

Art. 2. — Prescription de l'action publique et de l'action civile.

522. L'exception péremptoire (3), qui est tirée de la prescription, est des plus favorables au prévenu. En effet, elle constitue une exception de *droit public*, d'où la conséquence qu'elle peut être proposée en tout état de cause; que le prévenu ne peut y renoncer (4); que le juge doit même la suppléer d'office (5).

Ainsi, lorsque l'officier du ministère public est saisi d'une contravention qui se trouve éteinte par la prescription, il doit la laisser sans poursuite (V. n° 103)

correctionnelle, du délit d'abus de confiance, avait été, à tort, condamné par la Cour d'assises, à raison des faits qui avaient motivé la première poursuite. 3 mai 1860, B. 120.

(1) 17 janvier 1812, B. 13; 17 janvier 1829, D. P., 1.113.
(2) 10 janvier 1806, B. 13; 1er août 1856, B. 273.
(3) 9 juillet 1859, B. 174.
(4) 29 mai 1847, B. 115.
(5) Mangin, *Actions*, t. 2, p. 105; Cass., 11 juin 1829, B. 123; 1er juillet 1837, B. 197; 28 janvier 1843, B. 16, et nombre d'autres dans le même sens.

pour éviter les frais auxquels donnerait lieu un jugement de renvoi ; de même, lorsqu'à l'audience il lui
est démontré que la prescription est acquise, il doit
requérir le juge de prononcer le renvoi du prévenu,
nonobstant une sommation de l'autorité administrative
dont ce dernier aurait été l'objet, cet acte même ne
pouvant faire revivre une contravention éteinte par la
prescription (1).

525. Mais le parti à prendre dans l'un et l'autre cas
demande de l'attention. En effet, toutes les contraventions de police ne se prescrivent pas par le même laps
de temps ; certaines circonstances viennent, parfois,
interrompre une prescription déjà commencée, etc.
J'ai donc à rappeler les principes en ce qui concerne :

  1° Le temps requis pour prescrire ;

  2° Le point de départ ;

  3° Les causes d'interruption de la prescription.

N° 1. — *Temps requis pour prescrire.*

524. *Prescription annale.* Transcrivons, d'abord, le
texte applicable à la prescription de la grande majorité
des contraventions. Le Code d'instruction criminelle
porte, art. 640 :—« L'action publique et l'action civile
pour une contravention de police seront prescrites
après une année révolue, à compter du jour où elle
aura été commise, même lorsqu'il y aura eu procès-
verbal, saisie, instruction ou poursuite , si dans cet
intervalle il n'est point intervenu de condamnation;
s'il y a eu un jugement définitif de première instance,
de nature à être attaqué par la voie de l'appel, l'action
publique et l'action civile se prescriront après une

---

(1) 28 mai 1841, B. 162.

année révolue, à compter de la notification de l'appel qui en aura été interjeté. »

Ce délai d'une année est applicable à toutes les contraventions prévues par le Code pénal comme à celles prévues par des lois spéciales, et pour lesquelles la durée de la prescription n'a pas été réglée. C'est ce qui résulte de l'art. 643 du Code d'instruction : « Les dispositions du présent chapitre ne dérogent point aux lois particulières relatives à la prescription des actions résultant de certains délits ou de certaines contraventions. »

525. Quelques-unes des infractions à la police rurale, prévues par le Code rural, ont été comprises dans le Code pénal de 1810 : quelques autres dans la révision du même Code faite en 1832. On s'est demandé pour les unes et les autres si elles devaient se prescrire par le délai d'un mois aux termes du Code rural (V. n° 330), ou par celui d'une année d'après le Code d'instruction criminelle. Il a été décidé que toutes les contraventions rurales, insérées dans le Code pénal, étaient soumises aux règles établies par le Code d'instruction (1) comme ayant cessé d'être prévues par une loi spéciale pour faire partie de la loi générale en matière criminelle, qui est le Code pénal, les lois et règlements antérieurs à ce Code ne conservant d'autorité (C. pén., art. 484) que dans les matières qu'il n'a pas réglées (2). Cette doctrine a été appliquée et avec elle la prescription d'une année :

Aux contraventions aux bans de vendanges d'abord prévues par le Code rural, tit. 1er, sect. 5, art. 2; puis par le Code pénal, art. 475, n° 1 (3);

(1) 10 septembre 1813, B. 209.
(2) 24 avril 1829, B. 87.
(3) 26 mai 1820, B. 77; 7 novembre 1822, B. 162; 24 avril 1829, B. 87; 20 octobre 1835, B. 398.

Au passage à cheval dans un terrain ensemencé ou chargé d'une récolte, prévu par le Code rural, tit. 2, art. 27; puis par le Code pénal, art. 475, n° 10 (1);

Aux usurpations commises sur les chemins publics, prévues par le Code rural, tit. 2, art. 40; puis par le Code pénal de 1832, art. 479, n. 11 (2).

526. Sont aussi soumises à la prescription d'une année les contraventions aux règlements de police, que ces règlements émanent, soit d'une ordonnance royale ou d'un décret impérial, soit d'un arrêté préfectoral, soit d'un arrêté municipal, parce que ces arrêtés trouvent leur sanction dans l'article 471, n° 15, du Code pénal; tels sont les arrêtés des préfets relatifs à la police et à la conservation des chemins vicinaux (3).

527. La prescription annale s'applique également aux injures simples ou non publiques, prévues par les art. 471, n° 11, du Code pénal, et 20 de la loi du 17 mai 1819.—Pour celles de ces injures qui ont été proférées publiquement, mais qui ne constitueraient, ni une diffamation, ni une injure caractérisées, aux termes de l'art. 13 de la même loi, et ne seraient pas adressées à un fonctionnaire public (V. n° 57), l'art. 471, n° 11, du Code, étant seul applicable, la prescription annale les concerne, d'après ce qui a été dit plus haut (4).

528. Quant aux diffamations et injures caractérisées, mais proférées sans publicité, c'est encore la même règle qu'il faut appliquer; ces injures ne constituent que de simples contraventions de police (5), à l'égard

---

(1) 25 juin 1825, B. 122.
(2) 10 avril 1841, B. 93.
(3) 10 septembre 1840, B. 260; 15 mars 1844, B. 101; 10 janvier 1857, B. 22.
(4) 11 juin 1829, B. 118; 18 août 1838, B. 286.
(5) 23 août 1821, B. 135.

desquelles le décret du 17 février 1852, sur la presse, en abrogeant implicitement la loi du 26 mai 1819, n'a pas déterminé de prescription particulière.

329. *Prescriptions particulières.* — I. *Contraventions forestières.* — « Les actions en réparations de délits et contraventions en matière forestière se prescrivent par trois mois, à compter du jour où les délits et contraventions ont été constatés, lorsque les prévenus ont été désignés dans les procès-verbaux (1). Dans le cas contraire, le délai de prescription est de six mois, à compter du même jour. » C. Forest., art. 185.

Quant aux contraventions forestières (il en est de même pour les délits) « qui n'ont pas été constatées par des procès-verbaux, et qui peuvent, en ce cas, se prouver par témoins », elles restent alors placées sous la loi commune qui règle la prescription en matière de simple police; leur prescription doit commencer à compter du jour de la contravention, et sa durée est d'une année (2). L'exception qui résulte de l'art. 185 du Code forestier, que je viens de transcrire, et qui établit des délais plus courts, doit, comme toutes les exceptions, être restreinte à ses termes mêmes.

330. II. *Contraventions rurales.* — La poursuite des contraventions rurales (Code rural, tit. 1, sect. 7, art. 8) doit être faite, au plus tard, dans le délai d'un mois, soit par les parties lésées, soit par le ministère public, faute de quoi la prescription est accomplie (3). Mais cette prescription ne court qu'à dater de la clôture du procès-verbal où est constatée la contravention (4).

Arrêtés sur les chemins vicinaux, V. n° 326.

(1) 16 août 1844, B. 293.
(2) Mangin, *Actions*, t. 2, p. 173; 5 juin 1830, D. P., 1.356.
(3) 11 avril 1828, B. 105.
(4) 22 janvier 1863, B. 27.

551. « Le *calcul des mois*, en matière de prescription, doit se faire, dit Mangin (1), d'après le calendrier grégorien, date par date, et non par mois de 30 jours. En effet, ce calendrier ayant force de loi en France (2), les mois doivent être pris, tels qu'ils sont dans le calendrier, pour la supputation des délais, que la loi règle par mois, à moins d'une disposition contraire. » La jurisprudence s'est fixée dans ce sens. La Cour suprême a décidé, notamment, en matière forestière, qu'une citation était valablement donnée, le 17 août, à raison d'un délit commis le 18 mai précédent (3), et le 31 août, pour un autre délit commis le 31 mars (4), et bien qu'entre ces deux époques il se fût écoulé plus de 90 jours.

N° 2. — *Point de départ de la prescription.*

552. A l'exception des contraventions forestières pour lesquelles la prescription ne court qu'à compter du jour où elles ont été constatées (5), les contraventions de police se prescrivent à partir du jour où elles ont été commises. C'est la règle établie par le Code d'instruction, art. 640 (V. n° 324), et par le Code rural, tit. 1ᵉʳ, article dernier (6).

553. Toutes les contraventions ne se manifestent pas indistinctement par un acte ou une voie de fait qui

---

(1, 2) *Actions*, t. 2, p. 317; Sénatus-consulte du 23 fructidor an XIII.

(3) 27 décembre 1811 (Carlo Conti), B. 183.

(4) 27 décembre 1811 (Stefano Paci); Favard, *Nouv. Répert.*, t. 4, p. 425. — Ces deux arrêts n'en font qu'un dans le Bulletin criminel, n° 183. Une erreur de copie a fait réunir la *notice* Carlo Conti au *dispositif* Stefano Paci. Formé de la sorte, l'arrêt du Bulletin n'est pas d'une facile intelligence.

(5) 23 juin 1827, B. 157.

(6) 13 mai 1830, B. 132.

les constituent et en fixent ainsi la date. Il en est qui ne se commettent que par *omission*, et qui n'existent que par l'expiration du terme durant lequel une chose légalement ordonnée devait être exécutée sous les peines de droit. Ainsi, en matière de petite voirie, l'autorité municipale impose à un propriétaire la démolition d'une construction qui menace ruine, et elle lui fixe un délai pour l'opérer. La contravention à cet arrêté n'existe, et la prescription ne court qu'à partir de l'expiration de ce délai (1).

554. Quant aux contraventions par *commission*, celles, et c'est le plus grand nombre, qui se manifestent par une voie de fait, la prescription s'ouvre à partir de la première voie de fait qui constitue l'infraction.

Lorsque la voie de fait présente un caractère de permanence et de durée, la prescription commence à courir du premier acte qui constitue la contravention et non du dernier qui la consomme. Ainsi, un empiétement ou usurpation sur un chemin public est commis au moyen de la construction d'un mur, de l'établissement d'une barrière, d'une plantation d'arbres, etc.; la prescription court à partir du commencement, non de l'achèvement des travaux entrepris, parce que ces travaux sont des actes *permanents* (2). Il en serait autrement, et la prescription ne courrait qu'à partir du dernier acte, si l'empiétement ne s'était opéré qu'à l'aide du labour, de l'ensemencement du chemin public; il n'y aurait là que des actes *successifs* séparés par des intervalles plus ou moins longs, et pouvant donner lieu

_____

(1) 25 mars 1830, B. 73 ; 14 décembre 1844, B. 402.
(2) 16 décembre 1842, B. 330 ; 27 avril, 27 mai 1843, B. 92, 125 ; surtout 22 juin 1844, B. 236 ; 3 mai, 30 novembre 1850, B. 150, 406 ; 27 mars 1852, B. 111 ; 28 janvier 1854, B. 24 ; 28 novembre 1856, B. 384 ; 24 décembre 1858, B. 321.

chacun à une poursuite fondée sur la contravention qui en serait résultée (1).

Lorsque la contravention permanente concerne la *petite voirie*, il faut distinguer : s'il s'agit de saillies excédant le nu ou le front des constructions sur la voie publique, la contravention est imprescriptible par la raison qu'elle présente une usurpation incessante du sol, dont le public avait déjà la jouissance au moment de leur édification, et qui est imprescriptible (C. Nap., art. 2226 et 2232), et surtout parce que, en matière de petite voirie, l'autorité municipale a le droit de faire détruire les constructions excédant les alignements (2).

— Mais s'il ne s'agit que de réparations, faites sans autorisation, à un bâtiment sujet à reculement, il n'y a plus qu'une contravention, par omission, à un arrêté administratif, et, dès lors, la règle de l'article 640 du Code est applicable (3).

355. Il y a encore des contraventions qui, manifestées par des voies de fait et des travaux extérieurs, ne sont pas de nature à être couvertes définitivement par la prescription. Les établissements ou usines insalubres ou incommodes ne peuvent s'ouvrir qu'en obtenant une autorisation de l'administration, et qu'en se conformant aux conditions déterminées dans cette autorisation. Lorsqu'un de ces établissements fonctionne sans être légalement autorisé, ou sans remplir les conditions qui lui ont été imposées, chaque acte d'exploitation constitue une contravention distincte, à partir de

---

(1) 22 juin 1844.

(2, 3) Edit de décembre 1607; Isambert, t. 15, p. 335; Loi, 16-24 août 1790, tit. 11, art. 3, n° 1; Cass., 25 mai 1850, J. cr., art. 4900; 23 mai 1835, B. 203; 25 mai 1850, B. 174; 10 janvier 1857, B. 22.

laquelle la prescription commence seulement à courir (1).

Il y a des contraventions qui ne se prescrivent que du jour où elles ont été constatées, au lieu de celui où elles ont pu être commises, à cause de la difficulté d'établir cette dernière époque. Telles sont les mises en vente de marchandises dont le poids est légalement déterminé par un arrêté : le pain, les chandelles, etc. (2).

Enfin, la contravention à la loi du 22 juin 1854, sur les livrets d'ouvriers, ne se prescrit qu'à compter du jour de la sortie de l'ouvrier de l'atelier où il a été employé sans présenter son livret. C'est là une contravention successive, se continuant tous les jours tant que l'ouvrier est employé (3).

556. *Jour à quo.* — Maintenant, quelle que soit la durée du temps requis pour prescrire, la prescription court à *partir du jour* de la perpétration ou de la constatation des contraventions. Ce jour, appelé le jour *à quo*, comptera-t-il dans les délais acquis pour l'accomplissement de la prescription? Cette difficulté, qui se présente bien rarement pour les contraventions ordinaires soumises à la prescription annale, pouvant se rencontrer en matière forestière où la prescription n'est que de trois mois, et surtout en matière rurale où cette prescription n'est que d'un mois, je dois rappeler, à son égard, le dernier état de la jurisprudence. Il n'y a guère eu, en droit, de question aussi controversée, et déjà, au xvie siècle, on citait de très-nombreux docteurs qui l'avaient traitée. La Cour suprême me paraît avoir clos le débat, cette année (4), en décidant qu'en

(1) 21 février 1845, B. 65.
(2) 15 juin 1839, B. 196.
(3) 27 juillet 1860, B. 151.
(4) 2 février 1865, rendu après partage. Déjà un arrêt du 10 jan-

matière de chasse, et d'après les expressions de l'art. 29 de la loi du 3 mai 1844, le jour du délit ne devait pas être compris dans le délai de la prescription. Or, comme les termes du Code d'instruction criminelle (art. 640), du Code forestier (art. 185) et du Code rural (tit. 1er, art. dernier) sont identiques, et que le point de départ de la prescription y est également indiqué par ces mots : *à compter du jour*, il est permis de penser que la Cour de cassation appliquerait la même doctrine en matière de simple police.

N° 3. — *Causes d'interruption de la prescription.*

557. I. *Contraventions ordinaires.* — Pour les contraventions qui se prescrivent d'après les règles posées dans l'art. 640 du Code d'instruction (n° 324), les causes ordinaires d'interruption, procès-verbaux, saisies, instructions, poursuites, ne produisent aucun effet : un jugement interlocutoire qui ordonnerait une constatation quelconque, un jugement de condamnation par défaut, non signifié (V. n° 528), n'interromprait pas davantage la prescription; le tribunal de police doit juger définitivement dans l'année de la contravention : c'est au ministère public et à la partie civile de faire leurs diligences à cet effet (1), sous peine de voir la prescription s'accomplir.

Lorsqu'il y a eu appel, la règle est la même; l'art. 640 est également positif sur ce point; l'affaire doit être jugée par le tribunal supérieur dans l'année de la noti-

---

vier 1845, B. 11, dans le même sens, avait fait prévaloir l'opinion de mon père sur la difficulté. V. sa dissertation sur le jour *à quo, Journ. crim.*, 1843, art. 3294. — *Contrà*, M. Brun de Villeret, *de la Prescription*, p. 86.

(1) Mangin, *Actions*, t. 2, p. 227; C. 14 septembre 1844, B. 320.

fication de l'appel (1). Pour l'époque de cette notification, V. plus bas, nᵒˢ 541, 545.

En matière correctionnelle, la règle est différente, la prescription est interrompue par de simples actes de poursuite ou d'instruction. C. I., art. 637, 638 (2).

558. Il y a cependant des cas où la prescription de ces contraventions se trouve interrompue.

Le premier se présente lorsqu'il y a eu pourvoi en cassation (V. nᵒˢ 546 et s.). La prescription ne court pas tant que la Cour suprême n'a pas prononcé, non-seulement sur le premier pourvoi, mais sur le second, lorsqu'il en est formé un nouveau contre la décision du second tribunal de police saisi de l'affaire par suite de la cassation du premier jugement. La prescription annale recommence seulement à partir du jour où le tribunal de police qui doit statuer sur le fond de l'affaire a reçu les pièces. Cette doctrine est fondée sur le silence que garde l'art. 640 à l'égard du pourvoi en cassation. Cet article, en fixant des délais de rigueur pour le jugement des contraventions de police, tant en première instance qu'en appel, n'a rien dit des recours en cassation et a laissé cette procédure sous l'empire du droit commun, d'après lequel le pourvoi conserve l'action publique et l'action civile, en interrompant la prescription pendant tout le temps que dure ce pourvoi (3). Cette interruption est néanmoins soumise à une condition, c'est que le pourvoi ait été notifié (V. 562) au prévenu avant une année depuis la déclaration faite au greffe; faute de notification dans ce délai, la prescription serait acquise et l'action publique éteinte (4).

(1) 1ᵉʳ juillet 1837, B. 197; 15 mars 1845, B. 100.
(2) 11 novembre 1825, B. 221.
(3) Mangin, *Actions*, t. 2, p. 232-38; C. 21 octobre 1830, B. 235; 16 juin 1836, B. 194.
(4) 19 juillet 1838, B. 228.

539. La prescription est interrompue, en second lieu, par la demande en autorisation de poursuites concernant certains fonctionnaires à qui des contraventions seraient reprochées. Tant qu'il n'a pas été statué sur cette demande, la prescription ne peut courir contre le ministère public, ni contre la partie civile, l'un et l'autre se trouvant dans l'impossibilité d'agir : *contrà non valentem agere non currit præscriptio.* C'est ce qui a été décidé concernant deux maires poursuivis à raison d'un délit forestier commis dans l'exercice de leurs fonctions (1).

540. En troisième lieu, la prescription est interrompue « lorsqu'un prévenu est poursuivi en même temps pour un délit et pour une contravention, et que la mise en prévention ne porte que sur le délit; la prescription de la contravention reste suspendue jusqu'au jugement définitif qui intervient sur cette prévention. La poursuite sur le délit *tient en état* la poursuite sur la contravention, parce que l'effet de la condamnation pour un délit est de mettre le prévenu à l'abri de la peine qu'il pourrait avoir encourue à raison de la contravention; il serait donc contraire aux règles de le juger sur cette dernière infraction, tant qu'il n'a pas été statué définitivement sur le délit (2). »

541. Enfin, la prescription ne court pas pendant le sursis prononcé par les tribunaux de police pour faire juger une question préjudicielle, soit civile, soit administrative, à raison de laquelle ces tribunaux sont incompétents, l'inaction du ministère public, dans ce cas, lui étant commandée par la loi. V. n° 359 (3). Peu im-

(1) 13 avril 1810, B. 55.
(2) Mangin, *Actions*, t. 2, p. 180; Arg. de C. 28 août 1823, B. 123.
(3) 30 janvier 1830, D. P., 1. 97; 10 avril 1835, B. 136; 19 oct. 1842, B. 287; 27 mai 1843, B. 125; 29 août 1846, B. 229.

porte, dans ce cas, que le tribunal ait fixé un délai pour la décision de cette question, cette fixation ne pouvant obliger l'administration de statuer dans le délai fixé (1). La prescription ne court qu'à dater du jugement définitif de ces questions (2); jugement qui n'a pas besoin d'être notifié au ministère public, parce que c'est la partie publique qui, ayant intérêt à se prévaloir d'une décision qui lui rend sa liberté d'action, aurait eu, le cas échéant, à en donner notification à qui de droit (3). La prescription court également à l'expiration du délai accordé par le tribunal (V. n° 360) au prévenu pour faire statuer sur son exception. Si le ministère public, ce sursis expiré, laissait écouler une année sans ramener le prévenu devant le tribunal par une citation régulière, la prescription serait acquise (4).

542. II. *Contraventions rurales et forestières.* — Si la prescription des contraventions ordinaires n'est interrompue que dans les cas que j'ai spécifiés, il n'en est pas de même des contraventions rurales et forestières. Pour celles-ci, de simples actes d'instruction ou de poursuites interrompent la prescription, pourvu qu'ils interviennent au cours des délais particuliers (V. n°ˢ 329, 330) fixés pour la prescription de ces contraventions spéciales. La raison en est que les dispositions de l'art. 640 du Code d'instruction ne sont pas ici applicables. Lors donc qu'une contravention forestière ou rurale a été l'objet d'une instruction ou d'une citation en temps utile, la prescription se trouve interrompue (5). « Il est bien entendu que ces actes devront

(1) 7 mai 1851, B. 167.
(2) 10 avril 1835, cité p. 230, note 3.
(3) 10 avril 1835, cité, *ibid.*
(4) 1ᵉʳ décembre 1848, B. 300.
(5) 18 août 1809, B. 142.

émaner d'un magistrat ou officier ayant caractère pour instruire ou poursuivre sur le fait de la contravention ; car, si ce caractère manquait, l'acte d'instruction ou de poursuite ne pourrait interrompre la prescription (1). »

545. La prescription, ainsi interrompue, ne s'accomplit plus par les délais particuliers applicables aux contraventions qui précèdent, savoir : d'un mois pour les contraventions rurales, de trois ou six mois pour les forestières (V. n°s 329, 330); une année entière doit s'être écoulée, d'après l'art. 640 du Code d'instruction. Ce principe résulte d'une jurisprudence constante, qui a distingué, pour les délits et contraventions soumis à des délais particuliers, entre la prescription de l'*action* et la prescription de la *poursuite*. Pour être recevable, l'*action* doit être intentée dans le délai spécial à la prescription du délit; mais, une fois introduite, ce n'est plus de cette action qu'il s'agit, mais de la *poursuite;* or, comme les lois spéciales gardent le silence sur le temps requis pour la prescription de la poursuite, il faut se reporter nécessairement aux dispositions générales du Code d'instruction criminelle, qui fixent la durée de la prescription à trois années pour les délits et à une année pour les contraventions (2). Que si la contravention rurale ou forestière a été poursuivie devant un tribunal incompétent, le jugement, qui déclare cette incompétence, une fois rendu, la prescription mensuelle ou trimestrielle reprend son cours à partir du jour de cet acte (3), par la raison que là poursuite

---

(1) Le président Barris (Mangin, *Actions*, t. 2, p. 190).
(2) Mangin, *Actions*, p. 216-225; C. 8 février 1824, B. 23; 28 septembre 1828, B. 277; 6 février, 8 mai 1830, B. 38, 127; 1er février 1833, B. 29 et autres.
(3) 13 janvier 1837, B. 17.

ayant été annulée, ce n'est plus que *l'action* qu'il s'agit de prescrire.

ART. 3. — Questions préjudicielles de propriété ou de possession et d'interprétation d'actes administratifs.

544. Il arrive assez fréquemment que les prévenus, tout en avouant le fait matériel de la contravention qui leur est reprochée, allèguent un droit ou un titre d'où résulterait leur justification, s'il était vérifié. — Ainsi, un individu est inculpé d'avoir anticipé sur un chemin public; il reconnaît le fait, mais soutient qu'il est propriétaire du terrain objet de l'usurpation; — un autre, prévenu d'avoir mené son troupeau dans la prairie d'autrui, en convient, mais allègue un droit d'usage sur ce champ; — un troisième, enfin, poursuivi pour avoir exploité une usine insalubre, avoue, mais se retranche derrière une autorisation administrative, etc. — Il y a là des questions à examiner de la solution desquelles dépend le jugement des contraventions poursuivies, et que, pour cette raison, l'on a appelées *préjudicielles*. Toutes ne sont pas de la compétence du tribunal de police; le plus grand nombre, au contraire, ne peut être jugé que par les tribunaux civils ou par l'autorité administrative; de sorte que le juge de police doit surseoir à statuer, lorsqu'une de ces questions se présente, jusqu'à ce qu'elle ait été résolue par l'autorité compétente, à moins que la question élevée ne revête pas réellement le caractère préjudiciel; dans ce cas, le tribunal devrait la décider lui-même, au lieu de surseoir.

J'ai donc à rappeler les principes et les décisions qui peuvent aider à discerner les exceptions qui amènent d'abord un sursis, de celles sur lesquelles le tribunal de police doit immédiatement statuer, ou bien qui n'ont pas à figurer dans son jugement.

N° 1. — *Questions préjudicielles proprement dites, devant amener un sursis.*

545. Les principales règles sur cette matière difficile se trouvent dans le Code forestier, qui porte, article 182 : « Si, dans une instance en réparation de délit ou de *contravention*, le prévenu excipe d'un droit de propriété ou autre droit réel, le tribunal saisi de la plainte statuera sur l'incident en se conformant aux règles suivantes :

« L'exception préjudicielle ne sera admise qu'autant qu'elle sera fondée, soit sur un titre apparent, soit sur des faits de possession équivalents, personnels au prévenu et par lui articulés avec précision ; et si le titre produit ou les faits articulés sont de nature, dans les cas où ils seraient reconnus par l'autorité compétente, à ôter au fait qui sert de base aux poursuites tout caractère de délit ou de *contravention*.

« Dans le cas de renvoi à fins civiles, le jugement fixera un bref délai dans lequel la partie qui aura élevé la question préjudicielle devra saisir les juges compétents de la connaissance du litige, et justifier de ses diligences, sinon il sera passé outre. Toutefois, en cas de condamnation, il sera sursis à l'exécution du jugement, sous le rapport de l'emprisonnement, s'il était prononcé ; et le montant des amendes, restitutions et dommages-intérêts, sera versé à la caisse des dépôts et consignations, pour être remis à qui il sera ordonné par le tribunal qui statuera sur le fond du droit. »

L'art. 189 du même Code déclare « les dispositions de l'art. 182 applicables aux poursuites exercées au nom et dans l'intérêt des particuliers, pour délits et contraventions commis dans les bois et forêts qui leur appartiennent (1).

546. Quoique faisant partie du Code forestier, l'article 182 n'est point introductif d'un droit spécial exclusivement relatif aux matières forestières; il n'est, au contraire, que la déclaration d'un principe du droit commun antérieur (2) fondé sur la maxime : *Feci, sed jure feci;* et il régit, dès lors, toutes les matières qui sont susceptibles de son application, tous les genres de délits ou de contraventions, et toutes les poursuites portées devant les tribunaux de répression (3).

547. Je suppose, bien entendu, que la contravention qui donne naissance à une exception préjudicielle est constante. Il est évident que si cette contravention n'existait pas ou ne pouvait entraîner aucune peine, le juge de police n'aurait point à s'occuper de l'exception proposée. C'est en ce sens qu'il a été décidé que le tribunal de police, au lieu de surseoir à statuer, aurait dû prononcer le renvoi :

1° D'un commerçant qui s'était refusé à supprimer une enseigne dont l'enlèvement était prescrit par un arrêté du maire de la ville; ce magistrat, en prenant cet arrêté, n'ayant pas agi comme remplissant une attribution de police, mais comme exerçant un droit réel qui appartenait à la cité (4);

(1) 26 décembre 1846, B. 329.
(2) Ce droit était, à l'état d'élément, dans le décret du 15 septembre 1791, tit. 9, art. 12. — M. F. Hélie, *Instruction*, t. 7, p. 393, cite une dizaine d'arrêts de la Cour suprême, qui en ont consacré l'application depuis l'an v, jusqu'au Code forestier.
(3) 19 mars 1835, B. 100; 29 décembre 1843, B. 334; 17 janvier 1845, B. 20.
(4) 23 août 1844, B. 301.

2° D'un individu qui avait, contrairement à la défense de l'autorité municipale, planté des arbres dans une lande communale, fait qui ne pouvait donner lieu qu'à une action civile (1);

3° D'un autre qui avait élevé des constructions sur un cours d'eau non *navigable*, ni *flottable*, et non prohibé par un arrêté préfectoral (2);

4° De particuliers qui n'avaient pas renfermé leurs pigeons, hors du temps fixé par les règlements municipaux (3).

548. *Cas de sursis.*— Cinq conditions sont nécessaires pour que l'exception préjudicielle donne lieu à un sursis, d'après l'art. 182 du Code forestier :

1° Droit de *propriété* ou droit *réel* ou *possession* entraînant la propriété;

  2° Droit tel que la contravention *disparaisse ;*

3° Droit *personnel* au prévenu;

4° Droit opposé par le *prévenu;*

5° Et pour fondement un *titre*, ou des faits de *possession* équivalents *et articulés* avec précision.

La première condition est que l'exception soit fondée sur un droit de *propriété*, ou sur un droit *réel*, ou sur une possession telle qu'elle entraînerait la propriété même.

Dans ces diverses hypothèses, le juge de police devrait surseoir. D'abord la juridiction civile est exclusivement compétente pour décider tout ce qui concerne la propriété immobilière (4). Spécialement, en ce qui concerne les droits réels ou immobiliers, il y aurait

(1) 26 mars 1847, B. 66.
(2) 27 décembre 1834, B. 417.
(3) 29 janvier 1813, B. 15.
(4) 14 août 1823, B. 118; 25 juin 1830, B. 179; 23 septembre 1836, B. 321; 3 avril 1851, B. 126; 4 juillet 1856, B. 243.

également lieu à sursis, s'il s'agissait d'une servitude, par exemple, d'un droit de passage sur le fonds d'autrui, résultant d'une enclave. Code Nap., art. 682 à 684 (1).

Il a été décidé que l'exception de propriété avait pu être élevée par des personnes prévenues, notamment :

D'usurpation ou anticipation sur un chemin rural public (2);

De comblement d'un fossé le long de la voie publique (3);

D'enlèvement de bois avec une charrette (4);

De destruction de clôtures (5);

D'excavations ou de dépôts sur la voie publique (6);

De constructions, sans autorisation, sur ou joignant la voie publique (7);

De défaut d'éclairage de matériaux déposés sur la même voie (8);

De chargement, en contravention à un arrêté, sur le port d'une rivière (9);

De dégradations sur un pont (10);

De déplacement d'une croix, monument religieux, plantée dans un champ (11).

549. Il en serait autrement si la question préjudi-

---

(1) 24 juin 1837, B. 187.

(2) 22 thermidor an XII, B. 198; 18 juin 1853, B. 219; 17 juillet 1857, B. 274.

(3) 7 brumaire an IX, B. 37.

(4) 30 août 1810, B. 109.

(5) 16 mai 1834, B. 145; 14 octobre 1842, B. 278.

(6) 20 juillet 1821, B. 118; 1er octobre 1825, B. 196; 16 avril 1836, B. 117; 11 août 1842, B. 193.

(7) 7 novembre 1844, B. 354.

(8) 26 septembre 1834, B. 321.

(9) 1er mars 1849, B. 47.

(10) 28 janvier 1853, B. 36.

(11) 13 juin 1839, *J. crim.*, n° 2434.

cielle portait seulement sur une simple possession ou droit de jouissance, qui, l'un et l'autre, se résoudraient en un résultat purement mobilier ; ou si elle dépendait de l'interprétation d'un acte ou contrat ordinaire. Le tribunal de police devrait la juger en même temps que la contravention elle-même, parce qu'il ne s'agirait que d'un fait étranger à la propriété de l'immeuble, objet de la contravention (1) ; — tel serait un droit de jouissance conféré sur un jardin par un bail, contrat que, dans ce cas, le tribunal de police aurait pleinement qualité pour interpréter (2).

550. A plus forte raison, le tribunal de police doit-il statuer sur les exceptions de pareille nature, si, au lieu de reposer sur un acte plus ou moins régulier, elles ne se fondent que sur de simples allégations des auteurs de la contravention.

Telles sont :

La possession, pour en extraire les boues, du détournement des eaux d'un canal, dont le cours est réglé par un arrêté municipal (3) ;

La possession, même présentée comme immémoriale, du passage sur un sentier, dont l'accès était prohibé par un arrêté semblable (4) ;

La possession, avec le même caractère, de pierres servant à laver, placées dans une rivière, et dont l'enlèvement était prescrit par une ordonnance municipale assurant l'exécution d'un arrêté préfectoral (5) ;

Une convention avec l'administration municipale, devant soustraire les propriétaires d'aqueducs, situés dans

---

(1, 2) 2 août 1821, B. 126 ; 25 juin 1830, cité note 4, p. 236 ; 2 mai, 8 août 1856, B. 165, 283.

(3) 16 mai 1811, B. 75.

(4) 4 septembre 1812, B. 201.

(5) 18 octobre 1816, B. 75.

une rue, à l'observation d'un arrêté municipal concernant la petite voirie (1) ;

Une convention avec un propriétaire voisin, et par laquelle celui-ci s'engageait à clore son champ de manière à en interdire l'entrée aux bestiaux du prévenu (2).

351. *Digression.* — Avant de passer (n° 354) à la seconde condition des exceptions préjudicielles, j'ai ici deux observations à présenter ; l'une concernant les exceptions de la compétence du juge de paix siégeant à l'audience *civile ;* l'autre touchant les exceptions à porter devant l'autorité *administrative.*

Il y a des difficultés accessoires aux contraventions, sur lesquelles le juge de paix ne peut statuer en audience de police, et qu'il doit renvoyer à son audience civile.

Ainsi un individu, poursuivi en simple police pour refus d'acquitter un droit de péage, perçu sur un bac, un bateau ou un pont, etc., excipe d'un droit réel ou d'une qualité (3) qui l'exempte de la taxe ; cette exception préjudicielle constitue une demande purement personnelle de la compétence du tribunal de paix (4).
— Il en doit être de même lorsqu'il s'agit de contester l'application du tarif à telle ou telle nature de chargement (5). Que si la difficulté portait sur la question de savoir si la contravention au péage d'un pont doit être assimilée à celles qui concernent les bacs ou bateaux, le tribunal de police serait compétent : ici l'appréciation porte sur la contravention elle-même et non sur un droit étranger par sa nature aux pouvoirs de notre juridiction (6).

(1) 27 juin 1823, B. 73, p. 257.
(2) 27 août 1819, B. 96.
(3) Loi, 6 frimaire an VII, art. 32, 56.
(4) *Idem,* art. 56 ; C. 26 août 1826, B. 165.
(5) Ordonn. du Conseil d'Etat, 5 février 1841, D. P., 3.190.
(6) 26 août 1841, D. P., 1.435.

C'est encore à l'audience civile que le juge de paix, saisi d'une contravention en matière d'octroi, doit renvoyer les contestations préjudicielles qui viennent à s'élever sur l'application des tarifs (1).

352. Quant aux exceptions préjudicielles, étrangères à la propriété, et que l'administration a seule qualité pour décider légalement, les exemples suivants feront comprendre, mieux qu'une théorie, quand, la matière étant administrative, il faut s'adresser à l'administration.

Ainsi, le juge de paix n'est compétent, ni à l'audience de police, ni à l'audience civile lorsqu'il s'agit :

De reconnaître si des réparations faites à une maison sujette à reculement sont ou non confortatives (2) ;

De savoir si un mur, dont la démolition a été ordonnée par l'autorité municipale, menace effectivement ruine (3) ;

De délivrer un alignement demandé par l'auteur de travaux élevés sur la voie publique (4) ;

De vérifier si un alignement donné par le maire est conforme au plan de la ville, homologué par une ordonnance royale ; le Conseil d'État est seul compétent (5) ;

---

(1) Lois, 2 vendémiaire an VIII, art. 1 ; 27 frimaire an VIII, art. 13 ; Ordonn., 9 décembre 1814, art. 81 ; C. 18 avril 1833, B. 142.

(2) Edit de décembre 1607, art. 4 ; C. 17 février, 5 octobre 1837, B. 55, 300 ; 16 juillet 1840, B. 201 ; 5 mars, 8 octobre, 3 décembre 1842, B. 57, 273, 318 ; 28 février 1846, B. 65 ; 3 décembre 1847, B. 288 ; 4 mai 1848, B. 136 ; 13 juillet 1850, B. 221 ; 24 décembre 1859, B. 291 ; 28 août 1863, B. 235 ; 22 janvier 1864, B. 20 ; 10 décembre suivant, vu au greffe.

(3) 30 janvier 1836, B. 39 ; 28 février 1846, cité note précédente.

(4) 7 novembre 1863, B. 262.

(5) Loi, 16 septembre 1807, art. 52 ; C. 27 décembre 1839, B. 392 ; 22 janvier 1863, B. 26.

D'interpréter un acte administratif qui autorisait certains travaux joignant la voie publique (1);

D'examiner si un alignement est contraire au droit de propriété (2); s'il a été régulièrement donné (3); si le prévenu s'y est conformé ou s'en est écarté (4); si le prévenu doit être excusé à raison de sa bonne foi ou de son ignorance (5); si l'arrêté d'alignement est susceptible de telle ou telle interprétation (6); s'il peut être appliqué avant d'avoir été approuvé par l'autorité supérieure (7). C'est là un acte administratif que l'autorité dont il émane peut, seule, improuver, expliquer, interpréter (8);

De décider si une usine à gaz (établissement insalubre) est installée conformément à l'autorisation accordée à cet égard (9);

De fixer la date de l'existence d'un établissement insalubre (dépôt permanent de fumiers, immondices et poudrettes, que le prévenu allègue être antérieur au décret du 15 octobre 1810) (10);

D'interpréter un contrat administratif, tel qu'un cahier des charges en vertu duquel un entrepreneur des travaux publics a extrait des matériaux dans un terrain communal (11);

D'apprécier soit le degré d'importance, soit le caractère plus ou moins nuisible d'ouvrages élevés ou main-

---

(1) 13 août 1853, B. 404.
(2) 21 décembre 1824, *J. du Palais.*
(3) 3 janvier 1855, B. 1.
(4) 7 mars 1834, B. 84 ; 2 mai 1845, B. 60.
(5) 19 juillet 1845, B. 236.
(6) 13 août 1853, B. 404.
(7) 3 août 1838, B. 258.
(8) M. F. Hélie, *Instruction*, t. 7, p. 207.
(9) 6 février 1846, B. 42.
(10) 3 octobre 1845, B. 312 ; 6 novembre 1860, B. 230.
(11) 25 février 1845, B. 41.

tenus sur un cours d'eau, contrairement à un arrêté préfectoral (1) ;

De déterminer : 1° la largeur (2) ; 2° le caractère d'un chemin (3), et, à cet égard, de décider si le chemin est vicinal ou grande route (4) ; si c'est un simple chemin rural ou une rue (5), ou une impasse publique (6).

Publicité des chemins non classés, V. n° 366 ;

D'apprécier des titres d'après lesquels une ruelle aurait été supprimée depuis longtemps (7) ;

De fixer les limites dans lesquelles les habitants d'une commune peuvent se livrer à pêche du goëmon (8).

Dans tous ces cas, il y a lieu à sursis de la part du uge de police.

555. Il y a, néanmoins, des exceptions de la compétence de l'administration qui ne sauraient entraîner un sursis de la part du juge.—Ainsi, il a été contrevenu à un arrêté municipal ou préfectoral, et le prévenu s'est pourvu contre cet arrêté auprès de l'autorité supérieure, soit le préfet, soit le Conseil d'État. Le jugement de la contravention n'en sera nullement retardé, par la raison que ces recours ne peuvent suspendre l'effet de l'arrêté, lequel conserve toute sa force et son autorité d'exécution, tant qu'il n'a pas été réformé ou modifié par la juridiction administrative compétente. C'est là un principe sur lequel la jurisprudence n'a ja-

(1) 13 juillet 1850, B. 223.
(2) 4 janvier 1828, B. 5 ; 15 juillet 1838, B. 232 ; 20 août 1853, B. 237 ; 13 juillet 1861, B. 151.
(3) 12 juin 1845, B. 196.
(4) 14 thermidor an xiii, B. 192 ; 19 juillet 1833, B. 282 ; 15 mai 1856, B. 182.
(5) 25 septembre 1841, B. 291 ; 7 février 1845, B. 36.
(6) 25 février 1858, B. 66.
(7) 24 novembre 1859, B. 258.
(8) 1ᵉʳ août 1844, B. 280.

mais varié (1), et il s'applique, notamment, à la contravention qui résulte de travaux exécutés sans autorisation de l'administration municipale (2), et, à plus forte raison, aux mesures qui concernent la sûreté et la salubrité publiques, et dont, par conséquent, l'exécution ne souffre aucun délai (3). Ainsi, un jugement a été cassé pour avoir sursis à statuer sur un dépôt d'engrais exhalant une odeur incommode et insalubre, jusqu'à la décision du Conseil d'État sur un recours du prévenu contre le refus du préfet d'autoriser ce dépôt (4).

Revenons maintenant aux exceptions préjudicielles de propriété.

554. La seconde condition pour l'admission de l'exception préjudicielle, c'est que le droit sur lequel elle repose fasse, étant prouvé, *disparaître* la contravention. Telle est la propriété :

Du terrain sur lequel un dépôt quelconque aurait été fait contrairement à un arrêté (5) : spécialement sur le port d'une rivière navigable (6);

Du terrain sur lequel a été établi un chemin public (7), ou même un chemin rural, ces sortes de voies n'étant pas soumises aux prescriptions de la loi du 21 mai 1836 (art. 15), d'après laquelle le droit des propriétaires riverains se résout en une indemnité (8). V. n° 364;

---

(1) 1er février 1822, B. 22 ; 26 juillet 1827, B. 197 ; 18 avril, 9 mai 1828, B. 117, 142 ; 27 décembre 1834, B. 419.

(2) Arrêts de 1847 et 1848, cités note 2, p. 240; 21 août 1857, B. 318.

(3) Arrêts de 1822 et 1828, cités plus haut, note 1re ; 3 mai 1850, B. 147.

(4) 17 décembre 1864, vu au greffe.

(5) 20 juillet 1821, B. 118; 9 juin 1829, B. 138.

(6) 1er mars 1849, B. 47.

(7) 25 février 1811, B. 25 ; 3 avril 1851, B. 126: 29 juillet 1853, B. 373 ; 24 janvier 1856, B. 32.

(8) 8 mars 1844, B. 89.

Du terrain sur lequel a eu lieu une contravention de dépaissance (Code pénal, art. 479, n° 10) (1).

Telle serait encore la possession immémoriale d'un droit de pâturage, alors surtout que le maire de la commune viendrait, en sa qualité, appuyer la prétention des prévenus, ses administrés (2).

355. Mais l'exception ne doit pas être accueillie, lorsque la propriété ne fait pas disparaître la contravention ; c'est ce qui arrive :

Lorsqu'une construction a été élevée ou qu'une haie a été plantée sur un terrain par le propriétaire, sans demander l'alignement à l'administration (3); V. n° 364;

Lorsqu'un arrêté, pour cause de salubrité publique, a prescrit l'enlèvement d'un dépôt de fumier (4) ;

S'il défend comme insalubre l'écoulement des eaux d'une distillerie (5) ;

S'il prescrit, par mesure d'utilité locale, le libre cours, certains jours, d'un courant d'eau (6) ; — le droit du contrevenant sur ce terrain bâti ou planté, — sur ce fumier déposé, — sur la distillerie, — sur le courant d'eau, n'empêche pas la contravention d'exister, parce que cette infraction est commise hors de l'exercice de ce droit, et par l'effet d'une désobéissance à une mesure légale prise dans l'intérêt public.

356. La troisième condition est que le droit allégué soit *personnel* au prévenu. Ainsi, ce prévenu alléguerait que la commune qu'il habite est propriétaire du bois dans lequel la contravention poursuivie a été commise,

(1) 27 septembre 1855, B. 336.
(2) 9 mars 1821, B. 35.
(3) 19 décembre 1828, B. 330; 24 août 1833, B. 334; 21 juillet 1338, B. 245 ; 9 janvier 1857, B. 16.
(4) 6 février 1833, B. 20.
(5) 2 octobre 1824, B. 131.
(6) 5 novembre 1825, B. 217.

ou que la commune possède un droit d'usage qui justifie la contravention reprochée, que si la commune n'in-
tervenait pas régulièrement, l'exception ne devrait pas
être admise, et la contravention devrait être jugée en
la forme ordinaire (1). — Il en doit être de même lorsque la propriété du terrain sur lequel des chèvres ont
été menées est présentée comme appartenant, non à
l'individu qui a conduit le troupeau, mais à celui qui
aurait permis de le conduire (2); — lorsqu'un fermier,
prévenu d'avoir dégradé un chemin public, excipe, au
nom de son propriétaire, de la propriété du fossé bor-
dant ce chemin, et ce, sans établir que ce propriétaire
a pris son fait et cause, et avoué la contravention de
son fermier (3).

557. La quatrième condition est que l'exception de
propriété ou autre soit élevée par le *prévenu;* elle ne
peut l'être d'office par le juge; lorsque le prévenu, sur
ce point, garde le silence, le tribunal jugerait *ultrà
petita,* en prononçant un sursis (4); en se déclarant incompétent (5) ou en déclarant le ministère public non
recevable dans son action (6).

558. La cinquième condition est que l'exception
préjudicielle soit fondée sur un *titre* ou sur des *faits de
possession* équivalents, et articulés avec précision (7): en
un mot, sur un commencement de preuves qui la rende
au moins vraisemblable. « En effet, le tribunal auquel
on demande d'interrompre le cours ordinaire de l'ac-

(1) 7 pluviôse an VII, B. 235; 22 juillet 1819, B. 82; 20 mars
1823, B. 38.
(2) 22 mars 1839, B. 98.
(3) 29 décembre 1843, B. 334; 11 janvier 1862, B. 16.
(4) 4 juillet 1835, B. 273.
(5) 20 juillet 1838, B. 236.
(6) 7 mars 1839, B. 84.
(7) 19 mars 1835, B. 100; 23 juillet 1836, B. 249; 25 mai
1839, B. 166; 18 décembre 1840, B. 355; 14 juillet 1860, B. 165.

tion publique, et de surseoir au jugement de la prévention, a incontestablement le droit d'examiner si ces mesures sont demandées dans l'intérêt légitime de la défense, ou si le prévenu ne se propose que d'entraver la marche de la justice. Si la simple allégation d'un droit réel sur l'immeuble qui a été l'objet de la contravention suffisait pour obliger le juge à accorder un sursis, les prévenus pourraient souvent alléguer un pareil droit, quoiqu'ils sussent parfaitement qu'il ne leur appartient point. Le tribunal, devant lequel l'exception est produite, doit donc examiner si elle a quelque apparence de fondement, et la rejeter et passer outre, si elle n'en a pas (1). »

559. *Sursis.* — Lorsque l'exception élevée réunit ces cinq conditions, elle mérite d'être accueillie ; mais le tribunal de police doit *surseoir* à statuer et non juger la contravention, en prononçant soit un acquittement (2), soit une condamnation (3) ; ou bien en se déclarant incompétent (4). — Il doit surseoir, et à plus forte raison, lorsque le prévenu, après avoir élevé l'exception de propriété ou autre, commet une contravention de même nature que la première (5) ; enfin le juge doit surseoir même d'office (6). Il y a lieu à un second sursis lorsque

(1) Mangin, *Actions*, t. 1, p. 527.
(2) 17 septembre 1857, B. 346.
(3) 20 juillet 1821, B. 118 ; 23 août 1822, B. 118 ; 30 juillet, 1er octobre 1825, B. 144, 196 ; 20 juin 1828, B. 180 ; 19 juin 1829, B. 138 ; 11 novembre 1831, B. 290 ; 27 septembre, 6 octobre 1832, B. 374, 387 ; 26 septembre 1834, B. 322 ; 23 janvier (ch. réun.), 16 avril 1836, B. 27, 117 ; 22 février 1839, B. 61 ; 2 juillet 1841, B. 199 ; 10 juin 1843, B. 145 ; 5 février 1844 (ch. réun.), B. 38 ; 13 février 1845, B. 46 ; 19 juin 1846, B. 154 ; 10 juin 1847, B. 124 ; 10 octobre 1856, B. 333.
(4) 15 février, 26 avril, 9 mai, 29 août, 28 novembre 1828, B. 38, 129, 143, 247, 315 ; 17 mai 1833, B. 188 ; 28 janv. 1853, B. 36.
(5) 20 juillet 1821, B. 118 ; 11 octobre 1824, B. 144 ; 18 décembre 1840, B. 360.
(6) 13 juin 1839, B. 190 ; 24 janvier 1856, B. 32.

le prévenu justifie d'un recours en cassation par lui
formé contre un jugement du tribunal civil rendu à
l'occasion de son exception préjudicielle de propriété (1).

Le sursis doit avoir lieu pour l'amende comme pour
la démolition (2).

360. *Délai à fixer.* — En prononçant le sursis, le
tribunal doit, en même temps, fixer un bref délai pour
faire juger, par qui de droit, la question préjudicielle.
Aucune loi ne déterminant un délai à l'expiration
duquel les prévenus qui opposent cette exception à
l'action du ministère public, et qui n'ont point agi pour
la faire juger, sont censés l'avoir abandonnée, c'est aux
tribunaux de fixer ce délai. Faute de cette fixation, les
prévenus ne sauraient être poursuivis pour n'avoir pas
obéi au jugement de sursis, et ainsi un grand nombre
de contraventions et jusqu'à des délits demeureraient
impunis (3).

Ce bref délai doit être fixé par le juge, lors même
que le ministère public n'aurait pas pris de réquisitions
à cet égard (4).

Que si ce délai n'a pas été fixé par le jugement, cette
omission peut être réparée dans un second jugement,
rendu contradictoirement avec le prévenu (5), ou celui-
ci dûment appelé.

Lorsque le délai fixé se trouve expiré sans que la

(1) 26 avril 1860, B. 112.
(2) 27 juillet, 18 et 23 août, 8 décembre 1860, B. 153, 209,
211, 283.
(3) 10 août 1821, B. 30; 14 août 1823, B. 115; 15 septembre
1826, B. 188; 28 avril 1827, B. 108; 9 août 1828, B. 237; 18
février 1836, B. 47; 23 août 1839, B. 281; 23 mai 1840, B. 145;
8 octobre 1846, B. 269.
(4) 17 janvier 1845, B. 20.
(5) 10 août 1821, B. 120; 15 décembre 1827, B. 312; 23 juillet 1830, B. 192; 27 février 1863, B. 72.

juridiction civile ou l'autorité administrative, suivant les cas, ait été saisie par le prévenu, le ministère public rentre dans le libre exercice de son action, et le tribunal doit statuer sur la contravention (1). Il faut, dans ce cas, avertir le prévenu par une citation régulière, de venir présenter ses moyens de défense sur le fond; sans cela, et si ce prévenu ne comparaissait pas volontairement, le jugement de condamnation ne serait rendu que par défaut. V. n° 441.

Lorsque le prévenu établit qu'il a saisi le tribunal civil, un délai n'a pas à être fixé par le tribunal de police (2).

Prescription, interruption, V. n° 341.

561. Le prévenu est tenu de justifier de l'introduction de son action à fins civiles, dans le délai qui lui a été imparti par le jugement de sursis. Quand il plaide contre une commune, cette justification s'établit en prouvant qu'un mémoire a été adressé par le prévenu au préfet, pour faire autoriser cette commune à ester en jugement (3).

562. La poursuite du jugement de la question préjudicielle doit être mise à la charge du prévenu, non du ministère public (4), et cela que l'exception soit de la compétence des tribunaux civils ou de celle de l'autorité administrative supérieure (5). — Cette poursuite ne peut pas davantage être laissée à la partie la plus diligente. Dans ce cas le prévenu n'aurait qu'à demeurer dans l'inaction pour paralyser la justice

(1) 11 février 1837, B. 48; 4 décembre 1857, B. 613.
(2) 21 août 1857, B. 315.
(3) 3 novembre 1842, B. 288.
(4) 25 novembre 1826, B. 237; 20 février, 21 mai 1829, B. 48, 107; 21 février 1833, B. 70; 12 juillet 1834, B. 224; 25 sept. 1835, B. 375; 23 juillet 1836, B. 247; 11 avril 1861, B. 77.
(5) 6 octobre 1832, B. 387; 31 janvier, 23 mai, 19 juillet 1833, B. 28, 194, 282.

répressive, le ministère public n'ayant ni qualité, ni, droit, ni intérêt pour porter devant les juges civils une question de propriété, etc. (1).

Le tribunal de police ne peut pas, non plus, mettre la poursuite de l'action préjudicielle à la charge de la commune que la contravention intéresse (2).

Si le prévenu rapporte un jugement civil qui décide en sa faveur la question préjudicielle, le tribunal de police est lié par ce jugement et n'a plus qu'à prononcer l'acquittement (3).

Si le tribunal civil n'a pas encore statué, on examine si le prévenu a fait les diligences suffisantes, et si, dans ce cas, il a droit à un nouveau sursis (4).

Lorsque, à défaut de diligences suffisantes, le tribunal de police a passé outre et a condamné, son jugement ne s'exécute pas immédiatement, et l'on doit, quant à ce, observer la disposition finale de l'art. 182 du C. forestier. V. n° 345, à la fin (5).

N° 2. — *Exceptions dont les tribunaux de police peuvent et doivent connaître.*

365. Il y a toutefois de nombreuses exceptions présentées par les prévenus, dont les tribunaux de simple police peuvent et doivent connaître; les unes, parce que leur démonstration ne porte aucune atteinte à la contravention; les autres, parce qu'elles rentrent dans les pouvoirs de ces tribunaux; on les nomme *préalables*, pour les distinguer des exceptions *préjudicielles*, dont je viens de parler.

(1) 27 juillet 1827, B. 199; 3 juin 1830, B. 150; 4 juillet, 26 décembre 1846, B. 176, 329.
(2) 10 septembre 1841, B. 277.
(3, 4, 5) M. F. Hélie, t. 7, p. 436, 437.

564. *Exceptions qui n'empêchent pas la contravention d'exister.* — Lorsqu'il s'agit d'une contravention à un plan d'alignement, la propriété du terrain à bâtir ne peut soustraire le contrevenant à l'observation de ce plan (1).

De même, le droit de construire sur un terrain ne dispense pas de demander l'alignement au maire, lorsque la construction joint la voie publique (2).

La propriété de ce terrain ne dispense pas, non plus, de l'obligation de laisser ouverte une rue qui est comprise dans le plan d'alignement (3).

Cette propriété ne justifie point les anticipations ou dégradations sur les chemins vicinaux, classés comme tels par un arrêté préfectoral. D'après la loi du 21 mai 1836, art. 15, le droit des riverains sur le terrain d'un chemin ainsi classé se résout en une indemnité, de sorte qu'inutilement les prévenus feraient consacrer leur droit de propriété (4).

Mais, s'il s'agissait d'un chemin *rural* seulement, l'exception de propriété pourrait être élevée, la loi de 1836 ne conférant aux préfets le droit de disposer de la propriété privée que pour les chemins *vicinaux* (5); lesquels sont, d'ailleurs, seuls imprescriptibles (6).

565. L'exception tirée de la propriété ne justifie pas davantage la contravention :

(1) 14 septembre 1827, B. 239; 19, 21 mars 1835, B. 99, 108; 31 mars 1836, B. 100; 19 juillet 1838, B. 227 ; 28 janvier 1841, B. 27.

(2) 28 février 1834, B. 62; 2 décembre 1841, B. 343; 7 juillet 1864, B. 177.

(3) 10 septembre 1840, B. 256.

(4) 4 août 1836, B. 258; 29 décembre 1837, B. 446; 28 mai 1841, B. 159; 27 août 1858, B. 245.

(5) 12 avril 1842, B. 88; 8 mars 1844, B. 89.

(6) 5 janvier 1855, B. 5 ; 1er décembre 1860, B. 273; 14 novembre 1861, B. 234.

1° A un arrêté préfectoral sur la petite voirie, non attaqué par le prévenu (1);

2° A un arrêté de la même autorité prescrivant la destruction de lieux d'aisances, tuyaux, ouvertures, ouvrages destinés au jet, au dépôt ou à l'écoulement, et donnant sur un canal, propriété publique, dont ils infectent les eaux; il y a là une question de salubrité publique, sur laquelle la propriété ne peut avoir d'influence (2);

3° A un arrêté municipal réglant la police des eaux d'une fontaine publique, en ce qui concerne leur écoulement, une servitude sur ces eaux ne pouvant autoriser l'ayant droit à rendre, par exemple, la voie publique impraticable pour les attirer dans sa propriété (3);

4° Au Code rural, tit. 2, art. 15, qui défend d'inonder l'héritage de son voisin, et de lui transmettre volontairement les eaux d'une manière nuisible; la propriété des eaux qui causent le dommage ne fait point disparaître la contravention (4);

5° A un arrêté municipal qui défend le passage des voitures et des bestiaux sur une promenade publique; tant que les habitants de la ville ont la jouissance de cette promenade, il y a un intérêt de sûreté publique qui doit être respecté et auquel un procès civil, même commencé, concernant la propriété de cette promenade, ne peut porter atteinte (5);

6° A un arrêté du conseil municipal concédant au curé, à titre de supplément de traitement, la jouissance d'un terrain communal, sur lequel le prévenu avait fait paître ses bestiaux (6).

(1) 14 août 1829, B. 189.
(2) 22 octobre 1829, B. 245; 21 août 1843, B. 214.
(3) 2 septembre 1837, B. 259.
(4) 19 septembre 1840, B. 281.
(5) 11 décembre 1820, B. 276.
(6) 27 février 1818, B. 25.

366. *Autres exceptions qui peuvent faire disparaître la contravention.* — Ce sont .celles qui, sans toucher à la propriété immobilière, ni aux questions administratives proprement dites, peuvent enlever à l'infraction constatée son caractère délictueux; ainsi les tribunaux de police doivent examiner préalablement :

Le caractère de *publicité* d'un chemin (sur lequel une contravention a été commise), si ce chemin n'a pas été classé comme vicinal (1);

Vicinalité, V. n° 352;

L'*impraticabilité* d'un chemin communal, alléguée pour sa justification, aux termes du Code rural (tit. 2, art. 41), par un individu prévenu d'avoir passé sur un terrain chargé de récoltes et appartenant à autrui (2);

L'état d'enclave d'un fonds, dont le propriétaire, emportant ses récoltes, avait été obligé de traverser avec une voiture la prairie d'autrui pour regagner la voie publique (3);

La qualité d'*habitant* ayant droit au pâturage, prise par un individu prévenu d'avoir fait pâturer des bestiaux sur un terrain communal (4);

L'époque de la mise en activité d'un établissement insalubre, que le prévenu alléguait être antérieure au décret du 15 octobre 1810, ce qui, aux termes des art. 11 et 13 de ce décret, dispensait l'établissement d'autorisation (5);

Le fait d'un propriétaire riverain à la voie publique, d'avoir simplement déposé des matériaux (mais non

(1) 4 janvier 1828, B. 5; 17 mars 1837, B. 83; 3 avril 1851, B. 126; 9 février 1856, B. 60; 20 novembre 1858, B. 281; 5 août 1859, B. 198; 15 novembre 1860, B. 238.

(2) 14 thermidor an XIII, B. 192; 6 septembre 1838, B. 304; 14 février 1856, B. 71.

(3) 1er mai 1863, B. 137.

(4) 11 mai 1838, *J. crim.*, art. 2215.

(5) 14 février 1839, B. 48.

élevé des constructions) sur la partie de son terrain, dont la réunion à la voie publique a été régulièrement ordonnée; s'il y avait eu construction au lieu de dépôt, ce fait aurait pu nécessiter un sursis (1);

L'existence d'un arrêté administratif invoqué par le prévenu; le tribunal a le droit, en ce cas, d'ordonner la production de cet arrêté, afin de pouvoir en examiner la teneur (2);

Les termes d'un sous-bail opposé par le maître du prévenu, appelé comme civilement responsable (3).

Exceptions à renvoyer à l'audience civile, V. n° 351.

Complément du N. 2. — *Examen des règlements de l'autorité administrative et de l'autorité municipale en matière de police.*

366 *bis.* L'examen des règlements de police est une dépendance des attributions *préalables* dont je viens de parler; cette matière est assez importante pour mériter une place distincte.

Il arrive assez fréquemment qu'une personne, prévenue de contravention à un arrêté de police, tout en avouant le fait matériel, se défend en contestant la légalité ou la régularité du règlement dont l'application est requise à son égard. Il faut, alors, que le juge de police examine *préalablement* cet arrêté. Son droit, sur ce point, est certain; il n'y a de difficulté que sur ses limites; ayant à rappeler les principes qui les déterminent, je crois utile de rechercher, en même temps, ceux d'où ressort le droit lui-même.

(1) 25 mai 1848, B. 161.
(2) 26 août 1853, B. 433.
(3) 13 mai 1854, B. 159.

Un règlement de police, qu'il émane d'un maire, d'un préfet, ou qu'un décret du souverain l'établisse, est un acte de la puissance *exécutive,* laquelle s'exerce, soit par délégation, soit directement. On peut donc, au premier aspect, s'étonner qu'en présence de la règle absolue sur la séparation des pouvoirs, de cette défense « aux juges, à peine de forfaiture, de troubler, « de quelque manière que ce soit, les opérations des « corps administratifs (1), » les tribunaux de police aient le droit de paralyser un règlement administratif, en le déclarant illégal ou irrégulier.

C'est que ce règlement n'est pas, à vrai dire, un acte administratif proprement dit : ordre à exécuter ou à respecter; décision sur un point contentieux; manifestation essentielle de l'autorité exécutive et ainsi inabordable à l'autorité judiciaire. J'en ai cité (p. 240, 242) des exemples multipliés relatifs à des contraventions de police; entre autres, des arrêtés — sur l'état d'un *mur* menaçant ruine ; — sur un *alignement* donné par un maire conformément au plan de la ville ; — sur la *date* de l'existence d'un établissement insalubre; — sur la *largeur* ou le *caractère* d'un chemin; — tout cela est du pur domaine de l'administration, et les tribunaux n'y peuvent intervenir.

Les règlements de police sont autre chose; actes également de l'autorité administrative, mais rendus en vertu d'une loi et pour en faciliter l'exécution ou en étendre les prescriptions à des faits que le législateur ne pouvait prévoir, ces règlements participent *de la nature de la loi* proprement dite, ils en ont la force et les effets (2); c'est à ce titre que les tribunaux de police

(1) Lois des 16-24 août 1790, tit. 2, art. 13; du 16 fructidor an III.

(2) M. F. Hélie, *Instr. crim.*, t. 7, p. 213 ; Cass., 8 février 1845, B. 44, plus loin transcrit.

ont le droit de les examiner. Cette vérification ne devait pas appartenir à l'autorité exécutive ; c'eût été, au péril des citoyens, mettre, dans la même main, la confection du règlement, d'abord, et, ensuite, l'application de ce règlement. Ce principe incontestable a été invariablement maintenu par la Cour suprême, qui déclare : « que l'autorité judiciaire a toujours le droit d'examiner si les dispositions réglementaires, qu'elle est appelée à sanctionner par l'application d'une peine, ont été prises par l'autorité de laquelle elles émanent, dans les limites de sa compétence (1). » Des très-nombreux arrêts qui ont établi cette jurisprudence, je choisis le suivant où la difficulté est à la fois nettement posée et magistralement résolue.

Le préposé d'un pont à péage ayant perçu un droit exagéré, fut cité devant le tribunal de police, qui le condamna à restituer l'excédant du droit qui était dû, plus à 1 jour de prison, 1 fr. d'amende et à l'affiche du jugement. Sur l'appel des concessionnaires du pont, le tribunal correctionnel infirma et sursit à statuer jusqu'après l'interprétation du tarif par l'autorité administrative. Pourvoi. La Cour :

« Vu les art. 40 de la Charte ; 2 de la loi du 7 septembre 1790 ; 52 de celle du 6 frim. an VII ; 10 et 11 de celle du 14 floréal an X ; 124 de celle du 25 mars 1817 ; 7, § 3, de celle du 24 juillet 1843 ;

« Attendu que la loi du 14 floréal an X, en établissant les contributions indirectes pour l'an XI, a rangé dans cette classe, sous le titre de *péage*, les droits à percevoir sur les ponts, comme ceux établis sur le passage des bacs ;

« Que l'ordonnance du 2 mai 1841, portant création d'un péage relativement au pont suspendu du port *de*

_____

(1) Le même, *Théorie du Code pénal*, 4° édit., t. 6, p. 354.

Pascau, a été ainsi rendue hors des limites et en dehors des pouvoirs ordinaires de l'administration ;

« Que cette ordonnance, en présence de l'art. 40 de la Charte, ne puise sa base légale que dans les articles (plus haut visés), qui délèguent au Gouvernement le droit d'établir le tarif des taxes à percevoir au passage des ponts, et qui, pour chaque exercice, autorisent la perception de ces droits ;

« Qu'il suit de là que l'ordonnance de 1841 n'étant que le résultat de cette délégation du pouvoir législatif, participait ainsi essentiellement *de la nature des lois* dont l'interprétation appartient aux tribunaux ;

« Attendu que le jugement attaqué, en surséant à statuer sur la demande en restitution d'une somme que des contribuables soutenaient avoir été perçue illégalement, sous le prétexte qu'une semblable réclamation nécessitait l'interprétation *d'un acte administratif*, et en méconnaissant ainsi le véritable caractère de l'acte qu'il lui appartenait d'apprécier, a par là, violé les règles de sa propre compétence, ainsi que les dispositions des lois ci-dessus visées; casse (1). »

L'exercice de ce droit d'examen n'a lieu, bien entendu, qu'au point de vue de *l'application* du règlement. « Le tribunal, dit M. Dufour (2), lorsqu'il se refuse à sanctionner un arrêté ou un règlement, n'en prononce pas, pour cela, l'annulation ; il déclare simplement que d'après le silence ou le texte exprès de la loi, il ne se croit point autorisé à prêter le secours que l'on réclame de lui; sans mettre obstacle à l'action de l'administration, il se refuse seulement à l'aider. »

Ceci dit, venons aux principaux points d'examen sur lesquels l'attention du tribunal doit se porter (3).

(1) 8 février 1845, B. 41.
(2) *Traité général de droit administratif*, t. 1, p. 67.
(3) M. F. Hélie, *Instruction criminelle*, t. 7, p. 217 et suiv.

Le juge de police doit vérifier :

1° Si les arrêtés ou règlements émanent d'une autorité *compétente*. En effet, si le fonctionnaire — auteur — n'avait pas de délégation pour les prendre, ils seraient sans force et ne seraient susceptibles d'aucune exécution ;

2° Si l'arrêté a été pris dans le *cercle des attributions* de l'autorité compétente. C'est le prescrit de l'art. 471, n° 15, du Code pénal, dont la sanction est réservée « aux « arrêtés *légalement* faits de l'autorité administrative ou « de l'autorité municipale. » Les textes constitutionnels, en cette matière, sont les art. 3 et 4, tit. XI, de la loi du 16-24 août 1790, et un petit nombre de lois ou décrets postérieurs, notamment les art. 9, 10, 30 et 46 de la loi du 19-22 juillet 1791 ;

3° Si l'arrêté est revêtu des *formes* prescrites par la loi ; s'il a été publié, ou au moins notifié au contrevenant.

Les décisions de la jurisprudence et les questions d'espèce où se trouve développé et justifié ce programme sont innombrables ; en citer une partie, et je ne pourrais faire plus, serait un travail insuffisant ; je me borne donc à renvoyer aux principaux ouvrages où sont indiqués ces documents (1).

---

(1) Sulpicy, *Codes annotés*, 1842, grand in-8°; Code pénal, art. 471, n° 15 ; n°s 265 à 628.

Miroir et Brissot de Warville, *Traité de police municipale*, etc., 1846, 2 vol. in-8°.

Dalloz, *Répertoire général*, 1848, in-4°; t. 9, v° *Communes*, n°s 631 à 1355.

Gilbert, *Codes annotés*, 1856, grand in-8°; Code pénal, art. 471, n° 15 : n°s 1 à 234.

Rolland de Villargues, *Codes criminels interprétés*, etc., 1861, grand in-8°; Code pénal, art. 471, n° 15 ; n°s 1 à 1042.

SECTION IV.

CONFLITS.

567. Quelquefois un tribunal, régulièrement saisi d'une affaire, se trouve empêché de la juger, parce que la connaissance de ce procès vient à être revendiquée par une autre autorité. Il arrive aussi, quoique plus rarement, qu'une cause éprouve de la difficulté à être jugée, parce que les tribunaux auxquels les parties s'adressent refusent d'en connaître, déclarant leur incompétence. Quand une lutte de ce genre s'élève, on dit qu'il y a *conflit*. Le conflit est *positif*, lorsque deux autorités retiennent ou réclament la même affaire; il est *négatif*, lorsqu'elles la repoussent.

Si le conflit a lieu entre deux tribunaux proprement dits, de juridictions pareilles ou différentes, on le nomme conflit de *juridiction;* et conflit d'*attribution,* quand c'est l'autorité administrative qui est en concours avec l'autorité judiciaire. Je ne m'occupe ici que de ce dernier conflit : on trouvera, aux n°ˢ 578 et suiv., les principes applicables aux conflits de juridiction, lesquels donnent lieu à un « règlement de juges. »

C'est une question, disais-je dans ma première édition, que de savoir s'il y a lieu à conflit d'attribution en matière de simple police, c'est-à-dire si la connaissance d'une contravention de police peut être revendiquée par l'autorité administrative. La doctrine, sans être entièrement uniforme sur ce point, s'était généralement prononcée pour l'affirmative. On argumentait du silence de l'ordonnance du 1ᵉʳ juin 1828, relative aux conflits d'attribution. Jusqu'à cette ordonnance, le droit du Gouvernement était à peu près sans limites. Aussi avait-il été élevé des conflits même en matière criminelle, et en matière civile après des arrêts de Cours impériales devenus définitifs (1). L'ordonnance de 1828, en se bornant à interdire les conflits en matière criminelle, et à limiter leur application en matière correctionnelle, paraissait avoir laissé les matières de simple police sous l'empire du droit antérieur.

Mais, la question examinée de nouveau, j'adopte l'opinion de M. G. Dufour (2), et je pense que le conflit ne peut être élevé devant les juges de paix statuant comme juges de police; tout au plus y a-t-il lieu devant le tribunal correctionnel saisi de l'appel d'un jugement de simple police. La raison en est que les formalités prescrites par l'ordonnance réglementaire du 1er juin 1828, ne trouvent leur application que devant un tribunal de première instance. Le Conseil d'Etat a rendu plusieurs ordonnances dans ce sens (3).

Le droit d'élever le conflit appartient exclusivement aux préfets (4), y compris, à Paris, le préfet de police (5). En cet état je n'ai pas à m'occuper, ce me semble, de la procédure à suivre, celle qui concerne les conflits en matière correctionnelle, et qui a été tracée par l'ordonnance de 1828, art. 6 et suiv., et par celle du 12 mars 1831, art. 6 et 7.

Le règlement des conflits a été rendu au Conseil d'Etat par le décret organique du 25 janvier-18 février 1852, art. 1er, qui a supprimé virtuellement le tribunal des conflits, créé par la Constitution de 1848.

---

(1) Décrets du 15 janvier 1813 et du 6 janvier 1814.
(2) *Traité général du droit administratif appliqué*, 1854, t. 3, p. 526 et suiv.
(3) 3 décembre 1828 (Bruhat); 11 janvier 1829 (c⁰ de Serbonne); M. Dufour, *loc. cit.* V. aussi l'ordonnance du 12 avril 1844 (Sabde); Dufour, t. 2, p. 670.
(4) Ordonn. du 1er juin 1828, art. 5 et 6; M. Duvergier, t. 28, p. 180; *Encyclopédie du droit*, v⁰ *Conflits*, n⁰ 35.
(5) Ordonnance du 18 décembre 1822.

SECTION V.

REMISES DE CAUSE ; EXPERTISES ; VISITES DE LIEU.

568. *Remise de l'affaire.* — Lorsque l'insuffisance d'un procès-verbal (1), ou les allégations contraires du prévenu, ou l'audition des témoins déjà produits, nécessitent l'appel de témoins nouveaux (V. n° 267), une remise peut être demandée, à cet effet, par le ministère public, la partie civile, et le prévenu (2), à une prochaine audience, et le tribunal ne peut la refuser (3), même en déclarant que le fait constaté au procès-verbal ne constitue aucune contravention (4). L'expression, *s'il y a lieu*, de l'art. 153, C. d'instr. crim., doit s'entendre en ce sens que le juge tient pour constants les faits mis à la charge des prévenus (5) ; d'où la conséquence que si ces faits ne sont pas tenus pour constants *il y a lieu* d'ouïr les témoins produits pour les prouver. C'est que les dépositions de ces témoins peuvent donner aux faits un autre caractère et compléter les éléments constitutifs de l'infraction. Toutefois, le juge peut fixer un délai raisonnable dans lequel les témoins devront être produits (6).

(1) 12 mai 1864, B. 126.
(2) 4 avril 1811, B. 41.
(3) 7 novembre 1823, B. 151 ; 11 décembre 1829, B. 274 ; 25 mars 1830, B. 79 ; 8 octobre 1836, B. 335 ; 23 septembre 1837, B. 292 ; 17 novembre 1838, B. 360 ; 26 août, 11 novembre 1843, B. 224, 284 ; 26 septembre 1845, B. 306 ; 4 mars 1848, B. 56 ; 8 mars, 8 novembre 1849, B. 53, 291 ; 24 janvier, 15 avril 1852, B. 35, 123 ; 30 novembre 1854, B. 327 ; 8 août 1856, B. 281 ; 9 janvier 1857, B. 17 ; 4 février 1858, B. 33.
(4) 26 juin 1841, B. 187 ; 30 novembre 1857, B. 327.
(5) 26 février 1863, B. 68.
(6) Dit arrêt du 25 mars 1830, B. 79.

369. Les conclusions du ministère public à fins de remise (F. n° 728) ne seraient pas immédiatement prises, qu'elles devraient encore être accueillies. Tant que le jugement n'est pas rendu, les débats en simple police ne sont pas clos ; peu importe que l'affaire, renvoyée à l'audience suivante, n'ait été remise que pour la prononciation du jugement. Le Code n'a pas, touchant cette juridiction, comme au grand criminel (C. Inst., art. 335), de disposition spéciale sur la clôture des débats (1).

Ces conclusions n'ont pas besoin, pour être accueillies, de revêtir la forme de réquisitions proprement dites (2).

370. *Mises en cause.* — Il y a encore lieu de remettre l'affaire à un autre jour, lorsque le ministère public demande à mettre en cause l'auteur de la contravention, à raison de laquelle la personne civilement responsable se trouve seule citée (3).

Lorsque le prévenu, et il en a le droit, demande à mettre en cause certaines personnes qui peuvent le garantir des effets de la poursuite, par exemple : une commune qui a des droits d'usage dans une forêt, où le prévenu, habitant de cette commune, aurait fait pâturer ses bestiaux (4) ; une personne sur les ordres de laquelle la contravention aurait été commise (5) ; l'entrepreneur de l'éclairage, du balayage, dans une ville où le prévenu serait poursuivi pour négligence à éclairer ou balayer (6).

Mais une nouvelle remise peut être refusée, si le juge

(1) 3 novembre 1826, B. 221 ; 11 novembre 1843, B. 224.
(2) 21 août 1857, B. 314.
(3) 18 octobre 1827, B. 269.
(4) 16 août 1822, B. 110 ; Loi du 18 juillet 1837, art. 49.
(5) 7 janvier 1853, B. 7.
(6) 26 juillet 1827, B. 196.

trouve l'affaire suffisamment instruite (1); si, notamment, après avoir entendu à deux audiences tous les témoins produits par le ministère public, il déclare que sa religion est suffisamment éclairée (2).

S'il a entendu ce fonctionnaire en ses conclusions, il peut lui refuser une remise réclamée pour réfuter les exceptions proposées par le contrevenant (3). Si après avoir conclu au fond, le ministère public à l'audience suivante, au moment du prononcé du jugement, requiert l'audition de nouveaux témoins, ces conclusions peuvent être déclarées tardives (4).

571. *Témoins indiqués par le tribunal.*—Le juge peut, d'office, indiquer de nouveaux témoins à entendre, et ordonner qu'ils seront appelés à la diligence du ministère public. Cette faculté rentre dans le droit, nécessaire pour satisfaire la conscience du juge, que tous les tribunaux de répression possèdent, de prescrire toutes les mesures d'instruction qui leur semblent propres à faciliter la manifestation de la vérité. Il n'y a dans cette disposition du jugement (V. C. proc. civ., art. 254) aucune usurpation sur les prérogatives du ministère public, puisqu'il ne s'agit point d'apporter une modification à la prévention et de toucher ainsi à l'exercice de l'action publique (5).

572. Une *expertise* à laquelle donne lieu une circonstance de la contravention qui a besoin d'être éclaircie (6) (V. n° 275), peut aussi nécessiter une remise de l'affaire.

(1) 4 novembre 1841, B. 314; 23 juillet 1864, B. 184.
(2) 17 novembre 1849, B. 312.
(3) 7 octobre 1853, B. 502.
(4) 3 mars 1864, B. 56.
(5) 11 septembre 1840, B. 271; 18 mars 1844, B. 174.
(6) 12 janvier 1856, B. 18.

La demande d'une expertise formée, soit par le ministère public, soit par les parties, donne lieu à un jugement interlocutoire. En se bornant à une simple indication ou annonce verbale, le juge priverait les parties, et il n'en a pas le droit, du bénéfice du recours que la loi leur accorde contre ses décisions rendues en forme (1).

En outre l'opération ordonnée doit être confiée à des hommes de l'art, et le juge ne saurait, sans excès de pouvoir, y procéder personnellement, même à l'audience (2). Lorsqu'il y a retard de la part des experts dans le dépôt de leur rapport, il y a lieu d'activer ce dépôt, par exemple, au moyen d'une citation ; mais ce retard ne peut aucunement motiver le renvoi des prévenus (3).

575. Le tribunal n'est pas dans l'obligation absolue d'ordonner l'expertise réclamée, mais il ne peut la refuser qu'à la charge de déclarer expressément, soit que le fait à établir n'est ni pertinent ni concluant, soit que le tribunal étant assez éclairé par les débats, n'a pas besoin des éléments de conviction que l'opération requise lui aurait offerts (4).

Il n'est pas nécessaire pour la validité d'une expertise qu'elle soit faite en présence des parties ou elles dûment appelées ; ici ne s'appliquent pas les art. 315 et 317 Cod. proc. civ.; pour les expertises ordonnées par la justice répressive, les seules formalités à suivre sont réglées par les art. 43 et 44 Cod. d'inst. crim. (5).

---

(1) 26 septembre 1840, B. 290.

(2) 26 septembre, 3 décembre 1840, B. 290, 342; 13 février 1857, B. 62.

(3) 9 octobre 1840, B. 301.

(4) 12 juin 1846, B. 142. V. aussi 3 messidor an IV, D. *Répertoire*, 1849, t. 11, p. 363.

(5) 1er avril 1843, B. 75; 15 novembre 1844, B. 369; 15 mars 1845, B. 102.—*Contrà*, M. F. Hélie, t. 7, p. 321.

Du reste, l'expertise n'est qu'un moyen de preuve ; elle ne fait pas foi des faits qu'elle constate ; elle ne lie point le juge par les conclusions qu'elle émet. Le rapport des experts ne contient qu'un avis, que le juge n'est pas tenu de suivre (1).

Mais si la remise de l'affaire n'était réclamée que pour obtenir de nouveaux renseignements, elle pourrait être refusée par le juge ; des renseignements à recueillir ne sont pas une preuve à produire (2).

374. Si la *visite des lieux* est trouvée utile à la manifestation de la vérité, le juge a le droit d'y procéder ; mais, aux termes de l'art. 41 du Cod. de procéd. civ., son examen ne doit s'effectuer qu'en présence des parties et du ministère public ou après les avoir légalement mis en demeure d'y assister (3), à peine de nullité du jugement (4), surtout lorsque les résultats de cette visite des lieux ont servi de base à la décision (5). La vérification que le juge ferait lui-même d'une manière officieuse serait illégale et ne pourrait être prise en considération (6) ; enfin, le jugement ne doit pas être rendu sur les lieux. V. n° 145.

(1) Dits arrêts de 1843 et 1845, cités note précédente.
(2) 10 juin 1836, B. 185.
(3) 3 mars 1814, B. 18; 11 juin 1830, B. 168; 27 septembre 1833, B. 411 ; 22 juillet 1837, B. 210; 6 avril, 17 octobre 1838, B. 97, 337; 4 janvier 1839, B. 4; 13 novembre 1847, B. 227; 15 janvier, 14 avril 1848, B. 11, 117; 3 août 1849, B. 190 ; 14, 28 septembre 1850, B. 309, 338; 29 juillet 1853, B. 372; 16 juillet 1857, B. 270; 30 avril 1859, B. 113; 11 novembre 1864, vu au greffe de la Cour.
(4) 18 février 1864, B. 47.
(5) 26 avril 1846, B. 106; 28 septembre 1850, B. 338; 2, 15 mai, 22 novembre 1856, B. 165, 178, 356; 22 novembre 1860, B. 250; 3 juin 1864, B. 142.
(6) 27 février 1863, B. 75.

SECTION VI.

DU JUGEMENT.

375. De tous les actes d'une juridiction quelconque, le jugement est, sans contredit, le plus solennel, comme le plus important. C'est celui qui demande le plus de soins et de réflexion de la part du juge. Quoique réservé à peu près exclusivement à ce magistrat, cet acte ne doit pas laisser d'appeler aussi l'attention du ministère public, chargé d'y concourir par ses réquisitions et d'en relever, au besoin, les irrégularités graves dans ses pourvois. Afin d'apporter le plus d'ordre et de clarté possible à cette matière, je m'occuperai successivement des :

Jugements en général ;

Jugements de condamnation ;

Jugements d'acquittement ;

Jugements d'incompétence ;

Jugements par défaut ;

Jugements préparatoires et interlocutoires, ou avant faire droit ; simples remises.

§ Ier. — *Jugements en général.*

376. *Nécessité du jugement.* — La première règle à observer en simple police, c'est que toute affaire commencée ne peut être terminée au tribunal que par un jugement. Les juridictions répressives n'admettent pas, comme les juridictions civiles (1), les simples radiations de cause. L'ordre public y étant toujours en présence,

(1) Décret du 30 mars 1808, art. 69.

il faut que le juge statue sur la poursuite intentée ; le désistement de la partie lésée (1), celui du ministère public (2), le défaut de conclusions de ce dernier organe (3), ne l'affranchissent point de l'obligation d'examiner si la contravention reprochée est constante et d'appliquer, s'il y a lieu, la peine encourue (4).

377. D'un autre côté, le juge n'est pas lié par les conclusions de la partie publique. Il peut prononcer une peine plus forte que celle qui a été requise (5) ; il peut condamner, quoique le ministère public ait conclu à l'acquittement (6).

578. Et, bien entendu, un jugement n'est valable qu'autant que le tribunal est régulièrement saisi, soit par une citation (7), soit par la comparution du prévenu (8), soit par la plainte du ministère public à l'audience, à raison d'une contravention (n° 448) découverte pendant les débats.

579. Que si, dans l'affaire, il y avait un chef dont le juge ne se trouverait pas saisi, il ne pourrait pas y statuer. Ainsi, un jugement avait condamné un particulier comme auteur d'une contravention de police, mais avait déclaré la partie civile non recevable dans son action en réparation du dommage. Ce jugement, frappé d'un

---

(1) 8 mars 1860, B. 71.
(2, 3) 6 brumaire an VII, B. 80 ; 14 pluviôse an XII, B. 64 ; 13 septembre 1811, B. 133 ; 25 septembre, 6 décembre 1834, B. 320, 393 ; 28 mars 1835, B. 116 ; 30 août 1851, B. 365 ; 29 août 1857, B. 330.
(4) 24 nivôse an XII, B. 73 ; 29 février 1828, B. 59.
(5) 28 avril 1820, B. 59 ; 14 mai 1847, *J. crim.*, art. 4583.
(6) 17 décembre 1824, B. 193 ; 29 février 1828, B. 59.
(7, 8) 7 vendémiaire an VII, B. 13 ; 26 vendémiaire an IX, B. 17 ; 23 juillet 1807, B. 159 ; 29 février 1828, B. 59 ; 28 avril 1848, B. 127 ; 25 janvier 1850, *J. crim.*, art. 4811 ; 4 octobre 1851, B. 436.

pourvoi par la partie civile seule, n'avait été cassé que sur le chef qui la concernait. Le tribunal de renvoi devait donc se borner à statuer sur la demande en dommages-intérêts, seul objet de l'arrêt de la Cour suprême. Il crut devoir s'occuper de la contravention elle-même, et il déclara qu'elle était prescrite, mais son jugement fut cassé comme entaché d'excès de pouvoir (1).

580. *Caractère de l'affaire.* — Le juge ne doit pas perdre de vue le caractère primitif de la cause sur laquelle il a à prononcer. Saisi d'une affaire de simple police, il ne peut se constituer juge civil, même avec le consentement des parties, et lorsque les faits, perdant leur caractère de contravention aux débats, paraîtraient ne plus donner lieu qu'à de simples dommages-intérêts; ce serait intervertir l'ordre de ses attributions et méconnaître les règles de la compétence (2). Que si la partie plaignante réduisait sa demande à de simples dommages, le juge n'en devrait pas moins statuer sur la contravention (3), le ministère public, dans ce cas, eût-il trouvé à propos de garder le silence (4).

581. De même, le juge saisi, comme juge de paix, d'une action purement civile en réparation d'un dommage causé, ne pourrait se transformer en juge de police, et introduire dans l'affaire le ministère public, fonction étrangère aux tribunaux de paix; il y aurait là une violation manifeste des règles de compétence établies par la loi (5).

(1) 16 mars 1839, B. 92.
(2) 10 juillet 1829, B. 154; 8 septembre 1837, B. 265.
(3) 23 décembre 1814, B. 46.
(4) 17 août 1809, B. 141.
(5) 18 prairial an VIII, B. 369; 1er avril 1843, B. 64.

Bien moins encore le juge pourrait-il, par le même jugement, statuer sur une affaire dont un chef constituerait une contestation civile, et un autre chef une contravention de police (1); il faudrait, dans ce cas, disjoindre les chefs de la demande; statuer sur la contravention, si l'instruction était complète, et renvoyer la simple contestation à l'audience civile, en supposant qu'il convînt à la partie intéressée de suivre cette voie.

Lorsque la contravention, constatée d'abord par un procès-verbal, présente à l'audience des éléments nouveaux par suite d'un rapport d'experts, le juge doit apprécier ces éléments et y statuer tout comme s'ils avaient été compris dans le procès-verbal, pourvu qu'ils ne constituent pas une contravention distincte (2).

582. *Chefs de la demande.* — Les jugements doivent porter sur tous les chefs de la prévention ou de la demande (3). Il y aurait nullité, on l'a déjà vu (n° 310), si le juge omettait de statuer, soit sur une des contraventions poursuivies (4), soit sur une réquisition, ou du prévenu, ou du ministère public (V. n° 310), qu'il s'agisse de travaux à ordonner à titre de réparations civiles (5), ou seulement d'une remise de cause pour faire entendre des témoins (6). Si la citation se réfère à un procès-verbal, le juge ne peut se dispenser de statuer sur les faits constatés dans ce dernier acte (7).

Lorsqu'il a été prononcé sur le fond, qu'il y ait eu

---

(1) 16 floréal, 2 thermidor an xi, B. 136, 176.
(2) 27 septembre 1851, B. 411.
(3) 29 février 1828, B. 59; 11 décembre 1829, B. 274; 28 avril 1848, B. 127.
(4) 20 janvier 1860, B. 16; 26 avril 1861, B. 87; 16 avril 1864, B. 102.
(5) 18 août 1860, B. 206.
(6) 4 avril 1812, B. 41; 14 mars 1834, B. 87.
(7) 7 août 1829, B. 180.

condamnation ou acquittement, le juge est dessaisi de l'affaire et ne peut rapporter son jugement, quand cette décision aurait été incompétemment rendue, lors même qu'elle aurait été surprise. Le droit de l'annuler est réservé exclusivement au tribunal d'appel ou à la Cour de cassation, suivant les circonstances (1).

Chef, entre plusieurs, seul soumis au tribunal, V. n° 379.

582 bis. *Conclusions du ministère public.* — Tous les jugements, à peine de nullité, doivent mentionner que le ministère public a pris ses conclusions ou s'en est rapporté à justice (2).

583. *Motifs.* — A l'exception de ceux de pure instruction, les jugements doivent être motivés. Le Code d'instruction criminelle, art. 163 (V. n° 419), ne contient, à cet égard, de règle que pour les jugements de condamnation; mais il résulte des dispositions de la loi du 20 avril 1810, art. 7, que les motifs sont de l'essence des arrêts et jugements, et qu'il faut, par conséquent, à peine de nullité, que tout arrêt ou jugement soit prononcé à l'audience avec des motifs; il y *aurait violation expresse* de la loi, si le dispositif de la décision avait été seul prononcé à l'audience (3), et ce, quelle que fût la juridiction saisie; que le jugement statuât sur le fond ou sur une simple exception (4); qu'il prononçât le renvoi du prévenu (5), ou qu'il portât sur un simple acte d'instruction (6).

(1) 10 janvier 1806, B. 13; 1er avril 1813, B. 65.
(2) 8 juillet 1852, B. 227 et autres.
(3) 23 avril 1829, B. 82.
(4) 9 juillet 1836, B. 226; 9 décembre 1841, B. 347; 15 juin 1842, B. 163.
(5) 5 février 1848, B. 30; 24 janvier 1852, B. 39; 13 février 1857, B. 62.
(6) 15 février 1845, B. 56; 2 octobre 1846, B. 267.

Ces motifs doivent porter sur chacun des chefs distincts de la poursuite et des réquisitions des parties; l'omission d'un seul de ces chefs pourrait entraîner la nullité du jugement (1).

Toutefois, le juge, après avoir prononcé à l'audience, le *fond*, le *précis* des motifs qui ont déterminé sa décision, peut déposer au greffe, pour être insérés dans le jugement, des motifs plus complets et plus développés, et cela sans contrevenir à la loi (2).

584. *Motifs insuffisants.* — Les jugements de simple police n'ont pas besoin de contenir « l'exposition sommaire des points de fait; » cette prescription de l'art. 141 du Code de procédure est uniquement relative aux jugements civils (3); mais il est indispensable que les motifs s'expliquent sur les faits du procès, de manière à permettre de les apprécier. Ainsi, la Cour de cassation a déclaré nuls, pour insuffisance de motifs, des jugements qui, en renvoyant les prévenus des poursuites, et au lieu d'expliquer par quelles raisons de fait ou de droit ce renvoi était justifié, s'étaient bornés à déclarer que « les faits, tels qu'ils résultaient de l'instruction et des débats, ne constituaient pas les contraventions imputées aux prévenus (4), » *ou* que la contravention imputée aux prévenus n'était pas établie à leur charge (5).

584 *bis. Dispositif.* — Après les motifs vient le dispositif; la décision proprement dite du juge, n'omettant, comme on l'a vu (n° 382), aucun des chefs de la demande ou des réquisitions.

---

(1) 25 août 1837, B. 251; 12 février 1843, Dall., 44.4.262 (arrêt de cassation omis au Bulletin).
(2) 23 avril 1829, B. 82.
(3) 14 août 1829, D. P., 1.382.
(4) 28 août 1846, B. 224; 28 septembre 1855, B. 340; 15 janvier 1857, B. 29.
(5) 22 novembre 1860, B. 248.

Dépens, motifs, V. n° 409.

385. *Publicité à constater.* — Tous les jugements, sans exception, doivent être prononcés en audience publique. C. I., art. 153 (1). Et ils doivent constater (F. n° 723) expressément l'accomplissement de cette formalité, ainsi que la publicité de l'instruction. Non-seulement leur silence à cet égard emporte nullité (2), mais une mention faite en des termes qui prêteraient à l'équivoque aurait le même résultat. Ainsi, ne satisfont pas à la loi les mentions que le jugement a été rendu :

Au lieu ordinaire des audiences, puisque dans le lieu ordinaire la séance peut avoir été secrète (3);

En l'auditoire du tribunal, puisque cet auditoire aurait pu ne pas être ouvert au public (4);

Au tribunal de police, dans l'une des salles de l'hôtel de la Mairie (5), cette salle pouvant avoir été fermée;

En audience de police (6); — ou *à l'audience de tel jour* (7);

Enfin à *l'audience ordinaire,* puisque l'audience aurait pu être tenue aux jours, aux heures ordinaires, et ne l'avoir pas été publiquement (8);

En tel *lieu* de telle *commune,* cette mention ne constatant point la publicité (9).

(1) Loi du 20 avril 1810, art. 7.
(2) 27 août 1825, B. 168; 1er décembre 1827, B. 291; 18 janvier, 21 novembre 1828, B. 18 et 306; 20 mars 1829, B. 65; 29 janvier 1835, B. 41; 3 mars 1854, B. 61; 15 février 1855, B. 42, 28 novembre 1856, B. 383; 24 décembre 1858, B. 319.
(3) 23 et 30 octobre 1823, B. 144, 146.
(4) 6 février 1824, B. 24.
(5) 9 juin 1837, B. 176.
(6) 7 décembre 1826, B. 246.
(7) 30 mars 1832, B. 116.
(8) 13 juin 1840, B. 176.
(9) 3 mars 1854, B. 61.

Jugement rendu sur les lieux contentieux ; Nullité, V. n° 145.

586. Lorsque l'affaire a occupé plusieurs audiences, la publicité doit être constatée pour chacune (1). Cependant la mention « fait et prononcé en audience publique du tribunal de ..., le tel jour, » précédée de la constatation des actes d'instruction faits aux audiences précédentes, suffit pour constater la publicité du jugement et de toutes les audiences de la cause (2).

587. Dans la pratique, la publicité de l'audience n'est pas constatée sur la minute de chacun des jugements rendus le même jour ; le greffier se contente d'inscrire en tête de la feuille destinée à l'inscription de ces jugements cette mention : « *Audience publique du....., »* ce n'est que dans l'expédition qu'il porte la mention en ces termes : « Fait et jugé à l'audience publique du tribunal de police de   le   , présidée par Monsieur, etc. » — Mais si la mention de la publicité de l'audience n'existe pas sur la feuille, la mention y relative de l'expédition ne peut prévaloir sur la foi due aux minutes et faire disparaître les nullités qui, dans ce cas, vicient les jugements (3).

588. *Ministère public.* — Tous les jugements doivent être prononcés en présence du ministère public (4), et il faut y faire mention de cette formalité, à peine de nullité (5), même pour les simples jugements préparatoires (6).

(1) 26 juin 1829, B. 141.
(2) 23 novembre 1843, B. 289.
(3) 15 février 1854, B. 42.
(4) 8 juillet, 24 décembre 1813, B. 152, 263.
(5) 29 janvier 1835, B. 41 ; 18 aoû et 10 décembre 1864. vus au greffe de la Cour.
(6) 3 mars 1814, B. 18,

589. *Composition du tribunal.* — En marge de la feuille d'audience, en tête du premier jugement (F. nº 730), on porte les noms du juge de paix, de l'officier du ministère public et du greffier, qui y ont siégé ; cette mention est signée du juge et du greffier. *Code de procédure*, art. 138. Ce document authentique sert ensuite à rappeler, à la fin de chaque expédition, les noms des magistrats et du greffier qui ont tenu l'audience, et à satisfaire également aux prescriptions de la loi, touchant la présence du ministère public.

Présence du juge à toutes les audiences, V. plus haut, nº 6.

589 *bis. Noms*, etc., *des parties.* — Les jugements doivent contenir les noms, professions et demeure des parties. C. proc. civ., art. 141.

Exposé du point de fait, V. nº 384.

590. *Célérité.* — « Le tribunal de police prononcera le jugement dans l'audience où l'instruction aura été terminée, et, au plus tard, dans l'audience suivante. » C. I., art. 153. — Cette obligation de prononcer le jugement, à l'audience qui suit celle où l'instruction a pris fin, n'est pas et ne peut pas être toujours remplie dans la pratique. Telle question donne lieu à des recherches, à des méditations qui demandent plus de temps que celui qui sépare ces deux audiences. Ce que l'art. 153 commande, c'est de statuer le plus tôt possible ; c'est surtout d'indiquer le jour où le jugement sera rendu. Il y aurait nullité, si le tribunal ordonnait un sursis d'*une manière indéfinie* (1), soit pour en référer au ministre (2), soit jusqu'à ce que la Cour de cassation (3), ou un tribunal de police (4), eût prononcé

(1) 14 germinal an VII, B. 339.
(2) 25 fructidor an VII, B. 615.
(3) 14 décembre 1833, B. 508.
(4) 7 juillet 1838, B. 197.

dans une affaire identique, soit jusqu'à la preuve de certains faits ou à la production de certains actes (1). Ces ajournements indéfinis constituent de véritables dénis de justice, aux termes de l'art. 506 du Code de procédure, qui porte : « Il y a déni de justice, lorsque les juges refusent de répondre les requêtes, ou négligent de juger les affaires en état et en tour d'être jugées (2). »

591. *Écriture.* — Le greffier doit écrire le jugement. Arg. de C. I., art. 369. Cependant cet acte (F. n° 731) peut être écrit d'une autre main et sur les notes que le greffier aurait recueillies à l'audience ; la signature de cet officier ministériel lui imprime ensuite toute la foi nécessaire (3). Les interlignes, ratures, renvois non approuvés, sont réputés non avenus, d'après l'art. 78 du Code, qui est applicable à tous les actes de procédure criminelle (4).

Papier, V. n° 647.

592. *Signature.* — « La minute du jugement sera signée par le juge qui aura tenu l'audience, dans les vingt-quatre heures au plus tard, à peine de vingt-cinq francs d'amende contre le greffier, et de prise à partie, s'il y a lieu, tant contre le greffier que contre le président. » C. I., art. 164.

La signature du greffier, quoique l'article n'en dise rien, n'en doit pas moins être apposée au bas du jugement ; cela est de droit. Il faut bien que cet officier ministériel authentique de la sorte un acte qu'il a sinon rédigé, au moins écrit ou fait écrire sous sa dictée. Toutefois, l'absence de la signature du greffier, quoique

---

(1) 6 mai 1848, B. 141.
(2) Arrêts des deux précédentes notes.
(3) 31 juillet 1841, B. 224.
(4) 13 décembre 1838, B. 383 ; 11 avril 1845, B. 131.

ce fût une omission grave, n'entraînerait pas la nullité d'un jugement signé, d'ailleurs, par le juge qui l'aurait rendu (1), pourvu, bien entendu, que cet acte ou toute autre pièce authentique du procès renfermât expressément ou implicitement la preuve de l'assistance du greffier (V. n° 32), ou de son commis assermenté : faute de cette constatation, il y a nullité radicale pour tout jugement (2).

Quant à la signature du magistrat, c'est une formalité substantielle, et dont l'omission constitue également une nullité radicale ; tel est le sentiment de Merlin (3), et je crois que son opinion, à cet égard, doit prévaloir sur un arrêt fort ancien (4) de la Cour suprême, qui avait décidé que ce défaut de signature ne pouvait porter aucune atteinte à l'effet produit par un jugement entre les parties. Il faut remarquer que, dans l'affaire en question, on avait produit une expédition authentique du jugement attaqué, laquelle pouvait, jusqu'à un certain point, tenir lieu de la minute.

La règle des vingt-quatre heures, pour la signature du jugement, ne peut, surtout dans les tribunaux occupés, être observée à la lettre. Ce court délai suffit rarement au greffier pour mettre ses minutes en état d'être signées ; mais le juge doit tenir la main à ce que la formalité soit remplie le plus promptement possible.

393. *Enregistrement.* — Les jugements de simple police doivent être enregistrés (excepté ceux de simple

---

(1) 8 février 1839, B. 38.

(2) 13 avril 1837, B. 110; surtout 11 août 1838, B. 276; 26 mai 1842, B. 127; V. aussi 27 prairial an ix, B. 226, et 1er décembre 1855, B. 382.

(3) *Répertoire*, 5° édit., v° *Signature*, 25; *Questions*, h. verb., § 2, à la fin.

(4) 29 messidor an viii, B. 428.

remise, V. n° 648) dans les vingt jours de leur date (1).
Pour ceux, et c'est l'immense majorité, qui sont rendus à la requête du ministère public, il n'y a aucune
difficulté touchant le droit qui n'est qu'un débet. Mais
lorsqu'il y a une partie civile en cause, le droit doit
être acquitté au comptant, et si la consignation de
cette partie (V. n° 107) se trouve épuisée, ou qu'il n'y
ait pas eu de consignation, parce que la constitution
du plaignant aura eu lieu à l'audience (V. n° 301), les
fonds venant à manquer empêcheront l'enregistrement.
Dans ce cas, la formalité, une fois le délai expiré, sera
remplie sur la réquisition du ministère public, parce
que l'enregistrement, indispensable à la régularité de
tout jugement, est une mesure d'ordre public que l'officier du ministère public a qualité pour provoquer (2).
Vérification des minutes, V. n° 35.

595 *bis. Formule exécutoire.* — Cette formule, indispensable pour l'exécution de tout jugement, ne doit pas
figurer sur la minute : on l'ajoute seulement à l'expédition (3). V. n° 483.

§ 2. — *Jugements de condamnation.*

594. « Si le prévenu est convaincu de contravention de police, le tribunal prononcera la peine, et statuera par le même jugement (F. n° 724 *bis*) sur les demandes en restitution et dommages-intérêts ». C. I.,
art. 161.

(1) Lois 28 avril 1816, art. 38; 22 frimaire an VII, art. 20;
Ordonn. du 22 mai 1816, art. 1er.
(2) Décision de l'administration de l'enregistrement du 23 février
1847.
(3) 20 avril 1849, B. 91.

Il faut, bien entendu, que les faits résultant du débat constituent la contravention, objet de la citation donnée par le ministère public ou des réquisitions prises par ce dernier au cours de l'audience ; saisi d'une contravention, le juge ne peut condamner pour une contravention différente. Il a été jugé à cet égard :

Qu'un propriétaire, cité pour « avoir, sans autorisation, consolidé un mur sujet à reculement, » avait été, à tort, condamné à raison de « travaux qui resserraient la voie publique » (1);

Qu'un aubergiste, cité pour contravention à un arrêté sur « l'heure de la clôture des lieux publics, » avait été, à tort, condamné pour « défaut de tenue du registre de police » (2).

Lorsque, aux débats, une contravention change de *nature,* le juge doit appeler sur cette modification substantielle l'attention du ministère public, pour que ce fonctionnaire prenne, s'il le trouve à propos, des réquisitions en conséquence ; faute de ces réquisitions, le renvoi du prévenu est prononcé.

Dans le cas où les faits constitutifs des contraventions se trouvent légalement établis par des procès-verbaux réguliers (V. n° 263) ou bien résultent nettement de l'aveu du prévenu (V. n° 268), le juge n'a plus qu'à appliquer la peine encourue aux faits ainsi établis.

395. Il en est autrement lorsque la preuve de la contravention n'est pas faite de la sorte ; qu'elle ne résulte, par exemple, que des dépositions des témoins. « Les juges de simple police (et ceux de police correctionnelle) remplissent alors, dans la constatation et

(1) 14 avril 1848, B. 117.
(2) 25 janvier 1850, B. 56.

l'appréciation des faits, les fonctions de jurés, et doivent conséquemment, de même que ces derniers, se conformer aux instructions contenues en l'article 342 du Cod. d'instr. crim. La loi ne leur demande pas, non plus qu'aux jurés, compte des moyens par lesquels ils se sont convaincus; elle ne leur prescrit point de règles desquelles ils doivent faire particulièrement dépendre la plénitude et la suffisance de la preuve; elle ne leur dit point : *Vous tiendrez pour vrai tout fait attesté par tel ou tel nombre de témoins;...* ni : *Vous ne regarderez pas comme suffisamment établie toute preuve qui ne sera pas formée de tant de témoins et de tant d'indices ;* la loi leur prescrit seulement de s'interroger eux-mêmes dans le silence et dans le recueillement, et de chercher, *dans la sincérité de leur conscience*, quelle impression ont faite sur leur raison les preuves rapportées contre le prévenu et les moyens de sa défense.

« Dès lors, il suffit que les juges soient convaincus de l'existence de la contravention poursuivie (ou du délit), et de la culpabilité de l'individu qui en est inculpé, pour que l'une et l'autre soient reconnues constantes, et entraînent l'application légale de la peine prononcée par la loi.

« Ainsi un jugement qui, à l'occasion d'une contravention qui n'aurait pas été constatée par procès-verbal, prononcerait le relaxe du prévenu sans rendre compte de l'impression produite sur le juge par l'instruction de l'affaire à l'audience, et par le motif que *la déposition unique* d'un des témoins entendus à l'appui de la prévention ne *pouvait faire preuve* de cette contravention en justice, ce jugement commettrait une violation des art. 153, 154, 161 et 342, et devrait être cassé (1). »

_____

(1) 13 novembre 1834, B. 368; 4 septembre 1841, B. 270.

Désistement du ministère public; conclusions contraires du même, V. nos 376, 377.

Contravention non comprise dans la citation, V. Incidents, n° 448.

596. *Motifs d'excuse.* — Il se présente assez souvent, accessoirement aux contraventions, des motifs d'excuse qui peuvent atténuer la peine encourue, mais qui ne peuvent autoriser le juge à prononcer le renvoi pur et simple du prévenu. Je ne crois pas devoir entrer ici dans des détails sur ce point, parce que c'est une question d'application de peine plutôt que de procédure et que sa véritable place est dans un commentaire de l'art. 65 du Code pénal. J'en ai, d'ailleurs, donné des exemples au n° 264, 3°, 6° et 16°.

597. Quant à la position du prévenu en ce qui concerne quelque mesure sévère dont il aurait pu être l'objet, elle ne saurait non plus le soustraire à l'application de la loi. Ainsi un individu était poursuivi pour avoir refusé (Code pénal, art. 475, n° 12) de concourir à éteindre un incendie en se mettant à la chaîne. Ayant fait rébellion au gendarme qui requérait son concours, une détention préventive s'en était suivie, puis le tribunal de police, ayant tenu compte de cette détention, avait prononcé son acquittement de la contravention; le jugement a été cassé, par le motif que la détention préventive n'est pas une peine (1).

La condamnation devrait également s'ensuivre touchant une contravention ayant occasionné un dommage dont une autre juridiction aurait ordonné la réparation. Ainsi des dégradations ayant été commises sur un chemin public, un arrêté du conseil de préfecture, condamnant le prévenu à réparer le chemin, ne pour-

(1) 8 octobre 1842, B. 271.

rait soustraire ce prévenu à l'application de l'amende portée par l'art. 479, n° 11, du Code pénal (1).

598. Tout jugement de condamnation doit faire une mention expresse de la culpabilité. S'il s'exprimait d'une manière dubitative, et que néanmoins il prononçât une peine ou même de simples dépens, il devrait être annulé (2).

598 *bis. Articulation des faits.* — Pour motiver en fait son jugement (V. n° 419, l'art. 163 du Code), le juge doit énoncer les circonstances qui constituent la contravention à réprimer; la loi pénale ne peut être régulièrement appliquée qu'à des infractions qui ressortent nettement des faits constatés par le jugement. C'est pour n'avoir pas satisfait à cette double obligation que la Cour suprême a cassé :

Un jugement qui n'expliquait point pourquoi le prévenu avait été condamné (3) ;

Un autre qui se bornait à déclarer le prévenu coupable de telle contravention, sans articuler les faits qui la constituaient (4) ;

Un autre qui, sans constater les faits, s'était contenté d'indiquer et de prononcer la peine encourue (5) ;

Un autre, enfin, qui à l'égard d'un individu poursuivi pour dommage volontaire de la propriété mobilière d'autrui, énonçait qu'aucun dommage n'avait été causé, ce qui ne pouvait conduire à la condamnation du prévenu, laquelle avait été prononcée (6).

Mais le juge n'est point lié par la qualification donnée, par la citation, aux faits poursuivis, ni par la dis-

(1) 27 avril 1848, B. 126.
(2) 18 germinal et 23 fructidor an x, B. 157 et 244.
(3) 7 brumaire an ix, B. 38.
(4) 18 mai 1839, B. 160.
(5) 5 avril 1851, B. 136.
(6) 12 août 1853, B. 397.

position pénale requise comme leur étant applicable ; il peut et doit rechercher la contravention qui ressort réellement des faits et lui appliquer le texte de loi qui la réprime véritablement (1).

599. *Cumul des peines.* — En cas de conviction, le tribunal statuera tout à la fois sur l'action publique et sur l'action civile (2).

Il appliquera une peine distincte, ne fût-elle que du minimum de l'amende, à chacune des contraventions reconnues constantes. L'art. 365, C. d'inst. crim., qui prescrit de ne prononcer que la plus forte des peines encourues en cas de conviction de plusieurs crimes ou délits, ne s'applique pas aux contraventions de police ; chacune de ces infractions doit être punie séparément (3).

Le tribunal ne peut se borner à prononcer seulement des dommages-intérêts, lesquels ne sont que l'accessoire de la peine. Ou la contravention est constante, et dans ce cas, c'est une remise de peine qu'octroie le juge, commettant ainsi un excès de pouvoir (4) ; ou l'infraction n'est pas suffisamment prouvée, et alors il n'y a aucuns dommages à adjuger, puisqu'il n'y aurait aucune peine principale à appliquer, et qu'il ne peut y avoir d'accessoire où il n'y a pas de principal (5).

Il n'y a de dommages à adjuger que lorsqu'une *partie civile* est en cause et en réclame ; hors ce cas, le juge

(1) 4 avril 1863, B. 106.
(2) 31 mars 1832, B. 117.
(3) 7 juin 1842, chambres réunies, B. 137 ; 30 novembre 1852, B. 371 ; 27 janvier 1853, B. 30 ; 3 mars 1854, B. 63 ; 8, 15 janvier, 7 mars 1857, B. 9, 28, 107 ; 26 mars 1858, B. 109 ; 19 mai 1859, B. 134 ; 14 février 1863, B. 51 ; 8 janvier, 16 avril 1864, B. 9, 106.
(4) 17 février 1809, B. 33 ; 31 août, 28 octobre 1810, B. 110, et Dalloz A., t. 3, p. 441 ; 7 janvier 1830, B. 3.
(5) 20 nivôse an XIII, B. 64 ; 13 juillet 1810, B. 91 ; 10 mars

ne peut en prononcer même au profit des *pauvres* de la commune ; il y aurait *ultrà petita* (1).

400. Il en serait autrement dans le cas où la contravention serait effacée par une ordonnance d'amnistie, laquelle, ainsi que cela se pratique (V. ordonnance du 8 nov. 1830, et n° 105), réserverait les droits des particuliers, des communes et établissements publics auxquels des dommages-intérêts et des dépens pourraient être alloués ; alors le tribunal de police devrait, en dispensant de la peine, à cause de l'amnistie, statuer sur les dommages-intérêts et les dépens réservés (2).

401. Le juge ne doit pas non plus, lorsque la contravention est prouvée, se contenter de condamner le prévenu aux frais de l'instance (3) ; la peine encourue doit nécessairement être prononcée aux termes de l'art. 161 du Code (4), et prononcée séparément contre chaque contrevenant (5). — Défense de récidiver, V. n° 407. La déclaration des circonstances atténuantes n'autorise nullement une simple condamnation aux dépens (6).

402. C'est par le même jugement que le tribunal doit statuer sur les actions publique et privée. Il ne pourrait, sans commettre une nullité :

1814, B. 18 ; 22 octobre 1818, B. 131 ; 3 novembre 1826, B. 220; 29 février 1828, B. 59 ; 4 décembre 1840, B. 348 ; 8 septembre 1843, B. 237 ; 2 mai 1851, non imprimé.

(1) 17 floréal an XI, B. 174 ; 16 novembre 1821, B. 179 ; 23 août 1839, B. 277.

(2) 19 septembre 1832, B. 358.

(3) 7 frimaire an VII, B. 131 ; 1er juillet 1853, B. 335 ; 18 août 1860, B. 203.

(4) 25 juin 1825, B. 122.

(5) 22 avril 1843, B. 81 ; 11 novembre 1852, B. 361 ; 19 mai, 10 novembre 1853, B. 172, 534.

(6) 1er juillet 1853, B. 335.

Prononcer sur la demande de la partie civile et réserver au ministère public ses conclusions à prendre dans l'intérêt de la vindicte publique (1) ;

Ni adjuger des dommages-intérêts au demandeur et renvoyer le prévenu à la police correctionnelle attendu la gravité du délit (2) ;

Ni statuer sur l'action publique et remettre à un autre jour pour plaider sur l'action civile (3); à moins qu'il ne fût nécessaire d'instruire pour pouvoir fixer la quotité des dommages-intérêts (4) ;

Ou se déclarer incompétent sur l'action civile (5) ;

Ou bien incompétent à l'égard du prévenu et statuer à l'égard du civilement responsable (6) ;

Ou enfin, condamner le civilement responsable sans que le prévenu fût en cause (7) ;

Ni, après avoir statué sur l'action publique, seule exercée devant lui, être saisi postérieurement de l'action civile résultant de la même contravention (8). Si le civilement responsable avait été seul cité, il faudrait surseoir à statuer et fixer un délai dans lequel le ministère public aurait à mettre en cause le contrevenant. V. n° 121 (9).

Juge de police qui se constitue juge civil, n° 380 ; juge civil qui se transforme en juge de police, n° 381.

Quant à l'amende, elle ne peut être appliquée qu'au

(1) 16 janvier 1806, B. 17.
(2) 1er avril 1813, B. 64.
(3) 5 décembre 1835, B. 448; depuis 16 février 1855, B. 45.
(4) 7 juillet 1855, B. 243.
(5) 31 mars 1832, B. 117.
(6) 19 décembre 1822, B. 178.
(7) 15 décembre 1827, B. 310; 3 août 1855, B. 277.
(8) 22 août 1845, B. 267; 6 décembre 1851, B. 512; 7 juillet 1860, B. 154.
(9) 24 décembre 1830, B. 254; 9 juin 1832, B. 208; 31 janvier 1833, B. 28.

prévenu, à cause de son caractère personnel, et elle ne saurait atteindre le civilement responsable (1) ;

Excepté en matière de police du roulage, où le propriétaire d'une voiture circulant sur la voie publique est responsable des dommages-intérêts, frais et *amendes* prononcés contre l'individu préposé à la conduite de sa voiture (2).

J'ai encore, à cet égard, une observation essentielle à présenter. Il peut arriver que ce ne soit pas l'auteur matériel de la contravention qui doive être l'objet de la condamnation, et cela, parce que, au-dessus de cet agent, se trouve une autre personne à qui son autorité ou sa position commandait d'empêcher l'infraction qui a été commise.

Ainsi, dans la boutique d'un boulanger, du pain est vendu au-dessus de la taxe par un de ses ouvriers, ou même par sa propre femme ; c'est néanmoins le maître boulanger qui doit être condamné, parce qu'il représente tout son établissement pour l'observation des règlements qui régissent l'exercice de sa profession, et que ses préposés ne sont que les instruments de son négoce (3).

Ainsi un cabaret est resté ouvert tardivement en l'absence du cabaretier ; c'est celui-ci qui est passible de l'amende et non la personne qui servait momentanément dans le cabaret (4).

Il en est de même, lorsqu'un arrêté municipal oblige les propriétaires et locataires d'une commune à fermer la porte de la rue à une certaine heure ; c'est le pro-

---

(1) 4 septembre 1823, B. 126 ; 21 avril 1827, B. 98 ; 21 janvier 1853, B. 26.

(2) Loi du 30 mai 1851, art. 3, 13 ; Cass., 21 janvier 1853, B. 26.

(3) 27 septembre 1839, B. 313.

(4) 26 novembre 1859, B. 261 ; 22 novembre 1860, B. 249.

priétaire de la maison dont la porte a été trouvée ouverte, qui est passible de l'amende, et non les locataires, le propriétaire eût-il ailleurs son habitation personnelle. Le règlement l'atteint lui-même, et il serait impossible dans une maison très-habitée de connaître le véritable auteur de la contravention, à moins que le propriétaire ne voulût le mettre en cause (1). Même règle à l'égard du propriétaire d'une maison devant laquelle la voie publique devait être balayée, ce soin étant une charge de la propriété (2);

Même règle à l'égard du propriétaire d'une prairie sur laquelle a été commise une contravention à un arrêté préfectoral, réglant entre les riverains l'usage des eaux d'une rivière voisine ; c'est le propriétaire, non son préposé, qui est passible, quoique absent, des peines que cette contravention comporte (3).

Toutefois la situation dépendante d'un contrevenant ne l'exonère pas, dans tous les cas, de la responsabilité de son infraction ; ainsi un limonadier failli laissé, par ses créanciers, à la tête de son établissement, est passible de l'amende pour fermeture tardive, et non pas son syndic, tout investi que soit ce dernier de l'administration des biens du failli (4).

402 bis. Délinquant intervenant. — Il arrive parfois, quoique cela soit rare, que le véritable contrevenant se présente à l'audience prenant fait et cause pour celui qui a été par erreur cité; tel une femme autorisée à tenir un cabaret et dont le mari a reçu citation ; tel le dernier acquéreur d'une maison dont le précédent propriétaire est à tort poursuivi ; tel le propriétaire

(1) 2 février 1837, B. 42; 9 mars 1838, B. 64; 18 décembre 1840, B. 359; 16 mars 1860, B. 79.
(2) 19 février 1858, B. 62.
(3) 3 avril 1857, B. 139.
(4) 24 juin 1864, B. 164.

d'objets assujettis à l'octroi et dont le porteur a été seul cité devant le tribunal (1). Ce cas y échéant, le contrevenant véritable est reçu intervenant ; l'affaire se juge avec lui et le renvoi du cité est prononcé (2).

402 *ter. Complices, complicité.* — Les règles concernant la complicité (C. pénal, art. 59 à 62) ne sont pas applicables en simple police. Les auteurs des contraventions sont seuls punissables, hors l'exception de l'art. 479, n° 8, relative aux *complices* des bruits ou tapages injurieux ou nocturnes (3). Ainsi n'est pas punissable le recéleur de fruits enlevés par l'effet d'un simple maraudage (4).

402 *quater. Confiscation.* — La confiscation est une des peines de simple police (Cod. pén., art. 464). Elle doit être prononcée dans les cas prévus par la loi (*Id.*, art. 477, 481), et dans ces cas seulement (5). Elle n'est pas, comme l'amende, susceptible de modération, en cas de circonstances atténuantes (6). Il faut prendre garde, à propos de l'art. 477, Cod. pénal, à une faute d'impression manifeste. Pour les objets proposés en loterie, cet article renvoie, par son n° 1er, à l'art. 476, où il n'en est nullement question, au lieu de l'art. 475, n° 5, où cette disposition se trouve (7).

403. *Affiche.* — Au nombre des réparations civiles que les tribunaux de police peuvent prononcer, figure

---

(1) 22 juin 1855, B. 225.
(2) Jurisprudence du tribunal de simple police de Paris.
(3) M. F. Hélie, *Théorie du Code pénal*, 4e édition, t. 6, p. 410.
(4) 21 avril 1826, B. 80.
(5) 24 novembre 1853, B. 552 (illégale confiscation de pains dépourvus de marques).
(6) 14 décembre 1832, B. 498 ; 27 septembre 1833, B. 410 ; 4 octobre 1839, B. 319 ; 12 septembre 1846, B. 242 ; 7 juillet 1854, B. 218 ; 8 janvier 1857, B. 9.
(7) Arrêts de 1832 et 1854, cités note précédente.

l'affiche du jugement. Cette disposition n'a aucun caractère pénal, et le juge de police est compétent à cet égard, lorsqu'il y a réquisition de la partie civile; ce n'est là qu'une sorte de complément de la réparation du dommage causé (1). Mais cette affiche ne pourrait être ordonnée, soit d'office (2), ou bien pour un nombre d'exemplaires excédant celui qui aurait été demandé par la partie civile (3), soit sur la réquisition du ministère public, lequel n'a pas de réparations civiles à réclamer (4). La loi du 19-22 juill. 1791 prononçait (tit. 1er, art. 27) l'affiche de tous les jugements en cas de récidive, mais le Code pénal de 1810 n'a pas reproduit cette disposition (5).

Affiche pour injures, etc., à l'audience, V. n° 456.

404. Le tribunal ne peut pas davantage ordonner la lecture et la publication de son jugement à la porte de l'audience, sur le marché ou dans d'autres communes, par la raison que les tribunaux ne sont autorisés à faire aucune proclamation hors de l'enceinte du lieu de leurs séances (6).

405. Bien moins encore le juge de police pourrait-il condamner le prévenu à faire réparation d'honneur en audience publique (7); c'est là une peine accessoire au délit d'outrage envers des fonctionnaires (C. pén., art. 226), et qui est réservée aux tribunaux correctionnels (8).

---

(1) 22 octobre 1812, B. 226; 26 mars 1819, B. 38.
(2) 23 mars, 17 mai 1811, B. 37, 77.
(3) 17 messidor an XI, B. 187.
(4) 30 juillet 1807, B. 163; 27 décembre 1839, B. 391.
(5) 12 juillet 1838, B. 210; 31 janvier 1845, D. 30.
(6) 7 juillet 1809, B. 116.
(7) 26 vendémiaire an XIII, B. 6.
(8) 28 mars 1812, B. 77; 18 juillet 1813, B. 152; 24 avril 1828, B. 123.

406. *Démolitions, travaux à ordonner.* — Il y a des condamnations que les tribunaux de simple police peuvent et doivent prononcer accessoirement à la peine proprement dite, et qui présentent souvent bien plus de gravité que la condamnation principale. Il s'agit des démolitions, suppressions de constructions, usines, plantations, etc., des travaux de rétablissement à exécuter, etc. Cette matière, qui est importante, et sur laquelle la jurisprudence a offert des variations, exige quelques développements pour être bien saisie.

Lorsqu'une contravention à un arrêté municipal ou administratif légalement pris résulte d'une construction ou d'une dégradation quelconque, le juge n'a pas assez fait en prononçant l'amende et même l'emprisonnement applicable, il doit encore ordonner les travaux de démolition ou de réparation requis par le ministère public (1), en vertu de l'art. 161 du Code, qui porte « que le tribunal prononcera la peine et statuera par le même jugement sur les demandes en dommages-intérêts. » Or, en matière de voirie, par exemple, « le dommage est évidemment dans l'existence des constructions ou travaux exécutés au mépris des règlements ; la réparation de ce dommage est la conséquence nécessaire de la reconnaissance et de la répression de la contravention ; et cette réparation ne peut être que la démolition des constructions ou travaux indûment exécutés. S'il en était autrement, si, moyennant l'amende de un à cinq francs, prononcée par la loi, on laissait subsister ces travaux, et que l'on conservât ainsi à leurs auteurs le fruit d'une violation manifeste des règlements destinés à assurer la sûreté, la salubrité des voies publiques, à amener progressivement et à l'aide du temps la décoration des cités, les

_____

(1) 18 septembre 1828, B. 267 ; 7 octobre 1831, B. 250 et autres.

règlements de voirie ainsi que les lois qui les sanctionnent seraient impuissants et dérisoires » (1). En effet, « le devoir des tribunaux de simple police n'est pas moins de faire cesser les contraventions que d'en punir les auteurs, et un jugement qui prononce une amende à raison d'un fait dont il laisse subsister les traces, présente la contradiction de maintenir la contravention qu'il réprime » (2).

La Cour suprême a, depuis plus de trente ans, fait une constante application de ces principes ; ainsi elle a cassé des jugements qui avaient refusé ou omis, sous prétexte d'incompétence, de prononcer la démolition,

De la façade d'une maison reconstruite en *bois* au lieu de l'être en pierre, conformément à un arrêté pris pour éviter les incendies (3) ;

D'une couverture en chaume établie contrairement à un semblable arrêté (4) ;

D'un mur sujet à retranchement, et qui avait été réparé et consolidé sans autorisation du maire, ou bien au delà des termes de cette autorisation (5) ; si elle a été donnée, cette autorisation doit être représentée *par écrit* au tribunal, les déclarations des témoins ne peuvent y suppléer (6) ;

D'ouvrages exécutés sans s'être conformé à l'alignement fixé par un arrêté (7) ;

(1) 18 septembre 1828, B. 267 ; 8 janvier 1830, B. 9.
(2) 10 septembre, 7 octobre 1831, B. 216, 250.
(3) 29 décembre 1820, B. 161.
(4) 21 mars 1851, B. 110.
(5) 12 avril 1822, B. 55 ; 4 juillet 1826, B. 196 ; 8 janvier 1830, B. 9 ; 10 mai 1834, ch. réun., B. 140 ; 4 mars 1848, B. 55 ; 14 octobre 1852, B. 348 ; 17 novembre 1859, B. 248 ; 21 février 1863, B. 63.
(6) 10 février 1853, B. 52.
(7) 2 décembre 1825, B. 231.

D'un mur élevé sur un terrain destiné à être réuni à la voie publique (1);

D'un trottoir construit, sans autorisation, sur la même voie (2);

De la partie supérieure d'une maison qui excédait la hauteur fixée d'après un règlement de voirie, lequel limitait l'élévation des bâtiments, selon les besoins de la sûreté et de la salubrité publiques, proportionnellement à la largeur de chaque rue (3);

Ou de prononcer l'enlèvement d'une barrière placée hors de l'alignement sur la voie publique (4);

D'une enseigne placée, sans autorisation, sur une maison joignant la voie publique (5);

De décombres déposés indûment sur la voie publique (6).

En ordonnant la démolition ou la réfection de certains travaux, le juge de police ne peut accorder, pour l'exécution de son jugement, un délai; ce tempérament dépend de l'administration (7).

Dans toutes ces contraventions, il y avait deux choses distinctes, l'inobservation d'un règlement obligatoire et un dommage plus ou moins préjudiciable à la sûreté, à la salubrité ou à la décoration publiques. C'étaient là des motifs suffisants pour justifier une condamnation aussi grave que la démolition d'une construction coûteuse; mais la jurisprudence était allée plus loin, en décidant que la simple contravention à un règlement, même sans dommage constaté, devait

(1) 14 août 1825, B. 259.
(2) 6 avril 1858, B. 126.
(3) 18 septembre 1828, B. 267.
(4) 26 juin 1851, B. 250.
(5) 13 novembre 1847, B. 277.
(6) 17 juin 1858, B. 173.
(7) 18 février 1860, B. 48.

suffire en matière de voirie pour entraîner la démolition des travaux. — Pour toutes les constructions sur
ou joignant la voie publique, l'autorisation doit être
préalablement obtenue de l'autorité compétente (1).
Or, il est fréquemment arrivé que des propriétaires,
s'ils avaient bâti le long d'une rue ou d'un chemin,
sans avoir demandé et obtenu l'autorisation ci-dessus,
n'avaient pas néanmoins empiété sur la voie publique.
Des jugements de simple police, qui avaient appliqué
l'amende prononcée par l'art. 471, n° 5, s'étaient abs-
tenus d'ordonner la démolition des travaux, par le
motif qu'il n'y avait pas eu de dommage causé, c'est-
à-dire d'usurpation sur la voie publique, et leurs décisions avaient été annulées par la Cour de cassation (2).

Le Conseil d'Etat, au contraire, pour la grande voirie,
où les principes sont les mêmes, tolérait constamment
la conservation des travaux indûment faits, lorsqu'ils
n'empiétaient pas sur la voie publique, ou n'étaient
pas confortatifs de façades sujettes à reculement (3).
Cette doctrine était plus conforme au texte et à l'esprit de l'édit de Henri IV, de décembre 1607, qui
règle encore aujourd'hui la matière des alignements
dans les rues et places. Cet édit porte, article 5 :.....
« Deffendons à tous nos dits sujets, etc., de faire aucun
édifice, pan de mur, etc., sans le congé et allignement
de nostre dict grand-voyer et de ses commis..., et où
il se trouveroit qu'ils auroient contrevenu aux dits al-

---

(1) Edit de décembre 1607, maintenu par la loi du 19 juillet
1791, tit. 1er, art. 29.

(2) 7 octobre 1831, B. 250; 27 septembre 1832, B. 375; 5 février (ch. réunies); 21 juin, 28 juillet, 14 novembre 1844, B. 37,
229, 242, 367; 26 juin 1845, B. 244; 12 septembre, 14 décembre
1846 (ch. réunies), B. 247, 316; 4 mars 1848, B. 55.

(3) Ordonnances du 10 août 1828; 14 juillet 1831; 5 décembre
1834; 21 décembre 1837; 10 juillet 1842; 24 décembre 1844 et
autres (V. J. crim., art. 4093).

lignements, seront les dits particuliers assignés..., pour voir ordonner que la besongne mal plantée sera abattue, et condamnez à telle amende que de raison... » Evidemment la « besongne mal plantée » était celle qui contrevenait aux alignements donnés par le grand-voyer ou en son nom, car le même article porte : « Après la perfection d'iceux (des travaux) seront tenus les dits particuliers d'avertir le dict grand-voyer ou son commis, afin qu'il recolle les dits allignements. »

La Cour suprême a modifié sa première jurisprudence dans le sens de ces dispositions. Elle a décidé, à propos, d'abord, de la voirie vicinale (1), ensuite, de la petite voirie urbaine (2), que, lorsque des constructions ont été *élevées* ou *réparées*, sans autorisation préalable, le long de la voie publique, soit vicinale, soit urbaine, le jugement qui réprime la contravention ainsi commise ne doit ordonner la démolition de ces constructions que si elles présentent un empiétement ou usurpation sur la largeur légale de la voie publique (3); sans cet empiétement, à l'égard des chemins vicinaux (4), il n'y a pas de dommage à réparer, aux termes de l'art. 161, C. d'instr., et pour les rues ou places publiques, il n'y a pas contravention à l'édit ci-dessus de décembre 1607. C'est ce qui résulterait, notamment, d'une construction non conforme à l'alignement, mais élevée en arrière de la voie publique (5). On peut, je crois, considérer comme définitive la dernière jurisprudence de la Cour de cassation sur un point si important.

---

(1) 30 avril 1846, B. 108; 2 janvier 1847, B. 3.
(2) 8 décembre 1849, B. 340.
(3) M. Dupin, *Réquisitoires*, etc., t. 8, p. 138; Cass., 18 novembre 1853, B. 548; 27 décembre 1856, B. 412.
(4) 17 juillet 1863, B. 199.
(5) 30 avril 1846, B. 108; 9 août 1851, B. 334.

Que si la largeur et l'alignement de la rue sur laquelle a été élevée la construction délictueuse n'étaient pas officiellement déterminés, le tribunal devrait surseoir à statuer, tant sur l'amende que sur la démolition, jusqu'à ce que l'autorité municipale eût pris son arrêté sur ces points (1).

Mais les tribunaux de police n'ont pas seulement, le cas y échéant, à prononcer la démolition de certaines constructions, ils doivent aussi ordonner l'exécution de certains travaux, lorsqu'il s'agit de l'observation d'un arrêté administratif. Ainsi, pour préserver une ville des inondations d'une rivière, un arrêté prescrit à des propriétaires riverains d'un canal y affluant de construire, à leurs frais, chacun le long de son terrain, un mur d'encaissement. Si cette disposition n'est pas exécutée, le tribunal de police doit, en statuant sur la contravention, condamner le prévenu, à titre de dommages-intérêts, à faire construire le mur en question (2). Une semblable décision doit être rendue lorsqu'un changement a été opéré sur un terrain dépendant du lit d'une rivière ; l'auteur du changement doit être condamné à faire rétablir les lieux, à ses frais, dans leur état primitif (3).

Les frais de tous ces travaux doivent être mis à la charge des prévenus, pour le cas où ces derniers n'exécuteraient pas cette partie de la condamnation ; en effet, la réparation du dommage à laquelle le ministère public doit, au besoin, pourvoir d'office, deviendrait impossible si l'on ne déclarait pas que le contrevenant en supportera les frais (4). V. pour l'exécution, nos 511, 512 (F., n° 760).

(1) 20 août 1858, B. 237.
(2) 27 septembre 1839, B. 312.
(3) 6 octobre 1832, B. 392.
(4) 18 octobre 1836, B. 355.

S'il s'agit d'un mur de clôture ou de façade qui menace ruine, sans toutefois empiéter sur la voie publique, il n'y a pas lieu de statuer sur la démolition, parce que l'autorité administrative est seule compétente pour prendre des dispositions à cet égard (1).

C'est encore par application de l'art. 161 du Code que les tribunaux de police doivent ordonner :

La cessation des travaux d'un établissement non pourvu de l'autorisation de l'administration, qui lui était indispensable, par exemple, d'un atelier de forges (2) ;

La fermeture d'une usine insalubre ou incommode également non autorisée (3).

407. *Défense de récidiver, interdite.* — Les tribunaux de simple police, soit qu'ils condamnent, soit qu'ils acquittent, ne doivent pas défendre aux prévenus de *récidiver*, ancienne formule employée dans quelques siéges. En cas de condamnation, cette défense est une disposition inutile et surabondante, tout jugement qui prononce une peine portant avec lui la prohibition virtuelle de récidiver (4) ; et, en cas d'acquittement, c'est un excès de pouvoir. En effet, un principe fondamental de notre droit public, c'est que les tribunaux ne peuvent prononcer par voie de disposition réglementaire (C. Nap., art. 5), et dans cette interdiction, sont comprises toutes injonctions ou défenses à la généralité des citoyens, sauf aux parties déclarées coupables d'une infraction pénale à être punies en conséquence par l'application de la loi (5).

(1) Loi 16-24 août 1790, tit. 11, art. 3, n. 1 ; Cass., 14 août 1845, B. 259.
(2) 28 mai 1836, B. 168.
(3) 27 juillet 1827, B. 200 ; 10 avril 1830, B. 97.
(4) 30 juillet 1825, B. 144 ; 19 juin 1828, B. 178.
(5) 28 janvier 1824, ch. civile, D. A., t. 2, p. 235 ; 6 juillet 1826, B. 133.

407 bis. Récidive. — Mais ces tribunaux ne doivent pas omettre, sauf l'application de l'art. 463, C. pén., de prononcer les aggravations de peines encourues par les prévenus en état de *récidive*, c'est-à-dire contre lesquels a été rendu, dans les douze mois précédents, un jugement de condamnation pour contravention commise dans le ressort du tribunal. C. pén., art. 483. Ce jugement doit être devenu définitif; de sorte que si, sujet à l'appel, il n'avait pas été signifié, il n'y aurait pas lieu à récidive (1).

Fiches pour les récidivistes (F. n° 729).

408. Les condamnations prononcées par les tribunaux de police le sont toujours sans aucune condition suspensive; constituant une juridiction répressive, il ne leur est pas permis, comme aux tribunaux civils (C. de proc., art. 122), d'accorder des délais pour l'exécution de tout ou partie de leurs jugements. La raison en est qu'il s'agit de mesures d'ordre public, et non de contestations où des intérêts purement privés se trouvent en présence. Ainsi, un tribunal de police ne peut, sans excès de pouvoir, autoriser à surseoir, pendant un temps plus ou moins long,

A la démolition qu'il a prescrite de constructions élevées en contravention à des arrêtés touchant la petite voirie (2);

A l'enlèvement d'une haie établie sur un chemin public (3); — ni, ce qui aurait le même résultat, surseoir à statuer pendant un certain temps, un mois, par exemple, sur les conclusions tendant à la destruction d'ouvrages effectués en contravention (4).

(1) 24 janvier 1862, B. 31; 12 novembre 1863, B. 267.
(2) 3 août 1838, B. 258; 18 décembre 1840 (deux arrêts), B. 356, 357.
(3) 18 octobre 1836, B. 355.
(4) 23 avril 1835, B. 148.

409. *Des dépens.* — « La partie qui succombera sera condamnée aux frais, même envers la partie publique. — Les dépens seront liquidés par le jugement. » C. I., art. 162.

« La condamnation aux frais sera prononcée, dans toutes les procédures, solidairement contre tous les auteurs et complices du même fait, et contre les personnes civilement responsables du délit. » *Tarif. crim.*, art. 156.

« Ceux qui se seront constitués parties civiles, soit qu'ils succombent ou non, seront personnellement tenus des frais d'instruction, expédition et signification des jugements, sauf leur recours contre les prévenus ou accusés qui seront condamnés, et contre les personnes civilement responsables du délit. » *Idem*, art. 157.

Les dépens ne donnent pas lieu à des motifs spéciaux ; conséquence naturelle et nécessaire de la condamnation principale, les motifs de celle-ci suffisent pour justifier la condamnation aux dépens (1).

410. La première règle qui ressort de ces textes, c'est que tout jugement de condamnation à une peine quelconque doit, en même temps, mettre les frais du procès à la charge du prévenu déclaré coupable (2); l'indigence de ce dernier et sa promesse de ne pas récidiver ne peuvent l'en préserver (3).

La seconde, c'est que ce prévenu doit être condamné à tous les frais et non pas seulement à une partie des frais (4). Cela s'entend des frais faits relativement à la contravention pour laquelle il y a eu condamnation ; si

(1) 11 avril 1861, B. 76.
(2) 28 juin 1839, B. 207.
(3) 31 juillet 1830, B. 198.
(4) 15 juin 1821, B. 97; 3 novembre 1826, B. 221 ; 15 novembre 1861, B. 238.

le prévenu, poursuivi pour deux contraventions, était acquitté sur l'une des deux, le jugement ne mettrait à sa charge qu'une partie des frais (1).

La troisième, c'est que les coauteurs d'une même contravention ne peuvent être condamnés aux frais, par égales parties entre eux, mais doivent être condamnés solidairement pour la totalité (2) ; et cela quoique la peine prononcée contre les uns soit moins sévère que la peine appliquée aux autres (3).

Mais la solidarité ne doit pas être prononcée, même pour des contraventions de même nature, lorsque ces contraventions ont été perpétrées séparément (4).

Dans ce cas, il appartient au juge d'apprécier et de fixer souverainement, d'après les éléments de l'instruction, la quotité des frais à laquelle chaque prévenu a donné lieu, et d'arbitrer, en conséquence, la portion de frais à laquelle il y a lieu de condamner chacun des prévenus qui succombent en définitive (5).

411. Cette condamnation aux frais est indépendante de l'amende et ne peut en tenir lieu, en présence de l'art. 161 du Code, qui veut que, si le prévenu est convaincu de contravention de police, *la peine soit prononcée*, et de l'art. 162, portant que « la partie qui succombera sera condamnée aux frais, même envers la partie publique. » Les frais ne peuvent pas plus tenir lieu de l'amende que l'amende des frais (6).

(1) 19 avril 1860, B. 103.
(2) 7 juillet 1827, B. 180; 7 janvier 1830, B. 3; 12 mai 1849, B. 108.
(3) 3 novembre 1827, B. 278.
(4) 19 mai 1853, B. 172.
(5) 13 juin 1845, B. 197.
(6) 1er avril 1813, B. 65; 24 octobre 1823, B. 145; 7 janvier 1830, B. 3; 2 décembre 1848, B. 301; 13 juin 1863, B. 164.

412. Parmi les frais auxquels donne lieu une affaire, il en est qui, au premier abord, semblent ne devoir pas être mis à la charge du prévenu, et, partant, des personnes civilement responsables, et dont, cependant, le juge ne peut les exonérer, soit parce qu'ils sont le résultat d'actes légalement faits par les parties poursuivantes, soit parce qu'il n'a pas dépendu de ces dernières de les éviter.

413. Ainsi, l'on ne peut, notamment, retrancher des dépens à supporter par le prévenu :

Les frais d'une citation au prévenu, à la requête du ministère public, par le motif que cette citation n'ayant pas été précédée d'un avertissement donné au nom du juge ou du ministère public était frustratoire (1) ; les avertissements, en matière de simple police, ne sont pas, on l'a vu (n° 121), à la disposition du juge de paix, comme en matière civile : ils dépendent de l'officier du ministère public ;

Les frais de la citation donnée au prévenu pour une audience ultérieure, faute d'une intimation du juge à la même fin (2);

Les frais de citation et de taxe de témoins à charge dont la déposition jugée superflue n'aurait pas été recueillie (3), surtout si ces témoins avaient été appelés à l'appui d'un procès-verbal ou rapport qui ne pouvait faire foi (4) ;

Mais si, par suite d'une indication erronée du procès-verbal, la citation donnée à une fausse adresse, au prévenu ou aux témoins, avait dû être renouvelée, la

---

(1) 5 mars 1842, B. 54 ; 1er juillet 1864, B. 171.
(2) 23 mai 1856, B. 193.
(3) 29 avril 1837, B. 140.
(4) 30 mai 1833, B. 202; 21 août 1840, B. 235.

seconde assignation seule devrait être comprise dans l'état de liquidation des frais ;

Les droits de timbre et d'enregistrement d'un procès-verbal ou rapport, bien que cet acte fût plus tard devenu inutile, par suite de l'aveu du prévenu (1). En effet, on ne pouvait pas prévoir que le prévenu reconnaîtrait la contravention à l'audience, et, d'un autre côté, il était possible que cet aveu, déjà recueilli dans le procès-verbal ou rapport, fût rétracté aux débats ;

Les frais de *fourrière ;* ce ne sont pas des réparations civiles (2).

414. Lorsqu'il y a des *personnes civilement* responsables en cause, pères, tuteurs, maîtres, etc., elles doivent être condamnées aux frais, solidairement avec les auteurs de la contravention dont elles répondent. Ces personnes ne peuvent supporter aucune partie des peines encourues par les prévenus (3), et les frais ne sont pas, comme sous l'ancien droit criminel (4), une peine proprement dite. Aux termes de l'art. 464 du Code pénal, les peines de police sont : « La prison, l'amende, la confiscation. » Quant aux frais, ils sont classés par l'art. 469 au rang des restitutions et indemnités ; ils représentent la restitution des avances faites pour la poursuite des délits ; dès lors, les frais avancés par l'Etat constituent, en faveur de la partie publique, un intérêt civil qui naît du fait servant de base à l'exercice de son action, et ils doivent être compris dans les dom-

---

(1) Dit arrêt de 1840, 16 avril 1842, B. 90 ; 19 janvier 1844, B. 20 ; 4 juillet 1857, B. 259 ; 17 novembre 1860, B. 241.

(2) 19 novembre 1859, B. 286.

(3) 5 octobre 1810, B. 119 ; 13 mai 1813, B. 100 ; 18 novembre 1825, B. 224 ; 18 octobre 1825, B. 269 ; 29 février 1828, B. 58 ; 28 août 1846, B. 223.

(4) Muyart de Vouglans, *Lois criminelles*, etc., p. 87, § 6.

mages mis à la charge des personnes civilement responsables aux termes de l'art. 1384, Cod. Nap. (1), sans distinction entre le cas où le plaignant ne se serait pas constitué partie civile, et celui où il aurait réclamé et obtenu des dommages-intérêts (2).

415. Ces principes trouvent leur application, lorsqu'un *mineur de* 16 *ans*, prévenu d'une contravention qu'il a réellement commise, est acquitté, et il peut l'être (3), faute de discernement, en vertu de l'art. 66 Cod. pénal. Tout exempté qu'il soit de la peine dans ce cas, il n'en est pas moins l'auteur d'un fait reconnu préjudiciable et qui a dû ainsi provoquer des poursuites : ce mineur est donc censé avoir succombé à l'égard du ministère public, et il est dès lors passible des frais envers l'Etat, aux termes des art. 368 et 162 Cod. d'instr. crim. (4).

415 *bis*. On a demandé, à propos de l'application de l'art. 66 du C. pén. en simple police, si les mineurs de 16 ans, prévenus de contraventions et acquittés faute de discernement, pouvaient être envoyés dans une maison de correction. Pour moi la négative n'est pas douteuse. Par sa durée, par son caractère, par le mode de son exécution, la détention correctionnelle, infligée par l'art. 66, implique tout à fait contradiction avec la nature des contraventions de police, avec la pénalité

---

(1) 8 mars 1821, B. 30; 18 avril, 28 novembre 1828, B. 115, 317; 2 septembre 1837, B. 258; 18 août 1842, B. 208; 7 mars 1845, B. 87.

(2) Douai, 2 février 1837, *J. crim.*, n. 2002; Cass., 13 décembre 1856, B. 396.

(3) 10 juin, 2 septembre, 8 décembre 1842, B. 142, 228, 319; 7 mars 1845, B. 87; 24 mai, 22 juin 1855, B. 172, 227; 19 décembre 1856, B. 402; 26 mars 1858, B. 108; 7 juillet 1864, B. 174.

(4) 26 mai 1838, B. 141, et les arrêts de la note précédente.

qui s'y rattache ; cette correction, faite pour des délits, s'adresse essentiellement à de jeunes *malfaiteurs*, ordinairement voleurs, vagabonds invétérés, et non à de jeunes contrevenants auteurs de simples manquements sans gravité. J'ai, ailleurs (1), et plus en détail, examiné cette question, dont la difficulté est à peine apparente.

416. La *partie civile* doit être condamnée aux frais, sauf son recours contre le condamné et les personnes civilement responsables, et cela lors même qu'elle a obtenu gain de cause en faisant condamner le prévenu. L'art. 157 du Tarif criminel est formel sur ce point (2). Ce n'est que devant le jury, et aux termes de l'art. 368 du Code, que la partie civile, qui n'a pas succombé, n'est pas tenue des frais, mais cette exception ne s'étend point aux juridictions correctionnelles et de police (3). Acquittement du prévenu, V. n° 424.

Ministère public, dépens, V. n° 425.

417. Enfin, tout jugement de condamnation doit contenir la *liquidation* des frais (art. 162), c'est-à-dire la mention de la somme totale à laquelle s'élèvent les dépens de toute nature, desquels sont tenus les condamnés. Dans la pratique, cette partie du jugement n'est pas habituellement prononcée à l'audience ; cela n'a lieu que pour les jugements rendus après délibéré, parce que le greffier a eu le loisir de dresser l'état de liquidation prescrit à cet égard, et le juge de le vérifier. Pour l'immense majorité des affaires qui ne présentent pas de difficultés, le jugement étant rendu audience

---

(1) V. le *Journal du Ministère public* de M. G. Dutruc, 1862, t. 5, p. 104.
(2) 7 décembre 1837, B. 423.
(3) Dalmas, *Des frais de justice*, etc., *Supplément*, 1847, p. 354.

tenante, la liquidation des frais n'est insérée qu'après coup dans le jugement. Il est donc naturel de renvoyer ce que j'ai à dire sur ce point au quatrième chapitre de ce volume, n° 650.

Frais postérieurs au jugement; exécutoire, V. n° 663.

418. *De la compensation des dépens.* — Le Code d'instruction n'autorise pas, comme celui de procédure civile (art. 131), les juges à compenser les dépens entre les parties qui succombent respectivement sur quelques chefs. Toutefois, l'usage s'est établi, dans les tribunaux correctionnels et de simple police, lorsqu'il y a une partie civile en cause, et qu'elle paraît avoir eu des torts envers le prévenu, de mettre à sa charge une partie des dépens, au lieu de les faire tous supporter au prévenu condamné.

Frais divers auxquels donne lieu une affaire; détails; V. n° 650.

419. *Textes à insérer.* « Tout jugement définitif de condamnation sera motivé, et les termes de la loi appliquée y seront insérés à peine de nullité. — Il y sera fait mention s'il est rendu en dernier ressort ou en première instance. C. I., art. 163.—Motifs, V. n° 383.

420. Les termes mêmes, c'est-à-dire le texte de la loi pénale appliquée, doivent être insérés dans le jugement de condamnation (1). Ainsi, le jugement ne serait pas régulier, s'il ne contenait qu'une partie de l'article appliqué (2); bien moins encore, si l'on s'était contenté d'y rappeler les premières et les dernières expressions

---

(1) V. entre autres, 14 janvier et 25 février 1819, B. 4 et 29; 28 janvier 1820, B. 17; 18 et 31 octobre 1822, B. 147, 161; 24 octobre 1823, B. 145; 19 juin 1828, B. 178; 21 août 1835, B. 322; 28 décembre 1843, B. 333.
(2) 15 décembre 1827, B. 310,

de ce texte (1) ; ou d'en indiquer le numéro (2) ; mais, si le jugement n'avait fait application que d'un seul paragraphe ou numéro, sur plusieurs dont se compose un article de loi, la transcription entière et exacte de ce paragraphe satisferait à la prescription ci-dessus du Code (3).

Il y aurait également nullité, si le jugement, au lieu du texte même de la loi appliquée, n'en contenait qu'une analyse, laquelle est insuffisante pour remplir le vœu de l'art. 163, § 1er, du Code (4).

« Il ne faut pas croire que la négligence du juge touchant les textes applicables soit indifférente ; c'est en se fixant sur la disposition de la loi, en pesant ses expressions, en les prononçant à l'audience ; en exprimant son opinion à la suite du texte, c'est-à-dire en confrontant le principe avec les conséquences, que le juge est plus à même de sentir s'il en fait une juste application (5). »

Toutefois, « lorsque la peine prononcée sera la même que celle portée par la loi qui s'applique *à la contravention*, nul ne pourra demander l'annulation *du jugement*, sous le prétexte qu'il y aurait erreur dans la citation du texte de la loi. » C.I., art. 411 et 414 (6).

Il n'est pas indispensable de transcrire dans le jugement l'art. 483 du Cod. pén. qui autorise les tribunaux de police à modérer les peines pourvu que ce jugement déclare qu'il y a des circonstances atténuantes (7).

---

(1) 27 août 1825, B. 168.
(2) 22 frimaire an VII, B. 151.
(3) 4 août 1843, B. 196.
(4) 20 février 1857, B. 77.
(5) 18 octobre 1822, B. 147.
(6) 25 janvier 1821, B. 17 ; 6 septembre 1828, B. 256 ; 9 juin 1832, Dalloz, P., 1.367 ; 1er mars 1851, B. 82 ; 16 décembre 1864, vu au greffe de la Cour.
(7) 11 novembre 1852, B. 365.

Les dispositions des arrêtés de police auxquels il a été contrevenu doivent aussi être transcrites, ou au moins analysées dans le jugement (1). Mais le défaut de transcription de l'arrêté n'emporte point nullité (2).

421. Quant aux textes en vertu desquels la partie civile obtient des dommages-intérêts, et la partie condamnée est soumise à la contrainte par corps, leur insertion dans le jugement n'est pas nécessaire ; les dommages ne constituent qu'une condamnation civile qui n'est point une peine, mais la réparation du préjudice causé, et la contrainte n'est elle-même qu'une voie civile pour parvenir à l'exécution de la condamnation en ces dommages-intérêts (3).

Il en est de même pour le texte de loi qui ordonne la démolition de certains travaux (4) ; pour l'art. 55 Cod. pénal sur la solidarité (5) entre les condamnés pour la même contravention ; — et pour l'art. 162, Cod. d'instr. crim., relatif à la condamnation aux dépens (6).

422. *Contrainte par corps, durée, fixation.* — Les tribunaux de simple police ont peu à s'occuper de la contrainte par corps. D'abord cette voie d'exécution a lieu de plein droit, pour le recouvrement des amendes, restitutions et frais, et lors même que le jugement ne l'a pas autorisée. C. pén., art. 52 (7). Ensuite la fixation de la durée de la contrainte à l'égard du prévenu n'est nécessaire, dans l'intérêt des particuliers, que lorsqu'il

(1) 3 juillet 1835, D. P., 36.1.331.
(2) 11 juillet 1851, B. 280 ; 1er août 1862, B. 192 ; 15 avril 1864, B. 97.
(3) 25 avril 1816, D. A., t. 9, p. 638.
(4) 24 mars 1860, B. 85.
(5) 18 juin 1835, D. P., 36.1.227.
(6) 3 juillet 1835, *ibid.*, 1.331.
(7) 2 janvier 1807, B. 1 ; 14 juillet 1827, B. 186 ; 14 février 1832, Dalloz, P., 1.102.

y a une partie civile en cause (1), et dans l'intérêt de l'État, que lorsque les amendes et frais s'élèvent à 300 fr. (2), chiffre qui n'a peut-être jamais été atteint en simple police.

La contrainte par corps ne concerne que le prévenu ; les personnes ou administrations civilement responsables en sont exemptes (3).

Si le débiteur a commencé sa soixante-dixième année avant le jugement, la contrainte par corps sera déterminée dans la limite de trois mois à trois ans (4).

A l'égard des mineurs âgés de moins de seize ans accomplis, à l'époque de la contravention, la contrainte ne peut être exercée, dans l'intérêt de l'État et des particuliers, qu'autant qu'elle aura été formellement prononcée dans le jugement de condamnation (5).

Cette contrainte ne peut être prononcée ni exécutée contre le débiteur, au profit : 1° de son mari, ni de sa femme ; 2° de ses ascendants, descendants, frères ou sœurs (6) ; 3° de l'oncle ou de la tante, du grand-oncle ou de la grand'tante, du neveu ou de la nièce, ou des alliés aux mêmes degrés (7).

Les tribunaux peuvent, dans l'intérêt des enfants mineurs du débiteur, et par le jugement de condamnation, surseoir, pendant une année au plus, à l'exécution de la contrainte par corps (8).

Lorsque la condamnation prononcée en faveur d'un particulier, pour réparation d'une contravention commise à son préjudice, est inférieure à 300 fr., la durée

(1) Loi du 17 avril 1832, art. 39.
(2) Dite loi, art. 40 ; C. 24 janvier 1835, B. 40 ; 14 septembre 1849, B. 243.
(3) 3 juin 1843, B. 130 ; 14 décembre 1839, B. 383.
(4, 5) Décret du 13 décembre 1848, art. 9.
(6, 7) Loi du 17 avril 1832, art. 19, 41 ; Décret de 1848, article 10.
(8) Dit décret, art. 11.

de la contrainte est déterminée par le même jugement, dans les limites de six mois à cinq ans (1).

Si la condamnation prononcée en faveur de l'État ou d'un particulier s'élève à 300 fr., la durée de la contrainte est déterminée dans les limites de un an à dix ans (2).

422 *bis.* 1er *ressort*, *dernier ressort*. — Le deuxième paragraphe de l'art. 163 du Code (V. n° 419) prescrit d'énoncer dans le jugement s'il est rendu en dernier ressort ou en première instance.

« Cette énonciation, dit M. F. Hélie (3), n'a pas une grande importance. Aux termes de l'art. 172, les jugements rendus en matière de police sont en dernier ressort, lorsque les amendes, restitutions et autres réparations civiles qu'ils prononcent, n'excèdent pas la somme de 5 fr., outre les dépens. Or, ce caractère du dernier ressort dépend, non de la qualification qui leur est donnée par le juge qui les a rendus, mais des règles de compétence établies par la loi (4) ; en d'autres termes, le juge d'appel (V. n° 533) n'est pas lié par la qualification de dernier ressort, que le premier juge a donnée à son jugement, et il peut toujours examiner si elle est fondée. De là cette conséquence, consacrée par la jurisprudence, que si le dernier paragraphe de l'article 163, C. d'inst., veut que le jugement mentionne s'il est rendu en première instance ou en dernier ressort, aucune peine n'est attachée par la loi à l'omission de cette formalité (5).

Caractères du premier et du dernier ressort, V. de l'Appel, n° 533.

(1, 2) Loi de 1832, art. 39, 40, 7 ; Décret de 1848, art. 8.
(3) *Inst. crim.*, t. 7, p. 485.
(4) 7 juillet 1838, B. 200.
(5) 10 janvier 1846, B. 18.

Formule du tribunal de Paris, n° 740.

§ 3. — *Jugements d'acquittement.*

423. « Si le fait ne présente ni délit ni contravention de police, le tribunal annulera la citation (F. n° 726) et tout ce qui aura suivi, et statuera par le même jugement sur les demandes en dommages-intérêts. » C. I., art. 159. (Acquittements prononcés à tort, et motivés sur des excuses qui ne sont pas légales ou fondés sur une inexacte appréciation des preuves, etc., V. n° 264.)

La première conséquence à tirer de ce texte, c'est que le prévenu acquitté ne doit supporter aucune partie des frais (1). Il faut en excepter toutefois ceux qu'il aurait faits personnellement, notamment pour former opposition à un jugement par défaut : il ne pourrait en réclamer le remboursement à l'État (2). S'il est arrivé que des dépens ont été mis à la charge des prévenus acquittés, c'est probablement parce que, d'un côté, des circonstances très-atténuantes militaient en faveur de ces derniers, et que de l'autre le juge, leur trouvant quelques torts, ne voulait pas les renvoyer tout à fait indemnes. Mais ces jugements de transaction sont contraires à la loi, et la Cour suprême n'a jamais manqué de les annuler.

En cas d'acquittement, la restitution des objets saisis, lors du procès-verbal, doit être ordonnée par le juge (3); aucune confiscation ne peut être prononcée (4).

Le prévenu acquitté ne peut pas davantage recevoir

(1) 15 mars 1828, B. 78; 7 et 30 mai 1840, B. 127, 156; 23 mars 1848, B. 77; 16 février, 3 mars 1854, B. 39, 60; 1er mars 1855, B. 75.
(2) 11 mai 1825, B. 48.
(3) 1er avril 1854, B. 96.
(4) 1er mars 1855, B. 75.

du tribunal une injonction, pour l'avenir, relative à telle formalité ou précaution qu'il aurait oubliée (1).

Défenses de récidiver, V. n° 407.

424. Lorsque le prévenu est renvoyé de la poursuite, le plaignant qui l'a provoquée, le ministère public qui l'a intentée, sont censés avoir succombé ; cependant il n'y a point lieu de les condamner aux dépens. Le plaignant, qui ne s'est pas constitué partie civile, n'est pas partie au procès, aucune condamnation ne peut l'atteindre (2).

Mineur de seize ans acquitté, V. n° 415.

Mais la partie civile, qui a pris qualité, doit être condamnée à tous les frais ; cela ne peut faire difficulté puisque (n° 416) elle est tenue des dépens, même lorsque le prévenu est condamné, et sauf son recours contre lui. Si elle s'est désistée mais après les vingt-quatre heures à compter de sa plainte, elle est tenue de tous les frais de la procédure. C. I., art. 66 (3).

425. Quant au ministère public, qui n'agit que pour l'intérêt public, au nom du Gouvernement qu'il représente, qui n'obéit qu'au seul sentiment de ses devoirs, l'erreur qu'il peut avoir commise dans la direction qu'il a donnée à une action nécessaire ne peut être punie comme le fait d'un téméraire plaideur. Le magistrat qui remplit ces fonctions n'est jamais passible des dépens, et il ne peut absolument encourir que des dommages-intérêts à obtenir par la voie de la *prise à partie* (pour dol, fraude, concussion, etc. V. Code proc. civ., art. 505 et suiv.) (4).

La Cour suprême a pourtant eu à annuler un très-

---

(1) 1er septembre 1827, B. 233.
(2) 11 novembre 1824, B. 163 ; 2 mai 1840, B. 126.
(3) 1er juillet 1853, B. 338.
(4) 28 avril 1827, B. 102 ; 24 avril 1829, B. 85.

grand nombre de jugements de simple police qui, en renvoyant le prévenu de l'action, avaient condamné le ministère public aux dépens (1); une de ces décisions avait même autorisé le prévenu à réclamer ses frais contre le Gouvernement (2). Ces violations de la loi sont plus rares depuis quelques années, mais elles n'ont pas entièrement cessé.

426. Le tribunal de police qui renvoie un prévenu ne peut pas davantage condamner aux dépens un maire qui a dénoncé une contravention (3);

Condamner à une partie (par exemple, aux droits d'enregistrement et de timbre de son procès-verbal (4), ou à la totalité des dépens, le garde champêtre, dont le procès-verbal a servi de base à la poursuite :

Soit parce que ce garde n'aurait pas fait toutes les diligences nécessaires pour constater la contravention poursuivie (5);

Ou que, dans son acte, il n'avait pas fait mention expresse de sa demeure (6);

Ou que son procès-verbal relatait inexactement les faits (7);

(1) 7 juin 1839, B. 184; 10 septembre 1841, B. 278; 24 février 1842, B. 36; 5 août 1843, B. 200; 6 mars, 1er août 1845, B. 78, 249; 9 janvier, 26 février 1846, B. 13, 56; 7 septembre, 2 décembre 1848, B. 236, 303; 20 décembre 1849, B. 348; 14 avril, 3 mai (2 arrêts) 1850, B. 125, 145, 146; 1er mars 1851, B. 83; 24 juillet 1852, B. 246; 5 mai 1855, B. 159; 22 novembre 1856, B. 369; 21 novembre 1861, B. 241; 15 avril 1864, B. 100.—M. Sulpicy, dans son *Code d'inst. crim. annoté* (1843, in-8°), cite, sous l'art. 162, 77 autres arrêts rendus dans le même sens, de 1793 à 1835.

(2) 11 mars 1825, B. 48.
(3) 6 ventôse an XI, B. 96.
(4) 14 juin 1822, B. 87.
(5) 20 août 1812, B. 192.
(6) 27 juin 1812, B. 159.
(7) 17 septembre 1819, B. 103; 8 mars 1822, B. 39; 29 février 1828, B. 58.

Soit parce que le fait constaté ne présentait pas le caractère d'une contravention (1) ;

Ou que le rapport n'avait été signé que par condescendance (2);

Ou que le garde n'avait dressé son procès-verbal que pour complaire à un propriétaire dont il était l'ouvrier (3) ;

Ou, enfin, que dans cet acte il avait caché une partie essentielle de la vérité (4).

427. Toutes ces décisions, assez anciennes et annulées par la Cour suprême, constituaient autant d'excès de pouvoir. D'abord les gardes champêtres ainsi condamnés n'étaient pas parties au procès, et cette situation passive aurait dû les protéger; ensuite ces agents (ainsi que les maires), en leur qualité d'officiers de police judiciaire, se trouvent sous l'autorité et la surveillance du procureur impérial (5) et du procureur général du ressort (V. nᵒˢ 27 à 30), qui ont seuls qualité pour les reprendre, et le dernier pour les poursuivre, le cas y échéant, soit disciplinairement (C. I., art. 279), soit correctionnellement ou criminellement (*Id.*, art. 479, 483).

428. C'est d'après ces principes que les tribunaux de police ne peuvent pas davantage infliger un *blâme* ou une *censure*, quoique fondés, aux mêmes fonctionnaires. Il y aurait là un grave excès de pouvoir qui entraînerait l'annulation de la décision. Ainsi la Cour suprême a cassé des jugements par lesquels, notamment,

(1) 26 juin 1812, B. 155.
(2) 24 septembre 1819, B. 104.
(3) 4 octobre 1811, B. 134.
(4) 10 juin 1824, B. 77.
(5) 17, 24 septembre 1819, B. 103, 104.

Il était enjoint à un garde champêtre d'être plus exact à l'avenir dans la rédaction de ses procès-verbaux (1);

La conduite d'un commissaire de police qui avait constaté une contravention avait été censurée (2);

Celle du garde champêtre et du maire de la commune avait encouru le même reproche (3);

Le maire d'une commune était présenté comme ayant mérité des éloges, et néanmoins comme n'ayant pas rempli entièrement sa mission (4). — De semblables décisions ont, à plus forte raison, dû être annulées lorsque le blâme qu'elles renfermaient était exprimé en termes blessants (5).

Le blâme ou la censure d'un tribunal ne pourrait pas davantage s'appliquer aux gendarmes rédacteurs d'un procès-verbal (6).

Enfin ces censures pourraient encore moins s'adresser à l'administration dans le sens général de ce mot (7).

Blâme, ministère public, V. n° 23.

Motifs insuffisants, V. n° 384.

429. Les *dommages-intérêts* sur lesquels le tribunal est appelé à statuer s'il y a lieu, d'après l'art. 159 du Code, sont ceux que vient à réclamer le prévenu contre la partie civile, à raison du préjudice que lui a fait essuyer sa poursuite reconnue mal fondée (8). Ce ne peut être, en effet, des dommages-intérêts de la partie

---

(1) 29 février 1828, B. 58.
(2) 18 octobre 1838, B. 338; 27 mars 1845, B. 115.
(3) 8 octobre 1842, B. 268.
(4) 25 avril 1834, B. 123.
(5) 27 mars 1845, B. 115; 23 février 1847, ch. des req., Dupin, *Réquisitoires*, t. 7, p. 364.
(6) prairial an VII, B. 411; 21 mai 1858, B. 160.
(7) 17 décembre 1847, B. 299.
(8) 3 novembre 1826, B. 220.

civile qu'il est question dans ce texte, puisque, on l'a déjà vu plus haut (n° 399), lorsqu'il n'y a pas de peine à appliquer, il n'y a aucuns dommages à prononcer (1). Ce n'est que devant les Cours d'assises, et en vertu d'une disposition tout à fait exceptionnelle de l'art. 358 du Code, qu'il est permis de réclamer des dommages-intérêts contre l'accusé déclaré non coupable.

429 *bis. Décès du prévenu.* — Comme on l'a vu (n° 104) le décès, du prévenu éteint l'action publique (C. d'inst. crim., art. 2). Lorsque ce décès, survenu depuis la citation, n'a été connu qu'à l'appel de la cause à l'audience, le ministère public, si cet événement paraît constant, requiert l'application de l'art. 2 du Code : le tribunal prononce (F. n° 727) que l'action publique est éteinte, sans dépens, mais seulement à l'égard du défunt ; la citation, si elle comprend des complices, doit donner lieu à une instruction et à un jugement à leur égard (2).

§ 4. — *Jugements d'incompétence.*

430. « Si le fait est un délit qui emporte une peine correctionnelle ou plus grave, le tribunal renverra les parties devant le procureur impérial (F. n° 735). » C. inst., art. 160.

Les tribunaux de répression, et, spécialement, ceux de simple police, doivent, lorsque la prévention dont ils sont saisis n'est pas de leur compétence, s'abstenir de l'apprécier, laisser les parties se pourvoir, ou même renvoyer l'affaire, s'il y a lieu, devant la juridiction qui

(1) V. outre les arrêts cités note 3, sous le n. 399, Cass., 27 juin 1812, B. 158.
(2) 21 avril 1815, D. A., t. 3, p. 654.

doit en connaître (1). Ils ne peuvent juger l'affaire et prononcer, fût-il justifié, l'acquittement du prévenu (2); ils ne peuvent pas davantage prononcer sa condamnation et lui appliquer seulement une peine de simple police (3).

L'exception d'incompétence peut être proposée et ce renvoi requis en tout état de cause, c'est-à-dire tant que le jugement n'est pas rendu (4), puisque, on le sait, (n° 369), en simple police le prononcé du jugement clôt seul les débats.

Cas d'incompétence, V. n°s 45 à 72, 80 et 84.

451. Pour que l'incompétence soit déclarée, il faut que ce soit le fait même, objet de la prévention et qualifié de simple contravention dans la demande, qui paraisse constituer un délit (5). Si, à côté d'une contravention, mais sans se lier avec elle, venait à l'audience se produire un autre fait échappant, par sa gravité, à la juridiction de simple police, ce fait ne pourrait dispenser le tribunal de statuer sur la contravention dont il aurait été saisi d'abord.

452. Ainsi, une femme était traduite en simple police pour injures simples (C. pén. 471, n° 11). A l'audience, le plaignant, commettant une diffamation, accusa la prévenue d'avoir volé du foin et des pommes à un tiers. Cette imputation, qui constituait un délit

(1) 27 janvier 1838, B. 30; 24 juin 1843, B. 160; 8 février 1855, B. 37; 10 janvier, 14 août 1857, B. 23, 307; 30 novembre 1861, B. 260.

(2) 18 novembre 1858, B. 274; 1er juillet 1864, B. 170.

(3) 22 novembre 1862, B. 254.

(4) 3 novembre 1826, B. 221.

(5) Telles seraient des violences présentées comme ayant fait beaucoup de mal; c'est l'art. 311 du C. pénal qui est applicable, 1er juillet 1864, B. 170.

correctionnel (1), fut suivie d'une demande de la prévenue contre le plaignant, demande qualifiée de recon-
ventionnelle et qui amena, de la part du tribunal, un
jugement d'incompétence et sur le délit de diffamation
et sur la contravention d'injures simples, le juge ayant
considéré ces deux affaires comme confondues en une
seule, par l'effet de la reconvention. Or, cet incident
ne devait pas être vidé de la sorte ; le délit de diffamation, commis à l'audience, ne pouvait empêcher la contravention première d'être jugée, par la raison qu'il n'y
a pas, en matière criminelle, de demandes reconven-
tionnelles, c'est-à-dire de demandes sur lesquelles le
juge peut statuer, quoique dépassant les limites de sa
compétence ordinaire, parce qu'elles sont liées à l'affaire
primitive dont il a été saisi, et qu'ainsi une seule procédure, un seul jugement peuvent terminer deux
affaires qui occasionneraient bien plus de frais et de
retards s'il fallait en saisir deux tribunaux différents.
La compétence des tribunaux de répression ne peut
être ainsi étendue. Le juge de police devait donc statuer sur la contravention première et, après avoir
dressé procès-verbal des faits révélés à l'audience (V.
n° 469) et donné acte à la prévenue de sa plainte en
diffamation, renvoyer cette affaire seule au procureur
impérial (2).

453. La décision à rendre devrait être la même si la
contravention, portée devant le tribunal de police, se
trouvait accompagnée d'un délit correctionnel, qui
n'aurait pas été compris dans la poursuite ; il faudrait
statuer sur la contravention, sans faire porter le jugement sur le délit, parce que le juge n'en serait pas

(1) Loi du 17 mai 1819, art. 13 et 19.
(2) 5 juin 1835, B. 225.

saisi (1); puis, aux termes de l'art. 29, Cod. d'instr., donner connaissance au procureur impérial de ce délit, par un rapport accompagné des procès-verbaux et pièces. V. Incidents, nos 451, 459.

Mais il y aurait lieu de se déclarer incompétent sur le tout, si le délit et la contravention étaient connexes (C. I., art. 227), et, à ce titre, compris tous les deux dans la poursuite : notamment s'il s'agissait de coups de canne portés volontairement pendant un tapage nocturne (2). V. n° 58.

454. L'article 160 du Code ne soumet littéralement le tribunal de police à se déclarer incompétent que lorsque le fait emporte une peine correctionnelle ou plus grave, mais ces termes ne sont qu'indicatifs ; il y a également lieu à incompétence, lorsque l'infraction, quoique ne constituant ni un délit, ni un crime, se trouve du ressort de l'autorité ou des tribunaux administratifs (V. n° 49 et suiv.), et échappe ainsi à l'autorité judiciaire.

Il faut bien prendre garde que c'est la *nature* et l'*objet* de la demande qui règlent la compétence du juge. Des causes mêmes d'annulation ne dispenseraient pas le tribunal de statuer, sauf à prononcer le renvoi du prévenu. Telles seraient l'irrégularité de la citation, une prescription acquise, l'illégalité de la peine requise par le ministère public (3).

Ajoutons que le juge de police ne doit pas se déclarer incompétent par cela seul que la loi invoquée devant lui n'est pas applicable; il doit commencer par constater les faits objet de la poursuite, afin de reconnaître si

(1) 22 février 1844, B. 62.
(2) 4 novembre 1864, vu au greffe de la Cour.
(3) 27 juin 1834, B. 198.

l'infraction qui en résulte excède réellement les limites de sa compétence (1).

455. Enfin le juge de police est le maître de déclarer son incompétence, lorsqu'il y a réellement lieu de le faire, quelle que soit la partie ou l'autorité qui l'ait saisi. Une ordonnance du juge d'instruction, un arrêt de la chambre d'accusation, passés en force de chose jugée, un jugement du tribunal correctionnel (2), qui renverrait une affaire au tribunal de simple police, ne seraient pas un obstacle à l'exercice du droit de ce tribunal, de juger sa propre compétence (3). La raison en est que les tribunaux de simple police (comme les correctionnels) n'ont pas la plénitude de juridiction réservée aux seules Cours d'assises, par l'art. 365 du Code. Ils ne peuvent absolument connaître que des infractions réprimées par des peines de simple police ; c'est pour eux et sauf certains flagrants délits d'audience (V. n°s 449 et suiv.), un principe d'une application rigoureuse. Ainsi, en ce qui les concerne, une ordonnance du juge d'instruction, un arrêt de la chambre d'accusation, malgré leur autorité, ne sont qu'indicatifs, non attributifs de juridiction ; ils ne fixent point irrévocablement la compétence du tribunal relativement aux faits qu'ils lui renvoient, et ne dérogent nullement aux règles tracées à cet égard (4) par les art. 137 et 138 du Code d'instruction. V. n°s 43 et 110.

§ 5. — *Jugements par défaut.*

456. « Si la personne citée ne comparaît pas au jour

(1) 18 février 1854, B. 46.
(2) 18 juillet 1817, et *Réquisitoire* de Merlin ; *J. du Palais*, t. 14, p. 364.
(3. 4) 14 mars 1816, *J. du Palais* ; 26 août 1817, ch. réun., B. 80.

et à l'heure fixés par la citation, elle sera jugée (F. n° 732) par défaut. » C. I., art. 149.

Tout prévenu de contraventions de police peut se faire représenter par un fondé de pouvoir. V. plus haut n°s 164-68.

Lorsque, à l'appel de la cause, le prévenu ne se présente pas, ni personne en son nom, il y a lieu de donner défaut contre lui et de passer outre aux débats. Mais, préalablement, il faut examiner si la citation qui le concerne est régulière, et si elle a été signifiée dans les délais.

Il est bien entendu que le défaut ne peut être donné lorsque le prévenu et la personne civilement responsable n'ont été l'objet que d'un simple avertissement (1), cette pièce ne faisant pas légalement foi de l'avis qu'aurait reçu le prévenu de comparaître. V. n° 121.

457. Une citation est donc nécessaire. Dans cet acte, le prévenu, et les personnes civilement responsables, doivent être assez clairement désignés, pour qu'il n'y ait pas sur leur identité, de doute possible; et l'original doit mentionner également que la copie leur a été remise, ou que les formalités prescrites, en cas d'absence de ces personnes, ont été remplies.

Ainsi est nulle une citation :

Où le prévenu n'est désigné que par son nom patronymique, sans prénom, ni indication de domicile, lorsqu'il existe dans la même maison deux individus portant le même nom (2);

Où le prévenu n'est désigné que par la seule qualification de fils de tel individu, lorsque cet individu a plusieurs fils (3);

(1) 10 septembre 1857, B. 340.
(2) Liége, 25 juillet 1834, J. du Palais.
(3) 31 mars 1832, D. P., 1.261.

Qui a été signifiée à une personne autre que le prévenu, dans un domicile différent, et dont la copie a été laissée à un tiers qui s'est dit au service de cette personne (1);

Mais la citation serait suffisamment indicative si elle avait été donnée au berger *d'un tel*, et que ce maître n'eût pas plusieurs bergers (2).

458. Quant à la remise de la copie, elle doit être faite à la personne du prévenu, ou des civilement responsables, ou à leur domicile, à peine de nullité (3).

Lorsque cette remise est faite au domicile, il faut qu'elle le soit à des personnes présumées, par leurs rapports avec le prévenu, se trouver dans l'obligation de lui faire parvenir cette copie. — Ainsi la copie est valablement laissée, en l'absence du prévenu, ou civilement responsable,

A l'un de ses parents ou serviteurs; Cod. procéd. civ., art. 68 (4);

A un surnuméraire faisant l'intérim du bureau, lorsque c'est un receveur de l'enregistrement qui est cité (5);

A un employé d'un journal, lorsque c'est le gérant e ce journal qui est assigné (6);

Au maître du domestique objet de la citation, lorsque, surtout, le maître ne déclare pas que ce domestique a cessé d'être à son service (7);

Au mandataire du propriétaire d'une maison, à rai-

(1) 22 décembre 1855, B. 410.
(2) Grenoble, 8 mai 1824, D. A., t. 7, p. 713.
(3) 10 septembre 1831, B. 222.
(4) Besançon, 25 février 1839, Meaume, *Code forestier*, t. 2, p. 740; Nancy, 27 novembre 1844, *idem, ibid.*, p. 711.
(5) 14 mars 1834, D. P., 1.213.
(6) 2 mars 1833, B. 85.
(7) 30 avril 1807, B. 92.

son de laquelle procès-verbal a été dressé pour contravention de voirie, surtout si ce mandataire a déjà fait acte de sa fonction concernant cette maison (1).

459. Si l'huissier ne trouve personne au domicile du prévenu, il remet la copie à un voisin et lui fait signer son original; et, à défaut de voisin, ou sur le refus de celui-ci, au maire de la commune, dont il prend également le visa (2). Enfin, si le prévenu n'a ni résidence ni domicile connus, il est cité au parquet du procureur impérial, et une copie de l'exploit est affichée à la principale porte de l'auditoire du tribunal (3). — A Paris, lorsque le domicile du contrevenant est inconnu, on ne cite au parquet (Cod. proc. civ., art. 69, n° 8) que s'il y a une exécution à requérir, etc. V. n° 106, note 1.

Libellé, délais de la citation, V. nos 127, 131.

Comparution du prévenu, qui couvre les irrégularités de la citation, V. n° 169.

440. Si la citation n'était pas régulière, ou si elle avait été donnée à un jour trop rapproché, eu égard à la distance, on en ferait donner une nouvelle, à peine de nullité du jugement à intervenir par défaut. C. I., art. 146.

Si la citation est reconnue régulière, et si les délais sont suffisants, il est donné défaut et procédé à l'instruction et au jugement.

Cédule pour abréger les délais, V. n° 134.

441. Il peut arriver qu'une affaire soit instruite et jugée par défaut, lors même que le prévenu comparaît, s'il refuse de présenter ses moyens de défense. En effet, un jugement revêt le caractère de jugement par défaut,

(1) 30 août 1833, B. 349.
(2) 15 octobre 1834, *J. du Palais*; 25 juillet 1850, B. 234.
(3) 7 décembre 1837, *J. du Palais*; Paris, dit jour, D. P., 38. 2.229.

soit que le prévenu, qui en est l'objet, n'ait pas comparu sur la citation à lui notifiée, soit que, s'étant présenté, il n'ait proposé aucune défense, ni pris aucune conclusion sur ce qui a été jugé (1), soit que son fondé de pouvoir n'ait fait que demander une remise, sans conclure au fond (2); son silence, dans ce cas, est légalement assimilé à un défaut de comparution. Ainsi les réponses du prévenu aux questions du président sur ses nom, prénoms, âge, profession, demeure, etc., ne lient point l'instance avec lui. Il y a plus : si la défense du prévenu avait uniquement consisté à décliner la compétence du tribunal, ou bien à proposer une exception préjudicielle (V. nos 345 et suiv.), et que, relativement au fond de la contravention, le prévenu eût refusé de se défendre, le jugement, rendu sur le fond, serait encore par défaut (3). Ces principes sont communs aux tribunaux de police correctionnelle (4).

441 *bis.* Mais lorsque le prévenu a présenté sa défense à l'audience, le jugement est contradictoire, ce prévenu eût-il fait défaut à une audience ultérieure, durant laquelle le jugement a été prononcé. Ainsi, un contrevenant avait pris des conclusions développées, transcrites plus tard dans le jugement ; après la lecture de ces conclusions, et en sa présence, la cause avait été renvoyée à un jour déterminé pour les conclusions du ministère public. Ce jour, le prévenu ne parut pas ; les conclusions du ministère public furent prises, et le jugement prononcé. La Cour suprême a décidé (5) que ce jugement était contradictoire, l'absence du pré-

---

(1) 13 mars 1824, B. 43 ; 23 février 1837, B. 58.
(2) 28 novembre 1851, B. 500.
(3) 7 décembre 1822, B. 174, p. 525 ; 8 septembre 1824, B. 412.
(4) 13 mars 1824, B. 43 ; 13 mai 1835, B. 92.
(5) 27 mars 1857, B. 127.

venu étant un fait purement personnel et volontaire de
sa part, et que par conséquent le délai du pourvoi en
cassation courait à partir de la date du jugement.

442. Quant à l'instruction de l'affaire, l'absence du
prévenu, ou son refus de prendre part aux débats, ne
dispensent pas le tribunal d'y apporter le même soin
que si la cause était contradictoirement jugée. « Les
conclusions de la partie qui requiert le défaut seront
adjugées, si elles se trouvent justes et bien vérifiées, »
porte l'art. 150 du Code de procédure civile, auquel
aucune disposition du Code d'instruction n'a dérogé (1).
D'un autre côté, l'art. 154 (n° 181) de ce dernier Code,
qui dispose : « les contraventions seront *prouvées*, soit
par procès-verbaux ou rapports, soit par témoins, »
n'a point distingué entre les contraventions jugées contradictoirement et celles jugées par défaut. Un jugement rendu par défaut, quel qu'en soit le résultat, qui
ne constaterait pas que le fait poursuivi a été examiné
et les preuves appréciées, et qui, par exemple, prononcerait une condamnation contre le prévenu en prenant, pour faire droit à la demande, uniquement en
considération son défaut de comparution, ce jugement
devrait être annulé par la Cour suprême (2). Par la
même raison, l'absence de la partie civile ne dispense
pas le juge d'examiner si la culpabilité du prévenu est
établie et doit motiver une condamnation ; le ministère
public est là, du reste, pour requérir l'instruction de
l'affaire.

De l'opposition, V. n°ˢ 517 et suiv.

(1) 1ᵉʳ décembre 1842, B. 313.
(2) 18 novembre 1824, B. 166 ; 1ᵉʳ décembre 1848, B. 297.

§ 6. — *Jugements préparatoires et interlocutoires ; avant faire droit; simples remises.*

443. Quelquefois une affaire ne se trouve pas en état de recevoir jugement à la même audience, soit parce que les preuves à produire n'ont pas été fournies, soit parce que les parties excipent d'un moyen de défense qu'elle ne sont pas encore en mesure de faire valoir. C'est alors qu'interviennent des avant faire droit, c'est-à-dire des jugements d'instruction, nommés *préparatoires* ou *interlocutoires*, suivant le caractère de la mesure à ordonner.

« Sont réputés préparatoires les jugements rendus pour l'instruction de la cause, et qui tendent à mettre le procès en état de recevoir jugement définitif. — Sont réputés interlocutoires (F. n° 736), les jugements rendus lorsque le tribunal ordonne, avant dire droit, une preuve, une vérification, ou une instruction qui préjuge le fond. » C. proc. civ., art. 452 (1).

444. Ainsi des jugements qui ordonnent une remise de l'affaire à un autre jour (2); qui prorogent le délai dans lequel le rapport d'un expert devait être déposé (3); qui admettent une partie à faire entendre des témoins; qui ordonnent une simple visite des lieux (4), sont des jugements préparatoires : ils ne font nullement pressentir la décision du juge sur le fond du procès.

445. Des jugements qui admettent :

(1) 2 août 1810, B. 96.
(2) 1er juin 1838, B. 149.
(3) 10 décembre 1864, vu au greffe de la Cour.
(4) 5 octobre 1837, B. 300; 28 avril 1854, B. 127; 28 juin 1861, B. 135.

1° Le prévenu poursuivi pour embarras de la voie publique (C. pén., 471, n° 4), à prouver que le dépôt qu'on lui attribue était *nécessaire*, ou bien le résultat de la *force majeure* ;

2° Le même, poursuivi pour injures simples (C. pén., *ibid.*, n° 11), à prouver qu'il a été *provoqué* par le plaignant ;

Des jugements qui sursoient à statuer sur une contravention jusqu'à la décision, à intervenir, du Conseil d'Etat (1) ;

Ou qui ordonnent une expertise ayant pour objet des éléments de la contravention (2) ;

Ou une enquête du résultat de laquelle doit dépendre le sort de la poursuite (3) ;

Ou qui admettent le prévenu à faire valoir une exception préjudicielle, — ou bien qui statuent sur cette exception (4) ; — qui admettent la preuve d'un fait, en décidant qu'il en résulterait prescription (5) ; — ou qui ordonnent la mise en cause d'un prévenu à la requête du ministère public (6) ;

Sont des jugements interlocutoires ; ils préjugent le fond, tout en laissant au juge son entière liberté d'appréciation quant aux nouveaux éléments de preuve produits à l'audience.

446. Dans l'usage, la disposition d'un jugement préparatoire, qui ordonne l'appel d'un témoin, n'est pas portée sur la feuille ; on y inscrit un simple jugement de remise de l'affaire (lequel est exempt de l'enregistrement, V. n° 648), et les parties exécutent de

(1) 6 décembre 1862, B. 270.
(2, 3) 5 novembre 1829, B. 250 ; 16 août 1838, B. 279.
(4) 8 janvier 1864, B. 8.
(5) 25 mai 1850, *J. crim.*, art. 4942.
(6) 24 avril 1834, B. 120.

bonne foi la disposition qui les concerne. — Les jugements interlocutoires, dont l'objet est plus sérieux, sont rédigés dans la forme ordinaire.

446 bis. *Remises simples.* — Je n'ai à dire des simples remises de cause que ce ne sont pas des jugements; que ces ordonnances du juge, ne touchant aucunement à l'affaire, n'ont pas besoin d'être motivées; que souvent même, et sans qu'il en puisse résulter une nullité, on n'en fait pas mention sur la feuille (1). Il est cependant à propos d'y porter les mentions de remise (F. n° 737), ne fût-ce que pour pouvoir légalement donner défaut contre la partie qui, ayant demandé ou accepté cette remise, ne comparaîtrait pas à l'audience ultérieure qui a été indiquée.

SECTION VII.

INCIDENTS D'AUDIENCE.

447. J'arrive aux incidents d'audience; matière délicate, qui devient plus rare tous les jours, mais sur les règles de laquelle il importe d'être fixé à l'avance, parce que le temps, le cas y échéant, manque pour les rechercher. Je n'y viens qu'après les jugements, afin de ne pas interrompre la série des actes qui constituent l'instruction des affaires ordinaires.

Les incidents d'audience comprennent :

1° Les contraventions découvertes à l'audience;

2° Les tumultes accompagnés d'injures ou de voies de fait;

3° Les outrages et menaces, sans tumulte, envers les membres du tribunal et les officiers de justice;

---

(1) 13 décembre 1862, B. 281.

4° Le manque de respect envers la justice ;

5° Les injures, diffamations et outrages proférés par les parties au cours de leur défense ;

6° Les autres délits et les crimes flagrants ;

7° Le faux témoignage à l'audience ;

8° Les copies illisibles d'actes signifiés.

§ 1ᵉʳ. — *Contraventions découvertes à l'audience.*

448. Parfois, au cours de l'instruction d'une affaire, vient à se révéler, à la charge du prévenu, ou même d'une autre personne présente, témoin, partie civile, civilement responsable, une contravention non comprise dans la citation, et qui résulte, soit des déclarations des témoins ou parties, soit même des énonciations d'un procès-verbal d'abord trop rapidement examiné. Non-seulement le tribunal de police peut statuer sur ce fait nouveau, mais, quoiqu'il n'y soit pas obligé (1), il le doit, en général (2), en vue de la célérité de l'instruction et de l'économie dans les frais ; il le doit surtout si le ministère public a pris des conclusions (V. n° 382) à fins de jugement de l'incident (3). Il n'y a d'exception à cette règle que pour le tribunal de police tenu par le maire, et touchant une contravention qui serait de la compétence exclusive du juge de paix ; dans ce cas, le maire devrait renvoyer cette contravention au tribunal de police du canton (4).

Cette procédure est régulière ; le prévenu, on l'a vu (n° 118), n'a pas besoin d'être cité pour pouvoir

(1) 4 août 1837, D. P. 38.1.410.

(2) Carnot, *Instruct. crim.*, t. 2, p. 15 ; Legraverend, *Législ. crim.*, t. 1, p. 539.

(3) 3 juillet 1807, D. A., t. 11, p. 129.

(4) Legraverend, *ibid.*, p. 540.

être jugé ; il suffit, aux termes de l'art. 147 du Code,
qu'il comparaisse volontairement. Toutefois, pour lier
légalement l'instance avec lui (V. n° 378), il est indispensable que le ministère public ou la partie lésée, s'il
y en a une, rende plainte à l'audience (F. n° 738), à
raison de la contravention nouvelle ; sans cette plainte,
le tribunal n'étant pas saisi, ne pourrait aucunement
statuer (1). On doit ensuite demander au prévenu s'il
accepte le débat et consent à être jugé séance tenante (2), ou s'il désire une remise pour préparer ses
moyens de défense. Si le débat n'est pas accepté, on
remet, pour y procéder, à une autre audience, après
les délais fixés par l'art. 146 du Code (V. n° 131), et
auxquels a droit le prévenu ; dans tous les cas, on
procède ensuite en la forme ordinaire.

§ 2. — *Tumultes accompagnés d'injures ou de voies de fait.*

449. Lorsque l'audience n'est troublée que par des
interruptions de silence, des signes d'approbation ou
d'improbation, ou par un simple tumulte, ces incidents
rentrent dans les dispositions relatives à la police de
l'audience et dans le pouvoir discrétionnaire conféré
au magistrat qui préside (V. n° 153), et qui seul a mission de pourvoir au rétablissement de l'ordre et du
silence. Ce ne sont, en effet, que de simples manquements, non réprimés par des peines proprement

---

(1) 4 brumaire an xiv, B. 232 ; 22 mars 1844, B. 111 ; 6 mai
1847, B. 96 ; 14 avril 1848, B. 117 ; 25 janvier 1850, B. 36 ; 31
janvier 1855, B. 26 ; 20 février 1857, B. 77 ; 15 juillet 1859, B.
181 ; 6 décembre 1861, B. 269.
(2) 7 décembre 1854, B. 336.

dites (1). Mais lorsque à ces incidents se joignent des injures ou des voies de fait délictueuses, le tribunal tout entier se trouve légalement saisi et il y a lieu de statuer ou, au moins, de dresser procès-verbal (2). Le Code d'instruction porte à cet égard :

« Art. 505. Lorsque le tumulte aura été accompagné d'injures ou de voies de fait donnant lieu à l'application ultérieure de peines correctionnelles ou de police, ces peines pourront être, séance tenante et immédiatement après que les faits auront été constatés, prononcées, savoir : — celles de simple police, sans appel, de quelque tribunal ou juge qu'elles émanent ; — et celles de police correctionnelle, à la charge de l'appel, si la condamnation a été portée par un tribunal sujet à l'appel ou par un juge seul. »

450. Ces dispositions comprennent, lorsqu'il y a eu tumulte :

1° Toutes les injures proférées à l'audience par l'un des assistants, quelle que soit la personne qui en ait été l'objet, prévenu, partie civile, témoins, simples spectateurs, membres du tribunal, etc. Ici, le mot *injures* a une portée générale, et il embrasse, nonseulement les injures proprement dites et les diffamations, mais celles adressées aux fonctionnaires et magistrats et qui sont qualifiées outrages par le Code pénal (art. 222, 223) et les lois de la presse (3). Une plainte de la personne offensée n'est pas nécessaire pour que le tribunal puisse statuer sur les injures ou seulement en dresser procès-verbal. L'article 505 n'en parle pas, et ces délits s'attaquent non moins à la dignité de l'audience qu'à celle des personnes (4) ;

(1) V. Chassan, *Délits de la presse*, t. 2, p. 512, 2ᵉ édit.
(2) 8 décembre 1849, B. 338.
(3, 4) Chassan, t. 2, p. 515, 516, 521.

2° Les voies de fait, sous la seule exception de celles qui présenteraient le caractère de crime; V. n° 468;

3° Tous les auteurs du délit, quelle que soit leur position ou leur qualité (1). Un magistrat, un général (en supposant qu'un de ces personnages pût s'oublier à ce point), qui commettrait un de ces délits d'audience, ne pourrait se prévaloir de son titre pour décliner la compétence du tribunal de police. La compétence spéciale qui a été établie en ce cas dans l'intérêt de la justice, ne souffre pas d'exception; le juge, à l'audience, statue sur les délits commis devant lui, quels qu'en soient les auteurs (2).

451. Le tribunal de police, lorsqu'un de ces délits, heureusement fort rares, se produit à son audience, n'est pas dans l'obligation de les juger; cela résulte des termes de l'art. 505 : *les peines* POURRONT *être prononcées* (3). Mais, s'il croit devoir s'abstenir, le juge doit constater les faits par un procès-verbal qui est dressé séance tenante ou immédiatement après, et signé de ce magistrat et du greffier. C'est alors à la juridiction ordinaire de connaître du délit (4), et le procès-verbal doit être envoyé au procureur impérial. C. I., art. 29.

Toutefois il vaut mieux ne pas user de cette faculté. Pour ces sortes d'incidents, au point de vue de l'exemple, un jugement rendu audience tenante est bien préférable (5). Une punition qui suit instantanément la faute a plus d'efficacité et de retentissement, quoique

---

(1, 2) Legraverend, *Législ. crim.*, t. 1, p. 534; Chassan, *loc. cit.*, p. 522, 524.

(3) Chassan, t. 2, p. 515, 516, 521.

(4) 19 mars 1812, B. 63.

(5) C'est la jurisprudence du tribunal de simple police de Paris.

moins sévère, que celle qui serait prononcée plus tard. Si le juge retient l'incident, il doit statuer, audience tenante, et ne peut absolument remettre à une audience suivante (1).

452. Lors donc que le délit a été commis, l'instruction de l'affaire au milieu de laquelle le tumulte s'est produit doit être suspendue pour laisser place au jugement de l'incident. Le tribunal est saisi de plein droit et sans réquisitions du ministère public. Ce fonctionnaire peut, sans doute, provoquer la poursuite, et il est même convenable qu'il s'y associe (F. n° 739), mais enfin son action n'est pas indispensable (2), le flagrant délit saisit suffisamment le tribunal. Quoi qu'il en soit, lorsque l'instruction est terminée, la parole doit être donnée au ministère public pour conclure, s'il y a lieu, à l'application de la peine (3). Partie intégrante du tribunal, il conserve tous ses droits dans cette espèce d'extension de juridiction (4).

453. Les faits sont constatés, soit par un procès-verbal séparé, soit par le jugement lui-même (F. n°739), constatation non moins authentique en ce cas (5); les témoins, s'il y a lieu, sont entendus ; le prévenu est interrogé, s'il est présent ; il fait valoir ses moyens de défense, le tout en la forme ordinaire.

Je dis que les témoins sont entendus, *s'il y a lieu :* c'est la disposition de l'art. 153 du Code (V. n° 293), qui est surtout ici applicable. Le juge peut ordonner ou refuser l'audition des témoins des délits d'audience ; tout, sur ce point, dépend des circonstances. Si l'in-

---

(1) 30 octobre 1851, B. 430; 17 août 1860, B. 200.
(2) Chassan, *ibid.*, p. 516.
(3) 6 août 1844, ch. civ., *J. du Palais*, 1845, 1.749.
(4) Legraverend, *Législ. crim.*, t. 1, p. 536.
(5) 10 avril 1817, D. A., t. 11, p. 130.

fraction à réprimer a été commise au milieu de la foule, dans un endroit écarté de la salle, et que ses éléments n'aient pas frappé les organes du juge, il est clair que la preuve testimoniale doit être administrée. Mais si le juge a *vu* ou *entendu* de manière à pouvoir former sa conviction, les témoignages sont inutiles, et il a le droit de les rejeter en entier, comme de les admettre partiellement pour les faits dont il n'aurait pas une directe et suffisante connaissance (1). « S'il en était autrement, dit M. le procureur général Dupin (2), les tribunaux devraient donc entendre nécessairement l'auditoire qui aurait envahi l'enceinte et menacé ou insulté les témoins, les jurés ou les magistrats ? Si une telle nécessité était imposée aux tribunaux, je ne crains pas de l'affirmer, il est tel cas où l'enquête serait plus scandaleuse que le fait qu'elle aurait pour objet de constater; loin de trouver dans la loi un moyen de venger leur dignité outragée, ces corps se verraient livrés à la merci des mêmes hommes dont ils sont chargés de réprimer les excès. » Cette doctrine résulte encore de plusieurs arrêts de la Cour suprême (3), le second rendu conformément aux conclusions d'où est tiré le passage qui précède.

Maintenant, il pourrait arriver qu'un individu, jugé, séance tenante, pour avoir outragé dans ses fonctions le juge ou l'officier du ministère public, etc., demandât à établir par témoins la vérité de ses allégations injurieuses ou diffamatoires. Déjà sous la loi du 26 mai 1819, on décidait qu'aucun prétexte ne pouvait permettre de faire cette preuve. — D'abord, ce genre d'outrage, prévu par le Code pénal, art. 222 et 223,

---

(1) 24 décembre 1836, B. 397.
(2) *Réquisitoires et plaidoyers*, t. 1, p. 328.
(3) 7 novembre 1822, Dupin, *Réquisitoires*, t. 1, p. 329; 26 août 1831, B. 193; 24 décembre 1836, déjà cité.

ne profitait pas du bénéfice de la preuve spéciale, établie par les lois de la presse concernant la diffamation par la voie de la presse envers les fonctionnaires; il s'agit, dans ces lois, d'une diffamation par écrit, et non d'un outrage comme celui-ci, commis verbalement (1); ensuite, il s'agissait d'un tribunal de police, et la loi du 26 mai ne parle que de la Cour d'assises; en troisième lieu, le délit à réprimer ne consiste pas uniquement dans l'allégation d'un fait, mais dans la forme et l'expression de cette allégation, et s'adresse non-seulement à la personne du magistrat, mais à la fonction elle-même, à la loi dont il est le représentant, circonstance qui repousse encore la preuve, puisque le fait diffamatoire et outrageant fût-il prouvé, l'attaque à la fonction n'en conserverait pas moins sa criminalité; enfin, la répression d'un délit de ce genre devrait être immédiate, et ne pourrait souffrir ni empêchement, ni retard (2). Ajoutons que la difficulté, si elle a jamais existé, a été levée par le décret du 17 février 1852, qui a abrogé implicitement la loi du 26 mai 1819, et les procédures spéciales qui y sont réglementées.

454. Si l'outrage est grave, surtout s'il est adressé à un membre du tribunal, le prévenu peut et doit être arrêté à l'instant même, audience tenante, sur l'ordre du juge de paix. L'art. 505 du Code ne fait pas mention de cette arrestation; mais l'art. 91, Cod. de procédure, est formel sur ce point (V. n° 458); il porte même que « le prévenu défaillant ne pourra former opposition au « jugement qu'en se mettant en état de détention; » et d'un autre côté, ce droit me paraît, comme à

(1) 17 août 1850, B. 263.
(2) Nancy, 20 août 1835, D. P., 36.2.84; Parant, *Lois de la presse*, 1835, p. 348. V. aussi Cass., 27 juin 1811, B. 94; 26 novembre 1812, D. A., t. 11, p. 97, et surtout 3 août 1850, B. 246.

M. Chassan, résulter de la combinaison des art. 504
(V. n° 153) et 505 Cod. d'instruction. « Si, aux termes
du premier de ces textes, dit cet auteur, le président
peut faire arrêter les personnes qui n'ont fait qu'interrompre le silence, à plus forte raison doit-il avoir ce
droit lorsque l'interruption du silence a dégénéré en
tumulte accompagné d'injures. Toutefois, ce droit d'arrestation, sans autre formalité, ne s'étend pas hors de
l'enceinte du tribunal, ni après le moment où le délit a
été commis (1). » La loi n'a pas, comme le Code de
brumaire an IV (V. page 334), déterminé la forme de
l'ordre d'arrestation ; cet acte peut être libellé comme
un simple réquisitoire (F. n° 741) à la force publique.

Mais si l'arrestation s'opère dans la salle même,
l'ordre peut être verbal; on ne l'écrit que si le dépôt
du prévenu à la maison d'arrêt doit avoir lieu.

Arrestation à l'audience pour simple tumulte, V.
n° 153.

455. Lorsque le prévenu n'a pu être saisi, ou que,
laissé libre, il a quitté la salle, l'instruction de l'incident
n'en suit pas moins son cours (2). Le jugement rendu,
l'affaire ordinaire qui se trouvait commencée est
reprise.

Si le prévenu s'est retiré avant d'avoir présenté sa
défense, le jugement qui le concerne est rendu par
défaut (3).

455 bis. Ce droit accordé au juge de réprimer, non-
seulement les outrages proférés à son audience, mais
ceux qui s'adressent à sa personne, et de statuer, pour
ainsi dire, dans sa propre cause, a paru exorbitant à
quelques esprits timorés. Ils n'ont pas pris garde qu'il

_____

(1, 2) Chassan, t. 2, p. 529, 533, 534.
(3) 26 janvier 1854, B. 20.

s'agissait bien plus de la dignité de l'audience et des fonctions du juge que de la personne du magistrat ; et que, pour venger la justice méconnue ou insultée, il avait été indispensable de donner à ses ministres un pouvoir suffisant et surtout immédiat. « Ce qui importe, en pareille occurrence, c'est moins la durée de la peine que la promptitude de la répression (1). » V. n° 451.

Cette doctrine a été consacrée par le législateur, presque dans tous les temps, presque dans tous les lieux.

Les lois romaines donnaient « à tous les magistrats le droit de protéger leur autorité par une condamnation pénale » (2) ; elles considéraient « qu'une juridic-« tion dépourvue de ce pouvoir modéré aurait été im-« puissante » (3).

Sous notre ancien droit, il était expressément défendu aux juges de souffrir les outrages qui leur étaient adressés. Une ordonnance de Philippe le Long, du 17 novembre 1318, contient, art. 19 (4), la disposition suivante :

Item. Que cil qui tendront le Parlement ne souffrent pas euls vituperer par outrageuses paroles des avocats ne des parties, car l'honeur du Roy, de qui ils représentent la personne tenant le Parlement, ne le doit mie souffrir. » Plus tard cette disposition était reproduite et développée dans l'ordonnance d'Yz-sur-Thille (octobre 1535), chap. Ier, art. 91 (5); enfin les ordonnances de Moulins (1566), d'Amboise (1572), de Blois (1579),

---

(1) M. Chassan, t. 2, p. 497.

(2) *Omnibus magistratibus.... secundùm jus potestatis suæ, concessum est juridictionem suam defendere pœnali judicio.* Ulpien, Dig., lib. 2, tit. 3, loi unique.

(3) *Juridictio sine modicâ coercitione nulla est.* Paul, Dig., lib. 1, tit. 21, loi 5.

(4) *Isambert, Lois anciennes,* t. 3, p. 194.

(5) *Idem, ibid.,* t. 12, p. 446.

« défendaient sur peine de la vie à tous sujets de quelque qualité qu'ils fussent,... d'outrager aucun magistrat, officier, etc., faisant ou exerçant acte de justice » (1).

D'après la doctrine du XVIIIᵉ siècle, ceux qui, par paroles ou par actions, manquaient de respect au tribunal, l'audience tenant, pouvaient être condamnés en une amende payable sans *déport*, et, selon la nature de l'action, ils pouvaient être punis plus *grièvement* (2). — Le juge insulté, lors même qu'il était d'une juridiction différente de celle où l'on connaissait des injures, était toujours compétent pour venger l'outrage qui lui était fait (3).

Sous le droit intermédiaire, la loi des 28 février-17 avril 1791, art. 4, et le Code de brumaire an IV, art. 557, portaient : « Si quelques mauvais citoyens osaient outrager les juges, accusateurs publics, accusateurs nationaux, commissaires du pouvoir exécutif, greffiers ou huissiers, dans l'exercice de leurs fonctions, le président fait à l'instant saisir les coupables, et les fait déposer à la maison d'arrêt. L'ordre qu'il donne à cet effet est conçu comme dans le cas de l'article précédent (c'était la forme du mandat d'arrêt, dit Code, art. 71). — Dans les vingt-quatre heures suivantes, le tribunal les condamne, par forme de punition correctionnelle, à un emprisonnement qui ne peut excéder huit jours. »

Les lois anglaises donnent aux Cours le droit de réprimer elles-mêmes et sans jury les offenses qu'elles

(1) Ordonn. de Moulins, février 1566, art. 34; *id.* d'Amboise, janvier 1572, art. 1ᵉʳ; de Blois, mai 1579, art. 190; Isambert, t. 14, p. 198, 246, 426.

(2) Denisart, *Collection nouvelle*, 1768, in-4°, vᵒ *Audience*, nᵒˢ 18, 19, etc.; Guyot, *Répert. de jurisprudence*, 1784, in-4°, vᵒ *Audience*, p. 733.

(3) Darcau, *des Injures dans l'ordre judiciaire*, 1777, in-12, p. 186.

reçoivent à leurs audiences, et celles qui s'y produisent envers les assistants (1).

Dans les républiques des Etats-Unis, le même privilége existe, quoiqu'à l'égard de certains tribunaux seulement (2).

Dans le royaume de Naples, les lois de procédure criminelle, promulguées en 1819, contiennent, art. 545 à 547 (3), sur les délits d'audience, des dispositions tout à fait analogues à celles de notre Code.

Le Code de Sardaigne, qui est de 1847 (4), reproduit (art. 549 à 556) à peu près textuellement les dispositions de nos Codes d'instruction criminelle et de procédure civile sur la police et les délits de l'audience.

Enfin, et je pourrais facilement étendre cette nomenclature (5), la république de Genève nous a aussi emprunté les mêmes dispositions, quoiqu'avec quelques restrictions (6).

Ainsi nos juges de simple police ne doivent pas se faire scrupule d'user, séance tenante, des pouvoirs que la loi leur confère à cet égard ; et d'autant moins que la Cour suprême a décidé que, lorsque pour un outrage à l'audience dirigé contre un membre du tribunal, le ministère public requérait l'application immédiate de la loi, le juge devait statuer, à peine de nullité. La Cour a considéré que « l'observation des dispositions de

(1) Blackstone, *Commentaires sur les lois anglaises*, liv. 4, ch. 9, traduct. de Chompré, 1822, t. 5, p. 402.

(2) Chassan, *loc. cit.*, p. 501.

(3) V. la traduction publiée par M. le conseiller V. Foucher, en 1836, in-8°, p. 203.

(4) *Code de procédure criminelle pour les Etats de Sardaigne*, Turin, 1847; in-8°.

(5) Les Codes français sont en vigueur, sauf quelques modifications, dans le grand-duché de Bade, la Belgique, la Bavière rhénane, etc. ; je n'ai cité que les lois étrangères que j'avais sous les yeux.

(6) Chassan, *loc. cit.*, p. 501, 504, 506, 515, 521.

l'art. 505 du Cod. d'instr. crim., qui rendent ainsi la répression immédiate, et la font intervenir à l'instant et au lieu même où s'est produit le trouble injurieux et violent, importe grandement à la bonne tenue des audiences, à la dignité des parties en cause et à l'autorité des magistrats » (1).

456. Quant à la peine à appliquer, elle dépend de la nature de l'infraction, le tribunal de police pouvant, dans ce cas (V. n° 449), prononcer des peines correctionnelles à la charge d'appel (2).

Si des injures simples, non provoquées, ont été proférées envers un simple particulier, c'est l'art. 471, n° 11, Cod. pén., qui est applicable ;

S'il s'agit de paroles outrageantes telles que « vous en avez menti, » adressées à un membre du tribunal, c'est l'art. 222 du même Code (3) ;

Le même art. 222 du C. pénal (et non l'art. 10 du C. de proc. civ.) doit être appliqué : 1° au contrevenant qui, à l'audience, dit à ses coprévenus *qu'ils étaient condamnés d'avance et qu'il était inutile de présenter leur défense* (4) ; — 2° à celui qui dit au juge : « qu'il avait voulu se battre avec lui ; que le juge avait refusé ; que c'était un capon et un lâche ; » l'art. 11 du C. de proc. civ., qui ne prononce que *trois* jours de prison, était inapplicable (5).

3° A celui qui, à l'audience, après un jugement, dit avec ironie et geste : « Ce jugement mérite d'être

_____

(1) 28 novembre 1856, B. 382; 17 août 1860, B. 200.
(2) 8 décembre 1849 , B. 338 ; 26 janvier, 3 août 1854, B. 20, 248.
(3) 8 décembre 1849, B. 338.
(4) 15 avril 1853, B. 137.
(5) 26 janvier 1854, B. 20; 22 août 1862, B. 218.

encadré » (1) ; — 4° à celui qui trouble l'audience, en s'écriant en face du juge : « Jamais il n'y a eu un jugement plus mal rendu » (2).

S'il est question d'injures caractérisées renfermant l'imputation d'un vice déterminé, et adressées à un tiers, ce sont les art. 13, 19, n° 2, de la loi du 17 mai 1819 ;

S'il s'agit d'une diffamation ou imputation d'un fait portant atteinte à l'honneur ou à la considération d'une personne, et adressée également à un tiers, ce sont les art. 13 et 18 de la même loi. — Le tribunal peut, en outre, pour ces deux délits, ordonner l'affiche de son jugement (3) ;

Si des outrages ont été adressés, d'une manière quelconque, à un *fonctionnaire public,* autre que le juge de paix et l'officier du ministère public, à raison de ses fonctions ou de sa qualité ; à un *témoin,* à raison de sa déposition, c'est l'art. 6 de la loi du 25 mars 1822 qui est applicable (4).

Circonstances atténuantes, V. le n° 457, à la fin.

Le greffier du tribunal, à l'audience, est plus qu'un officier ministériel ; il exerce des fonctions publiques ; il est protégé par l'article que je viens de citer.

Les huissiers, les gendarmes, gardes champêtres et forestiers, sont protégés par la loi du 17 mai 1819, selon qu'il y a eu injures ou diffamation ; si les outrages ne constituaient aucun de ces deux délits, on appliquerait l'art. 224, C. pén., qui réprime les outrages par paroles, gestes ou menaces envers cette classe d'agents ou préposés.

457. Pour les outrages ou menaces, accompagnés

(1) 25 juin 1855 (chambres réunies), B. 229.
(2) 28 mars 1856, B. 127.
(3) Loi du 26 mai 1819, art. 26.
(4) 4 janvier 1862, B. 7.

de tumultes, qui ont été adressés aux membres du tribunal, juge de paix, officier du ministère public, il faut distinguer. Si ces outrages par paroles tendent à inculper l'honneur ou la délicatesse du magistrat, c'est l'art. 222, § 2, C. pén., qui est applicable ; — si l'outrage ne s'est manifesté que par gestes ou menaces, c'est l'art. 223.

Les peines prononcées par le Code pénal, et par les lois de la presse, de 1819 et de 1822, peuvent être modifiées en vertu de l'art. 463 du même Code (1), à la charge de déclarer qu'il existe des circonstances atténuantes.

§ 3. — *Outrages et menaces, sans tumulte, envers les membres du tribunal et les officiers de justice.*

458. Le Code de procédure civile porte, art. 91 : « Ceux qui outrageraient ou menaceraient les juges ou les officiers de justice, dans l'exercice de leurs fonctions, seront, de l'ordonnance du président, du juge-commissaire, ou du procureur impérial, chacun dans le lieu dont la police lui appartient, saisis et déposés à l'instant dans la maison d'arrêt, interrogés dans les vingt-quatre heures, et condamnés par le tribunal, sur le vu du procès-verbal qui constatera le délit (à une détention qui ne pourra excéder le mois, et à une amende qui ne pourra être moindre de vingt-cinq

---

(1) Décret des 11-12 août 1848, art. 8. — Avant ce décret, les lois de la presse étaient privées des effets de l'art. 463 du Code pénal; cet article n'était applicable qu'à un très-petit nombre de dispositions de la loi du 25 mars 1822 (dite loi, art. 14). Maintenant les circonstances atténuantes peuvent être admises pour tous les *délits* (non pour les contraventions) de la presse. MM. Duvergier, *Collection des lois*, 1848, p. 437 ; Chassan, *Lois sur la presse depuis* 1848, 1851, p. 56. V. aussi Cass., 31 août 1850, B. 288.

francs, ni excéder trois cents francs). — Si le délinquant ne peut être saisi à l'instant, le tribunal prononcera contre lui, dans les vingt-quatre heures, les peines ci-dessus, sauf l'opposition que le condamné pourra former dans les dix jours du jugement, en se mettant en état de détention. »

Cet article s'applique, on le voit, aux outrages et menaces, non accompagnés de tumulte ; il protége non-seulement les juges, mais les officiers de justice, l'officier du ministère public, le greffier, les huis-siers, etc.

Il y a plus : l'article ne faisant pas mention de la publicité qui, d'après les art. 504 et 505, Cod. d'instr., doit avoir accompagné les injures prévues par ces textes, il s'ensuit que les dispositions de l'art. 91 sont applicables aux outrages proférés à huis clos et même dans la chambre du conseil (1).

459. Tout ce que j'ai dit de l'instruction des injures et voies de fait qui se sont produits au cours d'un tu-multe s'applique aux outrages de l'art. 91, sous l'in-fluence de la disposition finale de cet article, d'où il résulte,

1° Que le tribunal de police, lorsque le délinquant n'a pu être saisi, a vingt-quatre heures pour juger ces outrages flagrants ; - passé ce délai, sa compétence cesse, et l'affaire doit être renvoyée au procureur impérial ;

2° Que le prévenu, jugé par défaut, peut, dans les dix jours, former opposition au jugement en se mettant en état de détention.

460. Quant à la pénalité de l'art. 91, elle a été absorbée par les dispositions des art. 222, 223 et 224

___
(1) M. Chassan, t. 1er, p. 396 ; t. 2, p. 534.

Cod. pén., qui sont spéciales en matière d'outrages, et renfermées dans une loi postérieure au Code de procédure civile. L'art. 91 de ce dernier Code n'est plus applicable qu'au point de vue de la compétence et de l'instruction (1). Ainsi le tribunal de police, pour outrages au juge ou à l'officier du ministère public à l'audience, peut, en premier ressort, condamner le délinquant à un emprisonnement de deux à cinq ans, sans préjudice, bien entendu, de l'application de l'art. 463 (2).

§ 4. — *Manque de respect envers la justice.*

461. Outre l'art. 91, qui réprime les infractions à la dignité des audiences et des magistrats, les art. 10, 11 et 12 du Code de procédure protégent les audiences civiles des juges de paix. Ces textes obligent les parties à la modération dans leurs explications, et au respect envers la justice ; le juge peut les avertir, si elles y manquent, les condamner à l'amende en cas de récidive, et, en cas d'insulte ou irrévérence grave, à la prison. — Ces articles peuvent-ils être appliqués par le juge de paix siégeant en audience de police ?

Suivant M. Chassan (3), l'art. 91 précité étant applicable aux audiences criminelles et correctionnelles aussi bien qu'aux audiences civiles, parce que le Code de procédure est une loi générale pour tous les cas non spécialement prévus par le Code d'instruction, les art. 10, 11 et 12 concernent toutes les audiences civiles et de simple police tenues par le juge de paix.

(1) M. Grellet-Dumazeau, *Traité de la diffamation et de l'injure*, t. 1, p. 304.
(2) 8 décembre 1849, B. 338 ; 26 janvier 1854, B. 20.
(3) 2ᵉ édit., t. 1, p. 438.

Cette opinion n'est pas adoptée par M. Grellet-Duma-zeau(1) ; la portée de l'art. 91 lui a paru plus étendue, à cause de la généralité de ses termes : « les juges ou les officiers de justice ; » — tous ceux qui prennent part à l'administration de la justice sont protégés — « dans l'exercice de leurs fonctions ; » — il n'est pas nécessaire qu'ils siégent à l'audience. — Puis « le président, le juge-commissaire, le procureur impérial, chacun dans le lieu dont la police leur appartient, » — peuvent ordonner l'arrestation du délinquant.

Les expressions des art. 10 à 12 sont différentes ; leur portée est bien plus restreinte. Placés sous la rubrique des *Audiences du juge de paix*, il n'y est question, comme autorité, absolument que du juge ; les pénalités à prononcer ne peuvent excéder 10 fr. d'amende, trois jours de prison ; enfin les jugements sont exécutoires par provision.

Au surplus, la Cour suprême a décidé (2) que les dispositions de l'art. 505, C. d'instr., n'avaient rien d'incompatible avec le maintien de l'art. 11, C. de proc. civ., qui reste applicable au cas où le fait ne constitue qu'une irrévérence grave envers le juge de paix ; que dans le cas où l'injure s'élève jusqu'aux proportions de l'outrage envers un magistrat, l'art. 505 doit se combiner avec les articles du Code pénal qui spécifient les caractères constitutifs de ce délit, et en déterminent la peine. — Voy. à ce sujet, le n° 449.

Toutefois, les art. 10, 11 et 12, C. proc., ne concernent absolument que les *parties ;* si le manque de respect envers la justice a été manifesté par un *assistant*, c'est l'art. 504, C. d'instr., qui doit être appliqué (3).

---

(1) T. 1, p. 304; V. en sens contraire, M. F. Hélie, *Instruction crim.*, t. 7, p. 265.
(2) 25 juin 1855 (chambres réunies), B. 229.
(3) 24 mai 1862, B. 140.

§ 5. — *Injures, diffamations, outrages proférés par les parties au cours de leur défense.*

462. Des incidents qu'il n'est pas rare de voir surgir dans les audiences de simple police, ce sont les récriminations, les injures, et même les diffamations et les outrages proférés par un prévenu, ou par une partie civile, au cours de ses explications ou de sa défense. Le juge de police a; sur ce point, à tenir d'une main ferme la balance entre les droits de la défense, l'honneur des citoyens et la dignité de l'audience ; ses devoirs, à cet égard, lui sont tracés par la loi du 17 mai 1819, qui porte :

« Art. 23. Ne donneront lieu à aucune action en diffamation ou injure, les discours prononcés ou les écrits produits devant les tribunaux; pourront néanmoins les juges saisis de la cause, en statuant sur le fond, prononcer la suppression des écrits injurieux ou diffamatoires, et condamner qui il appartiendra en des dommages-intérêts.

« Les juges pourront aussi, dans le même cas, faire des injonctions aux avocats et officiers ministériels, ou même les suspendre de leurs fonctions.

« La durée de cette suspension ne pourra excéder six mois ; en cas de récidive, elle sera d'un an au moins et de cinq ans au plus.

« Pourront, toutefois, les faits diffamatoires étrangers à la cause donner ouverture, soit à l'action publique, soit à l'action civile des parties, lorsqu'elle leur aura été réservée par les tribunaux, et, dans tous les cas, à l'action civile des tiers. »

463. D'abord cet article, par sa teneur, est applicable aux tribunaux de simple police. « *Devant les tri-*

bunaux, » y est-il dit, sans distinction ; cette expression comprend donc toutes les juridictions qui présentent ce caractère ; on n'en pourrait excepter que le bureau de conciliation tenu par le juge de paix, et qui n'est pas un tribunal proprement dit (1), ainsi que les arbitres, soit amiables compositeurs, soit arbitres forcés (2).

Quant aux discours et aux écrits qui renfermeraient des injures, etc., ils doivent, pour profiter de l'immunité de l'article, avoir été *prononcés* ou *produits* pendant l'instruction de l'affaire ; s'ils ne l'avaient été que cette instruction terminée, alors que la défense n'a plus à se faire entendre, par exemple, pendant la délibération du tribunal (3), — ou après le jugement (4), — ou même de la part d'un plaideur pendant la plaidoirie de son conseil et sans avoir obtenu la parole du président (5), ils pourraient donner lieu à des poursuites de la part des personnes lésées.

Rappelons ici que les observations et les réquisitions des officiers du ministère public à l'audience ne peuvent donner lieu contre eux à aucune action, et qu'il y a seulement recours disciplinaire à leurs supérieurs. V. n° 23.

Maintenant, ces discours et écrits *prononcés* ou *produits* au cours d'une affaire, contiennent des imputations qui s'y rattachent ou qui y sont étrangères.

464. Pour les imputations qui touchent à l'affaire, pas de poursuites ; le délinquant est protégé par les droits de la défense et doit l'être ; souvent, en effet, la défense ne serait ni complète, ni même possible, si l'on

---

(1) Aix, 30 avril 1845, D. P., 46.4.414.
(2) M. Grellet-Dumazeau, t. 2, p. 204.
(3) 19 novembre 1829, D. P., 1.414.
(4) Grenoble, 9 mai 1834, D. P., 2.207.
(5) 30 avril 1842, B. 107.

devait absolument renoncer, à l'égard de son adversaire, à tout reproche plus ou moins fondé, à toute
imputation plus ou moins blessante ; la crainte de la
répression viendrait paralyser la langue de la partie ou
de son défenseur.

465. Cependant, lorsque la mesure a été dépassée,
et que la partie adverse le requiert, l'abus de la défense trouve un frein dans le droit du juge de prononcer la suppression de l'écrit injurieux (Cod. proc.,
art. 1036), et de condamner l'offenseur à des dommages-
intérêts,

A plus forte raison, l'écrit ou acte peut-il être supprimé lorsqu'il renferme des expressions irrévérentielles
envers le tribunal lui-même (1).

Dans ce cas, pour motiver convenablement la condamnation, il faut mentionner, dans le jugement, les
principales paroles injurieuses proférées ou les principaux passages offensants des écrits produits et dont
le dépôt a dû préalablement être ordonné sur le bureau
du juge.

466. *Avocats, avoués.* — Pour les avoués, le tribunal
de police n'aurait, dans le même cas, aucune injonction
à leur adresser ; ces officiers ministériels n'ont pas à
postuler devant cette juridiction et ne peuvent s'y présenter qu'en qualité de simples mandataires des parties.
Leur conduite à la barre, si elle venait à mériter reproche disciplinaire, ne pourrait donner lieu qu'à un
procès-verbal à transmettre au procureur impérial (2).

Quant aux *avocats*, ils paraissent n'échapper à aucune
juridiction pour les fautes contre la discipline commises
à l'audience, même à celle d'un simple juge de paix.

---

(1) Arg. de Paris, 7 août 1816, D. A., t. 11, p. 886.
(2) Arg. du décret du 30 mars 1808, art. 103.

On a considéré que l'avocat, en prenant la défense d'un plaideur devant ce magistrat, faisait un acte qui non-seulement se conciliait avec sa profession, mais qui même s'y rattachait d'une manière trop intime pour qu'il ne fût point réputé agir en qualité d'avocat ; que par suite, s'il avait à se prévaloir des immunités que lui assure cette qualité, il avait en même temps à remplir les devoirs qu'elle lui impose. Or, tout tribunal, toute magistrature constituée ayant le droit de se faire respecter dans l'exercice de son pouvoir, il est de l'intérêt de la justice que, dans toutes les juridictions où les avocats sont appelés à exercer leur profession, le magistrat puisse réprimer par des peines de discipline les fautes ou les écarts dont ils pourraient se rendre coupables. — Un avocat avait déposé sur le bureau du juge de paix d'Ingouville des conclusions qui renfermaient, à son égard, un manque de respect ; par application des art. 16 et 45 de l'ordonnance du 20 novembre 1822, ce juge lui infligea la peine de l'avertissement. Déféré à la Cour suprême, ce jugement a été maintenu (1) par les motifs que je viens de rapporter.

467. *Acte des réserves.* — Restent les imputations *étrangères à la cause*, et les actions dont elles peuvent être l'objet. Il est difficile de poser des règles précises concernant la nature de ces imputations qui sont essentiellement variables ; c'est au juge de les apprécier. Il est certain cependant que les injures qui s'adresseraient à des tiers ou aux membres du tribunal (2) seraient essentiellement étrangères à la cause et pourraient devenir l'objet d'une poursuite.

Ces manquements vinssent-ils d'un témoin ne devraient pas moins être réprimés ; l'indépendance dont

(1) 23 avril 1850, ch. des req., D. P., 50.1.345.
(2) 27 février 1832, B. 79.

les témoins doivent jouir, quand ils sont appelés à déposer sous la foi du serment, ne peut les protéger contre la répression, si leurs écarts constituent un délit d'audience (1).

Dans ce cas, sur la demande de la personne offensée, ou, s'il s'agit d'un membre du tribunal, sur celle du ministère public, ou même d'office, le juge de paix doit faire constater par son greffier les paroles proférées, ou ordonner la saisie de l'écrit ou du mémoire qui les contient. Il déclare ensuite les faits diffamatoires allégués, étrangers à la cause, puis il donne à la partie lésée acte de ses réserves, double formalité (F. n° 742) indispensable pour qu'une poursuite ultérieure puisse être intentée devant qui de droit (2). — Si le jugement de l'affaire engagée ne contenait ni disposition ni réserve, à raison de la conduite du prévenu à l'audience, cette conduite ne pourrait plus motiver postérieurement une prévention distincte, soit devant le tribunal, soit devant une autre juridiction (3). Le ministère public, s'il a pris des réquisitions pour faire constater le délit, n'a pas à demander ni à recevoir acte de ses réserves qui sont de droit ; on s'en convainc en examinant de près le paragraphe dernier de l'art. 23 ; ce texte n'oblige à réserver l'action que pour les parties seulement (4).

Quant aux paroles outrageantes adressées à un témoin à raison de sa déposition, elles ne rentrent point dans l'exception de l'art. 23 plus haut cité (n° 462) ; c'est là un délit prévu par l'art. 6 de la loi du 25 mars 1822, qui doit être réprimé, séance tenante, par le tribunal,

(1) 27 juin 1850, B. 204.
(2) 5 messidor an x, B. 203; 16 août 1806, B. 134; 3 mars 1837, B. 69.
(3) 16 mai 1850, B. 160.
(4) M. Grellet-Dumazeau, t. 2, p. 206.

l'auteur de l'outrage eût-il témoigné son repentir et présenté ses excuses après l'avoir proféré (1).

§ 6. — *Autres délits ; crimes flagrants.*

468. Les magistrats, le lieu où se rend la justice sont assez respectés en France pour que des délits et à plus forte raison, des crimes, ne se produisent aux audiences que comme des exceptions tout à fait inattendues ; si j'en parle ici, c'est bien moins par nécessité que pour épuiser la matière des incidents.

A l'égard des crimes, la marche à suivre est complétement tracée par l'art. 506, C. d'instr., ainsi conçu : « S'il s'agit d'un crime commis à l'audience d'un juge seul, ou d'un tribunal sujet à appel, le juge ou le tribunal, après avoir fait arrêter le délinquant et dressé procès-verbal des faits, enverra les pièces et le prévenu devant les juges compétents. » Cette disposition a remplacé celle de l'art. 92, C. proc. civ.

« Les juges compétents » signifient ici le procureur impérial. C'est à ce magistrat, en effet, qu'il appartient, d'abord, de décider si une infraction à la loi pénale doit être poursuivie, et, s'il y a lieu, d'en saisir le juge d'instruction.

Les Cours seules (C. instr., art. 507) ont le droit de statuer sur les crimes commis à leurs audiences.

469. Pour les simples délits commis à l'audience, les tribunaux de police ne sont compétents qu'à l'égard de ceux dont je me suis déjà occupé : les délits qui s'adressent aux membres du tribunal ou qui touchent à la dignité de l'audience. Ainsi dans l'auditoire serait

(1) 4 janvier 1862, B. 7.

commis un vol simple ou bien un larcin, une filouterie
(C. pénal., art. 401), que le tribunal de police ne
pourrait statuer séance tenante, mais le juge serait
compétent pour constater le délit (F. n° 743), et faire
mettre le prévenu en état d'arrestation, aux termes des
art. 40, 46, 39 à 41, C. d'inst. Assurément l'enceinte
d'un tribunal peut être considérée comme *l'intérieur
d'une maison*, et l'atteinte portée à la dignité de la justice,
par ce délit, saisit du fait le juge comme pourrait le
faire la réquisition du chef de la maison (art. 46).

L'arrestation n'est pas ordonnée si le délit n'entraîne
pas la peine de l'emprisonnement. C. I., art. 131.

Enfin, le procès-verbal dressé doit être, aussi sans
délai, avec le prévenu, s'il y a lieu, envoyé au procureur impérial, avec un mandat d'amener (F. n° 744).

§ 7. — *Faux témoignage à l'audience.*

470. « Si, d'après les débats, la déposition d'un témoin paraît fausse, le président pourra, sur la réquisition, soit du procureur général, soit de la partie
civile, soit même d'office, faire mettre sur-le-champ le
témoin en état d'arrestation. » C. I., art. 330. —
Quoique cette disposition appartienne au chapitre des
affaires soumises au jury, nul doute qu'elle ne puisse
être observée par les tribunaux de simple police (1).

D'ailleurs, d'après l'art. 362, C. pén. (revisé en 1863),
le faux témoignage en matière de simple police est un
délit très-grave et son état de flagrance peut, dès lors,
motiver, de la part du juge, un mandat d'amener contre
son auteur.

(1) Arg. de C. 3 mai 1849, D. P., Tables, col. 376.

Ce n'est pas légèrement que cette mesure doit être prise. Quelque différence dans les faits, une omission peu importante de la part du témoin, ne suffiraient pas pour la motiver. Mais, si le témoin nie effrontément une circonstance décisive dont il avait dû avoir connaissance, qu'il avait même révélée à d'autres personnes ; si, après un avertissement du juge, après la lecture de l'art. 362, C. pén., il persiste dans son mensonge, il se produit alors une atteinte sérieuse à l'autorité et à la dignité de la justice, qui ne permet pas d'hésiter.

471. Après avoir ordonné l'arrestation du témoin et sans désemparer, le juge de paix dresse de l'incident un procès-verbal (F. n° 745), dans lequel sont consignés les faits qui ont amené cette arrestation, et notamment toutes les questions adressées au témoin et les réponses de celui-ci. Cet acte est indispensable pour fournir au procureur impérial une base à sa poursuite en faux témoignage. On y joint ensuite les procès-verbaux de l'affaire et les notes du greffier (F. n° 724), concernant les dépositions contraires à celle du prévenu.

Si l'affaire peut être jugée, nonobstant la déposition fausse, elle est reprise et menée à fin ; sinon elle est renvoyée après le jugement correctionnel sur le faux témoignage.

Aussitôt l'audience levée, le juge de paix fait diligence pour envoyer au procureur impérial les pièces et le prévenu sous mandat d'amener.

Là se borne l'office du juge de paix concernant ce grave incident. Ce magistrat n'a point à se préoccuper des autres dispositions de l'art. 330, C. d'inst., d'après lesquelles le procureur général est chargé de remplir les fonctions d'officier de police judiciaire, et le président des assises ou un juge par lui commis de remplir

20

celles de juge d'instruction. Ces formalités ne concernent évidemment que les magistrats investis au grand criminel, les uns de l'exercice de l'action publique, les autres du droit d'informer ; les pouvoirs du juge de police finissent avec le flagrant délit.

Témoins défaillants, excuses fausses ; V. n° 173.

§ 8. — *Copies illisibles d'actes signifiés.*

472. Quelquefois les huissiers signifient des copies de citation ou de jugement illisibles. Cet abus avait d'abord été réprimé par le décret du 29 août 1813, qui porte :

Art. 2. « L'huissier qui aura signifié une copie de citation ou d'exploit de jugement ou d'arrêt, qui serait illisible, sera condamné à l'amende de 25 fr. sur la seule provocation du ministère public, et par la Cour ou le tribunal devant lequel cette copie aura été produite. — Si la copie a été faite et signée par un avoué, l'huissier qui l'aura signifiée sera également condamné à l'amende, sauf son recours contre l'avoué, ainsi qu'il avisera. »

La sanction de ce décret n'était pas applicable aux significations des actes de procédure, et des pièces quelconques produites ; elle n'atteignait les incorrections ni les abréviations des copies, et la Cour suprême avait dû, par ses arrêts (1), suppléer cette dernière lacune.

Une loi récente (2 juillet 1862, budget des recettes), a confirmé et complété le décret en ces termes :

Art. 20. « Les copies des exploits, celles des signi-

(1) 21 avril 1836, ch. des req., D. P., 1.315; 30 décembre 1856, même chambre, *Bulletin des justices de paix*, par M. Longchampt, 1857, p. 88.

fications d'avoués à avoués et des significations de tous jugements, actes ou pièces, doivent être correctes, lisibles et sans abréviations.

« Un règlement d'administration publique (1) déterminera le nombre de lignes et de syllabes que devront contenir les copies.

« Toute contravention aux dispositions du présent article et à celles du règlement d'administration publique est punie d'une amende de 25 fr. »

Ce texte me paraît laisser subsister le décret de 1813 et sa jurisprudence, d'après laquelle : — 1° la poursuite de ces contraventions n'appartient point à l'administration de l'enregistrement, mais au ministère public (2); — 2° il suffit, pour faire appliquer l'amende à l'huissier négligent, que l'officier du ministère public produise au tribunal (F. n° 746) la copie illisible et prenne des réquisitions à ce sujet (3); mais il est permis d'appeler d'abord l'huissier inculpé pour recevoir ses explications sur la contravention qui lui est reprochée.

473. L'amende peut être prononcée (F. n° 747) par les tribunaux de simple police, quoique excédant le taux de leur compétence; comme celle qui est infligée aux témoins défaillants (V. n° 173), cette amende est *civile* et n'a aucun caractère pénal. M. le garde des sceaux a plus d'une fois invité les officiers du ministère public à tenir la main à l'observation du décret (4).

---

(1) Décret du 30 juillet 1862.
(2) Instructions générales de la régie, 17 mars 1814, n° 659; 15 avril 1840, n° 1624.
(3) *Sic*, 11 août 1835, ch. des req., D. P., 1.455; Douai, 26 mars 1835, D. P., 2.80; 21 avril 1836, ch. des req., D. P., 1. 315.
(4) Circul. du 18 mars 1824, 15 avril 1840; Gillet, p. 321, 526.

La Cour de cassation, elle-même, a fait assez fréquemment application du décret de 1813 aux copies illisibles produites devant elle (1).

Ces contraventions peuvent être réprimées, quoique l'acte soit déjà ancien. Ce n'est pas là une infraction aux lois sur le timbre (2) ou l'enregistrement, et ainsi la prescription de deux ans admise en cette matière ne peut être opposée (3) ; on reste ici dans les termes du droit commun, et l'action peut être exercée pendant trente ans. C. Nap., art. 2262.

SECTION VIII.

PROCÉDURE DES TRIBUNAUX DE SIMPLE POLICE PRÉSIDÉS PAR LES MAIRES.

474. Devant le tribunal du maire « le ministère des huissiers ne sera pas nécessaire pour les citations aux parties ; elles pourront être faites par un avertissement du maire, qui annoncera au défendeur le fait dont il est inculpé, le jour et l'heure où il doit se présenter. » C. I., art. 169 (4).

« Il en sera de même pour les citations aux témoins ; elles pourront être faites par un avertissement qui indiquera le moment où la déposition sera reçue.» *Idem*, art. 170. — Cet avertissement vaut citation ; si le prévenu auquel il a été donné ne comparaît pas, le maire le juge valablement par défaut, tandis que le juge de

---

(1) Arrêts de 1835 et 1836, cités p. 351 ; 8 novembre 1836 ; 8 février, 25 avril, 3 mai 1837 ; *Journal de l'Enregistr.*, nᵒˢ 11668, 11804, 11830.

(2) *Encyclopédie du droit*, vᵒ *Copie de pièces*, t. 6, p. 610.

(3) Lois du 22 frimaire an VII, art. 61 ; 16 juin 1824, art. 14.

(4) 5 mars 1842, B. 54.

paix (V. n° 121) ne peut prononcer que contre les défaillants mis en demeure par une assignation (1).

Le délai à accorder, pour la comparution, à la partie
citée devant le maire, est complétement passé sous silence dans ces articles; mais il ne faut pas tirer de cet
oubli la conséquence que le prévenu n'ait aucun répit
pour préparer sa défense. Il y a là un principe de droit
commun qui doit dominer; et, faute d'un texte sur ce
point, on doit appliquer aux tribunaux des maires
l'art. 146, qui accorde au prévenu un délai de vingt-
quatre heures (2), outre l'augmentation d'un jour par
trois myriamètres de distance. — Quant à la faculté
d'abréger ces délais, conférée au juge de paix par
l'art. 147, je ne pense pas qu'elle puisse appartenir
également au maire par analogie; cette disposition exceptionnelle doit être renfermée dans ses termes mêmes
et n'est pas, d'ailleurs, d'absolue nécessité.

Ministère public; V. n° 39.

Greffier; V. *ibid.*

475. « Le maire donnera son audience dans la maison commune; il entendra publiquement (3) les parties
et les témoins.

« Seront, au surplus, observées les dispositions des
art. 149 (jugements par défaut, n°ˢ 436 et suiv.), 150,
151 (opposition à ces jugements, n°ˢ 517 et suiv.), 153
(instruction de l'affaire à l'audience, n°ˢ 149, 178 et
suiv.), 154 (preuve des contraventions, n° 181), 155
(serment et dépositions des témoins, n° 271), 156 (personnes qui, pour cause de parenté, ne peuvent être entendues en témoignage, n° 282), 157, 158 (témoins
défaillants, amende à prononcer contre eux, n° 173),

(1) Boitard, *Code d'instruct.*, p. 272.
(2) Carnot, *Instruct. crim.*, t. 1, p. 608, n° 4.
(3) 24 décembre 1858, B. 319.

159 (acquittement du prévenu, n° 423), et 160 (jugements d'incompétence, n° 430), concernant l'instruction et les jugements au tribunal du juge de paix. » C. I., art. 171.

Contravention découverte à l'audience, V. n° 448.

476. Quoique, par un oubli singulier, l'art. 171, que je viens de transcrire, ne déclare applicables aux tribunaux présidés par les maires que les art. 149 à 151, 153 à 160 du Code, la force des choses veut que les art. 161 à 165 y soient également observés (1). En l'absence de ces dispositions, en effet, le maire ne pourrait prononcer aucune *peine* (art. 161, V. n° 399) contre le prévenu déclaré coupable ; il ne pourrait le condamner aux frais (art. 162, V. n° 409) ; ses jugements seraient dispensés d'être *motivés* (art. 163, V. n° 383) ; ils seraient dépourvus du caractère d'authenticité que leur donne la *signature* du juge (art. 164, V. n° 392) ; enfin, ce qui est plus étrange encore, ils demeureraient privés d'*exécution* (art. 165, V. n°s 478 et suiv.). — Ces considérations ont prévalu devant la Cour suprême, qui a décidé, notamment, qu'en vertu de l'art. 163, les termes de la loi appliquée devraient être insérés dans les jugements des maires, à peine de nullité (2).

Je crois aussi que l'art. 148, relatif aux visites des lieux, est applicable à la juridiction des maires, et que ces magistrats peuvent, comme les juges de paix, se transporter sur les lieux, s'il est besoin d'estimer ou de faire estimer les dommages, et ce, en présence des parties et du ministère public, ou ces personnes dûment mises en demeure de s'y trouver.

---

(1) Carnot, *Instruct. crim.*, t. 1, p. 624 ; Boitard, *Code d'instruction*, p. 273 ; Legraverend, *Législ. crim.*, t. 2, p. 349.

(2) 12 décembre 1812, B. 272.

Il faut en dire autant de l'art. 152, qui autorise le prévenu (V. n° 164) à se faire représenter par un fondé de pouvoir. L'omission de ce numéro dans l'art. 171 ne doit pas impliquer la prohibition de la faculté qu'il consacre, devant les tribunaux des maires. C'est là une de ces dispositions générales dans leur but et leur principe à l'observation desquelles un texte positif pourrait seul déroger.

« Pour conclure, dit Carnot (1), du silence de l'art. 171, que la personne citée ne peut se faire représenter devant le maire par un fondé de pouvoir spécial, il faudrait conclure également de son silence que la personne citée devant le maire ne serait pas tenue de comparaître, puisque c'est le même art. 152 qui ordonne que la personne citée sera tenue de comparaître en personne, ou par un fondé de procuration spéciale. Le défendeur comme le demandeur peut donc se faire représenter par un fondé de pouvoir à l'audience du maire comme à celle du juge de paix, sauf à l'un et l'autre juge d'ordonner la comparution personnelle des parties, lorsque cela paraît nécessaire à la manifestation de la vérité. »

Pour les voies de recours contre les jugements des maires ; l'exécution de ces jugements ; la taxe des frais ; l'envoi trimestriel au procureur impérial de certains extraits, Voy. le chapitre suivant.

_____

(1) Carnot, *Instruction criminelle*, t. 1, p. 624.

CHAPITRE IV.

477. L'office du juge, les fonctions du ministère public après l'audience, concernent :

L'exécution des jugements ;

Les voies de recours exercées contre les jugements susceptibles de réformation ;

La liquidation et la taxe des frais.

Une 4ᵉ section comprend le classement des dossiers et l'état annuel des affaires jugées.

L'immense majorité des jugements de simple police, étant rendue en dernier ressort, ou suivie d'un acquiescement tacite de la part des condamnés, je m'occupe d'abord de l'exécution de ces décisions, comme de la matière qui se présente le plus habituellement après l'audience.

SECTION PREMIÈRE.

DE L'EXÉCUTION DES JUGEMENTS.

---

§ 1ᵉʳ. — *Jugements de condamnation.*

478. Le Code d'instruction porte, art. 165 : « Le ministère public et la partie civile poursuivront l'exécution du jugement, chacun en ce qui le concerne (1). »

Le Code de brumaire an IV (art. 151-166) n'avait pas pourvu à l'exécution des jugements de simple police. Ce silence du législateur avait amené des juges

(1) 26 janvier 1854, B. 20.

de paix à intervenir dans l'exécution de leurs jugements. Sous l'empire de ce Code, la Cour suprême a dû casser plusieurs jugements de police, pour avoir :

Déclaré (1) exécuté un jugement précédent ;

Été suivi d'exécution (2) au moment de la prononciation ;

Été déclaré, dans le jugement même, exécutoire par provision (3). L'art. 165 du Code actuel est venu enlever toute espèce de doute sur ce point. Les tribunaux de simple police ne peuvent statuer sur l'exécution, même provisoire (4), de leurs jugements. — (Paiement des dommages, V. n° 70). — Toutefois, la disposition, trop concise, de l'art. 165, constitue l'unique règle tracée par le Code, concernant cette partie importante des fonctions du ministère public de simple police. Aussi les magistrats qui les exercent seraient fort embarrassés dans leur action, si des lois ou ordonnances spéciales, les décisions des tribunaux et les instructions du ministre de la justice ne leur étaient venues en aide à cet égard.

479. La première condition pour qu'un jugement de police, comme tout autre jugement criminel, puisse être exécuté, c'est qu'il soit devenu irrévocable, ou qu'au moins le prévenu qui en est frappé consente à y acquiescer. En matière criminelle, les jugements (hors ceux d'instruction) ne sont point exécutoires par provision lors même qu'ils ont été rendus en dernier ressort, par la raison qu'ils ne sont pas, comme en matière civile, réparables en définitif. Ce caractère d'irrévocabilité ne leur est acquis que lorsqu'il ne reste

(1) 23 frimaire an xiv, B. 272; 2 juillet 1807, B. 145.
(2) 19 avril 1806, B. 59.
(3) 2 juillet 1807, B. 145.
(4) 11 juillet 1850, B. 218.

aux condamnés aucune voie légale de recours contre le jugement ou arrêt (1). Il n'y a dans nos Codes qu'un bien petit nombre d'exceptions à ce principe : les condamnations prononcées en vertu des art. 10 à 12 et 91 Cod. de proc. civ., et les provisions accordées en vertu de l'art. 188, Cod. d'instr. Je ne parle pas ici des jugements préparatoires ou d'instruction, de ceux, par exemple, qui ordonnent l'appel d'un témoin (V. n° 371), la production d'une pièce, une visite de lieux etc. (V. n° 374) ; il est de l'essence de ces décisions d'être exécutées aussitôt après le prononcé, sauf à être frappées d'un appel ou d'un pourvoi, conjointement avec le jugement définitif. C. Instr., art. 416 (2).

480. Toutefois, en simple police, on exécute, tous les jours, des jugements de condamnation qui ne sont point irrévocables. Comme cette irrévocabilité ne peut généralement être obtenue que par des significations assez coûteuses, on se dispense de ces formalités dans un louable but d'économie. Les frais de levée et de signification des jugements dépasseraient souvent le total de l'amende et des frais ordinaires. On a reconnu qu'il fallait épargner cette dépense aux condamnés qui consentaient à exécuter leurs condamnations.

D'après les instructions du garde des sceaux, les greffiers de simple police adressent aux receveurs de l'enregistrement des relevés sommaires des jugements susceptibles d'opposition ou d'appel (3), et conformes au modèle suivant.

---

(1) Carnot, *Code pénal*, t. 2, p. 527, note.
(2) 24 août 1832, B. 321.
(3) Circul. du garde des sceaux des 15 décembre 1833 et 20 septembre 1834 ; Gillet, p. 465, 473.

*Relevé des jugements rendus par le tribunal de simple
police.*

NATURE de la contravention.	COMMUNE où elle a été commise.	DATE des jugements.	NOMS et PRÉNOMS des condamnés.	DEMEURES des condamnés.	MONTANT		OBSERVATIONS.
					de l'amende.	des frais.	

Les greffiers ne doivent comprendre dans le même
état que les individus domiciliés dans le même canton.
La désignation des communes où les contraventions
ont été commises sert à l'administration à répartir
entre elles le montant des amendes recouvrées. C. pén.,
art. 466 (1).

Les condamnés sont avertis par le receveur (F. nº 749)
de leur canton de venir s'acquitter à son bureau (2). —
Détails à ce sujet, V. nº 506. — Le ministère public,
de son côté, adresse de semblables avertissements,
sans frais, aux condamnés à l'emprisonnement. Ce
n'est qu'aux condamnés récalcitrants que l'on fait signifier le jugement, pour faire courir les délais d'opposition ou d'appel, et arriver ensuite à l'exécution forcée
de la décision (3).

(1) Ordonn. du 30 décembre 1823, art. 2.
(2) Circul. des 15 décembre 1833 et 20 septembre 1834 ; Gillet,
p. 465, 473.
(3) *Idem* du 18 janvier 1855, *idem,* p. 760.

481. Les jugements de simple police, rendus en premier ressort, doivent être signifiés aux prévenus, non-seulement lorsqu'ils ont été rendus par défaut, mais lorsqu'ils sont contradictoires ; c'est, en effet, de cette notification seulement que court le délai d'appel. C. I., art. 174 (1).

La jurisprudence n'a pas été invariable sur la manière de signifier les jugements tant par défaut que contradictoires, lorsque le prévenu a quitté son domicile depuis le jugement. On avait décidé d'abord que, dans ce cas, la signification faite au dernier domicile était valable (2) ; plus tard, que l'huissier devait se conformer à l'art. 69, n° 8, C. proc. et remettre au procureur impérial la copie destinée au prévenu, après en avoir affiché une autre à la principale porte du tribunal (3). — Quoi qu'il en soit, l'officier du ministère public doit veiller à ce que la signification des jugements par défaut prononçant une peine, qu'ils soient rendus à sa requête ou à celle d'une partie civile, soit régulièrement faite ; sans cela, il s'exposerait à les voir périmer comme de simples actes de poursuite (4), c'est-à-dire par le délai d'une année, à partir de la contravention (V. n° 337), au lieu de n'être atteints que par la prescription biennale comme jugements de condamnation. C. I., art. 640. V. n° 324.

482. Pour effectuer ces significations avec économie, il faut ne lever d'expéditions des jugements que lorsque le prévenu habite hors du canton, et même de l'arrondissement. S'il est domicilié dans une commune où les

---

(1) Décision du grand-juge du 21 avril 1813 ; Dalmas, p. 177.
(2) 11 juin 1825, B. 111.
(3) 11 août, 24 novembre 1842, B. 197, 306 ; 23 janvier 1851, B. 30.
(4) 31 août 1827, B. 228 ; 1er février 1833, B. 29.

huissiers de la justice de paix ont le droit d'instrumenter, l'huissier commis réclame les minutes des jugements à signifier ; le greffier les lui délivre sur son récépissé (F. n° 750) pour en faire la copie (1), ou mieux encore, l'huissier fait au greffe les copies nécessaires sans déplacement. Cette marche, qui est favorable à la conservation des minutes, est prescrite par les instructions du garde des sceaux (2), et les officiers du ministère public doivent assurer son observation. En examinant les mémoires des greffiers, que leurs réquisitions vont rendre exécutoires, ils veillent à ce qu'on n'y porte le coût d'aucune expédition dont la levée pouvait être évitée, ainsi que je viens de l'indiquer (3).

483. *Formule exécutoire.* — Les expéditions des jugements de simple police, susceptibles d'exécution forcée, doivent être intitulées ainsi qu'il suit (4) :

NAPOLÉON, par la grâce de Dieu et la volonté nationale, Empereur des Français, à tous présents et à venir, salut.

Le Tribunal de simple police de... a rendu le jugement suivant :

L'expédition est ensuite terminée par ce mandement après la mention de l'enregistrement :

Mandons et ordonnons, à tous huissiers sur ce requis, de mettre ledit jugement à exécution ; à nos procureurs généraux et à nos procureurs près les tribunaux de première instance d'y tenir la main ; à tous commandants et officiers de la force publique de prêter main-forte lorsqu'ils en seront légalement requis.

Pour expédition : *le greffier.*

Sceau du tribunal.

484. Lorsque la signification est faite au moyen

---

(1) Tarif criminel, art. 70.
(2) Circul. du 16 août 1842, n° 8, et du 26 décembre 1845 ; Dalmas, *Supplément*, p. 147 ; Circul. du 18 janvier 1855 ; Gillet, p. 760.
(3) Dalmas, *loc. cit.*, p. 149.
(4) Décret du 2-9 décembre 1852.

d'une expédition, il est utile de faire libeller, autant que possible, l'exploit de l'huissier, au bas du jugement, au lieu de le laisser rédiger sur un feuillet séparé, visé au timbre de 50 c., et, d'ordinaire, d'autant plus exigu que c'est l'huissier qui le fournit. On évite ainsi la perte d'un acte important, et cette forme de procéder n'en est pas moins régulière, la loi permettant de porter, sur la même feuille de timbre, les jugements et les significations de ces actes (1).

485. Les jugements de simple police, une fois signifiés, sont exécutoires, savoir :

Ceux rendus *en premier ressort*, qu'ils soient contradictoires ou par défaut, le onzième jour qui suit la signification, s'il n'y a eu ni opposition ni appel. C. I., art. 172 à 174, 151. — Le jugement qui déboute de l'opposition ne peut plus être attaqué que par la voie de l'appel, fût-il rendu par défaut. *Idem*, art. 150. S'il était ainsi rendu, il devrait être signifié de nouveau pour faire courir les délais de l'appel. Arg. de l'art. 174. L'exécution est forcément suspendue pendant le délai de l'appel (2) ;

Ceux rendus en *dernier ressort*, s'ils sont par défaut, le huitième jour à partir de la signification, ce qui comprend le délai de trois jours pour former opposition (outre un jour d'augmentation par trois myriamètres de distance entre le domicile du prévenu et le siége du tribunal, C. I., art. 151), et celui de quatre jours pour se pourvoir en cassation. Le délai du pourvoi étant de trois jours *francs*, il a été décidé que le quatrième jour le pourvoi était encore recevable. V. n° 553.

(1) Loi du 13 brumaire an VII, art. 23.
(2) Toulouse, 29 août 1834, D. P., 35.2.16 ; Cass., 11 juillet 1850, B. 218.

Quant aux jugements *contradictoires*, en dernier ressort, la signification n'est point nécessaire pour faire
courir le délai du pourvoi (1) ; ils sont donc exécutoires
le cinquième jour à compter de leur date (aucun ne
prononçant de peine corporelle, constitutive du *premier
ressort*).

486. Toutes ces décisions devenues définitives, faute
d'opposition, d'appel ou de pourvoi, sont exécutoires,
de plein droit, une fois les délais de recours expirés,
et sans formalités nouvelles, lorsqu'elles prononcent
des peines corporelles (pour les peines pécuniaires,
les frais, les restitutions et dommages-intérêts, V. les
nᵒˢ 506 et suiv.).

Ainsi ces jugements n'ont plus besoin d'être signifiés
aux condamnés (2) : il suffit que l'officier du ministère
public compétent donne les ordres nécessaires. Les
agents de la force publique opèrent légalement l'arrestation du condamné en vertu des seuls réquisitoires du
ministère public, et sans être porteurs d'une expédition
du jugement, et la résistance à leur action, en ce cas,
constitue le délit de rébellion (3).

487. Lorsqu'un condamné s'est pourvu par une
des voies de recours ordinaires, opposition ou appel,
le jugement qui a suivi est pleinement exécutoire, une
fois certains délais expirés. Ainsi, le jugement qui déclare une opposition non recevable ou mal fondée est
exécutoire, aussitôt que les délais d'appel sont expirés
sans déclaration d'appel ; le jugement en dernier ressort qui statue sur un appel est également exécutoire
après les délais du pourvoi, s'il n'y a pas eu de pourvoi.

(1) Décisions du garde des sceaux du 30 septembre 1822 et 20
mars 1832; Dalmas, p. 177.
(2) 31 mai 1834, B. 169; 26 décembre 1839, B. 389.
(3) 26 décembre 1839, B. 389.

— Il n'en est pas de même à l'égard du pourvoi en cassation ; dans ce cas, il ne suffit point que l'arrêt de rejet ait été rendu par la Cour suprême, il faut encore que le Garde des sceaux en ait fait le renvoi au ministère public. L'expédition de l'arrêt de rejet reçue, l'exécution doit avoir lieu immédiatement. Mais l'on ne signifie pas au condamné l'arrêt de la Cour de cassation, parce que, du moment que cet arrêt est rendu, le jugement attaqué reprend toute sa force (1). C. I., art. 375, 439. Au reste, l'exécution, après un pourvoi, ne peut guère concerner le ministère public de simple police que pour des condamnations à l'amende prononcées en dernier ressort. Les condamnations à l'emprisonnement, toujours prononcées en premier ressort, ne sont attaquables que par la voie de l'appel. Or, le pourvoi en cassation ne peut intervenir que sur le jugement d'appel, de sorte qu'en cas de rejet, c'est au procureur impérial qu'incombe l'exécution du jugement.

488. Je suppose, maintenant, qu'un jugement de simple police, tout passé qu'il soit en force de chose jugée, soit néanmoins frappé d'une opposition, d'un appel ou d'un pourvoi, par suite de l'obstination irréfléchie d'un condamné. Faudra-t-il laisser la juridiction compétente statuer sur le recours formé, ou bien devra-t-on passer outre à l'exécution du jugement ?

Il y a une distinction à faire à cet égard.

Si le recours tardif dont se trouve frappé le jugement est néanmoins légal, c'est-à-dire si la loi l'autorise, concernant la décision attaquée, sous certaines conditions de délai ou de formes qui n'ont pas été remplies, le ministère public devra surseoir à l'exécution jusqu'à la décision à intervenir sur la recevabilité du recours exercé. Cette marche devra être suivie :

(1) 31 mai 1834, B. 169.

En cas d'opposition à un jugement par défaut ;

D'appel d'un jugement contradictoire en premier ressort ;

De pourvoi en cassation contre un jugement en dernier ressort, — tous ces recours formés hors des délais. — Si le recours demeure sans effet, à cause de sa tardiveté, irrecevabilité tenant à l'époque de sa confection, plutôt qu'au caractère même de l'acte, le ministère public, partie poursuivante, ne peut être juge de l'efficacité du recours ; c'est à la juridiction compétente qu'il appartient de prononcer.

On devrait même, à la suite du recours exercé, mettre en liberté le condamné à l'emprisonnement qui se serait constitué prisonnier avant de former son opposition ou d'interjeter son appel tardif. Devant la juridiction de simple police et durant l'instance qui s'y produit, l'état de liberté des prévenus étant de règle absolue (C. I., art. 129, 230), le prévenu ne pourrait être légalement retenu pendant l'instance de l'opposition ou de l'appel, dont la durée, d'ailleurs, excéderait toujours, de beaucoup, celle du plus long emprisonnement de simple police.

489. Mais l'exécution du jugement attaqué ne devrait pas être suspendue, si le recours n'était pas autorisé par la loi ; si, par exemple, le condamné avait formé opposition à un jugement rendu sur une première opposition (C. I., art. 151, 188), — ou bien un pourvoi en cassation contre un jugement en premier ressort (1), — ou un semblable pourvoi après un arrêt de rejet rendu sur un premier pourvoi, quel que fût le prétexte, et quels que fussent les moyens invoqués. *Id.*, art. 438 (2). — Dans tous ces cas, il devrait être

(1) 10 août 1844, B. 289.
(2) 10 octobre 1817, B. 91.

passé outre à l'exécution, autrement les jugements ne pourraient être exécutés que quand il plairait aux condamnés ou à leurs défenseurs de cesser leurs pourvois et leurs oppositions (1).

490. Quelquefois un jugement qui a acquis l'autorité de la chose jugée ne peut néanmoins être exécuté; c'est ce qui arrive lorsqu'il y a *décès* du condamné, *amnistie, grâce* ou *prescription.*

Le *décès* du condamné n'empêche absolument que l'exécution de l'emprisonnement (C. I., art. 2); l'amende peut être recouvrée sur son héritier (2). Quant à la *confiscation*, il faut distinguer. S'il s'agit de choses qui, en soi, constituent une contravention, la confiscation survit à l'auteur de la contravention, et elle doit être effectuée. S'il s'agit, au contraire, de choses dont la possession et l'usage sont licites, et dont la loi ne prononce la confiscation qu'à titre d'aggravation de peine, le décès du prévenu annule la confiscation (3). — Dans la première catégorie se trouvent notamment les instruments et appareils des jeux de hasard, les boissons falsifiées, les gravures contraires aux mœurs (C. pén., art. 477). — Dans la seconde catégorie sont les fonds, denrées et enjeux proposés aux joueurs (*Id., ibid.*).

Les *dommages-intérêts* et *frais* peuvent être recouvrés

---

(1) 9 mai 1834, D. P., 1.356.

(2) Décision des ministres de la justice et des finances du 13 août 1833 (D. P., 3.98); délibération du conseil de l'enregistrement du 22 août 1832 (*J. de l'Enreg.*, nº 10407). — Ces décisions, suivies dans la pratique, sont fondées sur la discussion au Conseil d'Etat de l'art. 2 du Code d'instruction (Locré, *Législ. de la France*, t. 25, p. 118); mais c'est un point de doctrine fort contesté.—V. Rauter, *Traité du droit criminel*, t. 1er, p. 277; et la *Théorie du Code pénal*, de Chauveau et Hélie, édit. de M. Nypels, Bruxelles, 1845, t. 1er, p. 93.

(3) Mangin, *Actions*, t. 2, nº 280; C. 9 décembre 1813, B. 258.

sur les héritiers du condamné (1). Il y a à cet égard des distinctions à faire.

L'art. 468 C. pén. porte : « En cas d'insuffisance des biens (du condamné), les restitutions et les indemnités dues à la partie lésée seront préférées à l'amende. »

Cette disposition reproduit à peu près littéralement l'art. 54 du même Code ; elle a paru, avec raison, de toute équité. Le trésor ne prime la partie civile que pour les frais ; ce principe résulte encore de l'art. 121, C. d'instr. Mais le trésor peut être, lui-même, primé par certaines créances privilégiées aux termes de l'art. 2098 C. Nap., et d'une loi du 5 septembre 1807, plus applicables aux matières d'ordre et de contribution (C. proc., art. 759 et suiv., 656 et suiv.), qu'à la procédure de simple police.

491. L'*amnistie* (V. n° 105) efface tous les résultats de la condamnation ; peines personnelles ou pécuniaires, frais de justice (2) ; ne sont exceptés que les restitutions et dommages-intérêts prononcés au profit des parties civiles (3). L'amnistie profite aux prévenus condamnés par défaut, comme à ceux contradictoirement jugés (4). — Poursuite, V. n° 105.

492. La *grâce* a des effets beaucoup plus restreints que l'amnistie. Ainsi, la grâce n'empêche pas la récidive (5) ; lorsqu'elle modère ou retranche une peine corporelle, elle laisse subsister les peines pécuniaires (6),

---

(1) Avis du Conseil d'Etat du 26 fructidor an XIII ; C. 5 décembre 1806, *J. du Palais* ; 16 janvier 1811, D. A., t. 9, p. 662.
(2) 27 juillet 1832 (7 arrêts), B. 288.
(3) Mangin, *Actions*, t. 2, n° 446.
(4) Morin, *Répertoire criminel*, v° *Amnistie*, n° 4.
(5) 10 juin 1825, D. P., 25.1.395.
(6) Avis du Conseil d'Etat, 3-25 janvier 1807.

les frais dus à l'État (1), et, à plus forte raison, les dommages et autres réparations civiles, tels que la démolition d'une construction prohibée (2). La grâce ne concerne pas les prévenus défaillants (3), ni les condamnés contradictoires qui se sont soustraits par la fuite à l'exécution de leur jugement (4). Enfin, elle ne s'applique qu'à des individus isolés (5), tandis que l'amnistie comprend ordinairement des catégories plus ou moins nombreuses de personnes.

Le recours en grâce n'est pas suspensif. Il n'y a qu'un ordre du Garde des sceaux qui puisse arrêter provisoirement l'exécution d'un jugement (6). Toutefois, dans la pratique, lorsqu'un recours en grâce a été formé, les officiers du ministère public ont coutume de surseoir à l'exécution du jugement pendant le temps moral nécessaire pour que la supplique parvienne au ministre et puisse recevoir sa décision. Il y a, surtout, lieu de surseoir quand le ministre, trouvant la demande susceptible d'examen, consulte le procureur impérial sur son objet.

Lorsqu'une demande en remise de peine a été accueillie, la décision de l'Empereur est transmise par l'intermédiaire du procureur général ou impérial à l'officier du ministère public de simple police compétent, pour que mention en soit faite par le greffier, en marge ou à la suite du jugement de condamnation (7).

---

(1) Décisions du garde des sceaux, 18 décembre 1818, 27 juillet 1821, 16 février 1825; Gillet, p. 222, 266, 338.

(2) Instruction du même du 28 mai 1819; Gillet, p. 230; C. 20 avril 1831, *J. crim.*, art. 729.

(3, 4) Décisions du même du 28 octobre 1828; Gillet, p. 405; du 30 mai 1838; Faure, *Répertoire administratif des parquets*, t. 2, p. 352.

(5) Mangin, *Actions*, t. 2, n° 444.

(6) Circul. du grand juge du 16 pluviôse an XIII, D. A., t. 6, p. 535.

(7) Circul. du garde des sceaux du 24 août 1831; Gillet, p. 438.

493. *Prescription de la peine.* — « Les peines portées par les jugements rendus pour contraventions de police seront prescrites après deux années révolues, savoir, pour les peines prononcées par arrêt ou jugement en dernier ressort, à compter du jour de l'arrêt ; et à l'égard des peines prononcées par les tribunaux de première instance, à compter du jour où ils ne pourront plus être attaqués par la voie de l'appel. » C. I., art. **639.**

Lorsqu'un appel a été interjeté, la prescription s'accomplit par le laps d'une année, à compter de la notification de l'appel. *Id.*, art. **640.**

Jugement par défaut non signifié, V. nos 337, 481.

495 bis. « Les *condamnations civiles* portées par les arrêts ou par les jugements rendus en matière criminelle, correctionnelle et de police, et devenues irrévocables, se prescriront d'après les règles établies par le Code Napoléon » (C. I., art. 642), — c'est-à-dire par trente ans (C. Nap., art. 2262). — Les frais de justice sont rangés parmi les condamnations civiles, et, par conséquent, ne se prescrivent que par trente ans (1).

494. C'est un principe constant que la prescription des peines, comme celle de l'action publique (V. nos 322 et s.), est un moyen d'ordre public qui doit être suppléé d'office par le juge ; de telle sorte que, si une peine de police se trouvait prescrite, l'officier du ministère public ne devrait pas la faire exécuter, le condamné n'élevât-il aucune réclamation à cet égard.

Que si la partie poursuivante, partie civile, administration de l'enregistrement, etc., arguë de l'interruption de la prescription, il faut examiner la nature de l'acte sur lequel se fonde cette interruption, parce qu'il est

_____

(1) 23 janvier 1828, D. P., 1.102.

également de principe en matière criminelle, correctionnelle et de police, que la prescription ne s'interrompt pas, comme en matière civile (C. Nap., art. 2244), par un simple commandement ou signification, et qu'il faut une exécution commencée (1).

495. *Avis de se constituer.* — Les condamnés à l'emprisonnement de simple police sont mis en demeure de se constituer par un avertissement (F. n° 753), sans frais, donné par le commissaire de police ou le maire de la commune de leur domicile. Ainsi avertis, ils se présentent à l'officier du ministère public qui leur délivre un ordre (F. même n°) au gardien de la prison de les recevoir. L'ordre se libelle au bas de l'extrait du jugement de condamnation (2), ou même se délivre sans extrait, cet ordre seul étant suffisant, comme je l'ai dit plus haut (n° 486). Ecrou (F. n° 781), V. n° 665.

Si la condamnation concernait un député, même élu depuis le jugement, il serait indispensable, pendant la durée de la session, avant de l'avertir de se constituer, d'avoir obtenu l'autorisation du Corps législatif, touchant l'exécution de l'emprisonnement. A cet effet, une expédition du jugement serait adressée au procureur impérial qui la ferait parvenir au procureur général et celui-ci au garde des sceaux, compétent pour saisir la chambre de la demande. — Poursuite, V. n° 78. — Signification du jugement, V. n° 480, à la fin.

Jugements définitifs exécutoires, V. n°ˢ 485, 486.

496. — Lorsque le condamné ne se rend pas à l'avertissement, le délai qui lui a été accordé pour se constituer une fois expiré, un réquisitoire (F. n° 755) à

(1) Ch. civ., 17 juin 1835, D. P., 36.1.281; arrêt rendu sur un pourvoi de l'administration de l'enregistrement.
(2) Instruction générale de 1826, n° 36.

fin d'arrestation est adressé à la gendarmerie. C. I.,
art. 25, 165 (1). — Frais, V. nᵒ 662, 663. — Cette
marche est suivie à l'égard des condamnés, et c'est le
plus grand nombre, qui habitent le canton. Pour ceux
qui demeurent hors de ses limites, il faut envoyer (F.
nᵒ 757) un extrait du jugement (F. nᵒ 756) au procureur impérial qui prend alors les mesures nécessaires
pour l'exécution. D'abord, les réquisitoires des officiers du ministère public ne sont pas revêtus, comme
les mandats du juge d'instruction, d'une force exécutoire qui les suive dans tōute l'étendue de l'Empire (C.
instr., art. 98); hors du ressort territorial du fonctionnaire, il faut s'adresser au magistrat le plus généralement chargé de l'exécution des jugements criminels ; ensuite l'emprisonnement de police, lorsqu'il
y a arrestation, doit se subir dans la maison de dépôt
ou d'arrêt la plus voisine, parce qu'il y aurait une
extrême rigueur à contraindre à un trajet plus ou moins
long, sous l'escorte de la force armée, un homme condamné, au plus, à cinq jours de prison. Or, dans ce
cas, il y a des autorisations à donner qui ne peuvent
émaner que du procureur impérial du lieu. — Défaut
de prison cantonale, V. nᵒ 502.

497. *Diligence dans l'exécution ; sursis.* — Les officiers
du ministère public ne sauraient apporter trop d'exactitude et de diligence dans l'exécution des jugements
qui prononcent un emprisonnement. Pour produire
quelque effet, au point de vue de l'intimidation et de
l'exemple, ces condamnations doivent être promptement exécutées.

M. le garde des sceaux a prescrit (2) de faire exécuter

---

(1) Décret du 1ᵉʳ mars 1854, art. 95 à 97.
(2) Circulaire du 20 août 1859.

les condamnations à une peine d'emprisonnement dans le délai de quinzaine à partir du jour où elles sont devenues définitives.

Il arrive souvent que les condamnés réclament du ministère public un sursis à l'exécution de leur peine. Ce fonctionnaire est juge de l'opportunité et de la durée de ce sursis (1). En règle générale, il ne faut en accorder que pour des motifs réellement graves ; maladie dans la famille ; travail indispensable à la subsistance de la femme et des enfants, etc. Les motifs allégués qui ne reposent que sur les convenances personnelles du condamné ne doivent pas être pris en considération. L'exécution d'un jugement définitif, rendu dans l'intérêt de l'ordre public, constitue un devoir impérieux qu'il n'est pas possible de laisser sommeiller. Si le sursis sollicité dépassait la durée de quelques jours et, à cet égard, les demandes sont habituellement exagérées, l'officier du ministère public devrait en référer au procureur impérial et se conformer aux instructions de ce magistrat.

Condamnation après une exception préjudicielle élevée : sursis ; V. n° 862, à la fin.

498. *Etat trimestriel.* — La loi a favorisé la surveillance de l'exécution de ces jugements en astreignant les juges de paix et les maires à des comptes périodiques. Le Code d'instruction porte : art. 178. « Au commencement de chaque trimestre les juges de paix et les maires transmettront (F. n° 758) au procureur

(1) Mangin (*Actions*, t. 1, n° 111) refuse aux officiers du ministère public, autres que les procureurs généraux, le droit d'accorder des sursis et de suspendre ainsi l'exécution des jugements qui prononcent une peine d'emprisonnement. Cette opinion, trop rigoureuse, n'est pas suivie dans la pratique. On ne peut nier, toutefois, qu'elle ne soit d'accord avec les principes, en ce qui concerne l'exercice de l'action publique.

impérial l'extrait des jugements de police qui auront
été rendus dans le trimestre précédent, et qui auront
prononcé la peine d'emprisonnement. Cet extrait sera
délivré sans frais par le greffier. — Le procureur impérial le déposera au greffe du tribunal correctionnel. —
Il en rendra un compte sommaire au procureur général
près la Cour impériale. »

Dans la pratique, ces extraits sont remplacés par un
état ou tableau dressé dans la forme suivante :

*État des condamnations à l'emprisonnement prononcées par
le tribunal de simple police de   , pendant
le   trimestre de 186   .*

Nº d'ordre.	NOMS, profession, demeure des condamnés.	NATURE de la contraven-tion.	DATE du jugement.	PEINE prononcée.	DATE de l'exécution. OBSERVAT.

Ces envois, ces comptes, ne peuvent pas se réduire à
une simple formalité périodique, illusoire dans ses
résultats ; il suit évidemment des dispositions ci-dessus
que le procureur impérial, pour compléter son compte
trimestriel au procureur général, que ce dernier magistrat, pour s'éclairer à cet égard, peuvent s'enquérir de
l'exécution des jugements de police portant emprisonnement et y tenir la main (1). Il est donc à propos que les

(1) Mangin, *Actions*, t. 1, nº 111.

officiers du ministère public remettent d'office au greffier, pour être portée dans la colonne d'observations du tableau ci-dessus, une note sur la date de l'exécution des jugements, ou sur les causes qui ont pu retarder cette exécution. Ils devanceront ainsi les demandes de renseignements qui pourraient leur être adressées, et qu'ils seraient obligés de satisfaire.

499. *Prison.* — Les Codes criminels n'ont pas désigné, comme pour l'emprisonnement correctionnel (C. I., art. 603 ; C. pén., art. 40), l'établissement où l'emprisonnement de simple police doit être subi. Il est conforme aux règles du droit commun de faire exécuter cette peine au chef-lieu du canton (1), lorsqu'il y a une prison, maison de dépôt ou chambre de sûreté ayant une existence légale, et pourvue d'un gardien ou surveillant.

Ces prisons locales, régulièrement établies, sont de deux sortes. D'abord il y a les maisons de *police municipale* créées en vertu de l'arrêté du ministre de l'intérieur du 20 octobre 1810, dont je transcris ici les principales dispositions, parce qu'il n'a pas été et ne devait pas être inséré au Bulletin des Lois. Cet arrêté porte (2) :

« Art. 2. Les prisons seront divisées en cinq espèces, et désormais connues sous les dénominations suivantes :

« 1° Maisons de police municipale ; — 2° Maisons d'arrêt ; — 3° Maisons de justice ; — 4° Maisons de correction (départementales) ; — 5° Maisons de détention (centrales).

« Art. 4. Les maisons de police municipale seront établies par chaque arrondissement de justice de paix.

_____

(1) Décision du garde des sceaux du 24 novembre 1857.
(2) Moreau-Christophe, *Code des prisons*, 1845, p. 56.

Dans les villes où il y aura une maison d'arrêt, la maison de police municipale pourra y être placée dans un quartier distinct et séparé.

« Art. 8. Les maisons de police municipale seront destinées à la reclusion des condamnés par voie de police municipale. Elles serviront aussi de dépôts de sûreté pour les prévenus, les accusés et les condamnés que l'on transfère d'une prison dans une autre, ou qui ne sont pas encore frappés d'un mandat d'arrêt.

« Art. 15. L'administration, le régime et la police intérieure de ces maisons, sont placés sous l'autorité des préfets et la surveillance des sous-préfets. »

En effet, le règlement général du même ministère, du 30 octobre 1841, pour les prisons départementales, porte :

Art. 125. « *Chambres de sûreté*. Les préfets et les sous-préfets s'assureront, lors de leurs tournées annuelles pour le recrutement, et autres tournées, de l'état des chambres de sûreté annexées aux casernes de gendarmerie, maisons de dépôt et de police municipale (1). »

500. L'existence de ces maisons de dépôt est légale d'après ces termes de l'art. 120, C. pén. : « Les gardiens et concierges des maisons *de dépôt*, d'arrêt, » etc., et de l'art. 3, n° 9, du décret du 18 juin 1811 : « 9° Les dépenses des prisons, maisons de correction, *maisons de dépôt*, etc. » (2).

---

(1) Moreau-Christophe, *Code des prisons*, p. 358.

(2) Lorsque ces chambres ou prisons cantonales servent exclusivement au dépôt des prisonniers de passage, leurs dépenses, le traitement du concierge compris, sont imputables sur le budget départemental ; si, au contraire, elles sont uniquement destinées au dépôt des individus arrêtés par la police locale, ou à l'exécution de l'emprisonnement de simple police, la dépense doit être supportée par la commune chef-lieu. — Décision du ministre de l'intérieur du 29 octobre 1840.

Aussi a-t-il été décidé qu'un individu qui, pris en flagrant délit, et déposé provisoirement dans une maison de police municipale établie dans un hôtel de ville, s'en était évadé, en faisant brèche à la muraille, avait commis le délit d'évasion par bris de prison, prévu par l'art. 245, C. pén. (1).

501. Dans les communes chefs-lieux, pourvues d'une brigade de gendarmerie, sont les chambres *sûres* ou *de sûreté*, destinées, d'après la loi et le règlement (2) et faute de maison d'arrêt ou de prison, à déposer les prisonniers conduits de brigade en brigade.

502. A défaut de maison spéciale de police municipale dans le canton, l'emprisonnement de simple police peut être subi dans cette chambre de sûreté; le maire du chef-lieu s'entend à cet égard avec le commandant de la brigade, et le préfet du département est informé de cette affectation temporaire de ce local.

503. Si le canton ne possède ni prison municipale ou de dépôt, ni chambre de sûreté, l'emprisonnement est subi dans la maison d'arrêt de l'arrondissement (3). En ce cas, on envoie l'avertissement ou le réquisitoire, à fin d'arrestation, au procureur impérial, qui le vise, pour que le condamné puisse être reçu dans cette prison.

Mais l'emprisonnement de simple police ne serait pas régulièrement subi dans un local, même appartenant à la commune, que le maire désignerait spécialement pour l'exécution d'une peine, et qui, antérieurement et d'une manière générale, n'aurait pas été affecté

_____

(1) Nîmes, 22 février 1838, D. P., 2.93.

(2) Loi du 28 germinal an VI, art. 85 ; décret du 1er mars 1854, art. 371 ; Cass., 28 avril 1836, B. 132.

(3) Arg. de l'art. 4 de l'arrêté du ministre de l'intérieur du 20 octobre 1810, V. n° 499.

à cette destination (1). Bien moins encore la peine pourrait-elle être exécutée dans une maison de santé (2). Personne ne peut être régulièrement détenu « que dans un lieu *légalement* et PUBLIQUEMENT désigné par l'administration du département pour servir de prison » (3), et une maison de santé ne présente aucun de ces caractères constitutifs d'une prison pour peines. Si les détenus viennent à tomber malades, ils ne peuvent être traités que dans l'infirmerie de la prison ou dans un hospice (4).

504. *Continuité de la peine.* — Une fois commencé, l'emprisonnement doit être subi sans aucune interruption ; ce serait commettre un abus de pouvoir que de permettre à un condamné de sortir de la prison, même temporairement, avant l'expiration de sa peine (5). Il suit de là que l'officier du ministère public a le droit de se transporter soit à la prison municipale, soit à la maison d'arrêt, et de se faire représenter le condamné, pour vérifier s'il subit sa peine sans interruption (6).

Le même officier peut également se faire exhiber le registre de la maison, soit de dépôt, soit d'arrêt, etc., aux termes de l'art. 120, C. pén. (7).

---

(1) Poitiers, 2 janvier 1832, D. P., 2.69.
(2) Circul. du ministre de l'intérieur (M. Dufaure), du 25 août 1849, *Moniteur* du 28.—V. le journal *le Droit* du 30 août, sur les abus scandaleux qui avaient dû motiver cette louable circulaire.
(3) Décret du 16 septembre 1791, tit. 15, art. 2; Code de brumaire an IV, art. 582.
(4) Loi, 4 vendémiaire an VI, art. 15, 16.—V. mon *Exécution des jugements*, 1846, n° 144.
(5) Décisions ou circul. du ministre de la justice des 17 mai 1806, 9 avril 1812, 2 novembre 1815, 26 juillet 1817; Gillet, p. 88, 154, 173, 203.
(6) Circul. du 26 juillet 1817.
(7) Circul. de M. le procureur général de Paris du 4 avril 1861, § 2, n° 6.

505. Enfin, d'après les art. 40 et 465 du même Code, « les jours d'emprisonnement sont des jours complets de 24 heures » ; la peine prononcée n'est donc expiée que par un séjour, non interrompu, dans la prison, d'autant de périodes de vingt-quatre heures que le jugement porte de jours d'emprisonnement.

Ainsi il est indispensable que le gardien de la chambre de dépôt note sur son registre l'heure de l'entrée du condamné. L'officier du ministère public doit veiller à l'observation de cette règle, et, au besoin, indiquer, dans son ordre d'élargissement, l'heure à laquelle le condamné doit sortir ; cet instant ne pourrait être devancé par le gardien sans un manquement à ses devoirs.

Il n'existe pas à ma connaissance de décret ou de règlement qui fasse spécialement mention des registres des maisons de dépôt et de police municipale, mais il est visible qu'un registre doit être tenu par le gardien ou concierge de ces établissements, quelque petit que soit le nombre des détenus confiés à sa garde. Le règlement déjà cité (p. 375), du 30 oct. 1841, est ici applicable ; ce règlement porte :

« Art. 14. Les gardiens-chefs (des maisons d'arrêt) tiennent, en outre, des registres d'écrou séparés, savoir : . . . .

« Pour les condamnés en matière de simple police (F. n° 782). »

506. *Amendes, frais, confiscations.* — Le ministère public n'est pas chargé de l'exécution des condamnations pécuniaires, amendes, frais, confiscations. L'article 197, § 2, du Code d'instruction, applicable aux matières de police, faute de disposition semblable au chapitre des tribunaux de police, porte : « Les poursuites, pour le recouvrement des amendes et confisca-

tions, seront faites au nom du procureur impérial, par
le directeur de la régie des droits d'enregistrement. »

L'administration de l'enregistrement, ainsi chargée
du recouvrement des amendes et frais de simple police,
y procède par l'intermédiaire de ses receveurs établis
à peu près dans tous les cantons. Et lorsqu'il y a lieu
d'employer contre les condamnés la voie de la contrainte
par corps (1), une requête est présentée au procureur
impérial de l'arrondissement.

507. Voici, du reste, la marche suivie par les receveurs des domaines, de concert avec les officiers du
ministère public et les greffiers de simple police, pour
le recouvrement des amendes et frais en question :

1° D'abord l'officier du ministère public envoie au
receveur un état des condamnés, dressé par le greffier
(V. le modèle, n° 480). A Paris cet état comprend seulement les condamnés par défaut. Des extraits indivi-
duels sont envoyés pour les condamnés définitifs.

N. B. Pour les condamnés domiciliés hors de la circonscription du bureau, on envoie un état individuel
pour chaque condamné, et le receveur les transmet à
ses collègues compétents.

Jugements contradictoires, V. plus bas, n° 10.

2° Sur le vu de cet état, le receveur avertit, par
lettres imprimées, les condamnés de se présenter, dans
la huitaine, à son bureau, pour y acquitter le montant
de leurs condamnations.

3° Le paiement des condamnés qui se présentent
est noté sur le registre de recettes du bureau.

4° Au bout d'un mois environ, le receveur renvoie
à l'officier du ministère public l'état ci-dessus, pour que
l'on signifie leur jugement aux condamnés qui n'ont
pas satisfait.

_____

(1) Loi du 17 avril 1832, art. 33.

5° Ces significations opérées par le ministère d'un huissier, le même état revient au receveur, accompagné des originaux des significations.

Quand on a plusieurs jugements, soit par défaut, soit contradictoires, à signifier à la même personne, il faut avoir soin, pour éviter les frais quelquefois assez élevés d'enregistrement, de timbre et de droit d'original, de faire signifier ces jugements par le même exploit. Seulement, pour éviter de contrevenir aux lois sur le timbre (1) qui défendent de porter deux actes sur la même feuille, chaque copie de jugement, hors celle du premier, est transcrite sur une feuille séparée (2).

6° Le receveur consigne ces jugements sur son sommier, puis,

Il avertit de nouveau le condamné (V. n° 2) de venir payer;

Il demande, en même temps, au commissaire de police du quartier ou au maire de la commune des renseignements sur la solvabilité et la position de famille du condamné.

7° Une quinzaine environ après ce second avertissement, le receveur fait faire aux condamnés, qui ne se sont pas présentés, commandement de payer, à la requête du procureur impérial (C. I., art. 197), sous la sanction de la contrainte par corps, que ce magistrat

(1) 12 décembre 1790, art. 9; 13 brumaire an vii, art. 23.
(2) Au tribunal de simple police de ***, les huissiers étaient dans l'*usage*, lorsqu'ils avaient plusieurs jugements à signifier en même temps au même prévenu, de faire un original pour chaque jugement. Ils en libellaient de la sorte jusqu'à *douze*, et *le même jour*, ils signifiaient ainsi jusqu'à *trois* de ces jugements. Une de ces belles procédures arriva, par le receveur de l'enregistrement, jusqu'au procureur impérial, qui, sur les *douze* originaux portés en l'état de frais, en retrancha *onze*, et, par suite, leurs déboursés et émoluments, qui se montaient à près de 40 fr. Les huissiers reçurent ensuite l'invitation sérieuse de procéder à l'avenir d'une manière plus simple et plus économique.

est seul compétent pour requérir en matière criminelle, correctionnelle et de police (1).

8° Si le condamné n'a pas satisfait, quoique solvable, le receveur envoie au procureur impérial son dossier, comprenant :

L'extrait du jugement ;

La signification du jugement, si elle a dû être faite ;

La réponse du commissaire ou maire sur la solvabilité du débiteur ;

Le commandement de payer ;

Enfin, un bordereau détaillé des sommes à recouvrer, surtout s'il y a plusieurs jugements à exécuter.

9° Sur le vu de ce dossier, le procureur impérial adresse ordinairement de son côté un avertissement au débiteur.

10° Enfin, ce troisième avertissement demeuré sans effet, et les causes de l'arrestation étant vérifiées, le procureur impérial adresse à la gendarmerie un réquisitoire motivé pour l'exécution de la contrainte par corps.

Lorsqu'il s'agit d'une condamnation contradictoire, le greffier délivre, à Paris, un extrait du jugement que le receveur consigne sur son sommier, et sur lequel il donne un avertissement, et la procédure d'exécution se suit comme ci-dessus, à partir du n° 6, avec le soin, bien entendu, de signifier à qui de droit les jugements en premier ressort. V. n° 5.

On le voit, il est difficile de prendre plus de précautions pour éviter aux débiteurs de sommes habituellement très-minimes le surcroît de frais qu'entraînent les actes de poursuite et d'exécution.

508. Quoique l'officier du ministère public de simple police n'ait qu'une petite part dans l'exécution des con-

(1) Loi du 17 avril 1832, art. 33.

damnations pécuniaires, il ne laisse pas, toutefois, d'y intervenir utilement : soit pour hâter la remise par le greffier des états et extraits ci-dessus ; soit pour signaler au procureur impérial les contrevenants obstinés, et à l'égard desquels, malgré leur insolvabilité, la contrainte par corps doit être exercée pour l'exemple ; soit, enfin, pour appeler l'attention de ce magistrat sur les réductions dont seraient susceptibles les frais de poursuite.

509. *Vente de certains objets.* — Le même officier prend part à l'exécution du plus grand nombre des jugements qui prononcent une confiscation, et ce pour assurer et compléter, s'il y a lieu, l'action des employés des domaines.

La destruction de tous les objets, dont la confiscation a été prononcée accessoirement à la peine de certaines contraventions, n'est pas forcée ; ceux de ces objets qui ne sont pas nuisibles d'une manière absolue doivent être vendus au profit de l'Etat.

Tels sont, 1° les coutres de charrue, pinces, barres, barreaux, machines, instruments et armes abandonnés dans les champs, et dont peuvent abuser les voleurs ou autres malfaiteurs ; ce n'est pas la possession de ces objets qui est punissable, c'est leur abandon dans les champs ; C. pén., art. 471, n° 7 ; 472 ;

2° Les tables, enjeux, fonds, denrées, objets ou lots proposés aux joueurs par ceux qui tiennent des jeux de loterie ou de hasard ; C. pén., art. 475, n° 5, 477 ;

3° Les scies, haches, serpes, cognées, etc., confisquées en vertu de l'art. 198 du Code forestier.

Tous ces objets peuvent être vendus, et l'officier du ministère public doit veiller à ce que remise en soit faite, après les délais, au receveur des domaines par le greffier, auquel il en est donné décharge (1).

_____

(1) Arg. de l'ordonn. du 0 juin 1831.

510. *Destruction d'autres objets.* — Quant aux objets suivants, ils doivent être détruits :

1° Les pièces d'artifice confisquées en vertu des art. 471 et 472, n° 2, du Code pénal : ces objets sont dangereux à conserver ;

2° Les instruments et appareils des jeux de hasard ou des loteries ;

3° Les écrits ou gravures contraires aux mœurs ; ils sont mis sous le pilon ; *idem*, n° 2 ;

4° Les instruments, ustensiles et costumes servant ou destinés à l'exercice du métier de devin, pronostiqueur ou interprète de songes. C. pén., art. 479, n° 7, 480 (1).

511. *Élagages ; comblements ; démolitions.* — Accessoirement aux peines de police proprement dites, il y a des travaux ordonnés par les tribunaux (V. n° 406) ; tels sont :

L'élagage et même l'arrachement des arbres et haies qui anticipent sur la voie publique (2) ;

Le comblement des trous, excavations, fossés survenus ou creusés dans cette voie (3) ;

L'enlèvement des dépôts de matériaux du même lieu (4) ;

La fermeture, par une clôture, de trois mètres au moins, d'un terrain attenant à une rue (5) ;

---

(1) Il y avait encore à détruire les comestibles gâtés (C. pén., art. 475, n° 14) et les faux poids et mesures (*idem*, 479, n° 5), et à répandre les boissons falsifiées (*idem*, 477, n° 3) ; mais les lois du 27 mars 1851 et du 5 mai 1855, ayant élevé ces contraventions à la classe des délits, ces opérations rentrent désormais dans les attributions du procureur impérial.

(2) 18 octobre 1836, p. 355.

(3) 7 décembre 1826, B. 248 ; 29 mai 1835, B. 214 ; 8 octobre 1836, B. 334 ; 17 mars 1838, B. 70.

(4) 9 août 1828, B. 237.

(5) 13 août 1846, B. 208.

La démolition d'édifices qui menacent ruine ou dépassent l'alignement (1);

L'enlèvement ou la réfection de couvertures en paille, chaume ou roseaux, défendues par des arrêtés administratifs (2);

La construction d'un mur destiné à encaisser un canal pour prévenir les inondations (3);

Des travaux à une fosse d'aisances jugée insalubre, etc.

Lorsque le jugement est devenu définitif par suite de la signification qui en est faite (V. n° 481), et que le condamné a été averti, d'abord par la signification du jugement (4) (F. n° 751), ensuite par une lettre (F. n° 759), l'exécution de ces dispositions s'opère à l'aide d'ouvriers requis par le maire ou le commissaire de police (F. n° 764), sous la sanction de l'art. 475, n° 12, C. pén. Si la démolition est motivée par une contravention au plan d'alignement de la commune, on se munit de ce plan et l'on se fait même assister de l'agent voyer pour s'assurer que la démolition n'excédera pas le terrain compris dans la voie publique; enfin l'on constate l'opération par un procès-verbal (F. n°s 752, 760); mais là n'est pas la difficulté.

512. Les travaux dont je viens de parler n'étant ordonnés qu'à titre de réparations civiles envers la commune, leur exécution nécessite le consentement du maire. Les communes sont assimilées aux parties civiles dans les procès instruits, même d'office, pour les délits commis contre leurs propriétés (5). Maintenant, si l'au-

(1) Arrêts cités p. 295, note 2.
(2) 19 mars 1836, B. 86; 11 septembre 1840, B. 269.
(3) 27 septembre 1839, B. 312.
(4) Orléans, 22 mars 1851, D. P., 2.72.
(5) Tarif criminel, art. 158, § 2.

torité municipale refusait son consentement à cette exécution ou négligeait de le donner, la partie du jugement qui a prescrit les travaux en question demeurerait-elle privée de résultat?

Il y a lieu de distinguer entre les condamnations prononcées. Si la contravention réprimée touche moins la sûreté des habitants que la décoration de la commune ; s'il s'agit, par exemple, de branchages, de haies qui gênent la vue sans obstruer le passage, etc., l'autorité municipale conserve son libre arbitre ; la loi de 1837 (1) ne destine qu'à des cas plus graves l'intervention du préfet. Mais s'il est question d'excavations ou de dépôts dangereux pour la viabilité, d'édifices menaçant ruine, de couvertures pouvant propager l'incendie, etc., la loi de 1837 trouve son application : des « mesures sont à prendre qui intéressent la sûreté générale (2) ». En cas de refus ou de négligence du maire, l'officier du ministère public fait son rapport au préfet, lequel, après avoir requis le maire, peut procéder, d'office, par lui-même ou par un délégué spécial, c'est-à-dire pourvoir à l'exécution des travaux ordonnés par le jugement (3). Remarquons, à ce sujet, que la démolition des constructions qui dépassent l'alignement est formellement prescrite par un édit de Henri IV, qui n'a pas cessé d'être en vigueur (4). V. n° 406.

§ II. — *Jugements préparatoires, d'incompétence, d'acquittement.*

515. L'exécution des jugements préparatoires ou

(1, 2, 3) Loi du 18 juillet 1837, art. 9 et 15.
(4) Edit de décembre 1607, art. 5 ; Isambert, t. 15, p. 337 ; C. 14 décembre 1846, B. 316.

d'incompétence, ou d'acquittement, n'entraîne pas de grands soins de la part du ministère public. D'abord, en ce qui concerne les premiers, il n'y a guère que ceux qui ordonnent l'audition de certains témoins ou la production de certaines pièces à sa diligence, dont l'exécution soit à la charge de ce fonctionnaire, lequel doit s'empresser soit de faire citer les témoins à entendre, soit de réclamer, à qui de droit, les pièces à produire.

514. Pour les jugements par lesquels le juge a déclaré son incompétence et renvoyé l'affaire au procureur impérial (V. n° 430), le ministère public doit veiller à ce que le dossier soit, le plus tôt possible, mis en état par le greffier, pour être adressé au magistrat désigné, surtout lorsqu'il s'agit de délits dont la prescription est de courte durée, par exemple, d'un délit rural (V. n° 330).

515. Quant aux jugements d'acquittement, le ministère public a rarement à s'en occuper; la détention préventive n'ayant jamais lieu en simple police, il n'a point, comme en police correctionnelle, à faire élargir les prévenus acquittés; je crois qu'il n'a guère à pourvoir qu'à la restitution des pièces ou objets saisis.

SECTION II.

VOIES DE RECOURS CONTRE LES JUGEMENTS.

516. Les voies de recours pouvant être ouvertes contre les jugements de simple police sont : l'opposition, — l'appel, — le pourvoi en cassation, — le règlement de juges. Je ne parle pas de la prise à partie, parce que son usage est d'une rareté si excessive, que je n'ai, sur ce point, qu'à renvoyer au Code de procédure civile, art. 505 et suivants.

§ I. — *De l'opposition.*

517. « On nomme opposition l'empêchement que met une partie à l'exécution d'un jugement qui la condamne » (1) et qui a été rendu par défaut contre elle. Le Code d'instruction porte :

Art. 151. « L'opposition au jugement par défaut pourra être faite par déclaration en réponse au bas de l'acte de signification, ou par acte notifié dans les trois jours de la signification, outre un jour par trois myriamètres.

« L'opposition emportera, de droit, citation à la première audience après l'expiration des délais, et sera réputée non avenue si l'opposant ne comparaît pas. »

518. Le Code ne fait pas connaître les personnes au profit de qui s'ouvre la voie de l'opposition. Il est certain d'abord qu'elle ne peut concerner le ministère public ; on a vu (n°s 307, 311) qu'il n'y a jamais de jugement par défaut à son égard.

L'opposition compète, cela est hors de doute, au prévenu et aux personnes civilement responsables ; c'est ce qui résulte de l'art. 150 du Code :

« La personne condamnée par défaut ne sera plus recevable à s'opposer à l'exécution du jugement, si elle ne se présente à l'audience indiquée par l'art. 151, sauf ce qui sera ci-après réglé sur l'appel et le recours en cassation. »

(1) Jacques Berriat-Saint-Prix, *Cours de procédure civile*, 6e éd., p. 443.

519. Mais ce droit d'opposition peut-il être exercé par la partie civile qui ne s'est pas présentée pour soutenir sa demande ? — Les termes de l'art. 150, ceux de l'art. 187, au chapitre des tribunaux correctionnels où, à propos de l'opposition, il n'est question que du prévenu, tendraient à faire douter que la partie civile fût recevable à former opposition. Cependant, et cette doctrine me paraît applicable par analogie aux matières de simple police, on a décidé que le droit d'opposition a un jugement par défaut était de droit commun, et qu'aucun texte ne l'interdisait à la partie civile qui avait saisi de son action la juridiction correctionnelle (1). Mais le tribunal saisi de l'opposition de cette partie ne pourrait, examinant de nouveau l'affaire, réformer de son premier jugement que la disposition qui touche aux intérêts civils ; la disposition relative à l'action publique, si la décision avait été rendue contradictoirement avec le prévenu, serait irrévocable (2).

520. La voie de l'opposition est ouverte contre tout jugement par défaut, qu'il ait été rendu sur la *compétence* ou sur le *fond* (3). Les formes auxquelles cette voie de recours est soumise sont très-simples. D'après l'art. 151 (n° 517), il suffit d'une déclaration de la partie condamnée (F. n° 763), faite à l'huissier chargé de la signification du jugement. Cet officier ministériel en doit faire mention dans son original. En cas d'oubli, ou (ce qui n'est guère supposable, car il y aurait faute), en cas de refus de sa part, l'opposition peut encore être formée par un exploit séparé (F. même n°).

---

(1) 26 mars 1824, D. A., t. 9, p. 762; Paris, 20 novembre 1834, D. P., 34.2.30; *idem*, 18 juillet 1845, *le Droit* du 25. — *Sic*, Carnot, *Instruct. crim.*, t. 1, p. 615.
(2) 29 floréal an IX, B. 188; 13 juin 1851, B. 221.
(3) 10 novembre 1808, B. 223.

521. Lorsque le jugement n'a pas encore été signifié, l'opposition (elle est recevable; V. n° 528) peut être valablement faite à la barre par le défaillant en personne. En effet, le Code n'a réglé la forme de l'opposition que pour l'unique hypothèse où les jugements qui en sont l'objet ont été signifiés ; il s'ensuit que, faute de signification, on peut invoquer les dispositions de l'art. 147, d'après lequel les parties ont la faculté de comparaître volontairement en personne et sans qu'il soit besoin de citation (1). Ici, comme pour le premier appel, l'opposant peut se faire représenter par un fondé de pouvoir (F. n° 764) spécial (V. n° 166).

522. L'opposition, faite par acte séparé, doit être notifiée à la partie à la requête de laquelle le jugement a été signifié, et ce dans le délai de trois jours à compter de celui de la signification, avec augmentation d'un jour par trois myriamètres de distance entre le domicile du défaillant et le lieu où siége le tribunal. C. I., art. 146, 151. Si cette distance est de plus de trois myriamètres et de moins de six, l'augmentation n'est que d'un jour par les raisons qui concernent les délais de la citation (V. n° 131) et qui sont ici applicables. Formée après l'expiration de ces délais, l'opposition doit être déclarée non recevable (F. n° 765).

Opposition à une condamnation pour outrage à l'audience, V. n° 526 *bis.*

523. Pour comparaître, l'opposant n'a aucune citation à donner ni à recevoir ; son opposition formée emporte, de droit, citation à la première audience après l'expiration des délais ; ce qui signifie que, sous peine de voir son opposition réputée non avenue, il

_____
(1) 23 février 1837, B. 58.

22.

doit comparaître à la première audience tenue après l'expiration des délais.

524. Le délai de vingt-quatre heures est censé, lorsqu'il n'y a pas lieu à augmentation à raison des distances, avoir été observé de la veille au lendemain. Ainsi une opposition signifiée à la date du 8 emporte, pour l'opposant, l'obligation de se présenter à l'audience du lendemain 9 (1), à moins qu'il n'établisse, et il en a le droit, en faisant constater l'heure de l'opposition, que les vingt-quatre heures de rigueur n'existent pas entre cet instant et celui de l'audience (2).

525. Si l'opposant ne comparaît pas à cette première audience, ou ne se fait pas représenter par un fondé de pouvoir spécial, son opposition doit, si la partie qui a obtenu le jugement le requiert, être déclarée non avenue (F. n° 766); c'est une disposition impérative de l'art. 151 du Code (3). Mais la déchéance de l'opposition n'a pas lieu de plein droit; tant qu'une partie ne l'a pas demandée d'une manière expresse, et que le tribunal ne l'a pas prononcée, cette voie de recours conserve son effet (4).

526. Le pouvoir spécial exigé par l'art. 152 du Code d'instruction n'a pas besoin, pour donner qualité au mandataire, de relater l'affaire jugée par défaut; il suffit que ses termes fassent connaître avec les noms des mandants condamnés l'objet du pouvoir par eux conféré; ainsi une procuration qui autoriserait généralement son porteur « à former opposition à tous jugements par défaut rendus contre le mandant par le

---

(1, 2) 31 août 1820, B. 117; 16 février 1833, B. 60; 14 février 1834, D. P., 1.217.
(3) 31 décembre 1830, B. 261; 10 juin 1843, B. 143.
(4) 26 avril 1860, B. 109.

tribunal de   , à quelque date que ce soit, » et
à procéder jusqu'au jugement définitif, régulariserait
l'opposition, bien que la contravention jugée fût postérieure au pouvoir en question (1).

526 *bis. Condamnations pour outrages à l'audience.* —
Ces sortes de condamnations à la prison, prononcées par
défaut, donnent lieu, en cas d'opposition, à un délai et à
un préliminaire particuliers. — Le délai de l'opposition
n'est pas de *trois* jours d'après l'art. 151 du Code, mais
de *dix*, aux termes de l'art. 91, C. de proc. (n° 488).
Quant à l'augmentation à raison de la distance, je crois,
de l'étendue de ce délai spécial et du silence de l'article, devoir conclure qu'on ne peut s'en prévaloir. —Son
opposition formée, le défaillant doit, pour obtenir jugement, se constituer prisonnier : « se mettre en état
de détention », d'après l'art. 91 ; témoignant ainsi de
son respect pour les décisions de la justice en semblable matière. Mais il suffit que cette formalité précède
l'audience : l'opposant la remplira en se constituant,
le matin, avec l'autorisation du ministère public, à la
maison d'arrêt ou bien à la chambre de sûreté de la
brigade. Il paraîtra ensuite devant le tribunal sous l'escorte d'un gendarme. Enfin si la condamnation à la
prison est maintenue, en tout ou en partie, il la subira
sans désemparer.

527. Il y a un cas où l'opposition, quoique formée
dans les délais, est néanmoins non recevable : c'est
celui de l'acquiescement du condamné au jugement
par défaut qui le concerne, par l'exécution volontaire
de ce jugement. Cette exécution donne à cette décision
l'autorité de la chose jugée, et la rend inattaquable (2).

(1) 3 janvier 1840, B. 5.
(2) 5 novembre 1829, B. 248.

528. Tant que le jugement par défaut n'a pas été signifié, l'opposition est recevable ; des délais à cet égard n'ont été fixés que pour le cas de la signification (1). Cependant le droit d'opposition a un terme, et c'est celui de la poursuite elle-même, c'est-à-dire l'espace d'une année. Le Code d'instruction porte :

Art. 641. « En aucun cas, les condamnés par défaut ou par contumace dont la peine est prescrite, ne pourront être admis à se présenter pour purger le défaut ou la contumace. »

Si l'on se reporte maintenant à ce qui a été dit (n° 337) de la prescription des jugements par défaut, non signifiés, on verra qu'après une année expirée à partir de la date de la contravention, le défaillant est à l'abri des poursuites, mais aussi qu'il n'est plus recevable à former opposition à son jugement.

Enfin, lorsque le tribunal de police a statué sur une opposition, ses pouvoirs sont épuisés, et il ne lui est pas permis d'y revenir dans un second jugement et de la déclarer recevable (2).

528 *bis. Jugement de l'opposition* (F. n° 767). Le tribunal de police qui a à statuer sur une opposition doit examiner d'abord si ce recours est recevable et ensuite s'il est bien fondé.

L'opposition peut être non recevable parce qu'elle a été formée hors des délais (V. n° 522), ou, ce qui est plus rare, parce que l'exploit est irrégulier ; elle peut être aussi considérée comme non avenue en cas de non-comparution de l'opposant (V. n° 525).

L'opposition est mal fondée, lorsque les moyens pré-

(1) 10 novembre 1808, B. 223 ; 9 juillet 1813, D. A., t. 9, p. 760.
(2) 31 août 1820, B. 117 ; 31 décembre 1830, B. 261 ; 10 juin 1843, B. 143.

sentés à son appui ne sont pas trouvés suffisants par le juge pour rapporter ou modifier sa première décision.

Dans ces divers cas, il y a lieu à ce qu'on nomme un *débouté* d'opposition, et le tribunal ordonne que son premier jugement sera exécuté suivant sa forme et teneur.

Il n'est pas indispensable, dans ces sortes de jugements, d'insérer de nouveau les termes de la loi appliqués par le jugement par défaut; les jugements de simple débouté s'identifient avec ceux qu'ils maintiennent, et ils profitent, par voie de conséquence, des énonciations qui se trouvent contenues dans ces derniers (1).

Si l'opposition est déclarée non avenue, elle ne peut pas être renouvelée, à cause de la maxime : « Opposition sur opposition n'a lieu (2). »

Pour statuer sur le fond, lorsque l'opposition est reconnue recevable, on suit la marche ordinaire d'une affaire à l'audience.

529. *Frais.* — L'art. 151 ne dit pas (3), comme l'art. 187, par qui seront supportés les frais auxquels le défaut a donné lieu. Carnot (4) tire de ce silence la conséquence que ces frais doivent rester à la charge de la partie qui succombe lors du jugement définitif. Cette opinion me paraît en contradiction avec les principes généraux en matière de dépens qui veulent que les frais soient supportés par la partie qui les a occasionnés (5). Or, il est évident que si le prévenu n'avait

(1) 12 novembre 1835, B. 413.
(2) 28 avril 1854, B. 129.
(3) Le Code de brumaire an IV, art. 159, mettait à la charge de l'opposant les frais et la signification du jugement par défaut.
(4) *Instr. crim.*, t. 1, p. 619; *idem*, Sulpicy, sur l'art. 151, n° 12.
(5) *Idem*, Sudraud-Desisles, *Notes d'un juge d'instruction*; note 157.

pas fait défaut on aurait été dispensé des diligences qu'a entraînées cette non-comparution ; il serait donc injuste de mettre les frais de l'opposition à la charge, soit de la partie civile, soit de l'Etat, dans le cas où le prévenu viendrait à être acquitté par le jugement définitif. Du reste, la Cour suprême a décidé (1) que les tribunaux de simple police devaient observer la disposition du § 2 de l'art. 187 portant : « Les frais de l'expédition, de la signification du jugement par défaut, et de l'opposition, demeureront à la charge du prévenu. »

550. La *tierce opposition*, c'est-à-dire l'opposition formée par un tiers à un jugement auquel il n'a pas été appelé (C. proc. civ., art. 474), n'est pas admissible en simple police. Un jugement n'est passible de la tierce opposition que s'il en résulte un préjudice pour un tiers, et si le tribunal est compétent pour apprécier ce préjudice. Or, cette double condition ne peut se rencontrer en simple police. Le préjudice pourra sans doute exister, mais non la compétence. On a vu (nos 399, 402) que les tribunaux de simple police ne pouvaient s'occuper des intérêts civils qui se rattachent à une contravention qu'accessoirement à l'action publique, et, en même temps, qu'ils prononcent sur cette action ; dès que le jugement est rendu, leur juridiction est épuisée. Donc si un tiers avait à souffrir d'un jugement de simple police, il ne pourrait saisir de son action le tribunal qui l'aurait rendu, parce que cette action ne portant que sur un intérêt civil, le juge de police serait sans pouvoir pour en connaître isolément. Le Code d'instruction criminelle est resté muet à cet égard, mais c'est un point constant en jurisprudence (2). Carnot

(1) 4 juin 1830, B. 156.
(2) 3 juin et 25 août 1808, D. A., t. 12, p. 644; 19 février 1835, B. 60.

avait d'abord soutenu que la tierce opposition est une voie de recours permise en simple police ; il est ensuite revenu sur cette opinion (1).

§ II. — *De l'appel.*

551. L'appel est l'attaque dirigée contre un jugement à cause de son injustice (2). L'art. 172 du Code d'instruction, introductif d'un droit nouveau, est ainsi conçu : « Les jugements rendus en matière de police pourront être attaqués par la voie de l'appel, lorsqu'ils prononceront un emprisonnement , ou lorsque les amendes, restitutions ou autres réparations civiles, excéderont la somme de cinq francs, outre les dépens. »

Cet article ne fait pas connaître, comme l'art. 202, pour les matières correctionnelles, les parties qui ont la faculté d'appeler ; il faut méditer ses dispositions pour en bien saisir le sens et s'assurer que le droit d'appel en simple police appartient exclusivement au prévenu (3) et aux personnes civilement responsables (4), et que le ministère public (5), ni la partie civile (6) ne peuvent en user ; à moins, ce qui est rare, que la partie civile n'ait été condamnée envers le prévenu, à des réparations excédant la somme de 5 fr. (7).

---

(1) *Instruct. crim.*, 2ᵉ édit., t. 1ᵉʳ, p. 620, 622 ; t. 2, p. 98 ; *Supplément*, 1835, p. 50.

(2) Jacques Berriat-Saint-Prix, *Cours*, etc., p. 454.

(3, 4) 29 mars 1813, nº 56 ; 28 août 1823, B. 122 ; 2 décembre 1825, B. 232 ; 24 février 1827, D. P., 1.152 ; 10 juillet 1829, B. 154 ; 10 février 1848, B. 37. — *Contrà*, Legraverend, *Législ. crim.*, t. 2, p. 352.

(5) 24 juillet 1818, B. 91.

(6) 10 avril 1812, B. 90 ; 24 juillet 1818, déjà cité ; 20 novembre 1846, B. 294.

(7) M. F. Hélie, t. 7, p. 497 ; M. Dalloz, *Répertoire*, t. 4, p. 261.

En effet, la voie de l'appel n'est ouverte que lorsque le jugement a prononcé un emprisonnement ou une amende ou des restitutions civiles excédant la somme de 5 fr. (1), outre les dépens. Il s'ensuit que lorsque les condamnations prononcées sont moindres, ou que le prévenu est renvoyé par le tribunal, il ne peut y avoir lieu à appel. Or, c'est précisément dans ces cas divers que le ministère public et la partie civile ayant succombé, au moins en partie, sur leur demande, auraient intérêt à interjeter appel, et précisément alors cette voie de recours est interdite d'une manière absolue. On en a tiré la conséquence qu'en cas de condamnations plus fortes, le prévenu ayant, ou à peu près, seul intérêt, devait, dans la pensée du législateur, avoir seul qualité. Cette doctrine est encore fortifiée de cette considération que l'art. 172 du Code d'instruction, en admettant l'appel des jugements de police, a dérogé au Code de brumaire an IV, art. 153, sous l'empire duquel les jugements de simple police étaient tous en dernier ressort, et qu'ainsi la disposition nouvelle devait être restreinte dans les limites qu'elle avait fixées (2).

Le ministère public (3) et la partie civile ne peuvent absolument attaquer un jugement de simple police que par la voie du pourvoi en cassation.

552. Quoique le ministère public ne puisse, même incidemment (4), exercer le droit d'appel ; j'ai cru utile d'exposer les règles qui concernent cette voie de recours. On apprécie mieux ses droits personnels, lorsque l'on connaît bien ceux de son adversaire, et,

(1) 26 décembre 1857, B. 413.
(2) 10 avril 1812 et 20 novembre 1846, cités p. 395, note 6; et 20 février 1823, B. 24.
(3) 10 février 1848, B. 37.
(4) 24 juillet 1818, B. 91.

d'un autre côté, l'officier du ministère public de simple police, chargé de transmettre au procureur impérial les pièces des affaires dans lesquelles il y a eu appel, doit aussi, par voie de conséquence, signaler à ce magistrat les fins de non-recevoir que cet appel vient à présenter.

553. *Quand il y a lieu à appel.* — Il faut voir d'abord quels jugements sont réellement en premier ressort, et, partant, susceptibles d'appel de la part du prévenu. Sur ce point, les termes de l'art. 172, tout formels qu'ils paraissent, ont donné lieu à quelques difficultés.

Ce que l'on peut tenir pour certain, c'est que le caractère du jugement se détermine d'après le montant des condamnations prononcées, ainsi que le dit l'article, et non d'après le montant de celles auxquelles il avait été conclu par la demande (1).

Lors donc que les condamnations prononcées ne sont que pécuniaires, et qu'elles n'excèdent pas 5 fr., outre les dépens, le jugement est en dernier ressort, et ne peut être attaqué que par un pourvoi en cassation (2).

C'est chaque condamnation prise isolément qu'il faut considérer pour être fixé à cet égard. Ainsi, dans une affaire où des personnes civilement responsables étaient tenues des restitutions et frais prononcés contre leurs ouvriers, ces restitutions, etc., tout en excédant, réunies, le chiffre de 5 francs, ne l'ayant point dépassé à l'égard de chaque contrevenant, le jugement n'en avait pas moins été en dernier ressort (3). Il faudrait en dire autant du cas où le juge de police aurait ordonné la jonction des instances concernant des pré-

(1) 5 septembre 1811, n° 126; 7 juillet 1838, B. 200; 12 décembre 1844, B. 393.

(2) 17 janvier 1823, n° 11; 2 décembre 1826, B. 243.

(3) 29 novembre 1850, B. 403; 31 août 1854, B. 270; 19 novembre 1859, B. 256.

venus, mis postérieurement en cause (V. n° 369) : cette jonction ne changerait pas la position des prévenus, et ne pourrait faire naître, à leur profit, un droit d'appel qui n'existerait pas pour chacun d'eux en particulier, les condamnations individuelles ne dépassant point le chiffre de 5 fr. (1).

« Il y a plus de difficulté, dit M. Morin (2), quand la poursuite et les condamnations ont eu lieu contre un seul et même individu, inculpé de son chef. La règle du non-cumul des peines n'étant point applicable en matière de simple police, il peut arriver qu'un même inculpé soit condamné par un seul jugement à plusieurs amendes, pour une contravention réitérée. Or, d'un côté, on peut dire qu'il y a là autant de condamnations que d'amendes. De l'autre, on peut invoquer les termes de l'art. 172, qui s'appliquent parfaitement à ce cas. La solution, à notre avis, doit dépendre du lien plus ou moins étroit qui existera entre les condamnations ainsi réunies. S'agit-il, par exemple, de la contravention du boulanger qui ne munit pas ses porteurs de la balance prescrite, il pourra y avoir autant de contraventions distinctes dans le même jugement qu'il y a eu de jours écoulés sans remise de la balance ; mais on ne devrait pas diviser ainsi la condamnation qui serait prononcée d'après le nombre de porteurs privés de balance un même jour, s'il n'y avait qu'une seule et même décision. »

Le jugement serait encore en dernier ressort, quoiqu'un moyen de défense invoqué par le prévenu présentât un intérêt spécial d'une valeur indéterminée (3), telle qu'une exception préjudicielle ; la nature de

---

(1) 29 novembre 1850, B. 403; 31 août 1854, B. 270; 19 novembre 1859, B. 256.

(2) *Répertoire du droit criminel*, v° *Appel*, t. 1, p. 165.

(3) 29 novembre 1850, déjà cité.

l'exception ne peut modifier le caractère du jugement, lequel repose sur le montant de la condamnation. — Enfin, il en est de même, et à plus forte raison, lorsque le tribunal a prononcé le renvoi du prévenu (1), — ou qu'il a déclaré son incompétence (2), — ou qu'il a simplement sursis à statuer (3), notamment pour laisser le prévenu faire juger une exception préjudicielle par lui élevée (4) ; — ou que, statuant sur un avant faire droit, il a rendu un jugement interlocutoire. Le tribunal correctionnel qui recevrait l'appel d'un jugement de simple police rendu dans l'une de ces espèces, commettrait un excès de pouvoir donnant ouverture à cassation pour toutes les parties (5).

Ces règles sont essentielles à retenir. D'après l'art. 163 du Code (V. nᵒ 419), tous les jugements de simple police doivent mentionner s'ils ont été rendus en premier ou en dernier ressort, mais cette qualification, si elle est erronée (nᵒ 422 bis), ne peut prévaloir (6) sur les dispositions de l'art. 172 ; c'est en définitive ce texte qu'il faut avoir sous les yeux.

534. Les restitutions et autres réparations civiles concourent avec l'amende pour former le chiffre de 5 fr., limite extrême du dernier ressort, sans que les dépens puissent figurer dans cette évaluation. La jurisprudence, par d'assez nombreuses solutions, a fixé le sens de ces dispositions.

Ainsi il a été décidé que l'appel était recevable, de

---

(1) 11 juin 1818, B. 75; 19 juillet 1821, B. 115.
(2) 29 janvier 1813, B. 15; 18 juillet 1817, B. 67; 31 décembre 1818, D. A., t. 4, p. 766; 17 janvier 1823, B. 12; 24 juillet 1829, B. 161.
(3) 25 juin 1824, D. A., t. 1, p. 547.
(4) 7 avril et 31 août 1848, B. 110 et 231.
(5) Dit arrêt du 31 août 1848.
(6) 10 janvier 1846, B. 18.

jugements qui, tout en ne prononçant qu'une amende de 5 fr. ou au-dessous, avaient :

Adjugé les dépens à titre de réparations civiles (1) ;

Ordonné, en outre, la démolition de travaux confectionnés par le prévenu en contravention aux règlements de la petite voirie (2) ;

Ordonné au prévenu d'ouvrir un fossé sur sa propriété, faute de quoi, dans le délai de huit jours, le maire était autorisé à le faire aux frais du condamné (3) ;

Enjoint au prévenu d'enlever des matériaux par lui déposés sur la voie publique, à défaut de quoi ils seraient enlevés à ses frais (4) ;

Ordonné l'enlèvement d'une tente placée sur la voie publique (5) ;

Ordonné l'exhumation d'un corps et sa translation dans le cimetière commun aux frais des prévenus (6) ;

Condamné le prévenu à enlever des arbres indûment plantés (7) ;

Prononcé la confiscation d'objets d'une valeur excédant 5 fr. avec l'amende, à plus forte raison d'une valeur indéterminée, tels que des fûts contenant du vin dont l'effusion était ordonnée sur la voie publique par le jugement (8) ;

Prononcé l'affiche d'un jugement (9).

Toutes ces restitutions ou réparations civiles sont

(1) 11 septembre 1818, *J. du Palais.*

(2) 8 janvier 1830, B. 9 ; 24 avril 1834, *J. du Palais* ; 26 janvier 1856, B. 35.

(3) 3 mai 1833, B. 175.

(4) 9 août 1828, B. 237.

(5) 31 janvier 1851, B. 43.

(6) 11 juillet 1856, B. 250.

(7) 7 juillet 1838, B. 200.

(8) 24 septembre 1847, B. 236.

(9) Morin, *Répertoire*, t. 1, p. 103, n° 7.

d'une valeur indéterminée, et le jugement qui les prononce ne cesse pas d'être en premier ressort, lors même que le juge évalue les travaux à faire de manière que leur chiffre, réuni à celui de l'amende, n'excède pas la somme de 5 fr. (1).

Mais il faut que ces réparations civiles soient prononcées par le jugement ; si elles n'en étaient que la conséquence plus ou moins éloignée, la sentence n'en serait pas moins en dernier ressort. C'est ce qui a été décidé à propos d'un jugement de simple police qui avait condamné un prévenu à 1 fr. d'amende pour des plantations indûment effectuées. Cette condamnation entraînait nécessairement la suppression des plantations reprochées, mais cette suppression, qui était d'une valeur indéterminée n'étant pas ordonnée par le jugement, l'appel n'était point recevable (2).

555. Un jugement qui, en prononçant une amende de 5 fr. au moins, contiendrait, en outre, une défense de *récidiver*, serait, nonobstant, rendu en dernier ressort, parce que cette défense illégale et inutile (V. n° 407) n'impose pas une peine et ne porte aucun préjudice au condamné (3).

556. On a vu (n°ˢ 173, 281) que les *témoins* qui ne se rendaient pas à la citation ou qui refusaient soit de déposer, soit de prêter serment, étaient passibles d'une amende pouvant s'élever jusqu'à 100 fr. Le jugement qui prononce cette amende sera-t-il rendu en premier ou en dernier ressort ? La raison de douter se tire de l'art. 80 du Code d'instruction qui porte que « le juge d'instruction prononce sans appel. » Or, c'est précisé-

(1) 29 janvier 1835, B. 42.
(2) 4 août 1838, B. 203.
(3) 30 juillet 1825, B. 144.

ment l'article applicable, puisque l'art. 157 du Code, concernant les témoins qui ne satisfont pas à la citation, ne fixe pas le chiffre de l'amende encourue. Carnot (1) et M. F. Hélie (2) pensent que la disposition de l'art. 80, qui interdit l'appel (3), n'est pas applicable, et que la condamnation ne serait en dernier ressort qu'autant que l'amende n'excéderait pas 5 fr. — Je crois, aussi, que l'appel est recevable lorsque l'amende infligée au témoin dépasse cette somme. C'est la conséquence à tirer des termes de l'art. 172. Cet article ne fait pas de distinction entre l'amende proprement dite, et les restitutions et autres réparations civiles ; toutes ces condamnations donnent ouverture à l'appel lorsqu'elles excèdent 5 fr. En présence d'une disposition si large, l'amende de plus de 5 fr., infligée au témoin défaillant (V. n° 173) ou récalcitrant (V. n° 281), sera prononcée en premier ressort, puisque, amende pénale, ou simple réparation civile, au profit du trésor, d'un manquement à la justice (V. n° 173), elle rentrera dans les termes de l'art. 172. Quant à la disposition de l'art. 80 qui interdit l'appel au témoin condamné, elle ne saurait, ce me semble, prévaloir sur les termes contraires de l'art. 172. Si en simple police, l'on est obligé d'avoir recours à l'art. 80, ce n'est évidemment que pour le chiffre de l'amende que l'art. 157 a passé sous silence ; là doit s'arrêter l'emprunt, parce que là se borne la nécessité ; quant au caractère de la décision à rendre, il ne saurait être régi que par l'art. 172, spécial au tribunal de simple police ; là, cette décision est un véritable juge-

(1) *Instruct. crim.*, t. 1, p. 677 ; Metz, 20 avril 1821, *J. du Palais.*
(2) *Instruct. crim.*, t. 7, p. 289 ; t. 8, p. 21.
(3) En matière civile, l'amende encourue par les témoins défaillants ne peut non plus dépasser 100 fr. ; mais l'ordonnance du juge-commissaire qui la prononce est sujette à l'appel. Cod. proc. civ., art. 263.

ment, au lieu d'une simple ordonnance, et un jugement rendu en premier ressort.

En police correctionnelle il en serait autrement (1). Devant cette juridiction le montant des réparations civiles n'influe point sur le caractère du jugement, que le chiffre de l'amende pénale détermine seul ; et, on l'a vu, l'amende infligée aux témoins n'est qu'une sorte de réparation civile.

557. Quant aux jugements qui prononcent une durée quelconque d'emprisonnement, ils sont sujets à l'appel, sans distinction, et lors même que la prison n'aurait été prononcée que par suite d'une fausse application de la loi (2). — Condamnations correctionnelles, même règle ; V. Incidents, n° 449.

558. *Délais de l'appel.* — « L'appel des jugements rendus par le tribunal de police sera porté au tribunal correctionnel : cet appel sera interjeté dans les dix jours de la signification de la sentence à personne ou domicile ; il sera suivi et jugé dans la même forme que les appels des sentences des justices de paix. » C. I., art. 174.

Il résulte d'abord de ce texte que la signification du jugement en premier ressort peut seule faire courir le délai d'appel, et qu'ainsi, tant que le jugement n'a pas été signifié, l'appel est recevable (3), sans préjudice des dix jours qui suivent cette signification.

559. Ainsi l'on devrait déclarer formé en temps utile un appel relevé par un prévenu au cours même de l'instance d'appel commencée par le recours d'un

---

(1) Nancy, 16 novembre 1842, D. P., 43.2.6; V. aussi mon *Traité des tribunaux correctionnels*, t. 2, p. 390.
(2) 11 février 1819, B. 19.
(3) 7 décembre 1833, B. 499.

autre prévenu appartenant à l'affaire, si le délai d'appel n'était point encore ouvert par suite du défaut de signification du jugement (1). Une fois ce délai expiré aucun appel n'est recevable ; il n'y a pas, en matière correctionnelle et de police, d'appel incident proprement dit, comme en matière civile. Code procéd. civ., art. 443 (2).

540. En second lieu, le délai de dix jours est le même, que le jugement soit par défaut ou contradictoire (3); il court toujours de la signification (4) et il se confond avec le délai de l'opposition, contrairement à ce qui a lieu en matière civile où le délai de l'appel, pour les jugements par défaut, ne commence qu'à l'expiration de celui de l'opposition. C. proc. civ., art. 443, 445. En matière correctionnelle et de police (5) on peut appeler d'un jugement par défaut, sans le frapper d'opposition (6). C'est au prévenu, qui suit cette marche, à s'imputer de s'être de la sorte privé de l'une de ces voies de recours (7).

541. *Forme de l'appel.* — Le Code n'a pas déterminé, comme en police correctionnelle, les formes de l'acte d'appel. Cet acte (F. n° 769) peut consister, soit dans une déclaration faite au greffe et reçue par le greffier (8), sur un registre spécial (F. n° 768), soit dans un exploit signifié au ministère public avec citation (F. n° 770) devant le tribunal correctionnel (9), ou même au procureur impérial de l'arrondissement. C'est, en effet, à

(1, 2) 24 juillet 1818, B. 94·; surtout 2 décembre 1825, B. 232.
(3, 4) 20 août 1841, B. 258.
(5) 7 juillet 1864, B. 175.
(6, 7) 6 mai 1826, B. 94 ; 31 mai 1833, B. 210.
(8) 6 août 1829, D. P., 1.329; 28 juin 1845, B. 216. — C'est la forme uniquement suivie aux colonies; Ordonn. des 12 octobre 1828-21 juillet 1829, art. 174.
(9) 1ᵉʳ juillet 1826, D. P., 1.398; 28 juin 1845, déjà cité.

ce dernier magistrat qu'il appartient de conclure dans l'instance ouverte par l'appel (1).

542. L'acte d'appel n'a pas besoin de contenir une constitution d'avoué. Cet indispensable préliminaire des appels des sentences de justice de paix en matière civile (C. proc., art. 462), n'est point ici applicable ; en effet, l'art. 174 du C. d'instruction dit que l'appel de simple police sera *suivi* et *jugé* et non pas *interjeté* dans la même forme que les appels de justice de paix ; et, en outre, aucune disposition du même Code n'impose aux parties l'obligation d'employer, près des tribunaux correctionnels, le ministère des avoués, même pour prendre des conclusions à fins civiles (2).

L'appel n'est pas non plus irrégulier parce qu'il ne mentionne ni la profession, ni le domicile de l'appelant ; ces détails restent dans les art. 61, 68 et 72 du Code de procédure (3).

543. Il faut en dire autant de l'amende prononcée par le Code de procédure civile, art. 471, en cas de fol appel d'une sentence de juge de paix ; toute sanction pénale devant être restreinte aux cas spécialement déterminés par la loi (4).

544. *Effets de l'appel.* « L'appel sera suspensif. » C. I., art. 173. — Il résulte implicitement de ce laconique article, que l'exécution des jugements en premier ressort est également suspendue pendant les délais de l'appel ; c'est aussi la disposition textuelle de l'art. 203, § 2 du Code.

Une *requête* peut être déposée par l'appelant au greffe

(1) 27 août 1825, B. 169 ; 19 septembre 1834, B. 310.
(2) 11 octobre 1834, B. 351 ; 7 avril 1837, B. 105.
(3) 2 décembre 1826, B. 243.
(4) 19 juin 1847, B. 46 ; 12 juin 1823, B. 63, p. 235.

23.

à l'appui de son recours ; elle est, bien entendu, jointe au dossier (Observ. n° 771).

545. *Envoi du dossier.*—L'officier du ministère public de simple police, bien que ses pouvoirs cessent en quelque façon par suite d'une déclaration d'appel, a encore d'essentiels devoirs à remplir envers le procureur impérial de l'arrondissement. Il doit veiller à ce que le dossier de l'affaire, afin d'être transmis à ce magistrat, soit promptement mis en état par le greffier. Ce soin diligent est indispensable. Le prévenu qui a suspendu l'effet d'un jugement par un appel, n'a pas intérêt à faire juger son recours. Il est, au contraire, porté à garder le silence par l'espoir qu'un oubli laissera s'accomplir la prescription annale, laquelle (V. n° 337) court à dater de la notification de l'appel, et, partant, annihiler entièrement la sentence et la poursuite.

Inventaire des pièces, V. n°s 570, 574.

Classement du dossier, V. n°s 678, 679.

Quant à l'instruction et au jugement de l'appel, qui concernent les tribunaux correctionnels, je m'en suis occupé dans mon Traité spécial de la procédure de ces tribunaux, tome 2, chap. ix, n°s 1023 à 1038.

§ III. — *Du pourvoi en cassation.*

546. « Le ministère public et les parties pourront, s'il y a lieu, se pourvoir en cassation contre les jugements rendus en dernier ressort par le tribunal de police, ou contre les jugements rendus par le tribunal correctionnel, sur l'appel des jugements de police. — Le recours aura lieu dans la forme et dans les délais qui seront prescrits. » C. I., art. 177.

C'est l'officier du ministère public attaché au tribunal

de police que-désigne cet article ; le procureur impérial de l'arrondissement ne pourrait se pourvoir en cassation contre un jugement de simple police parce qu'il n'exerce pas de fonctions près de cette juridiction (1) ; le pourrait moins encore un agent voyer, même délégué, dans ce but, par le préfet (2).

Quant au maire, il a le droit de se pourvoir contre les jugements rendus par le tribunal de police, sur les conclusions de son adjoint (3). Si l'officier du ministère public est un commissaire de police délégué, le maire n'a pas qualité pour se pourvoir (4).

Les parties qui ont le droit de se pourvoir sont les personnes qui ont pris qualité dans le jugement : prévenus, civilement responsables, parties civiles.

547. La jurisprudence a modifié profondément la portée des termes de l'art. 177, en ce qui concerne les jugements susceptibles de pourvoi en cassation. A l'égard des parties que je viens d'indiquer, ce sont bien les jugements en dernier ressort, seuls, qui sont sujets au recours en cassation. Les jugements en premier ressort, devenus définitifs par l'expiration du délai d'appel, ne peuvent absolument être frappés d'un pourvoi (5) par une partie autre que le ministère public (n° 549) ; devenus définitifs parce que les parties ont laissé écouler les délais sans appeler, ces jugements n'ont point cessé d'être en premier ressort, et dès lors la voie de la cassation est fermée (6). J'ai déjà fait connaître (n° 533) les caractères d'un jugement en dernier ressort ; il y a

(1) 15 prairial an VIII, B. 361 ; 6 août 1824, D. A., t. 11, p. 35, note 2 ; 1er mai 1857, B. 175.
(2) 8 janvier 1859, B. 11.
(3) 6 mars 1845, B. 78.
(4) 23 janvier 1864, B. 24.
(5) 23 mars 1850, B. 114.
(6) 10 août 1844, B. 289 ; 23 mars 1850, B. 114.

néanmoins quelques distinctions à ajouter à ce que j'ai dit.

548. Ce ne sont pas les seuls jugements en dernier ressort définitifs qui sont susceptibles d'un pourvoi en cassation ; cette voie de recours est encore applicable :

Aux jugements *interlocutoires* rendus au cours de l'instruction (1). V. p. 323. Si ces jugements n'ont pas été attaqués dans le délai du pourvoi, ils ne peuvent plus l'être après les jugements du fond (2).

Aux jugements d'*incompétence*, et de *sursis* (3).

Il en est autrement pour les jugements préparatoires proprement dits : ils ne peuvent être attaqués que conjointement avec le jugement définitif, soit par un appel, soit par un pourvoi (4), C. I., art. 416, selon le caractère de ce dernier jugement. — V. pour les détails, sur ces divers jugements, les nos 443, 444.

549. Quant à l'officier du ministère public, il n'y a pas de distinctions à faire ; pour lui tous les jugements sont en dernier ressort et partant également susceptibles d'un pourvoi en cassation (5).

550. Mais ce fonctionnaire ne peut se pourvoir dans l'intérêt de la loi (6). Ce droit exceptionnel n'appartient

---

(1) 10 août 1833, B. 308.
(2) 5 novembre 1829, B. 250.
(3) 5 octobre 1837, B. 300; 1er juin 1838, B. 149; 28 avril 1854, B. 127 ; 10 décembre 1864, vu au greffe de la Cour.
(4) 18 juillet 1817, B. 67 et autres cités p. 399, note 2.
(5) 2 août 1839, B. 253 et les arrêts cités p. 395, note 3.
(6) 24 août 1815, B. 47 ; 23 septembre, 7 décembre 1826, B. 191, 247; 28 mars, 21 mai 1829, B. 67, 108 ; 23 avril 1834, B. 93; 13 novembre 1834, D. P., 35.1.196; 14 novembre 1839, B. 345 ; 4 janvier, 22 février 1840, B. 7, 67 ; 27 juin 1845, B. 209; 12 juillet 1849, B. 126; 29 décembre 1853, B. 604 ; 3 février 1859, B. 42; 4 mars 1864, B. 59.

qu'au procureur général à la Cour de cassation (en certains cas sur l'ordre du ministre de la justice), d'après les art. 441 et 442 C. d'instr. ; et qu'au ministère public près de la Cour d'assises, en cas d'acquittement de l'accusé. C. I., art. 409. Néanmoins, si le pourvoi, dans l'intérêt de la loi, formé par le ministère public de simple police, ne l'avait pas été hors des délais ordinaires, les termes irréguliers employés à le formuler ne mettraient pas obstacle à sa recevabilité (1).

551. La notification des jugements rendus contradictoirement et en dernier ressort n'est point nécessaire pour faire courir contre les parties les délais du pourvoi ; ces délais courent de plein droit et contre elles et contre le ministère public, à compter du jour où ces jugements ont été prononcés (2). Pour les jugements susceptibles d'appel, le pourvoi en cassation ne peut être formé qu'après l'expiration du délai d'appel, lequel ne court qu'à partir de la signification du jugement (3).

552. Lorsque le jugement de condamnation a été rendu par *défaut,* tant qu'il n'a pas été signifié (4), il n'y a pas ouverture au pourvoi. En effet, le délai court seulement à dater de l'expiration de celui de l'opposition, par la raison qu'un pourvoi en cassation ne peut être dirigé que contre un jugement définitif (5) ; cette règle est applicable aux jugements de *débouté* d'opposition auxquels le prévenu n'a pas comparu ; la signi-

(1) 19 avril 1832, B. 140.
(2) 2 août 1828, B. 232 ; 19 novembre 1835, B. 434.
(3) 14 novembre 1861, B. 232 ; 10 avril 1863, B. 111 ; 3 juin 1864, B. 141.
(4, 5) 10 frimaire an XIII, 15 janvier 1808, D. A., t. 2, p. 310 ; 10 août 1833, B. 311 ; 5 décembre 1834, B. 391 ; 21 novembre 1839, B. 352 ; 23 juillet 1842, D. P.1.391 ; 24 mars 1855, B. 110 ; 2 juillet 1859, B. 166 ; 19 novembre 1864, vu au greffe.

fication seule les rend définitifs ; et c'est dans les trois jours de cette formalité que le pourvoi en cassation peut être formé (1).

Le ministère public ne peut se pourvoir tant que le prévenu peut encore faire opposition au jugement par défaut (2). Il en est autrement pour les jugements de *relaxe* ou d'acquittement, parce que dans ce cas, et cela se conçoit, il n'y a pas lieu à opposition de la part du prévenu (3).

Jugement rendu en l'absence du prévenu, et qui, cependant, est contradictoire, V. n° 441 bis.

552 *bis. Motifs.* — A l'égard de tous les jugements, c'est contre le *dispositif* que l'on peut se pourvoir, et non contre les *motifs*, quelque erronés qu'ils soient (4); en effet, des motifs qui ne sont autre chose que des raisonnements et des opinions, n'ordonnent rien, ne jugent rien, et ce n'est que contre ce qui est *jugé* que l'on a à se pourvoir.

553. *Délai.* — L'art. 177 du Code (n° 646) annonce sur la forme et les délais du recours en cassation, une disposition qui a été omise et cela a eu lieu aussi en matière correctionnelle (article 216). Pour combler ces lacunes la Cour suprême a décidé que l'art. 373, quoique du titre *des affaires soumises au jury*, était applicable aux matières correctionnelles et de simple police (5). Voici ce texte :

Art. 373. « Le condamné aura trois jours francs après

(1) 18 novembre 1854, B. 319.
(2) 28 juillet 1864, B. 186.
(3) 26 décembre 1839, B. 389; 4 février 1864, B. 31.
(4) V. entre autres, 29 janvier 1824, Requêtes, D. A., t. 2, p. 310; 22 février 1856, B. 80.
(5) 16 juillet 1824, B. 94; 2 août 1828, déjà cité ; 21 octobre 1830, B. 235; 16 novembre 1848, B. 279; 8 mars 1851, D. P., 5.69; 12 août 1852, B. 276; 18 novembre 1854, B. 319.

celui où son arrêt lui aura été prononcé, pour déclarer au greffe qu'il se pourvoit en cassation.

« Le procureur général pourra, dans le même délai, déclarer au greffe qu'il demande la cassation de l'arrêt.

« La partie civile aura aussi le même délai (1) ; mais elle ne pourra se pourvoir que quant aux dispositions relatives à ses intérêts civils.

« Pendant ces trois jours, et s'il y a eu recours en cassation, jusqu'à la réception de l'arrêt de la Cour de cassation, il sera sursis à l'exécution de l'arrêt de la Cour. »

Ces « trois jours francs » signifient que le pourvoi est encore recevable le quatrième jour après celui du jugement (2). En effet, le troisième jour ne serait pas franc pour la partie qui se pourvoit, si elle ne pouvait profiter de ce jour tout entier pour délibérer sur le parti qu'elle doit prendre. C'est aussi le principe concernant le pourvoi en matière civile, quoique le délai soit de deux mois. La loi du 2 juin 1862 dispose formellement, article 9, « que le délai est franc et que si le dernier jour du délai est férié, le délai sera prorogé au lendemain. » Ainsi, en matière de police, est recevable un pourvoi formé le 11, contre un jugement du 7 (3) ; le 19 contre un jugement du 15 (4) ; et le 30 contre un jugement du 26 (5).

Mais aussi ce délai de quatre jours est de rigueur et ne peut être étendu (6), lors même qu'un jour férié s'y trouve compris : ainsi sont non recevables des pourvois

---

(1) 5 décembre 1846, B. 308.
(2) 9 avril 1836, B. 113 ; 14 octobre 1856, B. 339.
(3) 18 mars 1843, B. 64.
(4) 7 décembre 1832, B. 480.
(5) 8 novembre 1834, B. 364.
(6) 10 août 1833, B. 312.

formés le 15 contre un jugement du 10 (1), le 11 contre un jugement du 5 (2).

Point de départ du délai ; jugements contradictoires, n° 551, — par défaut, n° 552.

554. Quant à la *forme* du pourvoi, elle est réglée par les art. 417 et 418 du Code ; les art. 419 à 423 sont relatifs aux formalités accessoires du pourvoi.

Art. 417. « La déclaration de recours sera faite au greffier par la partie condamnée, et signée d'elle et du greffier ; et, si le déclarant ne peut ou ne veut signer, le greffier en fera mention.

« Cette déclaration pourra être faite, dans la même forme, par l'avoué de la partie condamnée ou par un fondé de pouvoir spécial ; dans ce dernier cas, le pouvoir demeurera annexé à la déclaration.

« Elle sera inscrite sur un registre (F. n° 760) à ce destiné ; ce registre sera public, et toute personne aura le droit de s'en faire délivrer des extraits. »

La déclaration du pourvoi n'est valable qu'autant qu'elle a été faite au greffier du tribunal de police et constatée par lui (F. n° 772); ainsi l'on a considéré comme n'étant pas recevable :

1° Un pourvoi déclaré, soit par le condamné, soit par le ministère public, à l'audience de police, après le prononcé du jugement; cette forme, d'ailleurs, est contraire au respect dû aux magistrats, qui sont l'organe de la loi ; elle équivaudrait à une espèce d'intimidation personnelle proscrite par les principes du droit public; et le tribunal de police devrait refuser d'en donner acte (3);

(1) 12 février 1808, 25 février 1834, *J. du Palais*.
(2) 3 février 1865 (aff. Nivois), vu au greffe de la Cour et autres.
(3) 20 juin 1812, *J. du Palais*; 14 juillet 1838, B. 220.

2° Un pourvoi formé par une simple lettre missive (1) ;

3° Un pourvoi qualifié appel, et où la Cour de cassation ne serait pas mentionnée, et bien que le dossier eût été envoyé au greffe de cette Cour (2) ;

4° La déclaration d'un commissaire de police, de lui signée, et portant qu'il se pourvoit en cassation (3) ;

5° Une déclaration de pourvoi du même fonctionnaire, signifiée par exploit d'huissier au greffier du tribunal (4) ;

6° Un mandat formé par le maître du contrevenant, dépourvu d'un mandat spécial (5).

555. Dans tous les cas, l'acte ne doit rien contenir d'inconvenant ou d'irrespectueux pour le magistrat qui a prononcé la décision attaquée. La Cour de cassation ayant eu à statuer sur un pourvoi dans lequel de la partialité était reprochée au juge de police, « réserva, par son arrêt, au procureur général, près la Cour royale du ressort, son action, conformément aux lois, pour venger cette atteinte portée à la dignité, à l'honneur et à l'indépendance du tribunal (6). »

556. Quoi qu'il en soit, le greffier ne peut se refuser à recevoir la déclaration, même lorsque le délai est expiré, ou que le pourvoi est irrégulièrement formé ; il n'est point juge de la recevabilité de ce recours, et c'est à la Cour de cassation seule qu'il appartient de

(1) 28 juin, 26 juillet 1811, *J. du Palais*; 3 juin 1837, *idem*, 1840.1.417.
(2) 6 décembre 1834, D. P., 35.1.247.
(3) 12 novembre 1852, B. 364.
(4) 20 novembre 1845, B. 344; 8 juin 1855, B. 203.
(5) 19 août 1859, B. 210.
(6) 28 avril 1827, B. 109.

prononçer sur la difficulté (1). Un certificat du greffier compétent et qui constaterait son refus équivaudrait à une déclaration en forme (2).

557. Quant au *lieu* où le pourvoi peut être déclaré, l'art. 417 a modifié l'art. 373, où il est question du greffe, en exigeant comme condition substantielle, que la déclaration soit faite au greffier ; d'où il suit que le pourvoi est régulier, quoique reçu par le greffier, hors du greffe, par exemple, dans le cabinet du maire ou du commissaire de police (3).

558. Enfin, l'heure est sans importance pour la recevabilité de cet acte : ainsi, un pourvoi reçu après la fermeture du greffe est régulier ; les dispositions des décrets sur le temps durant lequel les greffes (4) doivent être ouverts n'invalident nullement les actes qui y sont passés après l'heure du règlement (5).

559. Le délai du pourvoi est si court, que l'absence ou la négligence du greffier pourrait priver les parties ou le ministère public du bénéfice de ce recours, si la jurisprudence n'avait décidé :

Qu'en cas de défaut de registre au greffe, destiné à recevoir les pourvois, il y est valablement suppléé par un acte d'huissier (6) ; et même par une déclaration écrite présentée au greffier et contre-signée par cet officier ministériel (7) ;

Qu'en cas de refus, par le greffier, de recevoir le

---

(1) Décision du garde des sceaux du 17 janvier 1826, Gillet, p. 357.

(2) 15 novembre 1811, Devill. et Car., t. 3, p. 424; 8 juillet 1864, B. 182.

(3) Arg. du 16 août 1839, B. 260; surtout 2 mars 1855, B. 80.

(4) Décret du 30 mars 1808, art. 90.

(5) 18 mars 1843, B. 64.

(6) 17 messidor an VII, B. 488; 15 janvier 1857, B. 28 et 29.

(7) 15 janvier 1859, B. 23; 17 février 1860, B. 46 et 47.

pourvoi, la déclaration y relative peut être reçue par un officier public (1), par un notaire (2), pourvu toutefois que l'acte de ce fonctionnaire (F. n° 773) constatât préalablement l'absence ou le refus du greffier (3);

Que la sommation, par acte d'huissier, à un greffier de se transporter à la prison pour y recevoir la déclaration du pourvoi du condamné, équivalait à un pourvoi régulier (4).

560. *Désistement.* — Les parties peuvent se désister (Observ. n° 774) de leur pourvoi, mais non l'officier du ministère public ; l'action publique, mise en mouvement par le recours de ce fonctionnaire, appartient à la société : ainsi son pourvoi est acquis à toutes les parties ; s'il est formé dans l'intérêt public, le prévenu doit profiter des chances favorables que le recours peut lui ouvrir, et dont il serait privé s'il dépendait du ministère public d'anéantir ce pourvoi de sa propre autorité (5).

Le désistement est recevable tant que la Cour suprême n'a pas statué ; il peut être déclaré au greffe et par une lettre signée d'un avocat près cette Cour (6).

561. Le pourvoi en cassation, on l'a vu (n° 553), est *suspensif*. Ainsi dès qu'il a été déclaré, il faut surseoir à l'exécution du jugement attaqué, que ce soit un jugement de condamnation (V. n° 394 et s.) ou un simple jugement d'instruction tel que celui qui déclarerait

---

(1) 3 octobre 1822 (Caron), *J. du Palais.*
(2) 3 janvier 1812, D. A., t. 2, p. 289.
(3) 4 décembre 1807, 24 janvier et 21 février 1812, D. A., t. 2, p. 290.
(4) 9 janvier 1824, D. A., t. 2, p. 291.
(5) 2 mars 1827, B. 46; 15 juillet 1836, B. 234; 21 novembre 1839, B. 353; 9 juillet 1840, B. 198; 10 avril 1856, B. 143.
(6) Implicitement, 4 novembre 1864, vu au greffe de la Cour.

une opposition recevable (1), et le juge ne pourrait passer outre, quelque irrégulier, tardif ou incomplet que fût le pourvoi (2).

562. *Notification du pourvoi.* — Art. 418. « Lorsque le recours en cassation contre un arrêt ou jugement en dernier ressort, rendu en matière criminelle, correctionnelle ou de police, sera exercé soit par la partie civile, s'il y en a une, soit par le ministère public, ce recours, outre l'inscription énoncée dans l'article précédent, sera notifié (F. nº 775) à la partie contre laquelle il sera dirigé, dans le délai de trois jours.

« Lorsque cette partie sera actuellement détenue, l'acte contenant la déclaration de recours lui sera lu par le greffier : elle le signera ; et, si elle ne le peut ou ne le veut, le greffier en fera mention.

« Lorsqu'elle sera en liberté, le demandeur en cassation lui notifiera son recours par le ministère d'un huissier, soit à sa personne, soit au domicile par elle élu ; le délai sera, en ce cas, augmenté d'un jour par chaque distance de trois myriamètres. »

La notification prescrite par cet article est une formalité essentielle, qui a pour objet de mettre le prévenu en demeure de défendre au pourvoi devant la Cour de cassation, s'il le juge à propos. Quoique l'art. 418 ne soit pas prescrit à peine de nullité (3), il n'en doit pas moins être observé ; le défaut de notification de la part, soit du ministère public, soit de la partie civile, donnerait au prévenu, qui n'aurait pas défendu au pourvoi, le droit de former opposition à l'arrêt rendu par la

---

(1, 2) 26 avril 1811, B. 64. — On voit dans cet arrêt ancien qu'un juge de paix avait pris sur lui de déclarer un pourvoi non recevable, faute de consignation de l'amende et de dépôt de la requête en cassation au greffe (V. nºˢ 564, 568) ; je ne connais pas un autre exemple d'un pareil excès de pouvoir.

(3) 14 septembre 1833, B. 381 ; 5 août 1841, B. 230.

Cour de cassation sur le pourvoi (1), ce qui entraînerait des retards et un nouvel arrêt (2). Seulement le délai de trois jours fixé par l'art. 418, qui part du jour de la déclaration du pourvoi (3), n'est pas de rigueur; la notification du pourvoi est valablement faite après ce temps (4); mais l'officier du ministère public qui s'est pourvu doit, le plus tôt possible, effectuer cette notification. Si la formalité n'était remplie qu'un an après la déclaration du pourvoi, ce pourvoi serait non recevable, l'action publique se trouvant alors prescrite (5). V. n° 338.

L'huissier commis pour la notification porte son original au bas de l'expédition du pourvoi (V. n° 484) délivrée par le greffier, pour être jointe au dossier.

Quand le pourvoi a été régulièrement notifié au défendeur, l'arrêt rendu par la Cour de cassation, en conséquence, est réputé contradictoire, que ce défendeur se fasse représenter ou non devant la Cour (6).

565. *Préliminaires.* — *Consignation.* — Art. 419. « La partie civile qui se sera pourvue en cassation est tenue de joindre aux pièces une expédition authentique de l'arrêt.

« Elle est tenue, à peine de déchéance, de consigner une amende de cent cinquante francs ou de la moitié de cette somme, si l'arrêt est rendu par contumace ou par défaut. »

(1) 18 octobre, 14 novembre 1811, D. A., t. 2, p. 284, 285.
(2) En Belgique, la Cour de cassation ne se contente pas de réserver à la partie adverse la voie de l'opposition, elle refuse de connaître du pourvoi, s'il n'y a pas eu de notification préalable. Cette marche paraît, et avec raison, préférable à M. Delangle; *Encyclopédie du droit*, v° *Cour de cassation*, t. 7, p. 361.
(3) M. Delangle, *ibidem*.
(4) 7 septembre 1832, B. 341; 2 mars 1838, B. 55.
(5) 19 juillet 1838, B. 228.
(6) 4 juin 1836, B. 179.

La consignation (F. n° 776) de cette somme, plus le dixième pour décime de guerre (1), n'a pas besoin de précéder ou d'accompagner immédiatement le pourvoi : il suffit, pour rendre le recours recevable, qu'elle soit effectuée avant l'audience de la Cour de cassation à laquelle l'affaire doit être portée (2). Le ministère public de simple police n'a donc pas à vérifier si cette consignation a été effectuée par la partie civile.

La consignation n'est réduite à la moitié, ou à 82 fr. 50 c. pour la partie civile, que lorsque le jugement attaqué a été rendu par défaut contre elle-même (3) ; la somme entière devrait être consignée, si c'est le prévenu qui était défaillant.

564. Art. 420 : « Sont dispensés de l'amende : 1° les condamnés en matière criminelle ; 2° les agents publics pour affaires qui concernent directement l'administration et les domaines ou revenus de l'Etat.

« A l'égard de toutes autres personnes, l'amende sera encourue par celles qui succomberont dans leur recours. Seront néanmoins dispensées de la consigner, celles qui joindront à leur demande en cassation : 1° un extrait du rôle des contributions constatant qu'elles paient moins de six francs, ou un certificat du percepteur de leur commune portant qu'elles ne sont point imposées ; 2° un certificat d'indigence à elles délivré par le maire de la commune de leur domicile ou par son adjoint, visé par le sous-préfet et approuvé par le préfet de leur département. »

Cet article ne met pas le ministère public au rang des agents dispensés de l'amende, mais il n'importe (4) :

---

(1) Loi du 6 prairial an VII, maintenue chaque année par le budget des recettes.

(2) 6 fructidor an VIII, D. A., t. 2, p. 272.

(3) 14 mai 1813, D. A., t. 2, p. 270, note.

(4) M. Delangle, *Encycl. du droit*, v° *Cour de cassat.*, t. 7, p. 355.

du moment que les agents administratifs ou fiscaux de l'Etat ne sont pas soumis à la consignation, le ministère public, qui agit dans un intérêt plus général encore, doit en être dispensé.

Mais un maire qui se pourvoit dans l'intérêt de sa commune, et spécialement dans une affaire d'octroi, est astreint à la consignation (1); il n'est, en ce cas, que l'agent de la commune et non celui de l'Etat (2).

L'exception de l'art. 420 ne profite qu'aux condamnés pour crime; elle ne s'étend pas à ceux qui n'ont été punis, même par un arrêt de Cour d'assises, que pour un simple délit (3).

565. Quant aux condamnés de simple police, la consignation de l'amende est obligatoire (4), et ils ne peuvent s'en dispenser qu'en produisant deux pièces :

1° Un extrait du rôle des contributions constatant qu'ils paient moins de 6 fr., ou un certificat du percepteur de la commune, portant qu'ils ne sont point imposés;

2° Un certificat d'indigence délivré par le maire ou l'adjoint de leur domicile, visé par le sous-préfet et approuvé par le préfet.

Pour rendre le pourvoi recevable, les énonciations de ces pièces doivent être sincères, et ne pas présenter d'ambiguïté, comme il s'en rencontre quelquefois dans de semblables attestations obtenues de l'indulgence municipale.

Ainsi, seraient insuffisants :

1° Le certificat du percepteur portant que le demandeur n'avait pas payé sa cote à cause de son état d'indigence; le certificat du commissaire de police attestant

(1) 13 octobre 1820, B. 134; 5 mars 1831, B. 43.
(2) 9 mars 1838, B. 66.
(3) 2 novembre 1815, D. A., t. 1, p. 387.
(4) 3 novembre 1864, 26 janvier 1865, vus au greffe de la Cour.

que le même n'avait que peu de moyens pour subsister (1);

2° Le certificat du maire, approuvé par le préfet,
attestant que le demandeur ne possède aucune propriété immobilière : on peut être riche sans posséder
d'immeubles (2);

3° Le certificat du même fonctionnaire attestant l'indigence, mais délivré vingt mois avant le jugement
attaqué, la position de fortune du demandeur ayant pu
s'améliorer pendant cet intervalle (3) ;

4° Le certificat du même, attestant que le demandeur
est dans l'impuissance, à cause de son état de faillite,
de consigner l'amende exigée par la loi (4);

5° Le certificat du même, constatant que la deman-
deresse est réduite à une position très-malheureuse (5).

Et devraient être rejetés comme irréguliers :

1° Un certificat d'indigence simplement visé, légalisé
et approuvé par le sous-préfet, mais non approuvé par
le préfet (6);

2° Le même certificat simplement visé ou légalisé,
mais non approuvé par le préfet (7);

3° Un certificat du maire, délivré sur la simple déclaration du demandeur, et n'attestant pas que le fonctionnaire a une connaissance personnelle des faits (8).

---

(1) Carnot, *Instruct. crim.*, t. 3, p. 177; 22 prairial an xii, D.
A., t. 2, p. 274.

(2) 27 août 1812, D., *ibid.*, note.

(3) 25 thermidor an xii, *id. ibid.*, p. 273.

(4) 19 août 1837, D. P., 1838, p. 413.

(5) 17 juin 1852, B. 200.

(6) 27 vendémiaire an ix, 25 thermidor an xii, 11 mai 1808,
D. A., t. 2, p. 275, 273, 274; 11 septembre 1827, B. 267; 8 mai
1858, B. 148.

(7) 7 nivôse an xiii, 30 novembre, 4 et 26 décembre 1811, 18
janvier 1821, D. *ib.*, p. 275; 11 octobre 1827, B. 267; 31 juillet
1834, D. P., 1.455.

(8) 29 juillet 1853, B. 375; 30 novembre 1855, B. 381.

566. Il faut prendre garde que l'officier du ministère public n'est pas juge de la régularité des pièces que déposent les demandeurs en cassation à l'appui de leur pourvoi, et qu'il appartient à la Cour suprême seule de les apprécier ; seulement, et dans l'intérêt des pauvres gens, surtout, cet officier doit faire remarquer aux parties les imperfections de leurs certificats ; si son avertissement n'est pas suivi, le dossier est envoyé avec les pièces telles quelles.

567. *Mise en état.* — Art. 421 : « Les condamnés, même en matière correctionnelle ou de police, à une peine emportant privation de la liberté, ne seront pas admis à se pourvoir en cassation, lorsqu'ils ne seront pas actuellement en état ou lorsqu'ils n'auront pas été mis en liberté sous caution.

« L'acte de leur écrou ou de leur mise en liberté sous caution sera annexé à l'acte de recours en cassation.

« Néanmoins, lorsque le recours en cassation sera motivé sur l'incompétence, il suffira au demandeur, pour que son recours soit reçu, de justifier qu'il s'est actuellement constitué dans la maison de justice du lieu où siége la Cour de cassation : le gardien de cette maison pourra l'y recevoir sur la représentation de sa demande adressée au procureur général près cette Cour, et visée par ce magistrat. »

Le demandeur en cassation, condamné à l'emprisonnement, doit, avant que la Cour statue, s'être mis en état, c'est-à-dire s'être constitué prisonnier (F. n° 777), soit dans la maison d'arrêt voisine du tribunal qui a prononcé le jugement, soit à la Conciergerie, à Paris (1). La justification de la mise en état ou de la

---

(1) M. Delangle, *loc. cit.*, p. 357.

mise en liberté provisoire est substantielle (1), et d'autant plus qu'il avait été spécialement dérogé sur ce point à l'art. 421 du Codé, à l'égard des pourvois contre les jugements des conseils de discipline de la garde nationale (2). Mais les tribunaux de simple police n'ont pas à s'inquiéter de ce préliminaire, par la raison que leurs jugements emportant emprisonnement sont toujours en premier ressort, et que le pourvoi en cassation n'est recevable que contre les décisions en dernier ressort (3).

568. Art. 422 : « Le condamné ou la partie civile, soit en faisant sa déclaration, soit dans les dix jours suivants, pourra déposer au greffe de la Cour ou du tribunal qui a rendu l'arrêt ou le jugement attaqué une requête concernant ses moyens de cassation. Le greffier lui en donnera reconnaissance, et remettra sur-le-champ cette requête au magistrat chargé du ministère public. »

Le dépôt de la requête en question est purement facultatif; le demandeur en cassation, condamné, partie civile, peut l'adresser directement au greffe de la Cour suprême (V. n° 575). Ainsi, après le délai fixé par l'art. 423, il doit être passé outre à l'envoi du dossier. V. n° 570.

Lorsque la requête du demandeur en cassation, prévenu ou partie civile, est déposée au greffe du tribunal de police, il n'est pas besoin du ministère d'un avocat de cassation, comme dans le cas prévu par l'art. 424

_____

(1) 2 août 1816, B. 52; 20 août 1818, D. A., t. 2, p. 274; 4 mai 1839, B. 146 ; 18 octobre 1850, B. 365.

(2) Loi du 22 mars 1831, art. 120.

(3) Ainsi, le juge de police n'a point, malgré l'opinion de Henrion de Pansey (*Justices de paix*, ch. 60), à s'occuper de la mise en liberté sous caution.

(n° 575); la signature du demandeur ou de son fondé de pouvoir suffit (1).

569. Quoique l'art. 422, sur la requête, ne fasse pas mention du ministère public, l'officier qui remplit ces fonctions n'en a pas moins le droit d'user de cette formalité, lorsqu'il s'est pourvu, pour faire connaître à la Cour de cassation les moyens sur lesquels son recours se fonde. C'est même une obligation pour lui : telle circonstance de fait, essentielle au procès, échapperait à la Cour suprême, si une requête ne venait la lui révéler. Cette pièce doit être rédigée avec beaucoup de soin et de mesure. Il n'y faut rien omettre d'essentiel, mais aussi n'y rien consigner d'oiseux, et surtout l'écrire sans prétention et sans phrases. Enfin cette requête doit être adressée à la chambre criminelle de la Cour, même lorsqu'il s'agit d'un pourvoi contre un jugement rendu sur un renvoi de la Cour, et comme tel (Art. 427, n° 575), de la compétence des chambres réunies. En effet, ce n'est point aux parties qu'est dévolu le droit de saisir les chambres réunies de la Cour, c'est à la chambre criminelle, ayant déjà rendu un arrêt de cassation, qui décide, sur le second pourvoi contre le second jugement en dernier ressort, si la décision est attaquée par les mêmes moyens que la première, et qui, dans ce cas seulement, renvoie aux chambres réunies (2).

REQUÊTE EN CASSATION.

A MM. LES PRÉSIDENT ET CONSEILLERS COMPOSANT LA COUR DE CASSATION, CHAMBRE CRIMINELLE.

Le commissaire de police *ou* le maire de la commune d   ,

(1) 11 décembre 1847, B. 297.
(2) 25 janvier 1833, B. 22.

remplissant les fonctions du ministère public près le tribunal de simple police de ce canton, a l'honneur de vous exposer que, par acte reçu au greffe de ce siége, le   , notifié au prévenu le   , par acte du ministère du sieur   , huissier à   , il s'est pourvu en cassation contre un jugement de ce tribunal, en date du   , rendu dans les circonstances suivantes :

(Exposer ici sommairement les faits qui constituent la contravention.)

Le tribunal a prononcé le renvoi du prévenu par le motif que   .

Cette décision a paru au requérant susceptible d'annulation.

(Ici exposer les moyens de cassation. — Nullités de forme. — Inobservation d'arrêtés légalement pris. — Fausse application de la loi, etc.)

Ce considéré,

L'exposant requiert qu'il vous plaise, Messieurs, casser et annuler le jugement ci-dessus rappelé, et, pour être statué sur la poursuite dirigée contre le sieur   , renvoyer le procès et les parties devant un autre tribunal de même qualité.

A   , le   .

570. *Envoi du dossier.* — Art. 423. « Après les dix jours qui suivront la déclaration, ce magistrat fera passer au ministère de la justice les pièces du procès et les requêtes des parties, si elles en ont déposé.

« Le greffier de la Cour ou du tribunal qui aura rendu l'arrêt ou le jugement attaqué rédigera sans frais et joindra un inventaire des pièces, sous peine de cent francs d'amende, laquelle sera prononcée par la Cour de cassation. »

Ce délai de dix jours est accordé au demandeur pour déposer sa requête. Lorsqu'il est expiré, l'officier du ministère public envoie le dossier, après s'être assuré qu'il renferme toutes les pièces nécessaires, et après avoir rangé ces pièces dans l'ordre le plus convenable et les avoir cotées (1).

_____

(1) Instruction générale sur les frais de justice criminelle, 1826, p. 65, n° 52.

571. Toutes ces pièces doivent être envoyées en minute ; on n'en doit excepter que celles que le ministre de la justice désigne pour n'être expédiées que par copies ou par extraits. — Tels sont : 1° les jugements ; 2° la déclaration du pourvoi en cassation (1) ; 3° les arrêtés municipaux ou préfectoraux auxquels il a été contrevenu.

Formation du dossier, V. le n° 679.

Pourvois tardifs ou irréguliers, V. n° 556.

572. Lorsque l'officier du ministère public, demandeur en cassation, a envoyé le dossier ainsi complété, son devoir est accompli ; il n'a plus à intervenir dans l'affaire, ni comme partie, le pourvoi intéressât-il la commune dont il serait maire, à moins qu'il n'eût pris qualité sous ce rapport dans le pourvoi, ni comme ministère public, puisque le procureur général à la Cour de cassation est seul compétent à cet égard (2).

573. L'art. 423 prescrit l'envoi des pièces du procès au ministre de la justice, mais l'officier du ministère public ne doit lui envoyer la procédure que médiatement, c'est-à-dire par l'intermédiaire du procureur impérial, qui la transmet lui-même au procureur général. Il y aurait de l'inconvénient à ce que ces chefs de service n'eussent pas connaissance d'actes de l'importance de ceux qui saisissent la Cour suprême : d'ailleurs ces magistrats peuvent avoir à adresser des observations tendant à faire compléter ou régulariser le dossier.

574. L'obligation imposée au greffier de rédiger un inventaire des pièces est commune à tous les envois de

(1) Tarif criminel, art. 59 ; dite Instruction, p. 63, n° 51.
(2) 20 juin 1829, B. 139.

24.

procédures (1) ; ici elle est sanctionnée par une amende de 100 fr., qui est prononcée par la Cour de cassation (2).

575. *Suites du pourvoi.* — Art. 424. « Dans les vingt-quatre heures de la réception de ces pièces, le ministre de la justice les adressera à la Cour de cassation, et il en donnera avis au magistrat qui les lui aura transmises.

« Les condamnés pourront aussi transmettre directement au greffe de la Cour de cassation, soit leurs requêtes, soit les expéditions ou copies signifiées tant de l'arrêt ou du jugement que de leurs demandes en cassation; néanmoins la partie civile ne pourra user du bénéfice de la présente disposition sans le ministère d'un avocat à la Cour de cassation. »

Art. 427. « Lorsque la Cour de cassation annulera un arrêt ou un jugement rendu, soit en matière correctionnelle, soit en matière de police, elle renverra le procès et les parties devant une Cour ou un tribunal de même qualité que celui qui aura rendu l'arrêt ou le jugement annulé. »

C'est devant le tribunal de police le plus voisin que ce renvoi est fait (3), et en vertu d'une délibération spéciale prise en la chambre de conseil et dont il est fait mention dans l'arrêt (4).

L'affaire est renvoyée non devant un tribunal de police, mais devant le tribunal correctionnel, lorsqu'il y a cassation d'un jugement de police ayant irrégulièrement ou tardivement statué sur un délit d'audience (5); en ce cas c'est la juridiction correctionnelle

---

(1) Tarif criminel, art. 60.
(2) M. Delangle, *loc. cit.*, p. 365.
(3) Loi du 27 ventôse an VIII, art. 87.
(4) M. Delangle, *Encyclop. du droit,* t. 7, p. 374.
(5) 3 octobre 1851, B. 430.

qui devient compétente , le flagrant délit qui seul saisissait le tribunal de police ayant cessé d'exister.

Art. 436. « La partie civile qui succombera dans son recours, soit en matière criminelle, soit en matière correctionnelle ou de police, sera condamnée à une indemnité de cent cinquante francs et aux frais envers la partie acquittée, absoute ou renvoyée : la partie civile sera, de plus, condamnée envers l'Etat à une amende de cent cinquante francs, ou de soixante-quinze francs seulement si l'arrêt ou le jugement a été rendu par contumace ou par défaut.

« Les administrations ou régies de l'Etat et les agents publics qui succomberont ne seront condamnés qu'aux frais et à l'indemnité. »

Art. 437. « Lorsque l'arrêt ou le jugement aura été annulé, l'amende consignée sera rendue sans aucun délai, en quelques termes que soit conçu l'arrêt qui aura statué sur le recours, et quand même il aurait omis d'en ordonner la restitution. »

Art. 438. « Lorsqu'une demande en cassation aura été rejetée, la partie qui l'avait formée ne pourra plus se pourvoir en cassation contre le même arrêt ou jugement, sous quelque prétexte et par quelque moyen que ce soit. »

Art. 439. « L'arrêt qui aura rejeté la demande en cassation sera délivré dans les trois jours au procureur général près la Cour de cassation, par simple extrait signé du greffier, lequel sera adressé au ministre de la justice, et envoyé par celui-ci au magistrat chargé du ministère public près la Cour ou le tribunal qui aura rendu le jugement attaqué. »

576. *Loi du 1er avril* 1837. Art. 1er. « Lorsque après la cassation d'un premier arrêt ou jugement rendu en dernier ressort, le deuxième arrêt ou jugement rendu dans la même affaire, entre les mêmes parties, procédant en la même qualité, sera attaqué par les mêmes moyens que le premier, la Cour de cassation prononcera, toutes les chambres réunies. »

Art. 2. « Si le deuxième arrêt ou jugement est cassé pour les mêmes motifs que le premier, la Cour royale ou le tribunal auquel l'affaire est renvoyée se conformera à la décision de la Cour de cassation sur le point de droit jugé par cette Cour. »

Ce dernier article marque nettement la différence qui existe entre les renvois après cassation, de la chambre criminelle et des chambres réunies. Dans le premier cas, le tribunal de police, désigné par la Cour, est saisi de toute la partie de l'affaire (V. n° 379) sur laquelle a porté l'arrêt, et il peut, en toute liberté (1), apprécier le fait et y appliquer le droit, s'il y a lieu; dans le second, qui est excessivement rare, le juge de police n'est libre qu'à l'égard du fait ; pour l'application de la loi pénale, il doit nécessairement suivre l'interprétation consacrée par les chambres réunies de la Cour (2).

577. *Sobriété du ministère public dans ses pourvois.* — Quoique le recours en cassation soit la seule voie ouverte aux officiers du ministère public contre les jugements de simple police (je ne compte pas les règlements de juges, à cause de leur excessive rareté), ces fonctionnaires ne doivent en user qu'avec une extrême réserve. La Cour suprême, chargée de régulariser l'application de la loi et l'observation des formes pour tous les tribunaux de la France (3), ne peut être

(1, 2) M. Delangle, *loc. cit.*, p. 378, 379.
(3) Décret des 27 novembre-1er décembre 1790; Constitution du 3 septembre 1791, ch. 5, art. 19; *id.* du 5 fructidor an III, art. 254 et suiv. ; *id.* du 22 frimaire an VIII, art. 65.

appelée à intervenir que lorsqu'un principe essentiel a été méconnu. — Un acquittement peu mérité, une condamnation trop indulgente, ne suffisent pas, en général, pour déterminer un recours à cette haute juridiction. Il faut qu'il y ait eu, soit dans l'instruction de l'affaire, soit dans le jugement, inobservation grave d'une règle substantielle.

Ainsi, *en fait*, l'acquittement du prévenu a été prononcé ,

Bien que la preuve de la contravention résultât, soit d'un procès-verbal régulier, et non attaqué par les voies légales, soit de l'aveu du prévenu ;

Ou sans avoir eu égard à la force obligatoire d'un arrêté auquel le prévenu ne s'était pas conformé ;

Ou en prenant en considération des faits d'excuse non consacrés par la loi ;

En *droit*, l'infraction n'était pas de la compétence du tribunal ;

Les témoins n'ont pas prêté textuellement le serment prescrit ;

L'instruction n'a pas été publique, — *ou* c'est le jugement ;

Il n'a pas été fait droit à des réquisitions du ministère public, — *ou* le tribunal a omis d'y statuer ;

Le ministère public n'a pas été entendu ;

Le jugement n'est pas motivé ;

Il y a fausse application de la loi pénale.

Dans ces cas divers il y a violation de la loi, et un pourvoi doit être formé.

§ IV. — *Des règlements de juges.*

578. Lorsque deux tribunaux se trouvent saisis simultanément de la même infraction à la loi pénale, il en résulte ce qu'on nomme *un conflit positif* de juridiction, et il y a lieu de régler de juges, c'est-à-dire de déterminer le tribunal qui demeurera nanti de l'affaire. Cet incident est des plus rares en simple police, par la raison que le lieu de la contravention (V. nos 71, 72) fixe seul la compétence, et qu'ainsi il faudrait une bien grande inadvertance à cet égard, pour que la même affaire fût portée en même temps (1) à deux tribunaux séparés. Que si l'un de ces tribunaux avait déjà statué définitivement sur la poursuite, le dernier tribunal saisi devrait prononcer le renvoi du prévenu, en se fondant sur la *chose jugée* (V. n° 320), et il n'y aurait pas lieu à régler de juges (2).

579. Mais, ce qui arrive quelquefois, c'est que deux tribunaux de différents degrés, saisis de la même infraction, se déclarent incompétents; il y a alors ce qu'on nomme un *conflit négatif*, et la Cour de cassation doit, comme dans le premier cas, être appelée à régler de juges. C. I., art. 526.

Il y a conflit négatif en simple police :

1° Lorsqu'un tribunal correctionnel et un tribunal du police, saisis de la même contravention, se déclarent incompétents (3);

2° Lorsqu'une ordonnance du juge d'instruction ayant renvoyé une affaire devant un tribunal de simple police, celui-ci déclare son incompétence (4); — ou lorsque le tribunal de police s'étant déjà déclaré incompétent, le juge d'instruction lui renvoie la même affaire par une ordonnance passée en force de chose jugée (5);

(1, 2) 26 janvier 1850, B. 37.
(3) 20 août 1824, B. 103; 24 février, 7 octobre 1826, B. 33, 199; 19 mai, 21 décembre 1827, B. 119, 317 et autres, notamment, 11 décembre 1851, B. 513.
(4) 16 avril 1829, B. 79.
(5) 17 janvier 1823, B. 12; 25 octobre 1827, B. 276; 3 février 1843 (deux arrêts), B. 22, 23.

— ou encore, lorsque cè renvoi est ordonné par arrêt de la Chambre d'accusation de la Cour impériale. C. I., art. 230.

579 *bis*. C. d'inst. crim., art. 540, § 2. « Lorsque deux tribunaux de simple police seront saisis de la même contravention ou de contraventions connexes, les parties seront réglées de juges par le tribunal (correctionnel) auquel ils ressortissent l'un et l'autre ; et s'ils ressortissent à différents tribunaux (correctionnels), elles seront réglées par la Cour impériale, sauf le recours, s'il y a lieu, à la Cour de cassation. »

Ces dispositions me paraissent applicables tant aux cas de conflit *positif*, extrêmement rares, ainsi que je l'ai dit plus haut, p. 429, qu'à ceux de conflit *négatif*.

580. Les demandes en règlement de juges ne sont l'objet d'aucun pourvoi ou exploit proprement dit. La Cour de cassation en est saisie par un simple mémoire ordinairement présenté sous la forme d'une requête, et auquel on joint le dossier et une expédition des décisions, jugements, ordonnances, d'où résulte le conflit. C. I., art. 525.

581. J'ajoute que le ministère public de simple police n'a guère à s'occuper de cette procédure. Le procureur impérial, si l'une des causes du conflit a été un jugement correctionnel ou une ordonnance du juge d'instruction, et le procureur général, s'il s'agit, dans le même cas, d'un arrêt de la Cour impériale, étant parfaitement compétents pour présenter la demande en règlement de juges à laquelle donne lieu le jugement d'incompétence rendu en simple police, il est convenable que l'officier du ministère public de ce dernier tribunal laisse à ces magistrats le soin de former la demande, et leur envoie, à cet effet, le dossier avec une expédition du jugement.

Conflit d'attributions, V. plus haut, n° 367.

SECTION III.

LIQUIDATION ET TAXE DES FRAIS.

582. La liquidation et la taxe des frais en simple police, comme en toute autre juridiction, sont de l'office du juge ; cependant l'officier du ministère public n'y demeure pas étranger ; il doit veiller à ce que des dépens exagérés ou frustratoires ne passent pas en taxe lorsqu'il a à vérifier les mémoires produits par les parties prenantes, greffiers, huissiers (1), etc., et il a à taxer, lui-même, certains frais urgents, faits sur ses réquisitions, et relatifs à l'exécution des jugements.

J'ai classé cette matière ingrate sous les divisions déjà adoptées, — avant l'audience, — à l'audience, — après l'audience. Les observations que j'ai réunies sont empruntées, en très-grande partie, aux instructions de M. le garde des sceaux (2), et aux utiles publications de MM. Sudraud-Desisles (3), et de Dalmas (4), sur le Tarif criminel.

§ I. — *Frais faits avant l'audience.*

583. *Plainte de la partie lésée ;* n° 99. — Les plaintes,

(1) Circul. du garde des sceaux du 19 juillet 1856, Gillet, p. 798.
(2) Instruction générale sur les frais de justice criminelle, etc., 1826, in-4°.—Cet utile recueil n'est plus au courant depuis bien des années ; une nouvelle édition augmentée des décisions postérieures en vigueur en est attendue par les magistrats et les officiers de justice.
(3) *Notes d'un juge d'instruction*, etc., 1832, in-8°.
(4) *Des frais de justice en matière criminelle*, etc., 1834, in-8°; *Supplément.* 1847, in-8°.

assimilées aux actes qui concernent la police générale et la vindicte publique (1), ne sont point soumises à l'enregistrement. Quant au timbre, si elles contiennent une constitution de partie civile, qui fait supposer une demande ultérieure en dommages-intérêts, elles doivent, à moins que le plaignant ne justifie de son indigence, être rédigées sur papier timbré (2).

584. La *constitution de la partie civile* (n° 107), qu'elle soit faite par un acte séparé, ou verbalement à l'audience, n'est pas soumise à l'enregistrement ; reçue par le greffier, elle est enregistrée au droit fixe de 1 fr. 10 c. (3).

585. La *consignation*, par la partie civile (n° 107), de la somme jugée nécessaire pour faire face aux frais de la poursuite, se fait entre les mains du greffier, qui la constate sur le registre tenu à cet effet (4). Cette formalité et la garde des fonds ne donnent lieu à aucun émolument (5). Le récépissé (F. n° 684), que le greffier délivre à la partie civile, est porté sur une demi-feuille de timbre, mais n'est pas sujet à l'enregistrement (6).

586. Les *certificats d'indigence*, produits tant par la partie civile que par le demandeur en cassation (V. n°⁵ 107, 565), n'entraînent, et cela se conçoit, aucuns frais de rédaction, de timbre, ni d'enregistrement (7).

587. Le *désistement* de la partie civile, s'il n'est pas

---

(1) Loi du 22 frimaire an VII, art. 70, § 3, n° 9.
(2) Loi du 13 brumaire an VII, art. 12, 1°, à la fin.
(3) Loi du 22 frimaire an VII, art. 68, 27°. 48°.
(4) Ordonn. du 28 juin 1832, art. 1er.
(5) Tarif criminel, art. 160.
(6) Sudraud-Desisles, note 462.
(7) *Idem*, note 94.

reçu par le greffier (F. n° 684), doit être signifié par acte d'huissier, pour faire foi de sa date (V. n° 107); il est soumis aux mêmes frais qu'une citation ordinaire. V. ce mot, n° 590.

588. *Procès-verbaux et rapports de contravention.* — La rédaction de ces actes ne donne lieu à aucun émolument pour les gardes, ni pour les greffiers de paix ou autres fonctionnaires appelés à les rédiger (V. n°s 212 et s.) sous la dictée des préposés illettrés.

Ceux qui sont dressés par des gardes particuliers doivent être portés sur timbre et enregistrés comptant, au droit fixe de 2 fr. 20 c. (1).

Décime. En sus de chaque droit d'enregistrement, il est perçu un décime par franc; il en est de même pour les amendes (2).

Tous les autres procès-verbaux sont libellés sur papier visé pour timbre et enregistrés en débet, au même droit (3).

Ces droits de timbre et d'enregistrement entrent dans la liquidation des frais, pour les procès-verbaux de commissaires de police, de gardes champêtres ou de militaires du corps de la gendarmerie. Les lois sur l'enregistrement soumettent, en effet, « au visa pour timbre et à l'enregistrement en débet (4), les actes et procès-verbaux des huissiers, gendarmes, préposés, gardes champêtres ou forestiers (autres que ceux des particuliers), et généralement tous actes et procès-verbaux, concernant la police ordinaire, et qui ont pour

(1) Loi du 28 avril 1816, art. 43, n° 16.
(2) Loi du 6 prairial an VII, art. 1er.
(3) Ordonn. du 22 mai 1816, art. 5 ; Circul. du garde des sceaux, 24 septembre 1823 ; Gillet, p. 312.
(4) Lois des 22 frimaire an VII, art. 70, § 1, n° 4; du 25 mars 1817, art. 74; Cass.; 5 mars et 24 juin 1842, B. 54 et 158.

objet la poursuite et la répression des délits et contraventions aux règlements généraux de police et d'impositions. » Il en est autrement s'il s'agit d'une simple
note du commissaire de police, énonçant les contraventions poursuivies et indiquant les noms des témoins;
une telle pièce n'est point un acte : elle n'est donc pas
soumise aux formalités ci-dessus, et si, par inadvertance, elle avait été visée pour timbre et enregistrée en
débet, les frais résultant de ces formalités frustratoires
ne devraient pas être compris dans les dépens (1).

588 *bis.* Il en est de même pour les rapports des
simples agents de police. Ces pièces, qui ne font pas foi
en justice et ne valent que comme simples renseignements (V. n° 266), ne sont que des pièces d'administration intérieure, non assujetties à l'enregistrement.
Au tribunal de simple police de Paris, où se juge une
si prodigieuse quantité de contraventions, révélées par
de simples rapports des sergents de ville, ce principe
est admis depuis longtemps dans la pratique, d'accord
avec l'administration de l'enregistrement.

589. Les *avertissements* (V. n°ˢ 118 et suiv.) donnés,
soit aux parties, soit aux témoins, experts, etc., pour
paraître à l'audience, sont libellés sur papier libre, et
ne donnent lieu à aucuns frais (2).

590. Les *citations* (n° 123) données aux parties, témoins, etc., sont soumises au visa pour timbre et à
l'enregistrement, qu'elles soient notifiées par un huissier ou par un agent de la force publique (3). V.
n° 126.

(1) 24 juin 1842, B. 162.
(2) Dalmas, *Supplément*, p. 156.   § 1
(3) Loi du 22 frimaire an VII, art. 68, 30°,

Elles doivent être, original et copies, libellées sur timbre, lorsqu'elles sont données à la requête :

Du prévenu, — des parties civiles ou des administrations qui leur sont assimilées, — même du ministère public, lorsqu'il y a une partie civile.

L'original est enregistré au comptant au droit fixe de 2 fr. 20 c. (1).

Dans les autres cas, les citations sont libellées sur papier visé pour timbre et enregistrées en débet.

Pour obvier aux réclamations multipliées des droits de transport (V. n° 602), les receveurs de l'enregistrement sont tenus de mentionner, en toutes lettres, dans l'enregistrement de chacun des actes signifiés par les huissiers, le montant des droits de transport, tel qu'il aura été porté dans la liquidation du coût de chaque acte (2).

591. Il ne doit être fait qu'un seul original pour citer les prévenus de contraventions de même nature, bien qu'il n'y ait pas de connexité entre elles, si elles doivent être l'objet d'un seul jugement; et un autre exploit pour les témoins dans les mêmes circonstances (3).

Si les affaires doivent donner lieu à des jugements distincts, il faut un original séparé pour chaque affaire, afin que l'on trouve dans chaque dossier les actes de procédure qui constatent la poursuite exercée.

L'émolument de ces originaux est fixé :

Pour Paris (4), à	1 f.	00 c.
Les villes de 40,000 âmes et au-dessus, à.	0	75
Les autres villes et communes, à	0	50

(1) Loi du 28 avril 1816, art. 43, n° 13.
(2) Instruction de l'enregistrement du 8 août 1855, n° 2040.
(3) Décision du garde des sceaux du 15 novembre 1856, modifiant ses décisions antérieures sur le même point.
(4) Tarif criminel, art. 71, n° 1.

592. Pour les copies de citation, il n'est dû non plus qu'un émolument fixe, quelle que soit leur étendue (à moins que l'acte ne contienne lui-même la copie d'un autre acte ou pièce, auquel cas il est dû un droit de copie de pièces) (V. n° 127); le droit fixe est :

Pour Paris, de . . . . 75 c.
Les villes de 40,000 âmes et au-dessus, de. . . . 60
Les autres villes et communes (1), de 50

593. Ces droits d'original et de copie concernent : — les citations données, soit à la requête du ministère public, soit à celle de la partie qui réclame, au prévenu, aux personnes civilement responsables, et aux témoins (C. I., art. 145, 146, 153, 157, 158), — les significations des jugements par défaut et les oppositions à ces jugements (*Id.*, art. 151), — la signification des jugements contradictoires en premier ressort (*Id.*, art. 174), — la notification de l'acte d'appel contre ces jugements (*Id.*,) — la notification du pourvoi en cassation (*Id.*, art. 418); c'est ce qui résulte textuellement de l'art. 71, n° 1, du Tarif criminel.

594. Malgré ce texte, il arrive que des huissiers, lorsqu'ils instrumentent à la requête d'une partie civile ou même du prévenu, réclament l'émolument fixé en matière civile devant les juges de paix, savoir : pour l'original, à Paris, 1 fr. 50 c.; ailleurs, 1 fr. 25 c., et le quart pour la copie (2). Mais cet émolument doit être, par le juge taxateur, réduit à celui de l'art. 71 du Tarif, sur lequel il n'y a pas à équivoquer.

595. Lorsque la citation concerne des prévenus dont le domicile est inconnu, on alloue à l'huissier deux

(1) Tarif criminel, art. 71, 2°.
(2) Décret du 16 février 1807 ou Tarif civil, art. 21.

copies, l'une destinée à être affichée à la principale
porte du tribunal auquel l'affaire doit être portée,
l'autre qui doit être remise au procureur impérial. C.
proc. civ., art. 69, n° 8 (1). V. n° 481.

596. *Copies de pièces*. — Ce droit, pour chaque rôle
d'écriture de *trente* lignes à la page, et de *dix-huit à
vingt syllabes* à la ligne, non compris le premier rôle,
est :

A Paris, de.	50 c.
Dans les villes de 40,000 âmes et au-dessus, de.	40
Dans les autres villes et communes (2), de. . .	30

Les pièces dont la copie, dans la citation, peut donner
lieu à ce droit qui se cumule avec le droit de copie
ordinaire, ne sont ni les cédules du juge, réquisitoires
ou mandements de citation du ministère public, ni les
procès-verbaux constatant la contravention (V. n° 127).
Lorsque, dans la même affaire, il y a lieu de signifier
en même temps au même individu les copies de plusieurs pièces qui, prises séparément, ne fourniraient
pas chacune plus d'un rôle, il convient d'allouer à
l'huissier le nombre de rôles que donnent ces copies
réunies, déduction faite du premier (3). Que si ces copies s'adressaient à des personnes différentes, chacune
de ces personnes devrait profiter de la déduction du
premier rôle.

Pour les notifications ou significations de jugement,
d'appel, de pourvoi en cassation, il est évident que la
copie de l'acte à notifier doit faire partie de l'exploit, et
que le droit est dû.

(1) 8 avril 1826, B. 64; Dalmas, p. 186.
(2) Tarif criminel, art. 70, 10°.
(3) Décision du garde des sceaux du 21 novembre 1827; Dalmas,
p. 207.

Copies. Excuses; erreurs des scribes employés; V. le n° 661, qui est littéralement applicable aux huissiers.

Le nombre maximum des lignes (par page), et syllabes (par ligne), que peuvent contenir les copies, est fixé par un décret spécial (1).

597. *Transport.* — Lorsque les huissiers, pour donner la citation, sont obligés de se transporter à plus de deux kilomètres de leur demeure, ils ont droit, par chaque myriamètre parcouru, en allant et venant, à une indemnité de 1 fr. 50 cent.

Les fractions de 3 à 7 kilomètres sont comptées pour un demi-myriamètre; celles de 8 ou 9, pour un myriamètre (2).

Pour calculer le montant de l'indemnité, on additionne les distances parcourues de l'aller et du retour, et on ne les compte pas séparément. Ainsi 13 kilomètres ont été parcourus en allant et autant en revenant; ces deux distances réunies font 26 kilomètres ou 2 myriamètres et demi, et non deux distances, chacune d'un myriamètre et demi (3).

598. Pour faciliter le règlement de cette indemnité les préfets dressent un tableau des distances par myriamètres et kilomètres, de chaque commune au chef-lieu du canton, au chef-lieu de l'arrondissement et au chef-lieu du département. Ce tableau est déposé, entre autres greffes, dans ceux des justices de paix (4).

599. Comme ce tableau n'indique pas et ne doit pas

(1) Décret du 30 juillet 1862.
(2) Tarif criminel, art. 92 et 93.
(3) Instruction générale de 1826, n° 85.
(4) Tarif criminel, art. 92 et 93.

indiquer la distance des simples communes entre elles, il faut consulter la notoriété publique et les autres renseignements que l'on peut se procurer (par exemple, auprès des agents voyers), pour connaître la distance parcourue par les huissiers, lorsque, dans leur tournée, ils traversent le territoire de plusieurs communes (1).

600. Il a, toutefois, été décidé que le tableau des distances devait régler les droits de transport des huissiers qui ne résidaient pas au chef-lieu du canton.

« Cette indemnité doit être basée sur la distance qui sépare le chef-lieu du canton où réside l'huissier du chef-lieu de la commune où cet officier a exercé son ministère, quoique, d'ailleurs, l'huissier n'ait pas son domicile au chef-lieu même du canton, ou que les actes dont il a été chargé l'aient conduit à une distance plus grande que celle qui sépare les deux chefs-lieux. — Le tableau des distances dressé en conformité de l'art. 93 du Tarif criminel est la seule règle, légalement parlant, d'après laquelle on puisse évaluer, d'une manière certaine et précise, les distances parcourues par ceux auxquels sont accordées des indemnités fixées par myriamètres; en s'écartant de ce tableau, on se jetterait dans des difficultés inextricables ; on donnerait lieu à une multitude d'abus, et on enlèverait tout moyen de vérifier l'exactitude des allocations » (2).

601. La règle que cette décision consacre a été adoptée pour faciliter les vérifications du ministère de la justice. Les bureaux de la comptabilité peuvent, à

---

(1) Arg. des décisions du garde des sceaux des 17 janvier et 21 novembre 1826 ; Dalmas, p. 276.

(2) Décision du même du 19 juillet 1825, non rapportée depuis.

l'aide des tableaux des distances qui sont à leur disposition, contrôler les états de frais des huissiers, lorsque les transports sont calculés à partir du chef-lieu du canton; cet examen serait fort difficile, et surtout fort variable dans ses résultats, s'il ne pouvait se reposer que sur des renseignements réclamés spécialement des autorités locales.

Cependant, cette décision conduit à des allocations diamétralement contraires au texte du Tarif, et, en fait, assez étranges. L'art. 90 du décret de 1811 n'accorde d'indemnité de voyage aux témoins, huissiers, etc., que « lorsqu'ils ont été obligés de se *transporter* à plus de deux kilomètres de leur résidence.» Or, et cela se rencontre fréquemment ainsi, que la commune, autre que celle du chef-lieu du canton, où réside un huissier, se trouve à plus de 2 kilomètres de ce chef-lieu, cet officier ministériel aura droit au transport sans se déplacer; il y aura droit, même pour un exploit posé dans sa propre maison. A la vérité, cet huissier n'aura pas droit au transport pour les exploits posés dans la commune chef-lieu, et dans celles qui n'en sont pas éloignées de plus de deux kilomètres; mais il n'y aura pas là compensation, soit pour le Trésor, soit pour les parties privées, parce qu'il n'y a en France presque aucun chef-lieu de canton dépourvu d'huissier, et que c'est l'officier ministériel de cette résidence qui sera le plus souvent appelé à exploiter dans sa commune et les localités voisines.

602. On ne doit accorder qu'un seul droit de transport pour tous les actes faits par l'huissier, le même jour et dans le même lieu (1). L'huissier, s'il a fait le

_____

(1) Décision du garde des sceaux du 22 juin 1823; Dalmas, p. 270.

même jour, plusieurs actes, avec transport, ne peut réclamer, pour chacun de ces exploits, que la partie du transport qui lui est applicable, à raison de la distance parcourue, à peine du rejet de la taxe et de restitution envers la partie, et d'une amende de 20 à 100 fr. (1), sans préjudice de poursuites disciplinaires, s'il y a lieu (2). Il faut, au moyen de son répertoire, s'assurer si, le même jour, l'huissier ne s'est pas rendu dans la même commune, à la requête soit de parties civiles, soit d'administrations publiques (3).

Si, dans sa tournée, cet officier ministériel a été obligé d'aborder plusieurs communes, on calcule la distance de ces communes entre elles, à partir du point de départ jusqu'à la plus éloignée, et de cette dernière à la résidence de l'huissier, et non pas de chaque commune à cette résidence (4).

Des instructions récentes (5) astreignent les huissiers à inscrire dans une colonne spéciale, ajoutée à leur répertoire, le montant du droit entier ou partiel de transport applicable à chaque acte. — Enregistrement, mention du droit de transport, V. n° 590.

603. Lorsque l'huissier instrumente dans sa propre commune, il n'a, en général, droit à aucune indemnité de voyage, même quand il se transporte à plus de deux kilomètres de son habitation; l'indemnité ne doit lui

---

(1, 2) Décret du 14 juin 1813, art. 35; Circulaire du garde des sceaux du 21 septembre 1855, Gillet, p. 778.

(3) Circulaire du garde des sceaux du 26 décembre 1845, Dalmas, *Supplément*, p. 133.

(4) Dalmas, p. 276. — Un arrêt du 29 juin 1857 (ch. civile, D. P., 1.250) décide que ce calcul ne doit pas être appliqué aux tournées des huissiers comprenant plusieurs communes, l'art. 35 du décret du 14 juin 1813 parlant du *même lieu*... Le ministère de la justice a nonobstant maintenu sa jurisprudence.

(5) Circulaire du garde des sceaux des 2 décembre 1854 et 21 septembre 1855.

être allouée que lorsque les hameaux où la citation a été posée, éloignés de plus de deux kilomètres du chef-lieu de la commune, figurent dans le tableau des distances (1).

604. C'est du chef-lieu d'une commune au chef-lieu d'une autre que la distance se calcule, toujours d'après le tableau ; il en résulte tantôt profit, tantôt perte pour l'officier ministériel ; ce sont des détails auxquels le législateur n'a pas dû descendre (2).

605. Il n'est dû aucune indemnité aux huissiers qui ne se déplacent que pour aller faire enregistrer leurs exploits (3) ; mais elle est due lorsque le voyage a pour objet, au lieu d'une citation, un acte d'exécution, tel qu'une notification ou une capture (4). V. n° 496.

606. Quand un huissier est obligé d'aller faire acte de son ministère sur un navire mouillé en rade, le tableau des distances ne peut fournir aucune indication sur le montant de l'indemnité qui lui est due, et d'un autre côté, les frais de ce transport excèdent habituellement le salaire alloué par le Tarif. L'huissier doit fournir un mémoire de cette dépense qui lui est remboursée comme frais extraordinaires, en vertu de l'art. 136 du Tarif, en ayant soin de dépasser le moins possible le montant de l'indemnité fixée par la distance parcourue, approximativement évaluée (5).

607. *Coût et détail de la citation.* — Pour faciliter la

---

(1) Décision du garde des sceaux du 27 juillet 1849, Dalmas, p. 274.

(2) Dalmas, p. 274.

(3) Décisions du garde des sceaux des 24 août 1820 et 24 mars 1821, Dalmas, p. 271 ; arrêt de Colmar, cité p. 444, note 4.

(4) Décision du même du 13 novembre 1828, Dalmas, p. 271.

(5) Décision du garde des sceaux du 5 août 1828, Dalmas, p. 276.

taxe des frais, les huissiers, outre la mention qu'ils doivent faire au bas de l'original ou de la copie de chaque acte, du montant des droits (1), sont tenus d'indiquer, en marge de l'original, le nombre de rôles des copies de pièces, et d'y marquer de même le *détail* de tous les articles de frais formant le *coût* de l'acte (2). L'observation exacte de cette disposition a été formellement recommandée par le garde des sceaux (3). Ce décompte des frais se libelle ordinairement de la sorte, en commençant par les déboursés :

> Timbre.
> Enregistrement.
> Original.
> Copies.
> Copies de pièces, le premier rôle non compris (V. n° 596).
> Transport.
> Visa.
> Affiche.

608. *Droit de répertoire.* — Dans le détail, les huissiers comprennent quelquefois (mais plus fréquemment en matière civile) un droit de répertoire de 5 ou 10 centimes. Cette indemnité, qui serait destinée à couvrir les déboursés du timbre de leur répertoire (V. n° 612), ne leur est nullement due. Aucun texte ne l'autorise (4); et, d'ailleurs, le droit, à ne le prendre que de 10 cen-

---

(1) A peine de 5 fr. d'amende, payables à l'instant de l'enregistrement, C. proc. civ., art. 67. En cas d'omission de ce *coût*, les receveurs doivent percevoir cette amende, à peine d'engager leur responsabilité. Instruction de l'enregistrement du 8 août 1855, n° 2040.

(2, 3) Décret du 14 juin 1813, art. 48; Circulaire du garde des sceaux, du 9 avril 1825, Gillet, p. 341.

(4) V. M. Chauveau, *Comment. du tarif*, 2° édit., t. 1, p. 80, Introduction; Boucher-d'Argis, *Dictionn. de la taxe*, p. 285; Colmar, 24 décembre 1807, *J. du Palais*, t. 6, p. 407. — Cet arrêt qualifie d'exaction la perception du droit de *répertoire* par les huissiers; il décide également qu'aucune indemnité de voyage n'est due pour faire enregistrer les exploits,

times, serait encore vingt fois trop considérable comme équivalent du déboursé réel. Les huissiers se servent pour leur répertoire de feuilles de 1 fr., sur lesquelles on peut inscrire, en moyenne, 150 actes au moins, ce qui donne un produit de 15 francs, c'est-à-dire 14 fr. d'excédant sur le déboursé.

609. *Huissiers.* — *Observations diverses.* — Il y a, concernant le service de ces officiers ministériels, et les frais qui peuvent en résulter, diverses observations à présenter qui ne peuvent être mieux placées qu'après celles qui concernent les citations.

Emoluments. — Les huissiers n'ont aucun traitement fixe; il leur est seulement accordé des salaires à raison des actes de leur ministère (1). Ceux qui exigent d'autres ou plus forts droits que ceux qui leur sont attribués par le règlement, pour quelque cause et sous quelque prétexte que ce puisse être, encourent la destitution et une amende de 500 à 6,000 fr., sans préjudice, suivant la gravité des cas, de l'application de l'art. 174 du Code pénal (2).

Détail du coût des actes, V. Citation. — Distances, V. *Id.*, Transport.

610. *Mandement exprès.* — Les officiers du ministère public de simple police n'ont pas la faculté, réservée aux procureurs impériaux, aux juges d'instruction et aux procureurs généraux, de délivrer aux huissiers des mandements exprès (3), à l'effet d'aller instrumenter dans un autre canton que celui de leur résidence. Les affaires de police, d'ailleurs, n'exigent pas une telle célérité que l'on ne puisse prendre le temps de faire

(1, 2) Décret du 18 juin 1811, art. 64, 67 et 86.
(3) Décret du 18 juin 1811, art. 84, et décret du 14 juin 1813, art. 29; Circul. du garde des sceaux du 7 juin 1823, Gillet, p. 306.

parvenir les mandements de citations aux huissiers des cantons limitrophes (1) par les voies ordinaires (V. n° 115).

Les juges de paix ne peuvent autoriser le transport extraordinaire des huissiers, que dans les cas d'urgence prévus sous le n° 134.

Insuffisance du personnel, V. n° 613.

Mémoires de frais, V. n° 672.

611. *Paiement des droits.* — L'art. 155 du Tarif criminel porte : « Les greffiers et les huissiers ne pourront réclamer directement des parties le paiement des droits qui leur sont attribués. » Cette défense ne doit pas être prise dans un sens trop absolu. Sans doute, quand un huissier a instrumenté à la requête du ministère public, il ne peut recevoir le coût de ses actes de la partie qui a succombé, et ne doit en réclamer le paiement que sur un mémoire dressé et taxé en la forme ordinaire (V. n° 672). Mais lorsqu'il a cité des témoins à la requête, soit du prévenu, soit de la partie civile, non-seulement il peut recevoir son salaire directement de la personne qui l'a mis en œuvre, mais il est en droit d'en exiger le paiement d'avance (2), ainsi que des droits de timbre et d'enregistrement, si cette partie ne lui paraît pas présenter une suffisante solvabilité.

Il en est de même pour les greffiers, lorsque, par exemple, ils délivrent aux parties des expéditions qu'elles ont la faculté de lever à leurs frais (3).

Lorsqu'il y a eu *consignation* (n° 585), les frais d'huissier et de greffe, comme les droits de timbre et d'enregistrement, se prélèvent sur la somme consignée, dont le reliquat est ensuite remis à la partie civile.

---

(1) Circul. du même du 9 avril 1825, et Dalmas, p. 235.
(2, 3) Dalmas, p. 373.

Prescription; V. n° 671.

612. Les huissiers et greffiers sont astreints à tenir un *répertoire* à colonnes, sur lequel ils doivent, sous peine d'amende, inscrire jour par jour :... les huissiers, tous les actes et exploits de leur ministère; les greffiers, tous les actes et jugements soumis à l'enregistrement sur les minutes (1).

Ces répertoires servent à vérifier les mémoires de frais et à reconnaître, entre autres, si l'huissier ne réclame pas des droits de transport qui ne lui sont pas dus. Mémoires, V. n° 674; Droit de répertoire, V. n° 608.

613. Le *ressort* des huissiers, en matière de simple police, est borné au canton de leur résidence (2). A défaut ou en cas d'insuffisance des huissiers ordinaires d'un canton, ceux d'un des cantons les plus voisins sont commis par une cédule que délivre, à cet effet, le juge de paix (3).

Transport, voyage, V. n°⁵ 597 à 606.

Citation dans tout l'arrondissement, V. plus haut, n° 125.

614. *Les cédules des juges de paix*, quel que soit leur objet (V. n° 134), sont toujours écrites sur papier libre, exemptes d'enregistrement, et ne peuvent donner lieu à aucuns frais.

615. La *communication des pièces* (n°⁵ 137 et suiv.), soit au ministère public, soit aux parties ou à leurs défenseurs, soit au juge de paix, ne donne lieu à aucun droit au profit du greffier qui n'a nul procès-verbal à dresser à cet égard.

(1) Loi du 22 frimaire an VII, art. 49 et s.
(2, 3) Décret du 18 juin 1811, art. 28, 29, 34.

616. *Juge de paix, transport;* n°ˢ 141, 374. — Lorsque sur les réquisitions du ministère public ou de la partie civile, ou d'office, le juge de paix se transporte sur les lieux pour y estimer le dommage, y dresser des procès-verbaux, etc., en vertu de l'art. 148 du Code d'instruction, a-t-il droit à l'indemnité de voyage fixée par l'art. 88 du Tarif criminel, si le lieu de transport est à plus de cinq kilomètres de sa résidence? — Ce qui pourrait faire élever un doute sur ce point, c'est le silence du Tarif. Son art. 88, où sont rappelés les textes du Code d'instruction qui donnent lieu au transport des magistrats, ne fait pas mention de l'art. 148 qui nous occupe, et, de l'art. 90, qu'il cite, passe immédiatement à l'article 464.

Mais cette omission ne constitue nullement une fin de non-recevoir contre la réclamation de l'indemnité en question. L'énumération que fait le Tarif de divers articles du Code n'est qu'énonciative; tellement que, dans l'art. 88 ont été oubliés, entre autres, les n°ˢ 236, 237, 283, 303, 377, 484 du Code, dont les prescriptions peuvent donner lieu au transport des magistrats de Cour impériale ou de première instance, et, partant, aux indemnités qui en sont la suite.

Ces renvois du Tarif criminel ne sont pas les seuls inexacts. Dans l'art. 74, n° 1, relatif au salaire des huissiers, et qui relate les numéros des articles du Code donnant lieu à des actes du ministère de ces officiers, je vois rappelés les art. 149, 160, 172, 186, 190, 199, 212, 213, 266, 397 et 421, qui, cependant, ne donnent lieu à aucun acte de ce genre, et je n'y trouve pas, entre autres, les art. 306, 465, 483, 490, 510, 514, 515, 533, qui prescrivent ou supposent des actes réservés aux huissiers (V. aussi n° 658).

M. de Dalmas (p. 243 et suiv.) est aussi d'avis de suppléer au silence de l'art. 88 du Tarif et d'allouer des droits de transport aux magistrats dans les cas prévus par les art. 236, 237, 377, 484 du Code, que j'ai cités plus haut.

L'indemnité de transport est de 9 fr. par jour, lorsque le juge de paix se transporte à plus de cinq kilomètres de sa résidence, et de 12 fr. lorsque c'est à plus de deux myriamètres. L'indemnité du greffier est des deux tiers de celle du juge, ou de 6 fr. dans le premier cas, et de 8 fr. dans le second (1).

617. « Ces indemnités sont dues dans tous les cas où les magistrats et les greffiers se transportent dans un lieu situé à plus de cinq kilomètres de la ville où siége leur tribunal, quoique ce lieu dépende du territoire communal de la ville. Il en est autrement pour les parties prenantes, dont l'indemnité est fixée à raison de la distance parcourue » (2). Il résulte bien évidemment de ce texte que l'indemnité est due toutes les fois que la distance minimum a été franchie, et quel que soit le territoire sur lequel les magistrats se sont transportés. Cependant, par une interprétation erronée, suivant moi, de cette décision de l'instruction générale de 1826, on a soutenu que l'indemnité n'était due, dans ce cas, qu'aux magistrats qui n'étaient pas sortis de la commune de leur résidence; que, lorsqu'ils franchissaient ces limites, le tableau des distances reprenait son empire, et qu'il fallait calculer la distance de clocher à clocher et non de lieu à lieu. M. de Dalmas a combattu cette opinion et a démontré que l'indemnité en question était due toutes les fois que les cinq kilomètres de rigueur avaient été réellement franchis soit

---

(1) Tarif criminel, art. 88.
(2) Instruction générale de 1826, n° 77.

dans les limites, soit hors des limites de la commune,
résidence du magistrat (1).

Néanmoins, il est de jurisprudence au ministère de
la justice de ne pas mettre à la charge du Trésor l'indemnité de transport résultant de l'art. 148 du Code.
Ce droit doit être acquitté par la partie civile, alors
surtout qu'elle a demandé l'estimation des dommages
sur les lieux mêmes ; il n'y a pas là le flagrant délit de
l'art. 32 du Code d'instruction.

618. Il y a une observation à faire à l'égard des
juges de paix, qui, usant d'une faculté accordée par la
loi (2), ont établi leur résidence dans une commune
autre que celle du chef-lieu du canton. On a reconnu,
à ce sujet, que cette faculté concernant la résidence,
ne constituant qu'un droit de pure tolérance, le juge
devait se rendre au chef-lieu toutes les fois que sa présence y était nécessaire ; qu'ainsi aucun droit de transport ne pouvait lui être alloué pour les actes faits à ce
chef-lieu, et dans un rayon de cinq kilomètres, considéré comme le chef-lieu lui-même ; que pour les transports dans des communes hors de ce rayon, l'indemnité était due au delà de cinq kilomètres, à partir de
la résidence du juge de paix, sans néanmoins pouvoir
excéder celle à laquelle ce magistrat aurait eu droit,
s'il fût parti du chef-lieu (3).

619. *Fourrière et mainlevée ;* n° 142. — Le prix de

---

(1) Dalmas, p. 275, et surtout *Supplément*, p. 250 et suiv.
(2) Loi du 28 floréal an x, art. 8.—Cette disposition est, je crois,
à modifier. La faculté d'établir leur demeure, où bon leur semble,
dans le canton, est une commodité pour les juges de paix, mais un
inconvénient pour les justiciables obligés ainsi à des déplacements.
C'est plus de l'utilité des justiciables que de l'agrément des magistrats que l'on doit se préoccuper.
(3) Décisions du garde des sceaux d'octobre 1826, 30 juillet 1828,
15 octobre 1832, Dalmas, p. 255.

la fourrière est réglé suivant les usages des lieux (1) ; à défaut d'usage, le juge de paix doit allouer le prix réel du logement, de la nourriture et du pansement des animaux saisis. — Mémoire du gardien, V. n° 672.

Lorsque c'est le propriétaire des animaux qui acquitte les frais de fourrière, il n'y a pas de mémoire à présenter, les frais sont soldés sur une simple note du gardien, visée par le juge de paix.

La demande en mainlevée provisoire est libellée sur timbre, et l'ordonnance du juge est portée à la suite, et enregistrée au droit fixe de 1 fr. 10 c. (2).

Lorsqu'un cautionnement est offert, l'ordonnance du juge statue sur son acceptation, et ce cautionnement donne lieu à un droit proportionnel de 55 cent. par 100 fr. (3). La rédaction de ces actes n'emporte aucun émolument pour le greffier.

620. *Pièces de conviction, objets saisis, transport;* n° 144. — Lorsque les objets saisis par suite de la constatation d'une contravention sont trop volumineux ou trop lourds pour être joints au procès-verbal et confiés à la poste, ou remis au garde porteur de cet acte, ils sont transportés par les messageries ou les messagers, ou un voiturier requis à cet effet. Les frais de transport sont payés sur une simple taxe (F. n° 704) du juge de paix, comme frais urgents (4).

Etat des pièces à conviction, n° 649.

(1) Décision du 13 août 1813, Dalmas, p. 84.
(2) Sudraud-Desisles, note 253.
(3) Loi du 22 frimaire an VII, art. 69, § 2, n° 8.
(4) Tarif criminel, art. 133.

§ II. — *Frais faits à l'audience.*

621. *Appels de causes ;* n° 163. — Le droit d'appel de causes alloué aux huissiers audienciers en matière civile (1), n'existe pas en matière correctionnelle et de simple police ; les règlements étant muets sur ce point, les huissiers ne peuvent réclamer aucun salaire à cet égard. C'est un principe fréquemment rappelé par le ministère de la justice (2); peu importe que l'affaire intéresse une administration publique ou une partie civile (3).

622. Le *pouvoir* pour représenter le prévenu à l'audience (n° 166) doit être rédigé sur timbre, et enregistré au droit fixe de 2 fr. 20 c. (4).

623. Les *experts et interprètes* sont rarement nécessaires devant les tribunaux de simple police; mais, quand ils y sont employés, ils ont droit au salaire fixé par le Tarif.

Les *experts* (n° 275) ne doivent point être appelés par une citation, mais par un simple avertissement remis sans frais à leur demeure (5).

Leur émolument se calcule d'après le temps par eux employé à l'opération qui leur est confiée. Ce temps se divise en vacations chacune de trois heures, et il ne

(1) Décret du 16 février 1807 (Tarif civil), art. 152.
(2) Décisions du grand-juge du 24 août 1813; du garde des sceaux du 8 octobre 1819, 29 août 1821, 11 juin, 23 juillet et 9 octobre 1822, 22 décembre 1831, Dalmas, p. 172.
(3) Décisions du même des 24 août 1813, 27 décembre 1820; Gillet, p. 154, 258.
(4) Loi du 28 avril 1816, art. 43, 17°.
(5) Instruction générale de 1826, n° 17.

peut être alloué par journée plus de deux vacations de jour et une de nuit (1).

L'émolument est par vacation (2) :

	de jour.	de nuit.
A Paris, de	5 f.	7 f. 50 c.
Dans les villes de 40,000 âmes et au-dessus, de.	4	6 »
Dans les autres villes et communes, de.	3	4 50

Pour la rédaction du rapport, lorsqu'il est fait par écrit, il est alloué une vacation de jour (3).

Les experts reçoivent en outre une indemnité de déplacement ou de voyage, de 2 fr. 50 c. par myriamètre, lorsqu'ils se transportent à plus de deux kilomètres de leur résidence (4).

Quand ils sont appelés à l'audience, pour donner des explications sur leurs rapports et leurs opérations, ils doivent être taxés de même et non comme de simples témoins (5).

Mémoires, V. n° 672.

624. Les *interprètes* (n° 170) ne sont guère appelés en simple police qu'à l'audience, et par un simple avertissement, comme les experts.

Patois, jargon populaire. V. *ibid.*

L'indemnité des interprètes est la même absolument que celle des experts (6). V. le n° précédent.

625. *Traducteurs;* n° 170. — Il est bien rare, en simple police, que l'on ait besoin de la traduction officielle et écrite d'une pièce en langue étrangère. Cependant, il peut arriver que le prévenu ou un témoin

(1, 2, 3) Décret du 18 juin 1811, art. 22.
(4) *Idem*, art. 24, 91.
(5) Circulaire du garde des sceaux du 7 décembre 1861.
(6) Tarif criminel, art. 22. 23, 25.

adresse au tribunal une lettre qui contienne des renseignements essentiels, nécessitant l'emploi d'un traducteur.

Les traductions sont payées au rôle, qui doit avoir *trente* lignes à la page, et de seize à dix-huit syllabes à la ligne (1),

A Paris. . . . .   1 f. 25 c.
Dans les villes de 40,000 âmes et au-dessus.   1   »
Dans les autres villes et communes . . . .   »   75

Si le traducteur opère à l'audience et verbalement, il reçoit l'indemnité des experts (2).

626. *Témoins.* — *Avertissement.* — L'art. 33 du Tarif dispose que l'indemnité accordée aux témoins ne sera avancée par le Trésor qu'autant qu'ils auront été *cités* à la requête du ministère public, etc. — Ce mot de *cités* a fait douter que les témoins, qui comparaissent en simple police, sur un simple avertissement, aient droit à la taxe, l'art. 147 du Code d'instruction n'autorisant littéralement l'avertissement qu'à l'égard des prévenus. On a déjà vu (n° 118) que ce mode d'appel des témoins devant le tribunal de simple police n'était pas moins régulier que la citation à l'égard des témoins qui consentaient à déférer à cette invitation. Cette forme de citation n'étant employée que pour éviter les frais d'huissier, ne saurait priver les témoins qui comparaissent de l'indemnité que la loi accorde; c'est ainsi que l'a décidé le garde des sceaux (3).

627. *Certificats de maladie* (V. n° 177). — Les certificats de médecin produits par les témoins pour justifier

_____

(1, 2) Tarif criminel, art. 22, 23, 25.
(3) Décision du 30 mai 1826; Dalmas, p. 75; Circul. du 11 mars 1837, *id., Supplément*, p. 65.

leur absence doivent être portés sur timbre ; c'est là un acte privé pouvant être produit pour une justification (1) ; mais ils sont exempts de l'enregistrement. Il en est de même pour les certificats de maladie délivrés aux parties (2).

Garçons de moins de 15 ans, filles de moins de 21 ans, V. n° 638.

Femmes, fonctionnaires, gardes champêtres et forestiers, gendarmes, marins, militaires, prisonniers, V. les n°ˢ 628 à 633.

628. L'*indemnité* accordée aux témoins pour chaque journée de déposition est ainsi fixée (3) :

	Hommes et garçons de 15 aus au moins.	Femmes, filles, veuves de tout âge, garçons de moins de 15 ans.
A Paris, de.	2 f. » c.	1 f. 25 c.
Dans les villes de 40,000 âmes et au-dessus, de.	1 50	1 »
Dans les autres villes et communes, de.	1 »	» 75

Elle est la même pour tous les témoins, qu'ils soient appelés par le ministère public, le prévenu ou la partie civile (4).

Le témoin n'a droit qu'à cette indemnité, quel que soit le nombre des affaires dans lesquelles il est appelé à déposer le même jour (5).

Séjour forcé, V. n° 634.

Cette indemnité est la même, que le témoin soit malade ou bien portant ; la double taxe allouée aux témoins atteints de maladies ou infirmités constatées a

(1) Loi du 13 brumaire an VII, art. 12, n° 1, à la fin.
(2) Sudraud-Desisles, notes 95, 96.
(3, 4) Tarif criminel, art. 27, 28, 34.
(5) Décisions des 16 août 1823, 4 mai 1824 ; Duverger, *Manuel crim.*, p. 373.

été supprimée en 1813, et n'a pas été rétablie (1). V. néanmoins le n° 639.

629. Pour que l'indemnité soit acquise au témoin, il faut qu'il la demande. C. I., art. 82 (2). On doit donc attendre la réclamation du témoin pour le taxer, surtout si ce témoin paraît dans l'aisance, et ne point le provoquer à cet égard, encore moins rédiger la taxe d'avance, et mettre ainsi, à la charge du Trésor, une dépense qu'il ne doit pas supporter. C'est une recommandation fréquemment renouvelée par M. le garde des sceaux (3).

630. Mais lorsque les témoins requièrent la taxe, on ne peut la leur refuser :

Ni sous le prétexte qu'ils n'ont pas déposé, dans le cas, par exemple, où l'affaire aurait été remise à un autre jour, avant leur déposition (4);

Ni en se fondant sur la sainteté du jour durant lequel tous les travaux seraient suspendus (5);

Ni sur ce que le témoin est arrivé trop tard pour déposer, quand ce retard a été indépendant de sa volonté (6);

Ni même, à titre de peine, lorsque, par suite d'une évidente mauvaise volonté, la déposition du témoin est insignifiante. C'est aux magistrats, dans ce cas, à sévir, s'il y a lieu, contre le témoin (V. n° 281) pour avoir refusé de déposer, ou même pour avoir porté (V. n° 470) un faux témoignage (7).

631. Il y a certaines catégories de personnes qui

(1) Tarif criminel, art. 29 ; Décret du 7 avril 1813, art. 1er.
(2) *Idem*, art. 26.
(3) Circul. du 26 août 1842; Dalmas, *Supplément*, p. 62.
(4, 5, 6) Décisions du garde des sceaux des 19 janvier 1819, 5 avril 1828, 12 janvier 1830; Dalmas, p. 63.
(7) Décision du même du 29 juillet 1823 ; Dalmas, p. 64.

n'ont pas droit à l'indemnité, et auxquelles il n'est dû que des frais de voyage.

Ce sont d'abord les témoins qui reçoivent un traitement quelconque, à raison d'un service public (1). On doit entendre par traitement quelconque tous les traitements payés, soit sur les fonds du Trésor public, soit sur les fonds départementaux, municipaux ou communaux, et à quelque titre ou sous quelque dénomination que ce soit (2). Ne sont exceptés de cette règle que les gardes champêtres et forestiers, les gendarmes (3) et les militaires de la garde municipale de Paris, qui font partie, sous une autre dénomination, de la gendarmerie nationale (4).

652. Les *militaires* en activité de service, appelés en témoignage devant les tribunaux, n'ont droit à aucune taxe (5). Il ne peut leur être accordé qu'une indemnité pour un séjour forcé. V. Séjour, n° 634; Voyage, V. n° 640.

Les militaires en non-activité ou en retraite sont assimilés aux simples particuliers (6).

652 *bis*. Quant aux marins, quelle que soit leur position d'activité sur les bâtiments de l'Etat ou dans les ports, ou de disponibilité dans leurs quartiers, ils sont payés de leurs frais de route et de séjour par les soins et à la charge du département de la marine; ils ne peuvent donc réclamer aucune indemnité, à quelque titre

(1) Tarif criminel, art. 32.
(2) Instruction générale de 1826, art. 29.
(3) Décret du 7 avril 1813, art. 3.
(4) Décision du garde des sceaux du 26 décembre 1830; Dalmas, p. 73.
(5) Tarif criminel, art. 31.
(6) Sudraud-Desisles, note 430.

26

que ce soit, sur les fonds de frais de justice criminelle (1).

Sont assimilés aux marins, d'abord les officiers de
santé et autres agents civils de la marine (2), ensuite les
gardes-chiourmes (3).

653. « Les *prisonniers*, sous la main de justice, soit
comme prévenus ou accusés, soit comme condamnés,
n'ont droit à aucune indemnité de comparution ni de
transport. La raison en est que, quand des individus
détenus sont appelés pour déposer comme témoins, ils
sont transférés aux frais de l'Etat, dans le lieu où leur
témoignage est nécessaire, et nourris dans les prisons
où ils sont déposés, soit pendant le voyage, soit pendant leur séjour dans la ville où siégent les magistrats
qui les ont appelés. Ils n'ont donc à supporter ni dépense, ni perte de temps, et, par conséquent, ils n'ont
droit à aucun dédommagement (4). »

654. *Séjour forcé.* — Il n'arrivera pas souvent, en
simple police, que des témoins soient obligés de prolonger leur séjour dans la commune où siége le tribunal, et qui n'est pas celle de leur résidence, cas
auquel il leur est alloué une indemnité par jour
fixée (5) :

Pour Paris, à.	3 f.	» c.
Pour les villes de 40,000 âmes et au-dessus. à.	2	»
Pour les autres villes et communes, à	1	50

Ce cas ne se présentera guère que lorsque, au mo-

(1, 2) Décision du ministre de la marine du 31 mars 1841 ; Circulaire du garde des sceaux du 9 juillet 1841 ; Dalmas, *Supplément,*
p. 67, 68.
(3) 21 juin 1833, B. 241.
(4) Décision du garde des sceaux du 30 avril 1831 ; Dalmas, p. 64.
(5) Tarif criminel, art. 96.

ment où le témoin se trouvera libre, le bureau de l'enregistrement sera fermé, ce qui l'obligera à attendre au lendemain pour recevoir son indemnité. On alloue alors au témoin un jour de séjour, en prenant le soin d'en faire mention dans la taxe (1).

635. *Voyage.* — Pour qu'un témoin ait droit à l'indemnité de voyage, il faut qu'il soit entendu dans une commune autre que celle où il réside, et qu'il y ait plus d'un myriamètre entre les deux chefs-lieux de ces communes (2).

L'indemnité est de 1 fr. par myriamètre lorsque le témoin ne quitte point son arrondissement; de 1 fr. 50 c. quand il en sort (3). Pour les fractions de myriamètre, elles sont comptées d'après les règles rappelées plus haut, n° 597.

636. Lorsque le témoin réside dans un département autre que celui où il doit déposer, le tableau des distances ne peut servir à calculer l'indemnité réclamée; on a recours, dans ce cas, au livre de poste (4), où les distances sont aujourd'hui chiffrées par myriamètres et kilomètres.

637. L'indemnité de voyage est la même en toute saison; le supplément accordé autrefois pour les mois de novembre à février a été supprimé en 1813, et n'a pas été rétabli depuis (5).

638. Cette indemnité est cependant double (il en est de même en cas de séjour) pour les enfants mâles

(1) Instruction générale de 1826, n° 89 ; Décision du ministre des finances du 24 septembre 1808.
(2, 3) Décret du 7 avril 1813, art. 2; Tarif criminel, art. 27, 28.
(4) Décision du garde des sceaux du 8 février 1820; Dalmas, p. 268.
(5) Décret du 7 avril 1813, art. 4.

au-dessous de quinze ans, et pour les filles au-dessous
de vingt et un ans, appelés en témoignage, et accompagnés durant leur route et séjour, par leur père, mère,
tuteur ou curateur, lesquels ont à justifier de cette qualité (1). Mais cette disposition doit être renfermée dans
ses termes ; la simple déposition, sans déplacement
indemnisé, ne donne lieu à aucune augmentation. Les
femmes mariées et les veuves, âgées de moins de vingt
et un ans, n'ont pas droit non plus à la double taxe (2).

639. Quant aux témoins malades et indigents, qui
ne peuvent absolument se déplacer sans une dépense
excédant le montant de la taxe ordinaire, il faut, si
leur témoignage est jugé indispensable, faire constater
leur état par un médecin, et leur allouer un supplément, à titre de frais extraordinaires, et en vertu de
l'art. 136 du Tarif criminel (3).

640. Pour les *militaires* et *marins*, entendus comme
témoins, et qui auraient été obligés de se déplacer, il
n'y a pas, s'ils sont en activité de service, à s'occuper
de leurs frais de déplacement ou de voyage (4). V.
nos 632, 632 *bis*.

641. *Taxe de l'indemnité des témoins.* — Cette taxe
(F. n° 691), signée du juge, qui en est responsable, est
écrite par le greffier ou son commis assermenté, le tout
sans frais (5) ; c'est là une écriture qui rentre dans la
classe de celles que les greffiers sont tenus de faire
gratuitement, aux termes de l'art. 63 du Tarif (6).

---

(1) Tarif criminel, art. 97.
(2) Sudraud-Desisles, note 193.
(3) *Idem*, note 616.
(4) Dalmas, p. 70.
(5) Tarif criminel, art. 63, 140 ; Instruction générale, n° 54.
(6) Circul. du garde des sceaux, du 16 juin 1823 ; Instruction
générale, n° 24.

Elle doit être libellée au bas de la citation ou de l'avertissement (V. n° 626), et non sur une feuille séparée (1); la nature de la contravention y doit être indiquée, lorsque la citation ne la fait pas connaître d'une manière suffisante pour apprécier si les frais sont à la charge du ministère de la justice (2); on doit toujours y mentionner si le témoin sait ou non signer (3).

Enfin, il faut, dans la taxe, faire une expresse mention de la réquisition du témoin (4).

642. Ces diverses prescriptions sont, d'habitude, aisément observées, parce que, pour les citations à la requête du ministère public, de beaucoup les plus nombreuses, les huissiers occupés ont des copies imprimées, au bas desquelles se trouve un projet de taxe que le greffier n'a plus qu'à remplir ou à modifier suivant les circonstances.

Si le témoin avait égaré son avertissement ou sa copie, le juge de paix lui délivrerait un certificat (F. n° 692) attestant qu'il a été appelé et qu'il a déposé, et le greffier libellerait la taxe au bas de ce certificat (5).

643. *Du paiement de la taxe.*— Les taxes des témoins assignés à la requête du ministère public sont seules acquittées par l'enregistrement (6); les témoins assignés par la partie civile, qui n'a pas consigné, ou par le prévenu, doivent être payés par les personnes qui les ont fait comparaître (7); lorsque la partie ci-

---

(1) Décision du même des 13 novembre 1818 et 30 avril 1819; Dalmas, p. 65.
(2) Circul. du même du 3 mai 1825; Instruction générale, *ibid.*
(3) Instruction générale, *ibid.*
(4) Tarif criminel, art. 36; Dalmas, p. 79.
(5) Duverger, *Manuel criminel*, 3° édit., p. 370.
(6) Tarif criminel, art. 33.
(7) *Idem*, art. 34; Loi du 5 pluviôse an XIII, art. 2.

vile a consigné, ses témoins sont payés par le greffier jusqu'à concurrence de la somme dont il est dépositaire.

644. Les taxes doivent être payées par les receveurs de l'enregistrement à l'instant de la présentation qui leur en sera faite. Quant aux jours et heures, il avait d'abord été arrêté que le paiement devait avoir lieu sans distinction d'heure ni de jour (1). Plus tard, il a été décidé que les bureaux devaient être ouverts, à cet effet, *depuis une heure avant le lever jusqu'à une heure après le coucher du soleil* (2); et, enfin, que cette dernière interprétation de l'arrêté du 29 frimaire an VI devait être maintenue, et que, si les séances des Cours et tribunaux criminels se prolongeaient après le coucher du soleil, les témoins pourraient se présenter pour obtenir le paiement de leur taxe jusqu'à minuit (3).

645. *Témoins indigents. — Mandats provisoires.* — Ces mandats à délivrer, en vertu de l'art. 135 du Tarif, aux témoins indigents assignés au loin, étant de la compétence du juge de paix, mais non du juge de police, je n'ai pas à m'en occuper ici.

646. *Mandataires et défenseurs des parties;* n°s 166 et suiv. — Les honoraires des mandataires et défenseurs des parties sont à la charge des personnes qui les ont employés et ne peuvent être répétés sur la partie ad-

(1) Arrêté du 29 frimaire an VI, art. 3.
(2) Décision des ministres de la justice et des finances du 14 thermidor an VI; Instructions générales de l'enregistrement, n° 1332; Lettre du ministre des finances du 29 mars 1825; J. de l'Enregistrement, art. 7994; Instruction générale de 1826, n° 24.
(3) Décision du ministre des finances du 24 avril; Instruction générale de l'enregistrement du 19 décembre 1848, n° 1824.

verse qui aurait succombé. La raison en est, d'abord, que l'emploi d'un mandataire ou défenseur n'est aucunement nécessaire à la régularité de la procédure de police, tandis que, en première instance civile, le ministère d'un avoué est forcé, et ensuite que les honoraires de ces mandataires ne sont pas compris sous la *dénomination* de frais de justice criminelle (1).

647. *Feuille d'audience.* — *Papier ;* n°s 391 et suiv. — Les jugements de simple police étant soumis au timbre, la feuille d'audience sur laquelle ils sont portés doit être visée pour timbre (2), à moins qu'il n'y ait dans l'affaire une partie civile non indigente : dans ce cas, le jugement ne peut être libellé que sur papier timbré (3).

648. *Idem; Enregistrement.* — Ces actes doivent être enregistrés (délai, V. n° 393), et ne sont soumis qu'au droit fixe de 1 fr. 10 c. (4), qu'il y ait ou non partie civile en cause, et que le jugement soit préparatoire, interlocutoire ou définitif, contradictoire ou par défaut, pourvu qu'il ne contienne pas des condamnations à des sommes ou valeurs, ou que le droit proportionnel ne s'élève pas à 1 fr. (5).

Quand il y a des dommages-intérêts adjugés, le droit est de 2 fr. 20 c. pour 100 fr. sur le montant de ces dommages (6).

Art. 2. « Lorsqu'il y aura une partie civile, les droits seront acquittés par elle. A cet effet, le greffier pourra exiger d'avance la consignation entre ses mains du mon-

(1) Tarif criminel, art. 3, n° 1.

(2 3) Décision du ministre des finances du 15 septembre 1820 ; Loi du 13 brumaire an VII, art. 12.

(4, 5) Loi du 22 frimaire an VII, art. 68, § 1, n° 48 ; Loi du 28 avril 1816, art. 38.

(6) Loi du 22 frimaire an VII, art. 69, § 5, n° 8.

tant des droits. A défaut de cette consignation et de l'accomplissement de la formalité dans le délai prescrit, le recouvrement du droit ordinaire et du droit en sus sera poursuivi contre la partie civile, par le receveur de l'enregistrement, sur l'extrait du jugement que le greffier sera tenu de lui délivrer dans les dix jours qui suivront l'expiration du délai fixé par l'enregistrement (V. n° 393), le tout conformément à l'art. 37 de la loi du 22 frimaire an VII (1).

Art. 3. Tout greffier qui aura négligé de faire enregistrer, dans le délai fixé, les jugements pour l'enregistrement desquels le montant des droits lui aura été consigné, ou qui, dans les huit jours qui suivront l'expiration de ce délai, n'aura pas remis au receveur de l'enregistrement l'extrait des jugements non enregistrés faute de consignation des droits par la partie civile, sera personnellement tenu au paiement des droits et de l'amende pour chaque contravention, conformément aux art. 35 et 37 de la même loi (2). »

S'il n'y a pas de partie civile en cause, ou que celle-ci ait justifié de son indigence, l'enregistrement a lieu en débet (3). — Enregistrement d'office, V. 393.

Les jugements portant remise de cause ne sont soumis à la formalité que lorsqu'ils sont rendus pour la production de pièces ou de preuves ordonnées (4). En effet, ces jugements n'ordonnent rien quand la remise de cause est pure et simple.

648 bis. *Idem ; Rédaction.* — La rédaction des juge-

---

(1) Loi du 22 frimaire an VII, art. 68, § 1, n° 48 ; Loi du 28 avril 1816, art. 38.

(2) 4° Ordonn. du 22 mai 1816, art. 2 et 3 (il y a au Bulletin 7 ordonnances portant cette date).

(3) Loi du 22 frimaire an VII, art. 70, § 1, n° 1.

(4) Instruction générale de l'enregistrement du 22 février 1822; *idem* du garde des sceaux du 25 mars 1822, Gillet, p. 275.

ments n'emporte aucun émolument pour le greffier, elle est censée l'œuvre du juge sous la dictée duquel le greffier tient la plume (1). V. n° 653.

649. *Pièces de conviction ; État ; n° 144.* — Il y a bien peu d'affaires de simple police dans lesquelles il y ait des pièces de conviction, et, partant, un état de ces pièces à dresser. Quand cet état est nécessaire, il est rédigé (F, n° 778), sur papier libre, et sans frais, par le greffier (2).

649 bis. *Frais de poste.* Dans chaque affaire suivie d'une condamnation, il doit être perçu, après le jugement définitif, pour port de lettres et paquets :

Pour les affaires portées directement à l'audience . . .	0 f.	20	c.
— jugées en appel.	1	»	
— portées à l'audience après instruction,	1	20	
— instruites, jugées sur appel	2	60	
— jugées en cassation.	6	40	(3)

Ces frais doivent être compris par le greffier dans *l'état de liquidation* (V. le n° suivant) (4).

650. *Liquidation ; État ; n° 417.* — Lorsque, ce qui est rare, la liquidation des frais ne peut être insérée dans le jugement, il en est dressé un état détaillé, par le greffier, sur papier libre et sans frais, à la suite duquel le juge met son exécutoire (5). Il convient d'établir dans cet état, pour plus de clarté, une distinction entre les sommes allouées à titre de salaire ou indemnité aux

(1) Sudraud-Desisles, note 366.
(2) Instruction générale de 1826, n° 54.
(3) Loi du 6 mai 1855 (budget), art. 18.
(4) Décret du 18 juin 1811, art. 163 ; Circulaire du garde des sceaux du 7 février 1856, Gillet, p. 783.
(5) Tarif criminel, art. 163 ; Instruction générale, n° 133-135.

huissiers et aux témoins, et celles qui représentent des déboursés, tels que droits de timbre et d'enregistrement.

EXÉCUTOIRE.

Nous, juge de paix, présidant le tribunal de simple police d   , sur les réquisitions du ministère public, avons arrêté le présent état à la somme de (*en toutes lettres*), et ordonnons qu'en exécution du décret du 18 juin 1811, art. 174, le recouvrement de cette somme sera poursuivi par les voies de droit, même par celle de la contrainte par corps, à la diligence de l'administration de l'enregistrement et des domaines, contre le sieur   ou bien contre les sieurs   solidairement, etc.

Fait à   , le   186 .

651. *Greffiers de simple police ;* n° 32. — Le greffier spécial institué dans les villes, au nombre de cent seize, où il y a deux ou plusieurs justices de paix, reçoit un traitement annuel qui est (1) :

A Paris, de . . . . 4,000 fr. (2)
A Alger, Bordeaux, Constantine, Lyon, Marseille, de 1,200
A Lille, Nantes, Rouen, Toulouse, de. . . . 900
Dans toutes les autres, de. 600 (3)

Le traitement du commis assermenté est à la charge du greffier (4). A Paris, les trois commis greffiers sont rétribués sur les fonds du ministère de la justice.

652. *Menues dépenses des tribunaux de simple police.* — Il est alloué à ces tribunaux pour leurs dépenses de

(1, 2) Arrêtés des 30 fructidor an x et 16 frimaire an xi, 8 septembre 1855.—Le traitement du greffier de Paris a été réduit de 6 à 4,000 fr., mais ses commis, auparavant à sa charge, reçoivent de l'Etat 1,800 fr. chacun.
(3) Décret du 23 août 1858, qui a élevé de 500 à 600 fr., le traitement des greffiers de la dernière classe.
(4) Loi du 28 floréal an x, art. 14.

chauffage, éclairage, gens de service, etc., une certaine somme, dont le greffier a ordinairement l'administration sous la surveillance du juge.

Ces menues dépenses sont fixées (1) :

A Paris, à	3,800 fr. (depuis 1852)
A Bordeaux, etc., à	600
A Lille, etc., à	200
A Amiens, et onze villes de même importance, à	100
Dans les autres villes, de. . .	50 à 100

Ces chiffres ne sont pas fixes, parce que c'est une dépense départementale, et qui varie suivant les besoins de la localité, le prix du combustible, etc.

653. *Écritures.* — Il n'est rien alloué aux greffiers et à leurs commis pour les écritures qu'ils sont tenus de faire sous la dictée et l'inspection du juge de paix, ni pour la minute d'aucun acte quelconque, non plus que pour les simples renseignements qui leur sont demandés par le ministère public pour être transmis aux ministres (2). — Cette règle s'applique au *registre d'ordre* (F. n° 780) qu'ils doivent tenir pour y inscrire sommairement, au fur et à mesure de leur introduction au greffe, toutes les affaires de police, avec les noms des délinquants (3). Ce registre est indépendant du répertoire. V. n° 642.

653 bis. *Paiement des greffiers.* — V. au n° 611, ci-dessus. Ce que je dis relativement aux huissiers est applicable aux greffiers. — Prescription de leurs droits, V. plus bas, n° 671.

654. *Voyage.* — Les greffiers de police n'ont droit à

_____

(1) Dit arrêté du 30 fructidor an x, et autres depuis.
(2) Tarif criminel, art. 63.
(3) Décision du garde des sceaux du 9 décembre 1823, Dalmas, p. 162.

l'indemnité de transport que lorsque le juge de paix y a droit lui-même, sauf le cas où ce magistrat ne réside pas au chef-lieu de canton, demeure obligée du greffier. V. n° 36.

655. Les greffiers des tribunaux présidés par les maires (V. n° 39) n'ont pas de traitement. « Ils reçoivent, pour leurs expéditions, les émoluments attribués aux greffiers des juges de paix. » C. I. art. 168. Il en doit être de même pour les extraits et simples relevés de ces jugements qu'ils auraient à délivrer. V. n°s 668, 480. — Ils ne sont pas assujettis à tenir un répertoire (V. n° 612) comme les greffiers ordinaires (1).

§ III. — *Frais faits après l'audience.*

656. *Signification des jugements.* — Signification sur la minute, V. n° 482; Originaux multipliés, V. n° 507.

L'émolument des huissiers pour ces actes est le même que pour les citations. V. n°s 591, 592. Les significations entraînent ordinairement un droit de copie de pièces, le jugement le plus concis comprenant au moins deux rôles de copie.

657. *Expéditions du greffier; n° 482.* — Aucune expédition délivrée par le greffier de simple police ne peut l'être que sur des feuilles de timbre de 1 fr. 50 c. (2). Les expéditions destinées au ministère public et aux parties qui ont justifié de leur indigence sont libellées sur papier visé pour timbre au même droit.

Les droits d'expédition dus aux greffiers des Cours

(1) Décisions du grand-juge des 12 août et 29 novembre 1811; Legraverend, t. 2, p. 348.
(2) Loi du 28 avril 1816, art. 63.

et tribunaux sont fixés à 40 centimes par rôle de 28 lignes à la page et de 14 à 16 syllabes à la ligne (1). En l'absence de règle précise pour évaluer les fractions de rôle, on doit en adopter une analogue à celle qui est établie par l'art. 92 du tarif pour l'appréciation des distances. Ainsi, pour moins de 15 lignes ou un quart de rôle, on ne doit rien allouer ; 15 lignes et moins de 43 sont comptées pour un demi-rôle ; 43 lignes ou plus pour un rôle complet (2). Toutefois, pour les actes (par exemple, un acte d'appel) dont l'expédition ne contiendrait pas 15 lignes, il faut allouer 20 centimes ou un demi-rôle (3).

Ces droits sont les mêmes, que l'expédition soit délivrée au ministère public ou aux parties privées (4).

Il n'est alloué que deux rôles au plus pour les expéditions des jugements de simple police ; on ne peut dépasser ce nombre sans l'avis motivé du juge taxateur consigné sur le mémoire (5).

658. Les actes que le greffier peut expédier à la requête du ministère public sont ceux que le ministre a désignés, et, notamment, pour la simple police, — les déclarations d'appel ou de pourvoi en cassation, — les jugements attaqués par l'une de ces voies de recours. Les autres pièces, telles que procès-verbaux, plaintes, dénonciations, cédules, enquêtes faites à l'audience, rapports d'experts, réquisitions du ministère public, doivent être transmises en minute (6). Le Tarif criminel,

---

(1) Tarif criminel, art. 48.
(2, 3) Instruction générale de 1826, n° 42.
(4) Décisions des ministres de la justice et des finances; Instruction du 30 septembre 1826, p. 55, n° 42.
(5) Décision du garde des sceaux du 18 janvier 1855, Gillet, p. 760.
(6) Instruction générale de 1826, n° 51.

art. 42, indique comme donnant lieu à des expéditions du greffier les art. 146, 153, 157 à 161, et omet les articles 172 et 418, Cod. Instr., qui y donnent également lieu (V. aussi n° 616).

659. Quant aux parties, prévenus, parties civiles, etc., elles peuvent, sur leur simple demande, obtenir à leurs frais, l'expédition des actes qui ont déjà été désignés (n° 138); pour les autres, il faut l'autorisation du procureur général (1).

660. Les déboursés et émoluments auxquels donne lieu une expédition ne peuvent être perçus que sur un état dressé par le greffier au bas de ces actes, vérifiés et visés par le juge de paix (2), que ces expéditions aient été réclamées par le ministère public ou par les parties (3).

Extraits, V. n° 668.

661. Les greffiers ne peuvent faire excuser les irrégularités que présentent leurs actes, en les rejetant sur les copistes dont ils sont forcés de se servir, parce qu'ils sont responsables des faits de tous ceux qu'ils emploient (4).

Contrainte par corps, frais (5).

662. *Capture ;* n° 496. — Lorsqu'un condamné à l'emprisonnement de simple police, averti par le ministère public d'exécuter son jugement, refuse ou néglige de se constituer prisonnier, il y a lieu de le faire arrêter, soit par un huissier, soit par des agents de la

---

(1) Tarif criminel, 56.
(2) Ordonn. du 17 juillet 1825, art. 1er.
(3) Décision du grand-juge du 23 juillet 1813, Dalmas, p. 154.
(4) Dalmas, p. 164; Circul. du garde des sceaux, 19 juillet 1856, Gillet, p. 795.
(5) Arrêté des 24-29 mars 1849.

force publique, gendarmes, gardes champêtres ou forestiers, agents de police, à qui il est dû, dans ce cas,
pour l'arrestation, et lorsque les agents étaient porteurs
d'un extrait de jugement ou mandement de justice (1),
un droit de capture fixé (2) :

Pour Paris, à. . . . . 5 fr.
Pour les villes de 40,000 âmes et au-dessus, à. 4
Pour les autres villes et communes, à 3

En cas d'arrestation, les gendarmes, etc., dressent
procès-verbal de la capture ; et si le condamné n'est
pas trouvé, un procès-verbal de recherches infruc-
tueuses ; ces actes ne donnent lieu à aucun droit.

662. *Id.; Exécutoire.* — Les frais de capture alloués
aux huissiers et aux gendarmes, etc., pour l'exécution
forcée des jugements portant emprisonnement, sont à
la charge des condamnés (3). Pour obtenir le remboursement de ces frais qui n'ont pas dû être compris dans
l'état de liquidation de l'affaire, il faut requérir du juge
de paix un exécutoire supplémentaire à cet effet (V.
n° 650) ; cet acte est remis au receveur de l'enregistrement chargé du recouvrement (4).

664. Les *réquisitions* (n° 496) que le ministère public adresse, soit à la force armée, soit à des ouvriers
pour l'exécution d'un jugement de police, sont, comme
toutes ses écritures, du reste, libellées sur papier libre,
et ne donnent lieu à aucuns frais.

665. *Écrou.* — Cet acte (F. n° 781), destiné à cons-

(1) Tarif criminel, art. 77.
(2) Décret du 7 avril 1813, art. 6 ; Ordonnance du 6 août 1823,
art. 1er.
(3) Décision du garde des sceaux du 11 décembre 1821, Dalmas,
p. 12.
(4) Décret du 13 juin 1811, art. 163 et 164 ; Circul. du ministre
du 27 juin 1835, Gillet, 479.

tater l'exécution de l'emprisonnement, et porté sur le registre de la prison, ne donne non plus lieu à aucun émolument pour le gardien de la prison. Les huissiers ont seuls un droit pour l'assistance, soit à l'inscription, soit à la radiation de l'écrou.

Ce droit est :

A Paris, de. . . . . 1 fr. » c.
Dans les villes de 40,000 âmes et au-dessus, de. » 75
Dans les autres villes et communes, de . . . . » 50 (1)

Mais, depuis le 1er avril 1855, les huissiers ne sont plus employés soit à l'inscription, soit à la radiation des actes d'écrou des prévenus, accusés ou condamnés (2).

Dans l'usage, l'arrestation des condamnés est opérée par les gendarmes ou les agents de police, qui n'ont droit qu'à l'émolument de capture. V. n° 662.

666. *Relevé des jugements à fournir à l'enregistrement;* n° 480. — Ces relevés, adressés au receveur de l'enregistrement par le greffier, donnent lieu, au profit de cet officier ministériel, à un droit de 10 centimes par article, c'est-à-dire par affaire jugée, quel que soit le nombre des condamnés. Cette indemnité est acquittée par la régie, suivant la forme ordinaire (3).

667. *Relevé des amendes.*—Les greffiers n'ont plus à dresser des relevés semestriels des amendes de police destinés aux préfets, chargés, aux termes de l'art. 466, C. pénal, de répartir ces amendes entre les communes

---

(1) Tarif criminel, art. 71, n° 11.
(2) Circulaire du garde des sceaux du 10 mars 1855, Gillet, p. 763. — On s'est demandé, à ce sujet, si une simple instruction ministérielle pouvait dispenser de l'exécution d'un décret impérial ayant force de loi.
(3) Arg. du Tarif criminel, art. 49; Circul. du ministre du 15 décembre; Instruction du directeur général de l'enregistrement du 27 décembre 1833, Dalmas, *Supplément,* p. 75.

sur le territoire desquelles les contraventions ont été commises. L'ordonnance (1) qui prescrivait ces relevés a été, sur ce point, abrogée par un décret (2) récent. Déjà la liquidation du produit de ces amendes avait été laissée aux directeurs de l'enregistrement, par diverses décisions ministérielles (3).

668. Les *extraits de jugements* (n° 496), délivrés par le greffier, soit au ministère public, soit à la régie, donnent lieu à un émolument de 25 centimes (4).

Il faut en excepter les extraits transmis au procureur impérial, en vertu de l'article 178 du Code d'instruction criminelle, extraits délivrés sans frais (5), et, dans l'usage, remplacés par un tableau. V. n° 498.

Pour être payés de l'indemnité de 25 centimes, les greffiers doivent certifier sur les extraits que les jugements sont devenus définitifs faute d'appel (6).

Les extraits délivrés au ministère public le sont sur papier visé pour timbre à 50 centimes ; ceux que réclament les parties le sont sur une feuille de timbre de 1 franc 50 (7).

Bien que le droit alloué, pour ces extraits, soit minime, les greffiers ne doivent pas multiplier inutilement ces actes. Ainsi, il ne doit être délivré qu'un extrait de chaque jugement à exécuter, même lorsqu'un emprisonnement est prononcé concurremment avec l'amende. Dans ce cas, l'extrait, d'abord remis au ministère public pour l'exécution de la peine corporelle, est ensuite

---

(1, 2) Ordonn. du 30 décembre 1823, art. 2 et 6, n° 2, abrogés par le décret du 14 septembre 1864.

(3) Décision du ministre des finances du 22 octobre 1860 ; du ministre de l'intérieur du 6 février 1862 ; Instruction de l'enregistrement du 15 février 1862, n° 2213.

(4) Décret du 7 avril 1813, art. 7.

(5) Dalmas, p. 135.

(6) Instructions générales de l'enregistrement, n° 951.

(7) Loi du 28 avril 1816, art. 63.

transmis par ce fonctionnaire au receveur de l'enregistrement pour le recouvrement des condamnations
pécuniaires (1).

Lorsque le jugement concerne des domestiques ou
des ouvriers, il est essentiel de mentionner, dans
l'extrait, si les maîtres ou patrons ont été déclarés civilement responsables, afin que, le cas y échéant, les
receveurs de l'enregistrement puissent recouvrer sur
ces maîtres ou patrons les frais que les domestiques et
ouvriers seraient dans l'impossibilité d'acquitter (2).

668 *bis. Travaux* mis à la charge d'un condamné.—
Les ouvriers (n° 511) employés par le ministère public
pour l'exécution de ces travaux que le condamné n'a
pas accomplis, sont payés sur la taxe faite par le juge
de paix (F. n° 762). Le montant en est ensuite recouvré
sur le condamné au moyen d'un exécutoire supplémentaire (F. p. 466).

669. Si l'*opposition* à un jugement par défaut est
formée par un acte séparé, les déboursés et les émoluments sont les mêmes que ceux d'une simple citation.
V. n°s 590 et suiv.

669 *bis.* Il en est de même de l'*appel* par acte d'huissier. Quant à celui qui est formé par une déclaration
au greffe, sur un registre tenu à cet effet (3), sa rédaction ne donne lieu à aucun émolument. On n'a à
supporter que le droit d'enregistrement de 1 fr. 10 c.
et le timbre.—Expédition de l'appel, V. n° 658.

Les frais de la requête d'appel (n° 544) se réduisent
au timbre du papier sur lequel elle est écrite ; la feuille

_____

(1) Décret du 7 avril 1813, art. 7; Tarif criminel, art. 62.
(2) Circulaire du garde des sceaux du 10 avril 1856, Gillet,
p. 787.
(3) Dalmas, *Supplément*, p. 87.

est visée pour timbre en cas d'indigence de l'appelant (1).

670. *Pourvoi en cassation ;* n°s 554 et suiv. — La rédaction de cet acte, par le greffier, est gratuite. Les pourvois du ministère public sont exempts de l'enregistrement et du timbre ; ceux des parties, non indigentes, sont inscrits sur timbre et enregistrés au droit de 27 fr. 50 c. (2). Reçu par un notaire (n° 559), le pourvoi me paraît n'emporter que l'émolument d'un acte en brevet. — *Expédition* du pourvoi, V. n° 658.

Les frais de la *notification* du pourvoi sont les mêmes que ceux d'une simple citation ; la règle est aussi la même pour l'application ou la dispense des droits de timbre et d'enregistrement (3). V. n° 590.

Quant à la *consignation* (V. n° 563) de l'amende, elle n'entraîne d'autres frais que le timbre de la quittance du receveur de l'enregistrement.

La *requête* (V. n°s 568, 569) à joindre par le demandeur en cassation (autre que le ministère public), à son pourvoi, doit être libellée sur timbre, à moins qu'il n'ait justifié de son indigence (4).

Certificat d'indigence, V. n° 586.

671. *Prescription des frais.*—Les mémoires qui n'ont pas été présentés à la taxe du juge dans le délai d'une année, à partir de l'époque à laquelle les frais ont été faits, ou dont le paiement n'a pas été réclamé dans les six mois de leur date, ne peuvent être acquittés par l'enregistrement qu'autant qu'il est justifié que les retards ne sont point imputables à la partie prenante. — Cette justification ne peut être admise que par le garde

(1) Sudraud-Desisles, note 35.
(2) Loi du 28 avril 1816, art. 47, n° 1.
(3, 4) Sudraud-Desisles, notes 522, 525.

des sceaux, sur l'avis du procureur général s'il y a lieu (1).

Les frais dus par les parties aux greffiers ne se prescrivent que par trente ans. C. Nap., art. 2262.—Huissiers, V. n° 612.

672. *Mémoires de frais.* — Les frais, déboursés et émoluments, dus aux experts, gendarmes, greffiers, huissiers, juges de paix, etc., leur sont payés sur des mémoires dressés dans la forme prescrite par l'instruction générale de 1826 (2).

Ces mémoires sont rédigés en double expédition (3), signés et certifiés par toutes les parties prenantes, et revêtus de l'acquit de chacune d'elles, ou de l'autorisation qu'elles donnent au porteur d'en toucher le montant en leur nom (4).

Quand le montant du mémoire excède 10 francs, une des expéditions doit être portée sur timbre (5).

Lorsque les deux expéditions ne sont pas représentées, l'officier du ministère public ne doit pas requérir le paiement du mémoire ; il doit attendre le dépôt du double (6). V. n° 677.

673. Les salaires des *messagers* pour le transport des pièces de conviction sont réputés frais urgents et, comme tels, acquittés sur simple taxe (F. n° 704) et mandat du juge, mis au bas des réquisitions du ministère public, ou de l'état produit par la partie (7). Quant

---

(1) Tarif criminel, art. 149; Ordonn. du 28 nov. 1838, art. 5.
(2) Dite Instruction, modèles n°ᵒˢ 11, 12, 19, 16, 18, 21.
(3) Ordonn. du 28 novembre 1838, art. 2, qui abroge l'art. 145 du Tarif.
(4, 5) Tarif criminel, art. 147, 146.
(6) Circulaire du garde des sceaux du 23 avril 1846, Gillet, p. 787.
(7) Tarif criminel, art. 133, 134 ; Instruction générale, modèles n°ˢ 3, 10.

aux travaux des ouvriers, pour l'exécution des jugements, le salaire est acquitté comme dépenses administratives, à la charge des communes intéressées, le Tarif criminel étant muet à cet égard.

674. *Examen et taxe des mémoires de frais.* — Les mémoires concernant les frais faits en simple police sont taxés par le juge de paix, sur la réquisition de l'officier du ministère public; ceux qui concernent le juge de paix le sont par le président du tribunal de première instance, sur la réquisition du procureur impérial (1).

Cette taxe n'est pas une opération de pure forme ; « les juges qui décernent les mandats ou exécutoires, les officiers du ministère public qui y apposent leurs signatures, sont responsables de tout abus ou exagération dans les taxes, solidairement avec les parties prenantes, et sauf leur recours contre elles » (2).

Les magistrats doivent donc examiner, avec soin, chacun des articles des mémoires qui leur sont présentés, et ne requérir ou délivrer les exécutoires que lorsqu'ils se sont assurés qu'il n'y a ni abus ni exagération dans les réclamations des parties prenantes (3).

675. Lorsque la taxe est inférieure au montant de l'état ou du mémoire, le juge doit faire connaître, dans son ordonnance ou exécutoire, les motifs des réductions qu'il a opérées, et indiquer les articles de l'état sur lesquels elles portent (4).

Si c'est l'officier du ministère public qui remarque une exagération dans les demandes, il doit la signaler au juge dans son réquisitoire. Le juge, de son côté,

---

(1, 2) Tarif criminel, art. 140, 141.
(3, 4) Dalmas, p. 352; Ordonn. du 28 novembre 1838, art. 3 ; Circul. du garde des sceaux du 19 juillet 1856, Gillet, p. 795.

27.

s'il ne fait pas droit à cette réquisition, doit motiver sa décision, parce qu'alors il assume sur lui la responsabilité qui peut résulter de l'exagération de la taxe (1).

676. S'il y avait eu réellement abus dans une taxe, et que la négligence des magistrats qui auraient requis ou ordonné l'exécution fût démontrée, ils pourraient (en cas d'insolvabilité des parties prenantes) devenir l'objet d'un rôle de restitution, dressé par ordre du garde des sceaux (2), les magistrats signataires préalablement mis en demeure, par le ministre, de fournir leurs explications sur les taxes exagérées ou abusives.

La responsabilité des magistrats taxateurs dure deux ans, à compter de l'ordonnancement de la dépense par le ministre (3).

677. *Envoi du double des mémoires.* — Un double du mémoire taxé, celui qui est porté sur timbre, lorsqu'il y a lieu, est rendu à la partie prenante pour en toucher le montant au bureau de l'enregistrement désigné dans l'exécutoire ; l'autre est conservé par le juge de paix, qui l'envoie au procureur impérial, ce magistrat étant chargé de transmettre mensuellement au garde des sceaux ces doubles accompagnés d'un bordereau (4).

Quant aux taxes des *frais urgents* qui ne sont pas libellées à double exemplaire, il y est suppléé par un bordereau que dresse tous les mois le receveur de l'enregistrement de ceux de ces frais qu'il a payés pour le canton, et ce bordereau est joint par le juge de paix aux mémoires (5).

---

(1) Dalmas, p. 352.
(2, 3) Tarif criminel, art. 172.
(4, 5) Ordonn. du 28 novembre 1838, art. 6 ; Circul. du garde des sceaux du 8 décembre 1838, Dalmas, *Supplément*, p. 298.

SECTION IV.

RENSEIGNEMENTS DIVERS.

---

§ 1. — Classement des pièces des dossiers.

678. I. *Affaires dans lesquelles il y a eu une opposition, puis un appel ou un appel seulement.*

1. Procès-verbal ou rapport constatant la contravention. — V. n° 108.
2. Plainte ou constitution de la partie civile.—V. n° 108.
3. Avertissement ou citation au prévenu.—V. n°ˢ 118, 123.
4. Avertissement ou citation aux témoins.—V. n°ˢ 118, 126.
5. Cédule du juge de paix indiquant jour à bref délai. — V. n° 134.
6. Extrait du registre des consignations des parties civiles. — V. n° 107.
7. Pouvoir pour représenter le prévenu.—V. n° 166.
8. Jugement de remise de l'affaire (joint ordinairement au jugement définitif).—V. n° 368.
9. Jugement par défaut.—V. n°ˢ 436 et s.
10. Signification dudit (V. n° 481), avec opposition du défaillant sur l'original ou par exploit séparé. — V. n° 520.
11. Jugement de débouté d'opposition en premier ressort. — V. n° 528 *bis*.
12. Signification dudit.—V. n° 481.
9 à 12. Jugement contradictoire.—V. n°ˢ 394 et s.
13. Expédition de l'appel déclaré au greffe ou appel par exploit séparé.—V. n° 541.
14. Requête d'appel.—V. n° 544.
15. Note des principales déclarations des témoins.—V. n° 272.
16. Note constatant, s'il y a lieu, l'état de récidive du contrevenant (V. n° 312) et rappelant les condamnations antérieures.
17. Etat des pièces à conviction.—V. n° 649.
18. Etat de liquidation des frais.—V. n° 650.
19. Inventaire des pièces du dossier.—V. n° 570.

679. II. *Affaires terminées par un pourvoi en cassation.*

Actes, n°s 1 à 10, s'il y a lieu.
11. Jugement en dernier ressort (ou en premier, si le pourvoi est
formé par le ministère public).—V. n°s 534, 533.
12. Expédition du pourvoi en cassation.—V. n° 554.
13. Notification dudit à la suite.—V. n°s 562, 670.
14. Requête en cassation.—V. n° 569.
Actes, n°s 16 à 19, s'il y a lieu.

§ 2. — Compte rendu annuel des affaires jugées en simple
police, etc.

680. Chaque année, au mois de janvier, MM. les
juges de paix doivent adresser au procureur impérial
un état des affaires par eux jugées en simple police et
des informations au criminel, terminées durant l'année
précédente. Ces magistrats reçoivent, à cet effet, du
parquet de première instance, un tableau imprimé, divisé en quinze colonnes, et qu'ils n'ont plus qu'à remplir. Pour les villes qui comprennent plusieurs cantons,
les affaires ne donnent lieu qu'à un seul état où elles
sont réunies sans indication d'origine.

Ce travail est plus minutieux, plus long, que difficile :
les greffiers qui, ordinairement, le préparent, n'ont qu'à
suivre exactement les intitulés des colonnes et qu'à se
conformer aux qualifications imprimées des contraventions, ainsi qu'aux notes explicatives qui accompagnent
le tableau.

APPENDICE.

FORMULES

DES ACTES, ÉTATS ET DILIGENCES USUELS.

N° 1 (page 7).

681. *Nomination d'un commissaire de police pour remplir les fonctions du ministère public près d'un tribunal de simple police de canton.*

Nous, Procureur général près la Cour impériale d...   ,
Vu l'art. 144 du Code d'inst. crim.,
Nommons le sieur...   , commissaire de police à...   ,
pour remplir les fonctions du ministère public près le tribunal
de simple police de la même ville.
Au Parquet de la Cour impériale, ce...   186.

N° 2 (page 25).

682. *Désignation d'un conseiller municipal pour remplir les mêmes fonctions, près le tribunal de simple police d'une commune.*

Nous, Procureur impérial près le tribunal de première instance d...   ,
Vu l'art. 167 du Code d'inst. crim.,
Désignons M...   , conseiller municipal à...   , pour
remplir, en cas d'empêchement de M. l'adjoint et pendant
une année, les fonctions du ministère public près du tribunal
de police municipale d...
Au Parquet d...   , ce...   186.

N° 3 (page 72).

Registre des procès-verbaux et plaintes.

Le modèle est plus haut, n° 102.

N° 4 (page 76).

683. *Constitution d'un plaignant, comme partie civile, avec consignation.*

L'an mil huit cent soixante-cinq, le...   , heure de...   , au greffe du tribunal de simple police d...   , etc., devant nous, greffier de ce tribunal, s'est présenté le sieur...   , profession...   , demeurant à...   , qui nous a déclaré se constituer partie civile, au soutien de la plainte par lui portée contre le sieur...   , à raison d'une contravention rapportée dans le procès-verbal, en date du...   , et pour faire face aux frais de la poursuite, a consigné entre nos mains la somme de...   , dont acte, et lecture faite, le sieur...   a signé avec nous.

N. B. Si c'est un fondé de pouvoir qui se présente, on mentionne dans l'acte la teneur et la date du pouvoir, les noms, qualité et demeure du mandataire, etc.

N° 5 (pages 76, 433).

684. *Récépissé délivré par le greffier à la partie civile.*

Reçu de M. N... la somme de   fr., à laquelle ont été provisoirement évalués les frais à faire sur sa plainte contre le sieur N...

A   , le   1865.   Le greffier,

N° 6 (pages 76, 433).

A Paris, les déclarations des consignants sont portées sur un registre à colonnes où l'on se rend compte d'un coup d'œil de l'objet, du montant et du reliquat de la consignation.

685. *Registre des consignations du greffe de Paris.*

Date.	NOM DU			Somme consignée.	Actes et diligences.	Montant.	Reliquat.	Récépissé de ce reliquat par le consignant.
	con-signant.	plaignant.	prévenu.					

N° 7 (page 77).

686. *Désistement d'une partie civile.*

L'an, etc., le...   , au greffe (*mêmes énonciations qu'au n° 683*), s'est présenté le sieur...   , qui a déclaré se désister purement et simplement de sa constitution de partie civile constatée par nous à la date du...   , dont acte, et lecture faite, etc.

N° 8 (page 87).

687. *Avertissement à un prévenu de comparaître devant le tribunal.*

Tribunal
de
simple police
d

AVERTISSEMENT SANS FRAIS
Donné en vertu de l'art. 147 du C. instr. crim.

M. (*noms, profession, demeure*), est invité à comparaître en personne, ou par un représentant muni d'un pouvoir spécial et enregistré, à l'audience du tribunal de police de...   , (*telle rue*), le...   , 1865, à...   , heures précises, pour répondre à l'inculpation dirigée contre lui à raison de la contravention d...   , constatée par un procès-verbal en date du...

A...   , le...   , 1865.

Le commissaire de police *ou* le maire,

N° 9 (page 88).

688. *Avertissement à un témoin pour venir déposer.*

Tribunal
de
simple police
d

AVERTISSEMENT.

M. (*noms, profession, demeure*), est invité à se rendre à l'audience du tribunal de simple police d...   , du...   , à... heures, pour y déposer comme témoin dans l'affaire du sieur...   , prévenu d...

Le sieur...   sera taxé sur sa réquisition.

A...   , le...   1865.

Même formule pour les experts, traducteurs, interprètes.

N. B. Apporter cette lettre à l'audience.

N° 10 (page 89).

689. *Citation à un prévenu.*

L'an mil huit cent soixante-cinq, le...   , à la requête de M. le commissaire de police *ou* le maire de la commune d...   , officier du ministère public près du tribunal de police d...   , j'ai...   , huissier du tribunal de première instance d...   , et dudit tribunal de police, demeurant à...   , soussigné, cité M...   , parlant à...   trouvé en sa demeure (*ou* à tel endroit du canton), à comparaître en personne, ou par un représentant muni d'un pouvoir spécial et enregistré, le...   , heure de...   , à l'audience du tribunal de police de...   , séant à la mairie, pour répondre aux conclusions qui seront prises contre lui, à raison de la contravention d...   , contre lui constatée par un procès-verbal de...   , en date d...   , et s'ouïr condamner aux peines de droit et aux dépens. Et j'ai audit sieur...   , parlant comme il vient d'être dit, laissé copie du présent.

Si le contrevenant est traduit en vertu d'une ordonnance de justice, on mettra :

L'an, etc., en vertu d'une ordonnance de M. le juge d'instruction d...   , en date du...   , *ou* d'un arrêt de la Cour impériale d...   , en date du...   , *ou* d'un arrêt de la Cour de cassation, en date du...   , et à la requête de M..., etc.

N° 11 (page 96).

690. *Citation à un témoin.*

L'an, etc. (*même début que plus haut jusqu'à* soussigné), cité M...   , parlant à...   , trouvé *ou* rencontré, etc., à comparaître en personne à l'audience du tribunal de simple police d...   , à l'effet d'y déposer comme témoin, sous la foi du serment, dans l'affaire du sieur...   , prévenu de...   , et recevoir, sur sa réquisition, l'indemnité due aux témoins, — lui déclarant que, faute de comparaître, il sera condamné à l'amende portée par la loi.

N° 12   age 399).

691. *Taxe* (au bas de *l'avertissement* ou de la *copie* de citation).

Taxé au témoin N..., sur sa réquisition, la somme de... (*et en cas de voyage*), pour...   myriamètres   kilomètres

parcourus la somme de...   , en vertu des art. 26 et suiv.
du décret du 18 juin 1811, et 2 du décret du 7 avril 1813. Et,
attendu que le témoin ne reçoit aucun traitement, à raison d'un
service public, et qu'il n'y a pas de partie civile en cause,
ordonnons que ladite somme lui sera payée par M. le receveur
de l'enregistrement d...

Le juge de paix,

Le témoin a déclaré... savoir signer.

*(Si le témoin est un garçon de moins de 15 ans ou une fille
de moins de 21 ans, accompagné de son père ou de sa mère, on
mettra :)*

Taxé au témoin N..., âgé de...   , et au sieur *ou* à la dame
N... son père *ou* sa mère la somme de...   , en vertu des
art. 26 et suiv., et 97 du décret du 18 juin 1811, etc.

N° 13 (page 461).

692. *Certificat du juge de paix tenant lieu à un témoin
d'un avertissement ou d'une copie égarés.*

Nous, juge de paix, présidant le tribunal de simple police
d...   , certifions que le témoin N..., qui a égaré sa copie,
appelé devant nous par un avertissement du ministère public,
en date du...   , *ou* par une citation en date du...   , a
comparu et a fait sa déposition à l'audience de ce jour.

Fait à...   , le...

Le juge de paix,

TAXE (comme au n° précédent).

N° 14 (page 91).

693. *Mandement de citation à prévenu.*

L'huissier de service à la justice de paix d...   , est requis
de citer à notre requête, pour comparaître en personne *ou* par
un fondé de procuration spéciale enregistrée, 1° le sieur...   ,
profession de...   , demeurant à...   ; 2° le sieur...   ,
profession de...   , à l'audience du tribunal de simple police
d...   , rue   , le...   , heure de...   , et répondre à
la prévention qui est dirigée contre lui à raison de la contravention d...   , constatée par procès-verbal de...   , en
date du...   , et s'ouïr condamner aux peines de droit et
aux dépens.

A...   , le...

Le commissaire de police,

N° 15 (page 91).

694. *Mandement de citation à témoin.*

L'huissier de service à la justice de paix d...   , est requis de citer à notre requête les sieurs...   , profession d...   , demeurant à...   , à l'audience du tribunal de simple police d...   , le...   , heure de...   , pour y déposer comme témoin dans l'affaire du sieur...   , prévenu de (*telle contravention*), avertissant ledit témoin qu'il sera taxé sur sa réquisition, et, qu'en cas de défaut, il encourra l'amende portée par la loi.

A...   , ce...

Le commissaire de police ,

N° 16 (page 95).

695. *Lettre d'envoi desdits mandements.*

A...   , le...   , 1865.

Monsieur le juge de paix ,

J'ai l'honneur de vous adresser...   mandement de citation à prévenu *ou* à témoin et de vous prier de l... faire remettre à l'un de vos audienciers, et de me l... renvoyer avant l'audience avec les originaux de citation qui en auront été la conséquence.

Agréez, Monsieur le juge de paix, l'assurance de mes sentiments respectueux.

Le commissaire de police ,

N° 17 (page 95).

696. *Requête à fins d'abréviation des délais.*

A Monsieur le juge de paix...   , présidant le tribunal de simple police d...

Le commissaire de police d...   , officier du ministère public près ledit tribunal,

A l'honneur de vous exposer

Que, à...   , la nuit dernière, un rassemblement de jeunes gens, munis d'instruments discordants, a longuement troublé la tranquillité des habitants ;

Que ce tapage, injurieux et nocturne, paraît devoir se renouveler ce soir, et qu'il importe, pour l'exemple et le maintien de l'ordre, que les auteurs de cette grave contravention soient poursuivis aujourd'hui même ;

Et requiert qu'il vous plaise, Monsieur le juge de paix, délivrer cédule permettant d'assigner les contrevenants en question et les témoins pour l'audience de ce jour, heure de...   , et vous ferez justice.

A...   , le...   , heure de...

Le commissaire de police,

N° 18 (page 95).

697. *Cédule permettant d'assigner à bref délai.*

Nous, juge de paix du canton d...
Vu la requête qui précède et en adoptant les motifs ;
Vu l'art. 146 du Code d'inst. crim.;
Permettons de citer les contrevenants et les témoins pour aujourd'hui, heure de...

A...   , le...   , heure de...

Le juge de paix,

N° 19 (page 96).

698. *Lettre à un chef de corps pour avertir de la citation à donner à un militaire comme témoin.*

Monsieur le commandant,

Le sieur N... (*le grade*), dans votre bataillon, *ou escadron*, *ou* compagnie (*pour la gendarmerie*), doit être appelé, comme témoin, devant le tribunal de simple police de...   , à l'audience du...   , heure de...   . J'ai l'honneur de vous en donner avis afin que ce militaire puisse concilier la déférence à la citation avec les devoirs de son service.

Agréez, Monsieur le commandant, l'assurance de ma haute considération.

A...   , le...

Le commissaire de police,

N° 20 (page 99).

699. *Requête à fins d'estimation d'un dommage.*

A Monsieur le juge de paix d...   , présidant, etc.
Le commissaire de police d...   , officier, etc.
A l'honneur de vous exposer
Qu'un procès-verbal adressé et affirmé à la date du...   , par le garde champêtre de la commune d...   , établit à la charge du sieur...   , la contravention d'inondation de l'héritage d'autrui sans s'expliquer sur la gravité du dommage qui

en est résulté, omission qui laisse indécise la question de compétence, puisque, aux termes du Code rural, titre 2, art. 15 et 16, l'amende encourue est fixée d'après le montant du dommage causé.

Pourquoi le soussigné requiert qu'il vous plaise, Monsieur le juge, ordonner que, par un ou trois experts, le dommage en question sera évalué le plus tôt possible,— et vous ferez justice.

N° 21 (page 99).

700. *Ordonnance prescrivant l'estimation requise.*

Nous, juge de paix du canton de...   ,

Vu la requête qui précède, et en adoptant les motifs ;

Vu les art. 148 du Code d'instruct. crimin., et 7, tit. 2, du Code rural ;

Ordonnons que, par le sieur...   , cultivateur et propriétaire à...   , que nous commettons à cet effet, et qui prêtera devant nous *ou* devant M. le maire de la commune de...   . spécialement délégué à cette fin, le serment de faire son rapport et de donner son avis en son honneur et conscience ; les lieux grevés seront visités et le dommage, résultat de l'inondation, estimé, le tout en présence du garde champêtre rédacteur, des propriétaires lésés et du contrevenant, ou tous dûment appelés ; de cette opération procès-verbal sera dressé pour nous être transmis sans retard.

A...,   , le...

Le juge de paix ,

N° 22 (page 100),

701. *Ordonnance accordant la mainlevée provisoire de la fourrière concernant des animaux saisis.*

Nous, juge de paix du canton d...   , présidant le tribunal de simple police d...   ,

Sur la requête à nous verbalement présentée, ce jour, par le sieur...   , propriétaire à...   , et tendant à la mainlevée provisoire de la fourrière touchant six moutons, à lui appartenant et saisis sans conducteur, le...   suivant procès-verbal du garde champêtre d...   :

Attendu que l'identité de ces animaux n'est pas douteuse;

Vu les art. 39 et 40 du décret du 18 juin 1811 ;

Admettons le requérant, dont la solvabilité est notoire, à être sa propre caution,

Ou agréons, pour sa caution le sieur...   , propriétaire à...   , que ledit requérant nous présente;

Et ordonnons que le sieur...   , gardien de la fourrière,
remettra au sieur...   ses moutons, les frais de garde préalablement acquittés.

A...   , le...

Le juge de paix,

N° 23 (page 100).

702. *Ordonnance prescrivant la vente d'objets périssables
saisis en contravention.*

Nous, juge de paix, etc.,
Sur la requête à nous verbalement présentée par M. le commissaire de police d...   , ou M. le maire de la commune
d...   , et tendant à la vente d'objets périssables saisis et
notamment des pâtisseries, bonbons, liquides, etc., exposés
par le sieur...   , tenant un jeu de hasard, le...   , à...   .
Vu les art. 477 du Code pénal, 39 et 40 du décret du 18
juin 1811 ;
Ordonnons que lesdits objets seront le plus tôt possible vendus à l'enchère, à la diligence de M. le Receveur de l'enregistrement d...   , et ce sans formalités.

A...   , le...

Le juge de paix.

N° 24 (page 101).

703. *Réquisitoire pour faire déposer au greffe des objets
saisis en contravention.*

Le commissaire de police d...   , officier, etc.,
Requiert M. l'entrepreneur de la diligence d...   , ou le
sieur...   , voiturier à...   , de prendre à la mairie d...   ,
et transporter au greffe du tribunal de simple police d...   ,
les (*énumérer les objets à transférer*) pièces à conviction dans
l'affaire du n...

A...   , le...

Le commissaire de police,

N° 25 (pages 101, 451).

704. *Taxe* (au bas du réquisitoire).

Taxé au sieur...   , entrepreneur *ou* voiturier, en vertu
des art. 6, 9 et 133 du décret du 18 juin 1811, et pour avoir
transporté les objets désignés dans le réquisitoire ci-dessus, la

somme de...   , qui lui sera payée par M. le Receveur de l'enregistrement d,...

A...   , le...

Le voiturier a déclaré ... savoir signer.

Le juge de paix ,

N° 26 (page 107).

705. *Ordre pour déposer à la maison d'arrêt un pertur-
bateur arrêté à l'audience.*

Nous, juge de paix du canton d...   , présidant, etc.,

Considérant que, à l'audience de ce jour, le sieur...   , ayant
interrompu le silence et excité du tumulte, sans être rentré
dans l'ordre après l'avertissement des huissiers, a dû être saisi
dans la salle ;

Vu les art. 89 du Code de procéd. et 504 du Code d'inst.
crim. ;

Ordonnons que ledit sieur...   sera conduit à la maison
d'arrêt *ou* à la chambre de sûreté de cette commune ; enjoignons
au gardien de l'y recevoir et retenir pendant...   heures (24
au plus).

A...   , en séance, le...   , heure de...

Le juge de paix ,

N° 27 (page 108).

706. *Réquisitoire à fins de répression d'un trouble à l'audience (qui se renouvelle ou se prolonge).*

Il plaira au tribunal ,

Attendu que l'ordre est violemment troublé dans la présente
audience ;

Vu les art. (*ci-dessus visés*);

Ordonner que les perturbateurs récalcitrants seront à l'instant
saisis et conduits à la maison d'arrêt *ou* à la chambre de sûreté,
où, pendant 24 heures, au plus, ils seront retenus.

A l'audience, ce...   , heure de...

Le commissaire de police ,

N° 28 (page 109).

707. *Lettre au commandant de la place pour avoir un
piquet de troupes de ligne assistant la gendarmerie dans la
police de l'audience.*

A...   , le...

Monsieur le commandant ,

Demain,   du courant, sera appelée au tribunal de

simple police l'affaire des nommés...   ; M. le juge de paix et
moi présumons qu'elle attirera un public nombreux et disposé
au tumulte. Les gendarmes de la brigade ne pouvant suffire
au maintien de l'ordre, en ce cas, j'ai l'honneur de vous prier
de mettre à la disposition du tribunal un piquet de...
hommes, qui devra être rendu à l'audience, rue...   , à...
heures du matin.

Agréez, Monsieur le commandant, l'expression de ma haute
considération.

Le commissaire de police,

N° 29 (page 110).

708. *Acte de récusation du juge de police.*

L'an mil huit cent soixante...   , le...   , à la requête
du sieur...   , lequel élit domicile en mon étude, je soussigné,
huissier au tribunal de première instance d...   , audiencier
à la justice de paix d...   , ai notifié à M. le greffier de
ladite justice et du tribunal de simple police, parlant à sa personne qui a visé mon original, que mondit sieur...   , déclare
qu'il a été assigné à la requête du ministère public à l'audience
du tribunal de simple police d...   , le...   du courant,
comme prévenu (*de telle contravention*), et qu'il entend récuser M...   , juge de paix de ce canton et président du tribunal de simple police, et ce par le motif que mondit juge a
un intérêt personnel dans l'affaire *ou* a donné un avis par écrit
dans l'affaire, — dont acte, duquel j'ai laissé copie à Me...   ,
enregistré à...

L'huissier,   Le prévenu,   Le greffier,

709. *Impossibilité de composer le tribunal* (page 112).

Il est si rare qu'un tribunal de police ne puisse se constituer régulièrement pour juger une affaire, que je ne donne pas la formule
de la requête à présenter à la Cour de cassation, et que sur le rapport du commissaire de police et le vu des pièces à l'appui, le procureur impérial, le cas y échéant, prendrait la peine de rédiger.

N° 30 (page 113).

710. *Rôle des affaires.*

N. B. Ce rôle consiste dans une simple liste des affaires et des
prévenus du jour, suivant l'ordre indiqué par le juge de paix. On y
laisse une colonne en blanc, pour y noter en regard de chaque prévenu la décision du juge.

N° 30 *bis* (page 113).

711. *Rôle des affaires au tribunal de Paris.*

A Paris, la multiplicité des affaires a fait établir un rôle détaillé, divisé en colonnes, ainsi disposées :

N°s d'ordre.	NOMS DES PRÉVENUS, garants et témoins.	Contraventions.	Décision du juge.

On y porte d'abord les affaires remises d'une précédente audience, puis les causes nouvelles dans l'ordre des trois principaux articles du Code pénal sur la simple police, 471, 475, 479; des lois spéciales, etc.

N° 31 (page 115).

712. *Plumitif du greffier au même tribunal.*

Ce cahier, on l'a déjà vu (n° 163 *ter*), est une espèce de rôle, divisé en colonnes comme le précédent.

Jeudi 16 juin 1864.

Contravention.	Date.	NOMS des prévenus, garants et témoins.	N°s d'ordre.	Comparution.	Décision.

Affaires remises, d'abord :
Art. 471, § 15.
475, § 3.
Causes nouvelles :
474, § 15.
475, § 3.
475, § 4.

N° 32 (page 116).

713. *Pouvoir, sous seings privés, pour représenter un prévenu.*

Je soussigné (*noms, profession, demeure*) déclare donner pouvoir à M...   , à l'effet de comparaître pour moi aux audiences du tribunal de simple police d...   , où sera appelée (*telle*) affaire introduite à la requête du ministère public *ou* du sieur...   contre moi, répondre à toutes interpellations et réquisitions, et présenter tous moyens de défense.

Fait à...   , le...   signature :

Enregistré au bureau d...   , etc.

(Pouvoir pour former une opposition, V. n° 764.)

N° 33 (page 120).

714. *Nomination d'un interprète à un étranger.*

(Cette nomination est mentionnée au jugement, en ces termes) .

Et le sieur...   , *prévenu* ou *témoin*, ne parlant pas notre langue de manière à se faire comprendre, M. le juge de paix lui a nommé à l'instant, pour interprète, le sieur...   , profession d...   , âgé de (*au moins 21 ans*), lequel, la main droite levée, a prêté serment de traduire fidèlement tant les questions et observations adressées audit sieur...   que les réponses de ce dernier, ce qui a été exactement fait durant l'instruction de l'affaire.

N° 34 (page 120).

715. *Nomination d'un interprète à un sourd-muet.*

(Mention au jugement de la formalité, en ces termes) :

Et le sieur...   , *prévenu* ou *témoin*, étant sourd-muet illettré, M. le juge de paix lui a nommé, à l'instant, pour interprète, le sieur ou la dame...   (*sans condition d'âge*).

comme la personne qui a le plus l'habitude de converser avec lui, et le sieur...   , ayant décliné ses noms et levé la main droite, a prêté le serment de fidèlement faire comprendre au sourd-muet les questions à lui adressées et transmettre au tribunal les réponses de ce prévenu *ou* témoin, ce qui a été exactement observé durant l'instruction de l'affaire.

N° 35 (page 121).

716.. *Audition d'un sourd-muet sachant écrire.*

(Mention de la formalité au jugement) :

Et le sieur...   , *prévenu* ou *témoin*, sourd-muet, ayant fait connaître qu'il sait écrire, il a été procédé ainsi qu'il suit :

Le greffier a lisiblement écrit, sur son cahier, les questions adressées audit prévenu *ou* témoin ; d'abord sur ses noms, profession, âge, domicile, ensuite sur la contravention ; au fur et à mesure de leur rédaction, ces questions ont été mises sous les yeux du prévenu *ou* témoin qui, après les avoir lues, a écrit sa réponse à la suite, et le tout a été lu à haute voix par le greffier.

N. B. Ces mentions, si le sourd-muet est *témoin*, sont précédées de celles relatives à la formule du serment : « *vous jurez de dire toute la vérité, rien que la vérité*, levez la main droite, puis écrivez : *je le jure.* » — Les noms, prénoms, âge, profession, domicile viennent après, dans tous les cas...

N° 36 (page 121).

717. *Réquisitions du ministère public à fins de condamnation d'un témoin, régulièrement cité, qui ne comparaît pas.*

Il plaira au tribunal,

Attendu que le témoin N..., cité, parlant à sa personne *ou* à la personne d...   , par un exploit régulier du ministère de...   , huissier à...   , en date du...   , ne comparaît pas et n'a fait présenter aucune excuse, le condamner à l'amende portée par les art. 157 et 80 du Code d'inst. crim., ensemble ordonner que ledit N...   sera cité, de nouveau, à telle audience qu'il plaira au tribunal indiquer.

A l'audience, ce...   , le...

Le commissaire de police,

N° 37 (page 121).

718. *Jugement condamnant un témoin à l'amende, etc.*

Le tribunal,

Ouï le ministère public en ses réquisitions ;

Considérant que le témoin N..., régulièrement assigné pour l'audience de ce jour, et appelé par l'huissier de service, n'a pas comparu et n'a fait présenter aucune excuse ;

Vu les art. 157 et 80 du Code d'inst. crim., lesquels sont ainsi conçus :

Condamne le sieur...   à l'amende de...   , ordonne qu'il sera cité, de nouveau, à l'audience du...

N° 38 (pages 121, 123).

719. *Ordonnance portant qu'un témoin récalcitrant sera contraint par corps à venir donner son témoignage.*

Nous, juge de paix d...   , président, etc.,

Ouï le ministère public et vu l'art. 157 du Code d'inst. crim. ;

Attendu que le sieur...   , témoin essentiel dans l'affaire...   , cité à comparaître à l'audience du...   , n'y a pas comparu et n'a produit aucune excuse ;

Que, condamné à l'amende par jugement en date du...   , et cité de nouveau à l'audience de ce jour, par exploit du ministère de...   , huissier à...   , il a encore fait défaut, et n'a fait parvenir au tribunal aucune excuse ;

Ordonnons que ledit sieur...   , profession d...   , domicilié à...   , sera contraint par corps à venir donner son témoignage à l'audience du...   , heure de...

Requérons tous commandants et dépositaires de la force publique, d'assurer l'exécution de la présente ordonnance.

A l'audience du tribunal de simple police d...   , ce...

Le juge de paix,   Le greffier,

Cette ordonnance est remise, par les soins du commissaire de police, au commandant de la gendarmerie du canton ; si le témoin demeure hors du canton, l'acte est envoyé au procureur impérial.

N° 39 (page 123).

720. *Procès-verbal dressé concernant une excuse de témoin et un certificat de médecin reconnus faux.*

Nous, juge de paix, etc.,

Ouï le ministère public et vu les art. 236, 160 du Code pénal, et 29 du Code d'inst. crim. ;

Constatons que le sieur...   , témoin cité pour l'audience de ce jour, dans l'affaire N..., a produit, pour établir son prétendu état de maladie et excuser sa non-comparution, un certificat délivré par le sieur...   , officier de santé, à... , duquel il résulte que ledit témoin..., était atteint d (*l'affection*), qui l'obligeait à garder la chambre ;

Que, néanmoins, le jour de cette prétendue maladie, et depuis, ledit... a été vu circulant dans le pays et s'occupant librement de ses affaires, ce qui constitue un délit tant de la part dudit témoin que de celle du médecin-expert ;

Ordonnons que le certificat en question sera, avec le présent procès-verbal, adressé à M. le procureur impérial.

A...   , le...

Le juge de paix,

N° 40 (page 124).

721. *Jugement qui décharge de l'amende un témoin défaillant.*

Le tribunal

Ouï le ministère public ;

Considérant que le témoin N..., condamné à l'amende par jugement en date du...   , présente en personne *ou* par un fondé de pouvoir des explications qui tendent à excuser sa non-comparution ,

Le décharge de l'amende sans dépens.

N° 41 (page 124).

722. *Audition, à domicile, d'un témoin important qui est dans l'impossibilité de se rendre au tribunal.*

(Mention de la formalité au jugement :)

Et ayant reconnu que le sieur N..., témoin essentiel, était en cette ville *ou* commune, retenu chez lui par une maladie qui rendait son transport au tribunal impossible, avons ordonné que la déclaration de ce témoin serait recueillie à domicile. A l'instant, nous, juge de paix, nous sommes transporté en la demeure dudit sieur...   , où, étant arrivé, les portes ont été laissées ouvertes pour constituer la publicité nécessaire, et nous avons constaté la présence : de M. le commissaire de police N..., officier du ministère public, du sieur N..., prévenu, *ou* de son fondé de pouvoir. — Nous étant alors adressé au sieur N..., témoin, souffrant de corps, mais sain d'esprit, nous avons recueilli sa déposition ; ledit N..., sans se lever, ayant d'abord prêté serment de dire toute la vérité, etc., a dit se nommer, etc., puis a fait sa déclaration. Nous sommes ensuite rentré à la mairie *ou* au palais de justice, toujours accompagné comme dessus, et l'audience publique a été reprise.

N. B. *Si le prévenu ou l'un des prévenus refusait d'accompagner le tribunal chez le témoin, on ajouterait* : N... a fait sa déclaration, laquelle, sur notre dictée, a été écrite par le greffier. De retour au palais, avec les personnes qui nous accompagnaient, l'audience publique a été reprise, et, d'abord, nous avons à toutes fins, fait, à haute voix, donner lecture de la déclaration ainsi recueillie, et du procès-verbal dressé en conséquence.

N° 42 (page 193).

723. *Condamnation d'un témoin qui refuse de prêter serment ou de déposer.*

N. B. C'est la formule, n° 718, avec les modifications indiquées par la situation et en visant, au lieu de l'art. 157, les art. 304 et 355 du Code.

N° 43 (page 204).

724. *Notes d'audience* (affaires sujettes à appel).

Audience publique du

Tribunal de simple police d...

Notes des déclarations des témoins recueillies par le greffier soussigné, en exécution de l'art. 155, Cod. inst. crim.

Les témoins appelés ont, tous, avant de déposer, prêté séparément et individuellement le serment de dire toute la vérité, rien que la vérité.

Le premier a dit se nommer, etc.,
Et a déclaré

Certifié exact. Le greffier,

N° 44 (page 205).

725. *Conclusions de la partie civile.*

N. B. Lorsque l'affaire est introduite à la requête de la partie civile, c'est par un exploit de citation; cette partie *ou* son fondé de pouvoir s'en réfère ordinairement aux conclusions de cet exploit, — de sorte que le greffier n'a qu'à prendre le sommaire de ces conclusions, pour les insérer dans le jugement, en ces termes :

Le sieur N..., partie civile, a conclu à ce qu'il plût au tribunal, etc.

Si, ce qui est plus rare, la partie civile intervient seulement au

28.

cours des débats, elle fait connaître verbalement ses prétentions, que le greffier analyse avec exactitude et brièveté.

N° 45 (page 209).

726. *Résumé et réquisitions du ministère public à fins de condamnation.*

Le résumé du ministère public ne doit pas être, même par extrait, inséré dans le jugement. Les réquisitions finales sont seules à y re-retenir ; elles se libellent, ordinairement, de la sorte :

Il plaira au tribunal,
Attendu que du procès-verbal régulier produit, *ou* des té-moignages ouïs aux débats, résulte contre le sieur N... la preuve d... (*telle contravention prévue par tels articles du Code pénal, etc.*) ,
Condamner le sieur N... à l'amende et aux dépens.

(*S'il y a récidive, on met, après l'énoncé de la contra-vention*) :

Et, vu le jugement définitif, rendu depuis moins de douze mois, qui condamne le prévenu pour contravention de police commise dans le ressort du tribunal ;
Ensemble l'art. 483 du Code pénal ;
Condamner le prévenu à l'emprisonnement, à l'amende et aux dépens.

N. B. Dans les tribunaux très-occupés, le ministère public se con-tente de requérir en ces termes laconiques, du reste suffisants :

727. Il plaira au tribunal appliquer (*tel article du Code pénal ou de la loi spéciale invoquée*) avec dépens.

N° 45 *bis* (page 209).

727 *bis. Conclusions du ministère public à fins d'acquit-tement.*

Déclarons nous en rapporter à la sagesse du tribunal ;
Ou bien :
Nous n'insistons pas, le tribunal appréciera.

N° 45 *ter* (page 209).

727 *ter.* Idem *à fins d'incompétence.*

Il plaira au tribunal,
Attendu que les faits établis aux débats constituent le délit

prévu par l'art.   du Code pénal, emportant une peine correctionnelle ;

Renvoyer les parties *ou* les pièces devant M. le Procureur impérial.

N° 46 (page 261).

728. *Conclusions à fins de remise de l'affaire.*

Il plaira au tribunal,

Attendu que la régularité *ou* la teneur du procès-verbal produit a été contestée par le prévenu,

Ou que les véritables témoins de la contravention n'ont pas été cités,

Ou qu'une expertise est nécessaire,

Ou qu'une visite des lieux est nécessaire,

Remettre l'affaire, pour ouïr les témoins, *ou* les nouveaux témoins à produire, *ou* pour procéder à l'expertise, *ou* à la visite des lieux, au jour qu'il plaira au tribunal indiquer.

N° 47 (page 295).

729. *Fiches pour retrouver les récidivistes.*

Dans les tribunaux très-occupés, la recherche des récidivistes n'est pas toujours facile. Au greffe du tribunal de Paris on y pourvoit au moyen de *fiches* oblongues en carton mince sur lesquelles on note :

Le nom du condamné,
Sa demeure,
Son numéro d'ordre dans le jugement,
La date et la nature de la contravention,
La date du jugement,
La condamnation prononcée.

Ces fiches sont, par ordre alphabétique, rangées dans des boîtes en bois qui suffisent aux condamnés de douze mois.

N° 48 (pages 271, 273).

JUGEMENTS.

730. *Mention de toutes les feuilles.*

Audience publique du tribunal de simple police d...
tenue par M...   , juge de paix, en présence de M...   , commissaire de police, *ou* maire, *ou* adjoint, remplissant les fonctions du ministère public, avec l'assistance de Mᵉ...   gref-

fier *ou* commis greffier assermenté de la justice de paix *ou* du tribunal de police.

N° 49 (page 276).

731. 1° *Jugement contradictoire.*

Entre M. le commissaire de police, *ou* le maire, *ou* l'adjoint, demandeur, d'une part,

Et le sieur...   , *partie civile*, autre demandeur comparant en personne, *ou* par le sieur...   , porteur d'une procuration spéciale, enregistrée, encore d'une part ;

Et le sieur...   , prévenu, comparant en personne, *ou* par le sieur...   , porteur d'une procuration spéciale, enregistrée, d'autre part ;

Vu le procès-verbal régulièrement dressé à la date du...   , par le garde champêtre de...   , *ou* par les gendarmes de la brigade de...   , *ou* par le garde forestier *ou* particulier du sieur N..., etc. ;

Ouï les témoins respectivement produits qui, tous, ont préalablement prêté le serment de dire toute la vérité, rien que la vérité ;

Ouï le ministère public en ses réquisitions ;

Le prévenu *ou* le fondé de pouvoir du prévenu en ses observations ;

Attendu qu'il est constant, pour le tribunal, que le sieur... a le...   , commis (*telle contravention*) ;

Vu l'arrêté de M. le préfet *ou* de M. le maire d...   , en date du...   , tel article ;

Lecture donnée des art.   du Code pénal *ou* forestier, lesquels sont ainsi conçus (*à transcrire ici*) ;

Jugeant en premier *ou* en dernier ressort,

Condamne le sieur...   à...   jour de prison, à...   francs d'amende et aux dépens liquidés à la somme de... prononce la confiscation objets saisis,

Ou ordonne la destruction des objets saisis.

(*S'il y a une partie civile, on met : 1° après les observations du prévenu*) :

Ouï le sieur...   , partie civile, *ou* son fondé de pouvoir ; 2° (*Après la condamnation du prévenu*),

Et, statuant sur les conclusions du sieur...   , partie civile ; Attendu que de la contravention commise par le condamné est résulté pour le sieur...   un dommage dont il lui est dû réparation, condamne le sieur...   à payer au sieur...   la somme de...   à titre de dommages-intérêts et aux dépens, le tout par corps.

(Si la contravention réprimée entraîne des travaux à la charge du prévenu, on met) :

Et, attendu que la contravention ci-dessus nécessite le rétablissement de l'ancien état de choses, modifié par le prévenu ;

Ordonne que dans le délai de...   , ledit condamné fera : *ou* combler l'excavation par lui pratiquée, *ou* arracher la haie, *ou* les arbres, *ou* combler le fossé d'où résulte une anticipation sur un chemin public,

Ou enlever les décombres et matériaux par lui déposés sur la voie publique ;

Dit que, le délai ci-dessus expiré, le ministère public fera exécuter les travaux ordonnés aux frais du condamné, lesquels seront sur lui recouvrés au moyen d'un exécutoire.

Le greffier,   Le juge de paix,

N. B. Les travaux, dont l'inexécution a nécessité les poursuites ont habituellement donné lieu à un procès-verbal de constat : dans ce cas, on transcrit la description de ce procès-verbal dans le jugement, cela évite une analyse qui peut être incomplète ou obscure.

Incidents divers d'une affaire.

Nomination d'un interprète, V. n°s 714, 715 ;
Audition d'un sourd-muet par écrit, V. n° 716 ;
Témoins défaillants, n°s 717, 718, 719, 721 ;
Audition d'un témoin à domicile, n° 722 ;
Condamnation d'un témoin refusant, n° 723.

N° 50 (page 316).

732. 2° *Jugement par défaut.*

Entre : 1°
          2°
Et le sieur...   , prévenu ;

Attendu que ledit sieur...   , cité par un exploit régulier du ministère d...   , huissier à...   , le...   , parlant à...   , ne comparaît pas ni personne pour lui, donne défaut contre lui et pour le profit ;

Vu le procès-verbal, etc. (*le reste comme plus haut*).

N° 51 (page 307).

733. 3° *Jugement d'acquittement.*

Entre : 1°
    2°
    3°

Vu le procès-verbal, etc. ;

Ouï les témoins, etc. ;

Considérant que la contravention reprochée au sieur N... n'est pas prouvée ; que, notamment (*énoncer les faits établis par le débat qui sont en opposition avec les éléments légaux de la contravention*) ;

Jugeant en premier *ou* en dernier ressort, annule la citation et tout ce qui a suivi ;

Renvoie le sieur...   de la poursuite, sans dépens.

N° 52 (page 312).

734. *4° Jugement qui déclare l'action publique éteinte.*

Entre : 1° — 2°, etc.

A l'appel de la cause, le ministère public a exposé que le sieur N..., prévenu, étant décédé à...   , le...   , ainsi que cela résultait de (*telle pièce*), il requérait le tribunal de déclarer l'action publique éteinte.

Vu l'art. 2 du Code d'inst. crim. et l... (*la pièce produite*) ;

Attendu que le décès du sieur N... est constant ;

Déclarons l'action publique éteinte, sans dépens à recouvrer.

N° 53 (page 312).

735. *5° Jugement d'incompétence.*

Entre : 1° (*suivre la formule* 731 *jusqu'à l'audition des parties, inclusivement*) ;

Attendu que le fait établi contre le prévenu constitue le délit de coups volontaires *ou* de vente à faux poids, *ou* d'injures publiques, etc., emportant une peine correctionnelle ;

Vu l'art. 160 du Code d'inst. crim. ;

Se déclare incompétent ;

Renvoie le prévenu *ou* les parties (*quand il y a une partie civile*), ensemble les pièces du procès, devant M. le procureur impérial, dépens réservés.

N° 54 (page 323).

736. *6° Jugement interlocutoire.*

Entre : 1°, etc. (*jusqu'à l'audition des témoins*) ;

Ouï le ministère public en ses observations ;

Considérant qu'il y a lieu, avant faire droit, de vérifier la largeur du chemin sur lequel le sieur... est prévenu d'avoir commis une anticipation,

Remet l'affaire à l'audience du...   ;

Dit que, dans l'intervalle, il sera procédé à la vérification en question, le prévenu présent ou dûment appelé, ainsi que le ministère public, et ce par nous, *ou* par M. le maire d...   , *ou par le sieur...* agent voyer cantonal, à qui commission est donnée à cet effet et qui, de son opération, dressera procès-verbal ;

Pour, sur le vu de cet acte, être ensuite requis par les parties et par le tribunal statué ce qu'il appartiendra.

N° 55 (page 324).

737. 7° *Jugement de simple remise.*

Et, attendu l'heure avancée, le tribunal remet les autres affaires à l'audience d...   , jour auquel les parties et les témoins devront se présenter sans citation nouvelle.

N° 56 (page 326).

738. 8° *Jugement d'une contravention découverte à l'audience.*

Entre, etc., 1°, 2° *(après l'audition des témoins),*

Et des explications des parties est résultée l'imputation faite au prévenu N... d'avoir le...   , au lieu dit...   , commis la contravention de *(ici sa qualification légale).*

Sur ce, le ministère public a rendu plainte à la barre et, le sieur...   interpellé, ayant déclaré qu'il acceptait le débat, acte a été donné au ministère public de sa plainte, et les témoins ont été entendus sur l'incident *(le serment, s'il a été prêté, n'est pas à renouveler).*

Le ministère public ouï en ses conclusions, — ensemble, le prévenu en ses observations ;

Attendu qu'il résulte des déclarations des témoins et de l'aveu du prévenu, que ce dernier, le...   , à...   *(qualifier la contravention);*

Lecture donnée des articles *(puis on prend la suite de la formule du jugement de condamnation, n° 731).*

N. B. *Si le prévenu n'accepte pas le débat, on met :*

Et, le prévenu interpellé, n'ayant pas accepté le débat, l'affaire a été remise, pour y procéder, à l'audience du...   *(après les délais ordinaires).*

N° 57 (page 329).

739. 9° *Jugement pour outrages à l'audience.*

1° *Réquisition du ministère public à cette fin.*

l plaira au tribunal,

Attendu que le prévenu vient de proférer des paroles outrageantes envers les témoins et le président ;

Que ce délit, aussi grave que scandaleux, doit être réprimé sans retard ;

Ordonner que le prévenu sera constitué en état d'arrestation et son délit jugé sans désemparer.

2° *Jugement en conséquence.*

Ouï le ministère public en ses réquisitions, le tribunal lui en donne acte et ordonne qu'il sera procédé immédiatement au jugement de l'incident, ce qui a été fait ainsi qu'il suit :

Le jugement concernant la contravention qui avait amené le sieur... à l'audience venait à peine d'être prononcé que ce prévenu s'est emporté, a traité les personnes qui avaient déposé contre lui de faux témoins, et, s'adressant au président, lui a dit que son jugement ne devait étonner personne et qu'il était arrêté d'avance, etc.

Ordre a été donné aux huissiers audienciers de s'assurer de la personne du sieur... contre lequel il allait être procédé.

Ce prévenu a été interrogé. Le président lui a demandé s'il désirait faire présenter sa défense par un parent ou un ami, et, à cet effet, avoir quelques instants pour la préparer ;

Sur sa réponse négative, le ministère public a résumé l'affaire et pris ses conclusions, sur quoi le tribunal,

Considérant qu'à la présente audience, le sieur..., après le jugement qui venait d'être prononcé, s'est emporté, a traité les personnes qui avaient déposé contre lui de faux témoins, puis, s'adressant au tribunal, a dit que ce jugement n'étonnait personne, qu'il était arrêté d'avance, etc.;

Lecture donnée des art. 6 de la loi du 25 mars 1822, 222 et 463 du Code pénal, la cause présentant quelques circonstances atténuantes, lesquels articles sont ainsi conçus :

Condamne le sieur... à... de prison et aux dépens de l'incident.

N° 58 (page 332).

740. *Ordre au gardien chef de la maison d'arrêt de recevoir le condamné.*

Le juge de paix d... , présidant le tribunal de simple police ;

Vu le jugement qui vient d'être prononcé et qui condamne le sieur... à... heures d'emprisonnement, pour outrages à l'audience envers des témoins *ou* le tribunal;

Ordonne au gardien chef de la maison d'arrêt de recevoir et garder ledit sieur... pour l'exécution du jugement ci-dessus.

A... ce... Le juge de paix,

N° 59 (page 307).

741. *Jugement du tribunal de police de Paris.*

N. B. Les formules qui précèdent sont destinées aux tribunaux peu occupés; pour ceux qui ont à juger un grand nombre d'affaires, il faut une rédaction plus expéditive, autrement le greffier ne pourrait, à temps, accomplir sa tâche. Voici donc la formule suivie au tribunal de Paris; elle pourra être adoptée ailleurs avec avantage.

Visé pour timbre en débet. Paris, le

Audience du 16 juin 1864.

M. Mauris, président.

M. Monvalle (1), ministère public.

M. Vast, commis greffier.

TRIBUNAL DE SIMPLE POLICE DE LA VILLE DE PARIS.

Audience publique du jeudi 16 juin 1864 (2).

Le tribunal,

Après avoir donné défaut contre les non-comparants, après l'accomplissement des formalités prescrites par l'art. 153, Cod. instr. crim., après l'appel des témoins, leur prestation de serment de dire toute la vérité, rien que la vérité et leur audition conformément à l'art. 155 du même

(1) *Suppléant*; M. Truy est l'officier du ministère public titulaire.

(2) Je n'ai dû imprimer que le cadre de ce jugement, qui, entier, eût occupé peut-être 50 pages. Pour en bien comprendre le mécanisme, il faut prendre garde que cet acte est divisé en trois *parties*, indiquées à la marge; la *première* comprend les contraventions à l'art. 471, n° 15 du C. pénal, jugées en *dernier* ressort; la *deuxième*, celles au même article, jugées en *premier* ressort; la *troisième*, celles aux articles 475 et suiv., jugées tant en *premier* qu'en *dernier* ressort. Ces divisions permettent de ne transcrire qu'une seule fois les mêmes articles du Code pour les condamnés d'une même catégorie.

Code, la lecture des rapports des experts, serment par eux prêté à l'audience.

Après avoir entendu les parties présentes ou leurs mandataires en leur défense, et le ministère public en ses conclusions;

(1re partie.) Dans la cause du ministère public
Contre :
Fournier, Alexandre, cocher, chez...　　, comparant ;
Depraz – Deplant, rue Fontaine–au–Roi, 5, non comparant.

(*Suivent sept pages des noms d'autres prévenus, compris*)

N. B. Les nos qui précèdent ou suivent les noms sont ceux du rôle de l'audience.

249. Mos, Victor, charretier chez...　　, comparant ;
Roy, boulevard d'Enfer, 2, 14e arrondissement, non comparant.

Joint l'affaire Grand (163), au no 220 de cette audience, pour être statué par un seul jugement.

Jugeant en *dernier ressort*,

Attendu que les contraventions ne sont pas suffisamment établies à l'égard de Roger (102); Lavillois (147); Vagner (164); Jacquet (179); Burnet-Merlin (246), les renvoie des fins de l'instance sans dépens, ainsi que Ducour et Richard, leurs responsables ;

Attendu qu'il est suffisamment établi

Que, le 22 avril dernier, Fournier, 2, maraudait avec sa voiture de remise sur la voie publique, en contravention à l'ordonnance de police du 24 décembre 1857 ;

Attendu (*suivent deux pages de considérants contre d'autres prévenus*) ;

Attendu que ces contraventions sont punies par l'art. 471, no 15, du Code pénal ;

Attendu que Fournier (*et 49 autres nommés à la suite*) sont en état de récidive, mais qu'il existe des circonstances atténuantes à leur égard, qu'en conséquence il y a lieu de modifier la peine, en vertu des art. 463 et 483 du même Code ;

Vu l'art. 471 précité, ainsi conçu :

Art. 471. Seront punis d'amende depuis un franc jusqu'à cinq francs, inclusivement,

§ 15. Ceux qui auront, etc. (*et la suite*).

Par ces motifs, condamne

Fournier à l'amende de cinq francs et solidairement avec Depraz–Deplant aux dépens liquidés à neuf francs vingt-cinq centimes.

(*Suivent dix pages de condamnations semblables.*)

(2ᵉ *partie.*)

Jugeant en *premier ressort*,

Attendu qu'il est suffisamment établi

Que, le 10 mai dernier, Alléaume (121). avait conservé des consommateurs dans son établissement après l'heure fixée par l'ordonnance de police du 3 avril 1819 ;

(*Suivent des considérants semblables contre divers prévenus.*)

Attendu que ces contraventions sont prévues et punies par l'art. 471, § 15 du Code pénal ;

Attendu que les susnommés sont en état de récidive ;

Vu l'art. 471, § 15, déjà cité, et vu l'art. 474 dudit Code, ainsi conçu :

474. La peine d'emprisonnement (*et la suite*).

Par ces motifs,

Condamne

Alléaume (121) à l'amende de cinq francs et un jour de prison, plus aux dépens liquidés à quatre francs cinq centimes.

(*Suivent 2 pages de semblables condamnations contre divers prévenus et responsables.*)

Non compris dans lesdites liquidations le coût de l'enregistrement, de la signification et des droits de poste du présent jugement, le tout par corps conformément à la loi.

Continue d'office à huitaine pour Jobert (74), Rollet (89), etc.

Signé : Ch. Vast.   Mauris.

(3ᵉ *partie.*)

Pour le ministère public, contre :

250.
{ Lebouvier, Jean, cocher, chez…   ,
non comparant ;
Bertrand, rue du Rendez-vous, 38, à
Saint–Mandé, non comparant.

(Suivent 2 pages de noms, etc.)

295. Conseil, Théodore, quincailler, rue de Charonne, 3, non comparant.

Le tribunal,

Après avoir donné défaut contre les non-comparants (*suit l'entête du jugement*, p. 505, *jusqu'au* ministère public en ses conclusions);

Jugeant en dernier ressort à l'égard de Orlhac (259) ; Mattioh (275) ; Grésil (284) ;

Et en premier ressort à l'égard des autres ;

Attendu que les contraventions ne sont pas suffisamment établies à l'égard de Grésil, le renvoie, etc. ;

Attendu qu'il est suffisamment établi

Que, le 21 avril dernier, Lebouvier, etc.

(Suivent deux pages de considérants contre divers prévenus.)

Contraventions prévues par les art. 471, § 15; 475, § 3 et 4 du Code pénal ;

Attendu que Lebouvier (*et* 19 *autres nommés à la suite*) sont en état de récidive, qu'il existe des circonstances atténuantes à l'égard de Lebouvier (*et* 9 *autres nommés*), qu'en conséquence il y a lieu de modérer la peine en vertu des art. 463 et 483 du même Code;

Vu les articles précités, ainsi conçus :

Art. 471, § 15 ;

Art. 474 ;

Art. 475, § 3 et 4 ;

Art. 476 ;

Art. 478 ;

Par ces motifs, condamne

Lebouvier à l'amende de dix francs et solidairement avec Bertrand aux dépens liquidés à neuf francs vingt-cinq centimes.

(Suivent deux pages de condamnations semblables.)

Enregistré à Paris, le etc. 32ᵉ et dernière page.

Non compris dans lesdites liquidations l'enregistrement, l'extrait et la signification du présent jugement, les droits de poste, le tout par corps, conformément à la loi.

Signé : Ch. Vast.   Mauris.

N° 60 (page 346).

742. *Acte à une partie ou personne présente à l'audience d'injures ou diffamations, étrangères à la cause, à elle adressées et qui peuvent être ultérieurement poursuivies.*

Nous, juge de paix, assisté comme dessus, sur la réquisition du sieur... , partie civile *ou* témoin, *ou* prévenu, et le ministère public entendu, avons constaté

Que pendant la déclaration des témoins ,

Ou les observations de la partie civile, *ou* du prévenu, le sieur... , s'adressant au sieur... , témoin, *ou* partie civile, *ou* prévenu, l'a traité de (*rapporter littéralement les injures*), *ou* lui a reproché d'avoir (*rapporter, de même, les faits diffamatoires*);

Et, attendu que ces paroles injurieuses *ou* diffamatoires sont essentiellement étrangères à la cause, en avons donné acte audit sieur.., , ainsi que de ses réserves, en ce qui touche l'action qu'il se propose d'intenter contre le sieur... , quand et devant qui il appartiendra.

(*Cette portion du jugement est ensuite expédiée à la partie qui a obtenu acte de ses réserves. Le greffier met en tête de l'expédition*) :

Des minutes du greffe de la justice de paix *ou* du tribunal de simple police d... , et d'un jugement rendu à la date du... , entre... et... , a été extrait littéralement ce qui suit :

N° 61 (page 348).

743. *Procès-verbal de constat d'un délit flagrant.*

Nous, juge de paix du canton d... , présidant le tribunal de simple police d... , assisté de M°... , notre greffier, avons constaté ce qui suit :

Pendant que nous procédions au jugement de l'affaire du sieur N... , un bruit s'est élevé dans l'auditoire, et des voix nous ont appris qu'à l'instant venait d'y être commis un vol au préjudice d'un curieux *ou* un outrage à la pudeur d'une femme. Sur notre ordre les audienciers ont fait approcher du tribunal, avec le prévenu, les personnes présumées en état de donner des éclaircissements sur le fait, et nous les avons entendus ainsi qu'il suit, serment pris des témoins de dire toute la vérité, rien que la vérité.

Le plaignant a dit se nommer.... et a déclaré

Ensuite les personnes voisines du plaignant...

1er et 2°. Ont dit se nommer... , et ont déclaré...

Puis la personne désignée comme l'auteur du délit a dit se nommer N..., et a répondu...

Sur quoi, considérant que de ces déclarations résultent de graves présomptions contre ledit sieur...   , d'avoir, aujourd'hui même, dans l'auditoire du tribunal, commis ou tenté de commettre un vol simple, *ou* commis un outrage public à la pudeur;

Vu les art. 401 *ou* 330 du Code pénal, et 29 et 40 du Code d'instruction criminelle;

Ordonnons que le présent procès-verbal (*et* les pièces de conviction, *s'il y en a*) seront transmis à M. le procureur impérial d...   , et le prévenu N..., conduit devant ce magistrat, en état de mandat d'amener, et avons signé.

Fait à...   , le...

Le greffier,　　　　　Le juge de paix,

N° 62 (page 348).

744. *Mandat d'amener.*

AU NOM DE L'EMPEREUR,

Nous...   , juge de paix du canton de...   , officier de police auxiliaire de M. le procureur impérial,

Vu notre procès-verbal en date de ce jour, et l'art. 40 du Code d'inst. crim.;

Mandons à tous huissiers, requérons tous commandants et agents de la force publique de conduire devant M. le procureur impérial, à...

N... (*noms, prénoms, profession, âge, domicile*), inculpé de...   , *ou* de...

Fait en séance à...   , le...

　　　　　　　　　　　　Le juge de paix,

(*Le sceau.*)

N° 63 (page 349).

745. *Procès-verbal constatant un faux témoignage.*

Nous...   , juge de paix du canton de...   , etc., assisté, etc., avons constaté ce qui suit :

Au cours de l'instruction de l'affaire suivie contre le sieur...   , prévenu de (*contravention à...*   ), le sieur...   , profession de...   , âgé de...   , domicilié à...   , serment préalablement prêté de dire toute la vérité, rien que la vérité, a déclaré que (*ici, relater avec une minutieuse exactitude les paroles constitutives du faux témoignage*); cette assertion *ou* dénégation étant en opposition manifeste avec les faits du procès, constatés par les pièces et les autres témoignages, nous avons engagé le témoin à revenir à la vérité; renouvelant ensuite cette invitation nous avons, au témoin, pour lui faire apprécier la gravité de sa situation, donné lecture de l'art. 362 du Code pénal, mais son obstination n'a pu être vaincue;

Sur quoi, ouï le ministère public en ses réquisitions, et, vu les art. 330 et 29 du Code d'inst. crim.,

Nous avons ordonné l'arrestation du sieur...   , comme faux témoin, en matière de police, et l'envoi à M. le procureur impérial du présent procès-verbal, des notes du greffier (n° 724) et des autres pièces du procès, ainsi que du prévenu, en état de mandat d'amener.

Fait à...   , le...

Le greffier,   Le juge de paix,

Mandat d'amener.

C'est la formule n° 744.

N° 64 (page 351).

746. *Réquisitions contre un huissier pour une copie illisible signifiée.*

Le commissaire de police, etc.,

Dépose, sur le bureau du tribunal, la copie d'un exploit signifié le...   , au sieur...   , par le sieur...   , huissier à...

Et attendu que l'écriture de cet acte, par son irrégularité *ou par sa finesse exagérée, ou* par le nombre des abréviations, n'est pas lisible pour tout le monde;

Requiert qu'il plaise au tribunal, faire au sieur...   , huissier à...   , application de la loi du 2 juillet 1862, art. 20, et le condamner à l'amende et aux dépens.

N° 65 (page 351).

747. *Jugement en conséquence.*

Nous, juge de paix du canton de...   , présidant le tribunal de simple police du canton de...   , assisté de M°...   , notre greffier ordinaire,

Vu les réquisitions du ministère public, *ou bien* le ministère public ouï en ses réquisitions;

Vu la copie d'un acte, etc.;

Attendu (*motifs des réquisitions applicables à la copie signalée*);

Faisant application au sieur...   , de l'art. 20 de la loi du, etc., lequel est ainsi conçu...

Condamnons le sieur...   , à l'amende de 25 fr. et aux dépens de l'incident ;

Ainsi jugé et prononcé à...   , en audience publique du tribunal, etc., le...

Le greffier,   Le juge de paix,

748. *Tribunaux de police des maires*, page 352.

On a vu, nos 40 et 41, pourquoi je ne donne pas ici de formules applicables à ces tribunaux.

N° 66 (page 359).

Relevé des jugements rendus par le tribunal de simple police de...

Le modèle est au n° 480.

N° 67 (page 359).

749. *Avertissement officieux du receveur de l'enregistrement aux condamnés à l'amende et aux frais.*

M.

Vous êtes invité à vous présenter dans la huitaine, à mon bureau, pour acquitter la somme de...   , montant des amende, décime et dépens liquidés par le jugement du tribunal de simple police de...

Le présent avertissement donné pour éviter les frais de poursuites.

A...   , le...
Le receveur de l'enregistrement,

N. B. Rapporter au bureau
le présent avertissement.

N° 68 (page 361).

750. *Récépissé au greffier de minutes de jugements à copier pour leur signification.*

Reçu de M. le greffier du tribunal de simple police de...   , les minutes de *tels* jugements, lesquelles seront rétablies aussitôt les copies levées.

A...   , le...
L'huissier commis,

N° 69 (page 384).

751. *Signification de jugement.*

L'an mil huit cent soixante... , le... , à la requête de l'officier du ministère public près le tribunal de simple police de la ville de... , j'ai... , huissier du tribunal de première instance de... , audiencier de la justice de paix de... , y demeurant, rue... , soussigné, signifié et laissé copie à M... , profession... , demeurant à... , en son domicile et parlant à...

D'un jugement du tribunal de police de... , en date du... , enregistré, qui condamne ledit sieur... , contradictoirement *ou* par défaut, à l'amende de... fr., *ou* à l'emprisonnement de... jours, et à l'amende de... fr., *ou*, en outre, à faire enlever, arracher, démolir, reconstruire tels objets ou édifices, dans le délai de... , et aux dépens liquidés à... , ladite copie signifiée comprenant la teneur intégrale du jugement, faits, dispositifs, lois pénales, arrêtés, y mentionnés, ainsi que le présent exploit.

Détail :   Enregistré à...

N. B. L'original de signification ne contient d'ordinaire que l'analyse des dispositions substantielles du jugement ; la *copie* comprend le jugement tout entier, y compris ses plus petits détails.

N° 70 (page 384).

752. *Formule exécutoire d'un jugement.*

Cette formule est au n° 483.

N° 71 (page 370).

753. *Avertissement à un condamné à l'emprisonnement de venir se constituer.*

M.   A... , ce... , 186 .

Si vous n'entendez pas user de la voie d'opposition ou d'appel, veuillez vous présenter au parquet du tribunal de simple police, rue... , n°... , le... , à heure de... , pour exécuter le jugement de ce tribunal, en date du... , qui vous condamne à... jours de prison.

Faute de cette exécution, ce jugement vous sera signifié, et, le cas y échéant, vous aurez à supporter les frais d'arrestation.

(Apporter cette lettre).   Le commissaire de police,

29.

Le concierge de la maison d'arrêt *ou* de la chambre de sûreté de...   recevra le sieur...   et le mettra en liberté à l'expiration de sa peine.

Le commissaire de police,

N° 72.

754. 2° *Avertissement de se constituer.*

L'avertissement de se constituer se répète ordinairement après la signification du jugement, au moyen de la formule précédente; on met à la fin :

Faute de cette exécution, votre arrestation devra être opérée par la force publique.

N° 73 (page 319).

755. *Réquisitoire à fin d'arrestation d'un condamné récalcitrant, domicilié dans le canton.*

DE PAR L'EMPEREUR,

Conformément aux art. 25 et 165 du Code d'inst. crim., nous requérons M. le...   de gendarmerie, à la résidence de...   , d'arrêter et conduire à la maison d'arrêt *ou* chambre de sûreté de...   , le sieur...   , profession de...   , demeurant à...   , condamné à...   jours de prison, par jugement du tribunal de police de...   , qui n'a pas déféré à l'avertissement à lui donné de se constituer.

M. le...   nous fera part de l'exécution de ce qui est par nous requis au nom de l'Empereur.

Fait à...   , le...

Le commissaire de police,

(Le sceau.)

N° 74 (page 371).

756. *Extrait de jugement à envoyer hors du canton.*

Extrait des minutes du greffe du tribunal de simple police de...

D'un jugement contradictoire *ou* par défaut, rendu par ce tribunal, le...   , il appert que le sieur..,   , profession de...   , demeurant à...   , a été condamné à...   , jours de prison pour (telle contravention),

Dont extrait, le greffier,

Tout jugement portant emprisonnement devant avoir été signifié, on mettra au bas :

Ledit jugement a été signifié au condamné par exploit du...   , il n'y a eu ni opposition ni appel.

N. B. On peut, comme au tribunal de Paris, ajouter à cet extrait la formule exécutoire (V. p. 361).

No 75 (page 371).

757. *Lettre d'envoi.*   A...   le...   1865.

A Monsieur le procureur impérial d...

Monsieur le procureur impérial,

J'ai l'honneur de vous adresser, avec prière de vouloir bien en assurer l'exécution, un extrait du jugement du tribunal de simple police d...   en date du...   qui condamne le sieur... demeurant à...   à...   jours de prison. Ce condamné a été, par lettre, le...   averti de se constituer et n'a pas répondu à cet avertissement.

Agréez, Monsieur le procureur impérial, l'expression de mon respect.   Le commissaire de police,

No 76 (page 373).

État des condamnations à l'emprisonnement prononcées par le tribunal de simple police pendant le...   trimestre de 186...

Cette formule est au no 498.

No 77 (page 372).

758. *Lettre d'envoi de cet état au procureur impérial.*

Monsieur le procureur impérial,   A...   le...

J'ai l'honneur de vous transmettre, aux termes de l'art. 178 du Code d'instruction criminelle, l'état des jugements prononçant la peine d'emprisonnement et rendus pendant le trimestre précédent.

Dans la colonne d'observations se trouvent, d'après les indications du ministère public, la date de l'exécution de ces jugements, et les causes du retard touchant les exécutions non encore effectuées.

Agréez, etc.   Le juge de paix,

N° 78 (page 384).

759. *Avertissement à un condamné d'exécuter un jugement qui met certains travaux à sa charge.*

Monsieur,   A... le...

Un jugement du tribunal de simple police de...   rendu contre vous, à la date du...   à vous signifié par exploit du ministère du sieur...   huissier de...   en date du...   a ordonné que les lieux par vous modifiés seraient, après le délai de...   rétablis dans leur état primitif par vous-même et ce, en comblant à...   l'excavation par vous pratiquée ; *ou* en arrachant la haie *ou* les arbres ; *ou* en comblant le fossé d'où est résulté une anticipation sur la voie publique ; *ou* en enlevant les décombres *ou* matériaux qui encombrent cette voie sans nécessité.

Le délai, fixé par le jugement, étant expiré, je vous invite à faire, sans retard, procéder à ces travaux, si vous voulez éviter leur exécution par mes soins et à vos frais, ainsi que le porte ledit jugement.

J'ai l'honneur de vous saluer avec considération.

N. B. Dans cette formule, la signification du jugement est visée, parce qu'il est à propos, pour des décisions aussi sérieuses et qui peuvent éprouver de la résistance, de n'épargner au condamné aucun avertissement soit officiel, soit officieux.

N° 79 (pages 293, 384).

760. *Procès-verbal constatant l'exécution forcée dudit jugement.*

L'an mil huit cent soixante...   le...   à heure de...

Nous commissaire de police à...   officier du ministère public près du tribunal de simple police, constatons l'exécution du jugement de ce tribunal rendu contre le sieur...   le...   et ainsi qu'il suit :

Ce jugement, signifié au condamné, par exploit en date du...   , ordonnait (*rappeler la disposition à exécuter et le délai*), le délai imparti étant expiré, nous avons, par une lettre, en date du...   invité le sieur...   à exécuter lui-même les travaux en question, ajoutant qu'en cas de retard ou refus, nous serions obligé d'y faire procéder et à ses frais.

Le sieur...   n'ayant tenu aucun compte de cet avertissement, nous nous sommes rendu sur les lieux, accompagné des sieurs...   , et...   ouvriers (*l'état*) par nous requis et, là, nous avons au sieur...   qui était présent (ou à son fermier ou représentant), renouvelé verbalement l'avertissement ci-dessus ; aucune réponse satisfaisante ne nous ayant été faite, de notre ordre les ouvriers requis ont pratiqué les travaux ordonnés ; et nous étant assuré que rien n'avait été fait au delà des prescriptions dudit jugement, nous nous sommes retiré et avons rédigé le présent procès-verbal lequel, lecture faite, a été signé de nous et des assistants.

N. B. Les frais d'exécution forcée se recouvrent au moyen d'un exécutoire, dont la formule est au n° 650.

Si le condamné ou son représentant s'opposait, avec voies de fait et violence, à l'exécution des travaux, le commissaire de police dresserait, en la forme ordinaire, un procès-verbal de *rébellion* et attendrait les instructions du procureur impérial pour faire reprendre les travaux.

N° 80 (page 384).

761. *Réquisitoire à un ouvrier pour faire un travail ordonné par justice.*

Le commissaire de police de...   procédant en vertu d'un jugement du tribunal de simple police de...   en date du... requiert le sieur N... (*son état*) de se rendre le...   à... heures...   avec les outils de sa profession, pour y procéder aux travaux qui lui sont indiqués.

Fait à...   le...   :

N° 81 (page 474).

762. *Taxe* (au bas du réquisitoire).

Taxé au sieur N...   pour le travail mentionné dans le réquisitoire ci-dessus, la somme de...   conformément à l'usage de la commune. Cette somme lui sera payée par M. le receveur de l'enregistrement et du bureau d...   A...   le...

Le sieur N...   a déclaré... savoir signer.   Le commissaire de police,

(page 474.)

Exécutoire pour le recouvrement des frais d'exécution.
On se servira de la formule qui est plus haut, n° 650.

N° 82 (page 388).

763. *Opposition à un jugement par défaut.*

Si l'opposition est formée, par le condamné défaillant, au moment où il reçoit la copie signifiée de son jugement, l'huissier mentionne cette déclaration dans le *parlant à* et en ces termes :

Signifié au sieur...　parlant à sa personne, lequel nous a à l'instant déclaré qu'il s'opposait à l'exécution dudit jugement, et invité à signer a répondu, etc.

Lorsque l'opposition n'a pas été ainsi déclarée, elle doit être formée par un exploit signifié à l'officier du ministère public, partie poursuivante et, en outre, à la partie civile, quand il y en a une au procès.

N° 83 (page 389).

764. *Pouvoir pour représenter à l'audience le condamné opposant.*

On suit la formule qui est plus haut, n° 713, en y faisant mention de l'opposition qu'il s'agit de soutenir.

N° 84 (page 389).

765. *Jugements sur une opposition.*

En cas d'opposition formée hors des délais.

1° Si le prévenu comparaît :

Suivre les formules 730 et 731, jusques et non compris les mots : « *vu le procès-verbal*, etc., » puis on ajoute :

Lecture a été donnée de l'exploit en date du...　sur lequel *ou* par lequel le sieur...　a formé opposition au jugement par défaut contre lui rendu à la date du...　ledit prévenu et le ministère public ont été entendus en leurs observations respectives.

Et attendu que l'opposition formée par le sieur...　à la date du...　contre un jugement à lui signifié à la date du... l'a été hors des délais ;

Vu l'art. 151 du Code d'instruction criminelle ;

Jugeant en premier *ou* en dernier ressort,

Déclare le sieur...　non recevable en son opposition ; ordonne que le jugement du...　sera exécuté selon sa forme et teneur ; condamne le sieur...　opposant aux dépens.

N° 85 (page 390).

766. 2° Si le prévenu ne comparaît pas :

Même formule que la précédente, puis, au lieu de : « *lecture a été donnée*, etc., » on met :

Le sieur...　opposant au jugement du...　par exploit

en date du...   n'ayant pas répondu à l'appel de son nom, un des audienciers de service l'a appelé, de nouveau, inutilement, le ministère public a été ouï.

Attendu que l'opposition du sieur N...   emportait, de droit, citation à la première audience, d'après l'art. 151 du Code d'instruction criminelle ; que le sieur N...   n'y a pas comparu ni personne pour lui, déclare ladite opposition non avenue, ordonne que le jugement du...   sera exécuté selon sa forme et teneur, condamne le sieur N...   aux dépens.

N° 86 (page 392).

767. 3° *Jugement de l'opposition.*

Suivre la formule du n° 765, et après observations respectives mettre :

Les pièces produites ont été lues ;

Les témoins respectivement appelés ont été entendus ; serment préalablement prêté de (*la formule*).

Attendu que des observations, pièces et témoins présentés par le prévenu, il ne résulte aucune contradiction avec les éléments, déjà recueillis, dans le jugement attaqué, et que la contravention poursuivie subsiste à la charge de l'opposant.

En la forme reçoit le sieur N...   en son opposition et, néanmoins, ordonne que le jugement du...   sera exécuté suivant sa forme et teneur, condamne le sieur N...   aux dépens.

N° 87 (page 404).

768. *Registre des actes d'appel et de pourvoi en cassation.*

Le présent registre contenant   feuillets destinés à recevoir les déclarations d'appel et de pourvoi en cassation concernant les jugements rendus par le tribunal de simple police d... a été coté et paraphé par nous juge de paix du canton d...

A...   le...   1865.

N° 88 (page 404).

769. *Acte d'appel* (reçu par le greffier).

L'an mil huit cent soixante...   le...   au greffe et devant nous N...   greffier de la justice de paix et du tribunal de simple police d...   est comparu le sieur N...   lequel nous a déclaré interjeter appel d'un jugement rendu le...   par ce tribunal qui le condamne à...   pour...   se réservant de produire ses moyens d'appel quand et devant qui il appartiendra, dont acte et, lecture faite, le déclarant a signé avec nous.

N° 89 (page 404).

770. *Acte d'appel* (par exploit).

Cet appel notifié, soit au ministère public près du tribunal de police, soit au procureur impérial, est un acte du ministère des huissiers rédigé dans la forme des citations.

N° 90 (page 405).

771. *Requête d'appel.*

N. B. Je n'ai pas cru devoir donner la formule d'une requête d'appel, cet acte n'étant pas usité en simple police.

772. *Pourvoi en cassation* (au greffe p. 412).

Même formule qu'au n° 769, *jusqu'aux mots* « lequel nous a déclaré »; *puis on ajoute*, se pourvoit en cassation contre le jugement de ce tribunal, en date du...   qui le condamne à... dont acte et, lecture faite, etc.

Si le pourvoi, ce qui est le plus ordinaire, est formé par le ministère public, on mentionne la comparution du magistrat qui en remplit les fonctions et puis après la déclaration du pourvoi on met :
... «Contre un jugement de ce tribunal, en date du   , qui a renvoyé le sieur   des poursuites, dont acte et, lecture faite, le déclarant a signé avec nous. »

N° 91 (page 415).

773. *Pourvoi en cassation reçu par un notaire.*

L'an mil huit cent soixante-cinq, le...   heure de... devant nous notaire à...
Est comparu le sieur...   profession d...   , demeurant à...   , et les sieurs...   , ses témoins.
Lequel nous a déclaré qu'aujourd'hui, dernier jour du délai, ayant l'intention de se pourvoir en cassation contre un jugement du tribunal de simple police de cette ville en date du...   qui lui fait grief, il s'est présenté au greffe dudit tribunal, rue... que ce local était fermé et qu'ayant recherché le greffier, il n'a pu parvenir à le découvrir. Pourquoi il nous requiert de recevoir sa déclaration de pourvoi contre le jugement ci-dessus visé.
Desquelles déclarations et comparution nous avons dressé le présent acte, qui après lecture, a été signé du déclarant, des deux témoins, etc.

N° 92 (page 415).

774. *Désistement du pourvoi.*

Je ne crois pas devoir donner la formule du désistement du pourvoi en cassation, ce renoncement est des plus rares de la part des prévenus demandeurs et n'est pas permis au ministère public (V. n° 560).

N° 93 (page 416).

775. *Notification du pourvoi au prévenu.*

La notification du pourvoi du ministère public au prévenu se fait par le ministère d'un huissier dans la forme des significations ordinaires.

N° 94 (page 418).

776. *Consignation de l'amende.*

Cette consignation s'établit au moyen d'une quittance motivée du receveur de l'enregistrement délivrée au demandeur en cassation ou à son avocat; la formule de cet acte n'est pas ici indispensable.

N° 95 (page 421).

777. *Mise en état du prévenu, demandeur en cassation.*

La mise en état du prévenu demandeur en cassation s'opère à Paris au moyen d'une requête présentée au procureur général par l'avocat de ce demandeur et tendant à obtenir l'autorisation de se constituer dans la maison de justice (la Conciergerie) du lieu où siége la Cour (suprême). Au bas sont mis le visa et le sceau du procureur général, et le demandeur est écroué en conséquence, etc.

N° 96 (page 423).

Requête en cassation.

La formule de cet acte est au n° 569.

Certificat à un témoin qui a égaré sa copie (p. 461), V. n° 692.

N° 97 (page 465).

778. *Etat des pièces à conviction.*

Pas de forme spéciale. La liste des objets saisis, désignés de manière à être reconnus, suffit, certifiée par le greffier.

N° 98 (page 465).

779. *Registre des pièces à conviction du greffe de Paris.*

N°s d'ordre	DATE de la contravention.	NOMS du rédacteur.	de l'inculpé.	NATURE des objets saisis.	ÉMARGE- MENT.

N° 99 (page 466).

Exécutoire pour recouvrer des frais non liquidés dans le jugement.

Cette formule est au n° 650.

N° 100 (page 467).

780. *Registre d'ordre des affaires tenu au greffe.*

NUMÉROS d'ordre.	NATURE de la contravention.	NOMS, profession, demeure des délinquants.	JUGEMENTS. Date.	Résultat.

N° 101 (page 471).

781. *Acte d'écrou.*

Aujourd'hui.., 1865, heure de... avant *ou* après-midi, devant nous gardien de la maison de dépôt *ou* de la chambre de sûreté de... s'est présenté le sieur... (nom, prénoms, âge, profession, demeure) porteur d'un ordre de M. le commissaire de police d... *ou* de M. le maire d... en date du... en vertu du jugement du tribunal de simple police d... en date du... qui a condamné ledit sieur... à... jour de prison.

Le sieur... a commencé à subir sa peine à l'heure ci-dessus indiquée, et le présent acte d'écrou a été dressé sans désemparer par nous gardien susdit et soussigné. Signature.

N° 102 (page 378).

782. *Registre d'écrou de la chambre de sûreté ou de dépôt d...*

Le présent registre, contenant feuillets, a été par nous (*sous-préfet ou maire*) délégué spécialement par M. le préfet d... paraphé, à chaque feuillet, pour servir à l'écrou des personnes qui seront détenues dans le présent dépôt.

A... le... 1865.

N. B. Malgré son peu d'importance, une maison de dépôt affectée à l'emprisonnement de simple police est réellement une prison pour peine et, dès lors, son registre, aux termes de l'art. 607, Cod. instr. crim., doit être paraphé par le préfet du département ou par un fonctionnaire administratif, son délégué.

Il me semble utile d'y ajouter une *table alphabétique* des détenus, renvoyant aux numéros des actes d'écrou. V. l'*Instruction* du ministre de l'intérieur du 26 août 1831 ; Moreau-Christophe, *Code des prisons,*, t. 1, p. 128.

FIN.

CORRECTIONS ET ADDITIONS.

Page 5, note 3, *au lieu de* : 1843, *lisez* : 1863, et *ajoutez* à la note : En 1864, le même parquet n'a pas reçu moins de 53,587 procès-verbaux.

Page 11, note 2, *au lieu de* : note 2, *lisez* : note 3.

Page 21, le renvoi (1) de la 2ᵉ ligne doit être mis à la 7ᵉ, après « M. Dupin. »

Page 30, 23ᵉ ligne, *ajoutez* : La loi du 13 mai 1863, art. 311, n'a point abrogé l'art. 605, n° 8 du Code de brumaire an IV, sur les violences et voies de fait légères. Cass., 7 et 13 janvier 1865, vus au greffe de la Cour.

Page 35, après le 2ᵉ alinéa, *ajoutez* :

Le juge doit s'enquérir de la fixation exacte de la journée de travail dans le département. Un jugement, qui avait évalué cette journée à 1 fr. 50 c., au lieu de 50 c., et qui, par suite, avait déclaré l'incompétence du tribunal de police, l'amende encourue dépassant alors 15 fr., a été cassé (3 a).

(3 a) 24 février 1865, vu au greffe.

Page 43, note 3, *ajoutez* : 25 août 1864, B. 226.

Page 46, note 1, *ajoutez* : 4 novembre 1864, B. 249.

Page 56, après la 4ᵉ ligne, *ajoutez :*

ou d'un droit communal sur l'extraction du sable (2 a).

(2 a) 4 août 1864, B. 209.

Page 94, 11ᵉ ligne, après « heure », *ajoutez :*

de momento ad momentum (1 a).

(1 a) 17 décembre 1864, B. 294.

Page 105, 7ᵉ ligne, après « en vigueur », *mettez le renvoi* (1).

Page 141, note 4, *ajoutez* : Cass., 9 février 1865, vu au greffe.

Page 143, note 3, *ajoutez* : 12 janvier 1865, vu au greffe.

Page 177, après le 1ᵉʳ alinéa du n° 263, *ajoutez :*

Lorsque le prévenu dénie les constatations d'un pro-cès-verbal régulier, le juge doit l'admettre à faire la preuve de son exception, et non laisser à la charge du ministère public la production de témoins à l'appui du procès-verbal ; un semblable préparatoire entraînerait la nullité du jugement définitif (3 a).

(3 a) 3 février 1865, vu au greffe.

Page 178, note 3, *ajoutez* : 3 mars 1865, vu au greffe.

Page 179, après la 12ᵉ ligne, *ajoutez :*

8° *bis*. Sur la déclaration d'un témoin reçue sans prestation de serment, en dehors de l'audience (7 a) ;

(7 a) 10 novembre 1864, B. 252.

Page 184, à la note 1, *ajoutez* : 25 mars 1865, vu au greffe.

Page 185, à la note 2, *ajoutez* : B. 262.

Page 186, dernière ligne du texte, après « constatés », *ajoutez :*

pour un garde champêtre (7).

(7) 18 février 1865, vu au greffe.

A la note 5, *ajoutez* : 18 février 1865, vu au greffe.

Page 189, à la fin de la note 4, *ajoutez* : B. 308.

Page 193, n° 281, 3ᵉ ligne, *au lieu de :* 763, *lisez :* 723.

Page 203, à la note 5, *ajoutez* : 24 décembre 1864, B. 303.

Page 203, à la note 9, *ajoutez* : 30 décembre 1864, B. 305 ; 26 janvier 1865, vu au greffe.

Page 204, après le n° 297, *ajoutez :*

297 *bis*. Les *principales déclarations* des témoins sont à recueillir par le greffier aux termes de l'art. 155 du Code (n° 272) ; surtout dans les affaires sujettes à l'appel. Il doit être tenu note de la substance des dépositions, c'est-à-dire des points relatifs aux éléments constitutifs de la contravention, tant contre que pour le prévenu et avec le plus de concision et d'exactitude possible ; le juge de police doit y veiller (6 a).

(6 a) M. F. Hélie, *Instruction crim.*, t. 7, p. 316.

Page 217, à la note 5, *ajoutez* : et 17 décembre 1864, B. 298.

Page 223, après la 4ᵉ ligne, *ajoutez :*

Quand la prescription est acquise par l'expiration du délai, l'action publique ne peut plus être intentée ;

l'action civile seule est ouverte à la partie lésée et devant le tribunal de paix ou le tribunal civil suivant le chiffre des dommages réclamés (a).

(a) 11 août 1864, B. 213.

Page 240, note 2, à la fin, *ajoutez* : B. 284.

Page 245, à la note 7, *ajoutez* : 11 février 1865, vu au greffe.

Page 252, 9e ligne, après (1), *ajoutez* :

et les témoins produits par le ministère public à cet égard doivent nécessairement être entendus (1 a).

(1 a) 2 mars 1864, vu au greffe.

Page 253, après la 10e ligne, *ajoutez* :

L'existence d'un cantonnement pour la vaine pâture, constitutif de la contravention de « bestiaux menés sur le terrain d'autrui », C. pén., art. 479, n° 10 (3 a).

(3 a) 2 décembre 1864, B. 274.

Page 259, avant-dernière ligne du texte, *au lieu de :* 1853, *lisez :* 1852.

Page 264, note 3, à la fin, *ajoutez* : B. 254.

Page 271, 5e ligne, *au lieu de :* 723, *lisez :* 730.

Page 272, à la note 5, *ajoutez* : B. 216, 282.

Page 276, ligne antépénultième, *au lieu de :* 724 *bis*, *lisez :* 731.

Page 281, à la note 3, *ajoutez* : 27 janvier 1865, vu au greffe.

Page 285, après la 16e ligne, *ajoutez :*

A l'égard du propriétaire d'un char à bœufs, sans plaque, circulant en contravention à la loi du 30 mai 1851, art. 17 ; si ce propriétaire intervient, il doit être condamné comme contrevenant et non comme civilement responsable (3 a).

(3 a) 13 janvier 1865, vu au greffe.

Page 307, 1re ligne, *au lieu de :* 740, *lisez :* 741.

Page 307, 4e ligne, *au lieu de :* 726, *lisez :* 733.

Page 311, note 2, *ajoutez* : 17 février 1865, vu au greffe.

Page 312, 14e ligne, *au lieu de :* 727, *lisez :* 734.

Page 315, à la note 2, *ajoutez* : B. 294.

Page 408, note 4, *ajoutez* : 10 décembre 1864, B. 283.

Page 409, note 4, à la fin, *ajoutez* : B. 261.

TABLE

DES ARTICLES DU CODE D'INSTRUCTION CRIMINELLE

EXPLIQUÉS OU CITÉS DANS CE VOLUME.

TABLE

DES LOIS, DÉCRETS, ORDONNANCES, ÉDITS, ETC.,

CITÉS DANS CE VOLUME.

———

30

TABLE

DEVILLENEUVE et CARETTE. Recueil général des lois et arrêts, 1re série, 1791 à 1830, 9 vol. in-4 ; 2e série, 1831 à 1864, 35 vol. in-4.

DUCHESNE (E.). Table analytique des arrêts de la Cour de cassation, rendus en matière criminelle, 1857, 5 vol. in-8.

DUFOUR (G.). Traité général de droit administratif appliqué, 1864-57, 7 vol. in-8.

DUPIN aîné. Réquisitoires, plaidoyers et discours de rentrée, 1836 à 1852, 11 vol. in-8.

G. DUTRUC. Le journal du ministère public, 1858-1864, 7 vol. in-8.

DUVERGER. Manuel criminel des juges de paix, 1851, 3e édit., in-8.

Encyclopédie du droit, par MM. Sébire et Carteret, etc., 1845-1847, 7 vol. grand in-8. (Le 7e volume n'a pas été achevé.)

GILBERT. Codes d'instruction criminelle, pénal et forestier annotés, 1855, 1 vol. gr. in-8.

GILLET et DEMOLY. Analyse des circulaires, instructions et décisions émanées du ministère de la justice, 2e édit., 1859, 1 vol. in-8.

GRELLET-DUMAZEAU. De la diffamation, de l'injure et de l'outrage, 1847, 2 vol. in-8.

HÉLIE (F.). Traité de l'instruction criminelle, 1845-1861, 9 vol. in-8.

Instruction générale sur les frais de justice en matière criminelle, correctionnelle et de simple police, publiée par ordre du garde des sceaux (M. de Peyronnet), septembre 1826, in-4.

Journal des commissaires de police, 1855 et années suivantes. 10 vol. in-8.

Journal du droit criminel (le), 1829-64, 36 vol. in-8. Rédigé, de 1829 à 1837, par MM. Chauveau et Hélie, et, depuis 1838, par M. Ach. Morin.

Journal du Palais (le), 3e édit., 1838-1864, 64 vol. gr. in-8°.

LEGRAVEREND. Traité de la législation criminelle en France, 3e édit., publiée et annotée par M. Duvergier, 1830, 2 vol. in-4.

Lois, décrets, ordonnances, règlements et avis du Conseil d'État, depuis 1788, par M. Duvergier, 1824 à 1864, 64 vol. in-8.

LOCRÉ. Législation civile, commerciale et criminelle de la France, etc., 1827-1832, 31 vol. in-8.

MANGIN. Traité de l'action publique et de l'action civile en matière criminelle, 1837, 2 vol. in-8.

TABLE

ANALYTIQUE ET ALPHABÉTIQUE

DES MATIÈRES.

N. B. Les chiffres renvoient aux pages du volume.

FIN DE LA TABLE DES MATIÈRES.

TABLE GÉNÉRALE.

FIN DE LA TABLE GÉNÉRALE.

www.ingramcontent.com/pod-product-compliance
Lightning Source LLC
Chambersburg PA
CBHW031726210326
41599CB00018B/2529